浙江省哲学社会科学规划后期资助项目"媒介偏见论:新闻组织行为表象与政治原动力下的机制呈现"（编号：9HQZZ023）成果

浙江省社会科学重点研究基地"传播与文化产业研究中心"重大课题（编号：ZJ08Z07）最终成果

Media Bias: The Behaviour of
Newsroom and the Mechanism Driven
by Political Motivation

媒介偏见

新闻组织行为表象与政治原动力下的机制呈现

陈　静　著

ZHEJIANG UNIVERSITY PRESS
浙江大学出版社

全新的时代需要全新的视维

——"21世纪媒介理论丛书"序言

　　这是一个全新的时代,是一个全球化与本土化相互勾连、交融的时代,是一个基础研究与交叉研究相互依存、互补的时代;这是一个全新的时代,是一个全球连接、全民传播的新媒体传播时代,是一个高度自发、自主和自恋的人本主义时代。信息传播已走向不分日夜、无远弗届、时时更新、自由分享、透明开放、多元展现的"去专业化"的时代,它不只全面地影响了人类的工作、生活和娱乐,也普遍提升了每个人优化和创新的潜能,更让人们对生命的尊严、生活的质量和人生的规划有了更丰富的需求。与此同时,中国媒介与传播研究似乎也再次走到了十字路口,正处于一个前所未有的"困惑与选择之中",面临着"向何处去"的问题。

　　那么,在这一特殊的全新的时代,中国媒介与传播研究最明智的选择是什么呢? 我认为,最明智的选择就是——

　　第一,要以历史为经,以现实为纬。当一门学科再一次站在十字路口时,最重要的莫过于先静下心来,反思和回顾已经走过的路。但是,我们回顾和总结媒介研究的历史,并不是要沉溺于它、迁怒于它,而是要以史为鉴,从中吸取教训、累积经验,为当下的媒介理论和媒介现实服务。换句话说,我们研究历史,要联系现实,而研究现实,也不要割断历史,继往开来,承前启后,才能使媒介理论有着深厚的历史和现实根基。

　　第二,要以媒介为经,以社会为纬。新闻是社会的镜子,媒介是社会的大脑。研究媒介需要联系社会,研究社会需要指向媒介。媒介是这一学术研究的起点和终点。因此,研究媒介理论,需要以锐利的学科眼光加以审视和分析,也要用社会的尺度来丈量和称衡;要强调媒介理论思维与话语的主导性,也要向更广阔的社会领域延伸和扩展。以媒介为经,可以确保其学术价值和理论意义;以社会为纬,可以落实其社会价值和实践意义。通过媒介研究,推动社会进步和国家发展。

第三,要以规律为经,以意义为纬。规律所在,科学所托。积极探索和揭示媒介规律,是媒介理论研究的基本宗旨和首要使命。但是,作为一门社会科学,媒介理论研究不应该止步于探索和揭示媒介活动中内在矛盾诸方面的联系和斗争的客观法则及必然趋势,还应该突现和彰显这一过程的价值和意义,进而说服人们自觉遵循媒介规律,主动按媒介规律办事,从而进一步支配、制约和优化媒介活动的姿态、现状与趋势。规律、意义和行动共同构成了学术研究的金三角。

第四,要以中国为经,以世界为纬。中国是媒介理论研究的坐标点,而世界则是它的参照系。如果媒介理论研究不同中国特定的历史—社会—文化条件相结合,不在中国五千年民族文化的土壤上生长出来,不能指导具体的媒介活动,而只是简单地贩卖、照搬和空谈西方媒介理论,那必然会遭到人们的拒绝,甚至反对。但是,要推进媒介理论走出国门、走向世界,同国际学界进行平等的对话和交流,则必须严格遵守学术规范和游戏规则,在坚持中国学术主体性的基础上,使其具有世界元素和全球视野。

正是出于这种思考与选择,我们组织撰写和出版了这套"21世纪媒介理论丛书"。

除此之外,丛书中的每一种著作,还都坚持以理论与现实中最迫切需要解决的问题为导向,选准研究的切入口,运用国际学术界最先进的理论与方法,最前沿的思想与观念,着力思考问题产生的原因、路径和影响,以及如何科学、合理地解决问题,努力将问题的研究向深度和广度开掘。同时,丛书作者尽力不受媒介理论研究中传统范式和旧有成果的束缚,面向现实,立足交叉,追踪前沿,聚焦集成,努力把内面和外面两个学术世界的优点和精华收归己用,并积极探索适合课题对象和内容的研究模式、思维方式和理论体系。

这套丛书的作者基本上都是浙江大学传播研究所出站或毕业的博士后、博士生,他们有的已是教授、副教授,有的已在学术界有一定的知名度。在浙江大学访学和读研期间,他们利用学校丰富的馆藏资料,阅读了大量的国内外一流的新闻学、传播学、社会学、政治学和媒介学等方面的专著、教材和论文,掌握了一整套先进的科学研究方法和技巧,在通过博士论文答辩的基础上,又积极申报省级以上课题并获得立项,经过进一步深入研究和体系化,最终形成了已达预期目标的科研成果和学术专著。因此,这些成果和专著不仅符合上述要求,而且具有紧追前沿、观点新颖、内容创新、分析深刻、表述精当等特点,具有相当的理论价值和实践意义。

　　但是,我们深知,当代学术研究,犹如学术探险。我们本不该有什么奢望。如果这套丛书能为媒介理论研究和媒介运营实践起到"抛砖引玉"的作用,能为中国媒介和谐与社会和谐的建设稍尽绵薄之力,又能引起媒介学界和业界人士的一些关注和批评,对于我们来说,就是莫大的荣幸和鼓励了。

邵培仁

2014 年 6 月 6 日

于浙江大学传播研究所

目 录
Contents

第二编　政治原动力下有机的媒介偏见呈现

绪　　论

一、研究背景

　　实事求是地说,本书的研究对象算不上新鲜话题。翻开人类传播的历史,媒介偏见早已有之,只是在不同的时代其程度有所差异,表现在媒介偏见持有者态度的隐藏或外显,媒介偏见呈现规模的局部或整体,媒介偏见影响的短时或长期等方面。在新闻事业已发展为全球产业,客观性成为普遍准则的当代社会,为何含有偏见词语的报道不时呈诸报端,贬低他群体的出位言辞在评论节目时常可见,影视剧中的刻板印象数不胜数呢?

　　希望解释这些令人困惑的问题成为写作的初衷。偏见作为人类特有的心理问题,缘何发展为社会痼疾和传播现象,值得在传播领域内深入思考。近年引人关注的偏见问题屡屡出现,收集这些案例可作为了解媒介偏见的切入口。本书从对案例进行分析出发,期待和读者共同开始这场媒介研究的思想之旅。

　　2012年伦敦奥运会上,中国运动员在游泳项目上有重大突破:7月29日,叶诗文在女子400米混合泳决赛中,以4分28秒43的成绩打破世界纪录夺得金牌;8月1日,叶诗文在女子200米个人混合泳决赛中,以2分07秒57的成绩获得个人的第二枚金牌。[①] 作为中国最优秀的女子游泳运动员之一,叶诗文在伦敦奥运会上一鸣惊人,打破世界纪录,书写励志传奇。对奥运会这样参赛选手水平高、裁判裁定公正、兴奋剂彻查严厉的比赛的结果,英国媒体似乎仍不

---

　　① 徐立群:《收获奥运第二金　叶诗文坦然面对"质疑"》,《人民日报》2012年8月2日第13版。

能完全信任，它们以怀疑的目光审视叶诗文的成绩，揣测其成绩的真实性，对叶诗文的报道远离了新闻的客观公正。这些报道在国内转刊后引发国人愤慨。英国著名的《自然》杂志在 8 月 6 日刊文，为之前有意"抹黑"叶诗文的文章向读者和叶诗文公开道歉，事件才告平息。①

这类事件绝非特例。早在 1996 年亚特兰大奥运会开幕式期间，美国 NBC 电视网评论员鲍勃·科斯塔斯就曾怀疑中国运动员使用药品并进行评论，引发海外华人强烈抗议。② 西方体育记者对本国的强势体育项目自信满满，对他国取得的进步往往戴着有色眼镜看待，这里有种族优越论的长期影响，更有对华偏见观念在其中作祟。针对西方的偏见报道，我国《人民日报》随后发表评论员文章，指出西方媒体长期以来对中国持有偏见，"某些西方媒体对中国运动员的优异表现无端猜忌，已经不是第一次。根深蒂固的偏见，使他们陷入了无知盲区"③。

传播学的涵化分析理论（cultivation analysis）说明了媒体对人们认识世界的巨大影响。媒体塑造受众的观念和想法，影响着人们的行为和选择，构筑起人们的感知世界。媒体固化的偏见报道模式会成为偏见滋生的土壤，带来非常可怕的后果。

在收集大规模的、集中的媒介偏见案例时，人们会经常观察到偏见发生的多种诱因：从信息论角度看待西方的信息超量和东西方媒体传播能力的差异，从媒介文化角度思考文化输出和话语控制权，从政治传播角度认识社会制度及

---

① 《英国〈自然〉杂志为抹黑叶诗文文章道歉》，http://www.hkcna.hk/content/2012/0807/153072.shtml，2012-10-12。

② 媒体传播时偏见包裹在媒介公正的外衣下，不容易被人们发现。仔细回想一下，当人们观看体育比赛时，激动的体育评论员发表的点评中，是否包含着对国别、人种、性别的偏见呢？体育传播的种族偏见是媒介偏见的惯常表现，重大赛事体育评论中不时有口无遮拦的偏见言辞。在 1996 年亚特兰大奥运会入场式上，体育评论员科斯塔斯当时这样说："中华人民共和国的人口为全世界的 1/5，经济增长率每年约为 10%，包括美国在内的每一个经济强国都想敲开大门进入这个潜在的庞大市场。但是，中国存在人权问题、版权问题和对台湾构成威胁问题。在奥林匹克运动会上，他们出类拔萃，他们在巴塞罗那奥运会上获得 54 枚奖牌，名列第四。中华人民共和国直到 1984 年才参加奥运会。在此之前的 30 年里，中华人民共和国没有参加奥运会。他们在体育运动方面出类拔萃。但是，有一些怀疑，特别是对于他们的田径运动员和他们的游泳女选手，他们可能使用提高成绩的药物。在巴塞罗那奥运会上，一个也没有抓到。但是，在那以后，已经抓到了几个。"值得注意的是，在 2008 年北京奥运会开幕时，身为评论员的科斯塔斯改变立场，盛赞中国奉献了一场无与伦比的奥运会开幕式，科斯塔斯的事例是否说明偏见态度是可以改变的？对此将在第九章加以讨论。

③ 钟文：《无端贬损凸显偏见与无知》，《人民日报》2012 年 8 月 2 日第 13 版。

意识形态差异,从新闻组织研究角度观察新闻采集制作的差异等,这些都可能成为影响偏见的因素,甚至形成偏见传播适合的"土壤"和"气候"。那么,这些影响因素中哪些会对偏见发生直接的影响?影响力量是否会互相作用?作用过程中关系如何?这些问题引导着本书思考的方向,了解学界的研究成果将有助于全书思路的开拓。

二、文献检阅①

媒介偏见资料收集过程中发现了丰富的研究内容,脉络触及多学科分支。人类的偏见心理和行为作为有价值的研究课题,吸引了心理学和社会学最出色学者的参与,形成了高质量的研究成果,直接影响了新闻传播领域的研究。本书在文献检阅部分集中对国内外新闻传播学的成果进行了梳理,心理学和社会学的研究成果则放入本书第一章第二节"其他学科对偏见认识的推动"中进行说明。

偏见作为一种特殊的心理现象,对媒介环境和社会心理均能产生深远影响。媒介偏见通常是由于偏见态度影响了媒体的客观报道,造成信息未能准确地传递而发生的传播负面效应,媒介偏见的发生根源、影响因素、控制方法成为学者们的研究内容。

(一)国外新闻传播领域的媒介偏见研究

1.刻板印象的研究

早期研究对媒介偏见的关注集中于新闻从业者认知的局限性。沃尔特·李普曼(Walter Lippmann)1922年出版的《舆论学》是新闻领域对偏见现象的较早论述。李普曼从著名报人的角度,谈到偏见对新闻报道客观性的影响:"一篇报道是知情者和已知的事实的混合产物,观察者在其中的作用总是带选择的,而且通常是带想象的。"②李普曼的贡献在于三方面:首先,他观察到了新闻报道的整个过程中,采编人员受到自身头脑中偏见的影响,指出这是媒介偏见形成的重要原因。其次,他将偏见与新闻制作过程联系并加以论述,引入新闻组织

① 陈静:《政治传播时代的幻象——西方媒介偏见发展脉络及趋向研究》,《中国传媒报告》2012年第4期,第43—52页。这部分内容本书在使用时有一些增添和改动。
② [美]沃尔特·李普曼:《舆论学》,林珊译,中国人民大学出版社1984年版,第51页。

内部和记者的个人认知因素的考察。最后,也是最为重要的一点是,李普曼第一次提出了刻板印象(stereotype)①一词,它成为以后众多学者感兴趣的研究对象,引发了心理学和传播学的大量相关研究。李普曼的刻板印象通常指人们头脑中固有的,如铅板浇铸一样不易改变的印象。他较早阐述了刻板印象与文化、刻板印象与个人信念的关系,论及了刻板印象在社会环境中的继承、察觉和改善问题。值得注意的是,李普曼的刻板印象比较接近人们所说的"成见",在后续研究中,偏见与刻板印象的差异被更多地强调。

刻板印象是与某一类别有关的标准化的固定意见,是心理学和社会学家的共识。比如俗语的"男主外,女主内"即属性别刻板印象的一种,它强调了男女社会性别差异和社会分工差别,是传统守旧的观念产物。学者们承认刻板印象确实能为认知有限的人提供判断的方便,它简化社会现实,以简单化的解读区别地对待群体的行为,这本身具有一定的合理性,是刻板印象的积极意义所在。我国存在众多的地域人群刻板印象,如北方人豪爽、懒散,南方人精明、勤劳,都作为社会形象的群体图像被广泛接受。刻板印象的产生原因是个人没有足够的时间去了解某些个体或群体。它有两点值得注意:从认知方面来看,刻板印象的生成难以避免,且一旦形成后很难改变。另一方面,刻板印象虽然不如偏见社会后果那么严重,但也有"标签化"的副作用,会造成"被刻板者"的困扰。

芮特(Charles Wright)对媒体负面功能(dysfunctions)的论述中特别提到刻板印象的副作用,他认为媒介有"增强一致性,刻板印象长期化"的负面功能。② 此负面功能将某一个群体进行彼此无差别的表述,将大体上的相似性与群体特征夸大,这在日常生活中很容易得到印证。在媒体的新闻和广告中、影视作品中都普遍存在刻板印象,人物刻板化表现在个人或群体性格单一、平面化,且与社会印象或以前的媒体呈现相一致,即使在成功的媒体作品中刻板印象仍广泛存在。

刻板印象并非仅以负面的媒体印象存在,正面的刻板印象因不会造成对象的形象贬低和情感伤害,更容易为人所忽略,屏幕上出现的温柔贤惠的主妇、汽车和酒类广告中气概非凡的成功人士等,都是正面刻板印象累积的结果。在商业化背景下,这种正面刻板印象诠释出贤惠、幸福、成功等词语的内涵,并且是

---

① 李普曼于 1922 年首先提出刻板印象后,这一术语被借用于心理学领域,成为心理学的社会性偏见的长期研究领域。请参阅:Gilbert D T, Fiske S T & Lindzey G(eds.). *Handbook of Social Psychology*(4th ed., vol. 2). Boston:McGraw-Hill,1998, pp. 357-411.

② 转引自蔡念中等:《大众传播概论》,李宝珠编,台北五南图书出版有限公司 1998 年版,第 31 页。

在以缺乏创造性的、类型化的方式完成的。

　　结合传播学理论可以解释为何主流媒体中刻板印象标签盛行:大众媒介通过选择性陈述和强调来反映一种文化和社会规范,借此与受众交流时能得到最大程度的认同。大众媒介作为模式化的重要来源,对规范的描述会内化为受众的一种社会期待,从而影响人们的认识和行为。因而,只要社会文化中存在不平等,出于交流与认同的需要,媒介就会表现出来,形成某种刻板印象,持续影响社会行为。

　　从经济角度来看,广告商因利益驱动,在媒体上创造出种族、肤色、肥胖等外表形成的刻板印象,从而引领消费风潮。大众媒体对肥胖者刻板印象的形成有不可推卸的责任。广告中推崇苗条纤细的女性,认为她们健康有活力,对异性有吸引力,肥胖者作为反面形象出现,他们普遍被认为是身体笨拙、贪吃懒惰、不爱运动、不受人欢迎、缺乏交际的。近年来对肥胖者的言辞几近苛刻程度,从身体外观不够瘦,不符合时尚标准发展到对肥胖者人格和尊严的否定,认为他们不够自尊自爱,智力和情感上愚蠢迟钝,这种刻板印象已经整体影响肥胖者的自我评价和社会评价。

　　从媒介影响角度来看,媒介对受众的刻板印象生成有极大的影响,刻板化过程将人强行地与某些固定的类型画等号,进行简化或泛化,媒介文本的重复刚会加强这些符号与标签的流行。作为受众对这种群体的简单和普遍的预设缺乏认知,将形成难以根除的偏见,影响到受众对媒介文本做出主动的、合理的解读。对刻板印象中三个重要的角色——媒介、受众、被刻板化群体的研究可谓汗牛充栋。[①] 目前媒介文本中所构建的刻板形象群体包括黑人、犹太人、女性、同性恋人群等,几乎涉及社会存在的各族群、性别和群体。

　　刻板印象可视为偏见的前期表现,其程度通常较轻,但任其发展则有可能成为顽固的偏见。对刻板印象的研究有助于人们了解偏见的形成。有学者进行了一项调查,发现当报道的对象关乎国别(如伊拉克)或是超过国家的地域(如欧洲)时,新闻报道和新闻专栏在对待同一社会群体时表现出更多的误解,而非应有的可靠性;令人误解的文章在言辞腔调上带有更多的否定性。调查研究的问题是:令人误解的和可靠的新闻报道是否在所包含的刻板印象上有数量的差异。就此问题的研究围绕着两个假设展开:假设 1——令人误解的新闻报

　　① 请参阅 Peter R, Grant & John G, Holmes. The Intergration of Implicit Personality Theory Schemas and Stereotype Images. *Social Psychology Quarterly*,1981,44(2):107-115; Deborah Carol Robson. Stereotypes and the Female Politician: A Case Study of Senator Barbara Mikulski. *Communication Quarterly*, 2000,48(3):205-222.

道比可靠的报道包含有更多的刻板印象;假设 2——令人误解的报道在整体语调上比可靠的报道正面性更少。调查结果支持刻板印象自动生成的理论,排除了被观察者有能力并且积极抵制刻板印象的情况。[①]

媒介刻板印象的生成与控制一直是研究的重点,有学者指出刻板印象的形成有两个阶段:第一阶段刻板印象的生成更为自动;第二阶段刻板印象的运用更为有意识。换而言之,关于群体刻板印象的想法即使不是在清晰的层面上运用,在模糊的表达层面上也很容易被触发。研究者指出,模糊的刻板印象往往超越个人控制,在潜意识中进行,不需要多少精神努力。这项研究在此基础上提出了以媒介为基础的减少刻板印象的策略。通过受众中心方法和讯息中心方法的比对,通过实验来证明了两种方法对减少刻板印象生成的效果。研究参与者在阅读关于美籍非洲人的刻板的或非刻板的新闻故事后,被安排观看含有刻板词汇的实验控制录像。在词汇选择的任务中,模糊的刻板印象通过暗藏的敌对或友善态度的刻板词语进行反应测量,研究结果显示,结合受众中心和讯息中心的方法的确可以减少新闻故事中的种族刻板印象。[②]

目前刻板印象的研究显示出逐步细化和交叉化的趋势,国外学者将刻板印象与消息源研究相结合,并在研究中关注性别刻板印象这一问题。新闻报道依靠消息源去传播新闻,官方消息源通常是有头衔和男性化的。研究中通过两组调查探寻消息源如何引发女性刻板印象。当非官方新闻线索包含着模糊不清的性别信息时,个人对刻板印象的倾向就会表现出来。对伦理方面的关注度高的人则更多地将性别与消息源结合起来。[③]

刊登于《亚洲传播学刊》(Asian Journal of Communication)的一篇关于泰国女性政治家报道的刻板印象研究,再次证明媒体的刻板印象改变之困难。这项研究指出刻板报道是女性踏入政坛必须面对的问题,研究发现女性政治家面对这类报道时即使采用了有创新的应对策略,仍逃避不了媒体的刻板报道。[④]

① Dominic Lasorsa & Jia Dai. When News Reporters Deceive: The Production of Stereotypes. *Journalism & Mass Communication Quarterly*,2007,84(2):281-291.

② Srividya Ramasubramanian. Media-based Strategies to Reduce Racial Stereotypes Activated by News Stories. *Journalism & Mass Communicaton Quarterly*,2007,84(2):249-253.

③ Cory L, Armstrong & Michelle R, Nelson. How Newspaper Sources Trigger Gender Stereotypes. *Journalism & Mass Communication Quarterly*,2005,82(4):281-291.

④ Rittima Mukda-anan, Kyoko Kusakabe & Rosechongporn Komolsevin. The Thai Vernacular Press and the Woman Polictican: Stereotypical Reporting and Innovative Response. *Asian Journal of Communication*,2006,16(2):152-168.

2.媒介性别偏见研究

社会问题及性别研究推动了偏见研究的第一次热潮。20世纪二三十年代，人们开始关注偏见的社会和心理研究，这为50年代迅猛发展起来的传播学科的后期研究奠定了基础。早期国外社会学界关于偏见有零星的成果，值得一提的是18世纪英国女作家玛丽·沃斯通克拉夫特（Mary Wollstonecraft），她是最早的女权主义者。在1792年，她所写的《女权辩护》一书成为女权主义的一面旗帜。约翰·斯图尔特·米尔（John Stuart Mill）是19世纪著名的哲学家和逻辑学家，其所著的小册子《论自由》是表达自由主义人权思想最为重要的著作，它与洛克的《政府论》、罗尔斯的《正义论》并称为自由主义三大经典著作，是讲述新闻自由时必须提及的代表作品。英国学者贝斯黑莱姆在《偏见心理学》中肯定了《女权辩护》和《论自由》这两本影响重大的书籍对偏见认识的作用，他说："与这种偏见密切相关的强烈要求和激烈谴责及结论实际上都可以在玛丽·沃斯通克拉夫特的著名小册子和约翰·斯图尔特·米尔那里找到。"[①]

目前性别偏见的相关研究通常从女性主义立场出发，以社会性别理论为支撑进行分析，其中女性形象的媒体呈现是关注的重点，有不少精心设计的量化研究。有学者统计了40年来女性头发颜色在媒体中的出现情况，用以分析美国人对女性美丽的评价标准，获得了一些有趣的结论。[②] 这类通过大样本分析观察变化的研究方法在国内近年开始受到关注。较之数据分析的客观性，女性主义研究者则更倾向于批判话语分析方法，研究者们普遍认为广告赋予女性年轻、漂亮、温柔、顺从等特征是为了满足与男权价值观相符合的女性刻板印象。[③]

女性主义代表人物及其重要文献包括：西蒙娜·德·波伏娃（Simone de Beauvoir）的《第二性》（*Le Deuxième Sexe*）、汉娜·阿伦特（Hannah Arendt）的《拉赫尔·瓦伦哈根：一个犹太妇女的生活》（*Hahel Varnhagen：The Life of a Jewess*）和苏珊·桑塔格（Susan Sontag）的《反对阐释》（*Against Interpretation and Other Essays*）等。伴随着这批作品在国内被陆续译介出版，学者们对女性媒介研究的热情开始升温，卜卫、刘晓红等学者在性别与传媒交叉研究领域不断耕耘，产生了一批研究成果。

---

① ［英］道格拉斯·W.贝斯黑莱姆：《偏见心理学》，邹海燕、郑佳明译，湖南人民出版社1989年版，第209页。

② Melissa K. Rich & Thomas F. Cash. The American Image of Beauty：Media Representation of Hair Color for Four Decades. *Sex Roles*，1993，29(1/2).

③ 罗韵娟、郝晓鸣：《媒体女性形象塑造与社会变革——〈中国妇女〉杂志封面人物形象的实证研究》，《中国传媒报告》2005年2月。

受到这股女性主义热潮的影响,以广告或影视中女性的媒体呈现为题的硕士、博士论文数目相当可观,整体上有生硬照搬西方女性理论的趋势。实际上,国内女性和西方女性面临的性别偏见有显著差异。新中国成立后,国内女性在社会地位和性别平等意识方面有较大提升,社会基本实现男女同工同酬,一大批教育良好、职场优异的女性出现在大城市,女性在择偶中似乎拥有无可置疑的主动权,家庭和社会地位得到了前所未有的提高。令人振奋的表象下潜藏着诸多问题,源自男女社会分工和性别差异造成女性在长期与男性的社会竞争中最终落败,结果造成一部分女性退出甚至完全不参与社会竞争,将人生价值设定为嫁入豪门,做所谓"人生赢家",在潜意识中贬低自我性别。

女性的社会不平等有两类突出表现:一是年轻女性受消费风潮影响,表现出典型的拜金倾向,她们炫耀青春和美丽,迎合男性的审美,屈从于物质引诱,以身体的商品化方式换取渴望的财富;二是大多数已婚女性面临着严峻选择,为家庭和照顾子女做出牺牲,放弃个人事业的发展和升迁机会。学者们若从女性面临的这种不平等的社会背景入手,讨论女性媒介使用和媒体呈现,则更有现实价值。学术议题孕育于人们生活的土壤中,脱离了这种紧密联系,女性偏见或歧视研究一味西方化,容易走向模式化,失去鲜活的生命力。比如,当前女性刻板研究通常发现广告中女性被定位于家庭、在两性关系中处于弱势地位,这类论述以西方观念为先,缺乏对社会深刻的洞察和精密的哲理思辨,深刻之作寥寥无几也就可以理解了。而以统计方法进行数据收集和分析,进而检验理论,无疑是对学者们的学术训练水准的考验,大多数量化之作以现有模式照搬照抄,从研究开始便未期待有新的发现,最终也只能沦为他人研究的验证之作。

3.新闻报道中的偏见研究

新闻报道中是否存在偏见这一问题被海外传播学者一再论及,[1]具体论述各有侧重。媒介偏见的研究与新闻客观性争论有一定关联,承认媒介偏见的无法避免,同意不偏不倚的新闻报道是理想化的态势,已成为多数学者的态度。《媒介论争:19个重大的问题的正反方辩论》一书以专门章节对两者做了辩论式的分析,最后的结论是新闻不可避免地带有偏见。[2]

台湾学者彭家发在《新闻客观性原理》中对新闻客观性进行了全面的分析

---

① 请参阅 Dickson, S. H. Understanding Media Bias: The Press and the U, S, Invasion of Panama. *Journalism Quarterly*, 1994, 71:809-819; Starkey, Guy. *Balance And Bias in Journalism*. Basingstoke: Palgrave Macmillan, 2006.

② [美]艾弗里特·E. 丹尼斯、约翰·C. 梅尔尔:《媒介论争:19个重大的问题的正反方辩论》,王纬等译,北京广播学院出版社 2004 年版,第 56—61 页。

和梳理,提出了"新闻不客观""新闻不可能客观"和"新闻不必客观"的观点。①
联系客观性的提出背景和发展历史,对新闻客观性的理解将会更为全面。在彭
家发看来,深刻地认识客观性的意义,需要对新闻学中提到的三种真实予以区
分:社会真实(social reality)、媒介真实(media reality)和主观真实(subjective
reality),就能够了解新闻客观性存在着有限性条件,换而言之,即新闻的绝对客
观意味着永远也无法达到社会真实。

　　肯定媒介偏见的存在包含了对媒介公正的背离,新闻客观性表面与媒介公
正问题看似接近,牵涉的研究范围有所重合却又显现出极大不同。媒介公正问
题属于媒介伦理学方面的问题,媒介偏见和媒介公正属于不同的研究领域。有
偏见的新闻其客观性当然无从谈起,更多时候媒介偏见作为隐藏的态度包裹在
新闻客观性的外衣之下,给媒介偏见研究带来难度。

　　欧洲媒介偏见的研究必须提及格拉斯哥媒介组(Glasgow University
Group)的工作。其研究从新闻报道角度入手,成果包括了从 1974 年开始发表
的一系列的著作:《坏新闻》(*Bad News*)(1976),《更多的坏新闻》(*More Bad
News*)(1980),《真正的坏新闻》(*Really Bad News*)(1982),研究组得出的结论
是:"媒介并不总是像传统新闻学声称的那样客观,也并不总是站在政府对立的
立场上来反映真实。"②

　　尼克·史蒂文森(Nick Stevenson)承认格拉斯哥媒介组对电视偏见研究在
当时的创新之处和对以后大众传播探索的影响,指出其评论立论正确,但存在
一些明显的论证失误:"格拉斯哥媒介组的主要弱点,在于他们所作的关于受众
阐释性的诸种假设、对客观性诸问题的迷惑以及对体制问题缺少分析。"③史蒂
文森指出格拉斯哥组的研究在设计上存在着预定的偏向性,得出的结果自然失
之偏颇。

　　这场学术批判说明了偏见研究易暴露出内容分析的可靠性问题。媒介产
品是否有偏见仅凭学者观点评定会失之于武断,偏见作为特殊的研究主题,潜
在地总是与公正客观联系在一起,研究者如何保持自身的客观态度显得尤为重
要。就格拉斯哥媒介组研究来说,确有招致批评的客观原因,但其工作引发了
学者对媒介偏见问题的关注,仍然具有重要的意义。

---

　　① 彭家发:《新闻客观性原理》,台北三民书局 1994 年版,第 3—8 页。
　　② [英]约翰·埃尔德里奇主编:《获取信息:新闻、真相和权力》,张威、邓天颖主译,新
华出版社 2004 年版,第 8 页。
　　③ [英]尼克·史蒂文森:《认识媒介文化——社会理论与大众传播》,周宪、许钧主编,
商务印书馆 2003 年版,第 46 页。

　　相较于欧洲的批判主义传统,美国媒介偏见研究的实证主义倾向更为明显。研究者常以各类竞选为研究对象,进行媒介偏向性的量化研究,研究目的是确定媒体是否存在自由主义或保守主义的偏见,以及偏见是否影响到公共舆论和对事件的看法。有学者在研究选举行为时指出,从政治传播角度来看,新闻偏向是在处理单一候选人、单一政党与议题单一面向时所造成的系统性差异,无法公平地处理意见市场中所有声音就是一种偏向。[①]

　　一项有关媒介偏见影响的调查,参与者均为大学生,其中大学本科生 67人,专科生 34 人,参与者被展示布什和克里竞选辩论的照片和消息。参与者完成了相关的评论调查,被测群体在展示材料前后的态度差别证明了新闻编辑的重要作用,也说明了偏向性的存在。[②]

　　美国近年的研究热点是自由主义偏见(liberal bias)的讨论,研究集中于新闻报道中是否有偏见(自由主义偏见中,很多时候 bias 只能作偏向或倾向理解,此处仍一并讨论)。[③] 引发轰动效应的当属 2002 年伯纳德·戈德堡(Bernard Goldberg)的《偏见:CBS 知情人揭露媒体如何制造新闻》[④]一书,它抨击了美国主流媒体在新闻报道中的偏见。戈德堡本意并非要揭美国新闻报道偏见之短,主要指责对象还是美国主流媒体的"自由派偏见"。对研究者来说,此书的意义在于提高了媒介偏见现象的关注度,提供了一些政治偏见影响的现实案例。

　　自由主义偏向的存在也得到大量的数据和事实验证。媒介研究中心(Media Research Center)的调查数据和报告一直是业内的权威,最近发布了媒

[①]　Stevenson, R. L. & Greene, M. T. A Reconsideration of Bias in the News. *Journalism Quarterly*, 1980, 47:115-121.

[②]　August John Hoffman & Julie Wallach. The Effects of Media Bias. *Journal of Applied Social Psychology*, 2007, 37(3):616-630.

[③]　自由主义偏见的热烈讨论可以参看以下书籍:S. Robert Lichter, Stanley Rothman and Linda Lichter. *The Media Elite: America's New Powerbrokers*. Bethesda: Adler Pub Co., 1986. 本书将新闻记者的政治观点与普通民众的投票相比对,对媒介精英有所论述;Ann Coulter: Slander. *Liberal Lies About the American Right*. New York: Crown Publishers, Inc., 2002. 本书指向对美国电视和印刷业的广泛的自由主义倾向的批判;Bob Kohn. *Journalistic Fraud: How The New York Times Distorts the News and Why It Can No Longer Be Trusted*. Nashville: Thomas Nelson Inc., 2003. 本书则将批判的对象直接指向了《纽约时报》;Tim Groseclose. *Left Turn: How Liberal Media Bias Distorts the American Mind*. Macmillan: St. Martin's Press, 2011. 本书批评美国自由主义的媒体偏见对人们的观念误导。

[④]　伯纳德·戈德堡在 2003 年出版了 *Arrogance: Rescuing American From the Media Elite* 一书,继续了对偏见问题的研究,但这次他将矛头指向自以为是、自大傲慢的媒体巨头,强烈指责其报道中的党派偏见。

介自由主义偏见的特别报告,开篇就指出在过去的 25 年中,不断有调查证实新闻工作者比其他美国人更多地具有自由主义倾向。这在新闻工作者为自由主义党派的投票统计数据中有明显表现。从 1964 年到 2004 年的美国总统大选中,共和党 7 胜,民主党 4 胜。但如果新闻工作者的选票被计数,民主党将获得每次大选。从 1978 年到 2005 年的调查显示,新闻工作者较以往更易承认个人的自由主义倾向,并且比大多数公众的偏见更为显著,同时记者们反对保守主义的立场。十分之九的美国人认为记者有时或常常让他们的个人观点影响新闻,而这更多地表现为自由主义的偏见。对很多记者反对自由主义偏见影响报道的指控,也有一些记者承认从自由主义角度报道的新闻不在少数。①

对自由主义偏见的批评甚嚣尘上时,有少数学者提出了反对性意见,艾特曼(Eric Alterman)的《什么是自由主义媒体? 关于偏见和新闻的真相》(*What Liberal Media? The Truth About Bias and the News*)一书指出媒介的自由主义倾向毫无根据,并且探寻了保守派要宣扬这一神话的原因,以及为什么专家、智囊团、媒介从业人员要宣扬这种观点,这些力量汇集如何影响了 2000 年的美国总统大选。在作者看来,媒介完全由保守主义者控制,才会形成表面的自由主义倾向指控或骂名。他们取消了显示才智的政治讨论,减少过于复杂的争论,将选民的选择二元对立化才是事实的真相。②

海伦·托马斯(Helen Thomas)的《民主的看门狗? 华盛顿新闻界的没落及其如何使公众失望》是近年媒体内部对媒介的又一次批判。她以白宫记者团资深记者的身份透露了权势操纵新闻的内幕,直指这是新闻偏见产生的重要因素,对此过去总是以隐晦的方式提及。塞利诺(Robert Cirino)也持类似看法,他谈到西方媒体对新闻的偏见报道和扭曲,并揭露其歪曲、引导和利用舆论的过程。③ 虽然大多数新闻从业者仍保持沉默,但不可否认的是,这种新闻业内部发出的批评之声是对媒体自诩的公正客观有力的抨击。

新闻组织对偏见影响的研究成果卓著,值得提及。近年国内译介了美国 20 世纪 70 年代新闻室研究的理论代表著作:塔奇曼(Gaye Tuchman)的《做新闻》(*Making News*)和甘斯(Herbert J. Gans)的《什么在决定新闻》(*Deciding*

---

①　MRC. Special Report：An In-depth Study, Analysis or Review Exploring the Media, www. mrc. org,2009-01-08.

②　Eric Alterman. What Liberal Media?：The Truth About Bias and the News, http://www. whatliberalmedia. com,2009-01-02.

③　Robert Cirino. *Don't Blame the People*：*How the News Media Use Bias, Distortion and Censorship to Manipulate Public Opinion*. New York：Random House of USA,1972.

What's News)。框架理论对新闻无法做到绝对的公正和客观,时常发生偏向性的原因,提供了一种阐释。框架是新闻记者新闻选择时的依据,是人们对世界的解释与思考,也是客观向主观转换的重要过程。框架既有经验作用,也有社会意识影响,这与偏见的发生有一定类同之处。作为框架理论中影响较大的质化研究佳作,塔奇曼的《做新闻》从当时众多的媒介对选举、购物行为影响研究中突围而出,他将关注目光转向了媒介组织,开辟了后来新闻学的组织研究的开端。甘斯对新闻组织各环节的观察和分析方便了人们对偏见发生的考察。甘斯认为影响新闻的最重要因素是政治社会权力对新闻机构的影响以及新闻机构对效率的重视。

对新闻机构各具体环节的偏见造成的传播偏差的研究屡有佳作问世,吉特林(Todd Gitlin)的《新左派运动的媒介镜像》(*The Whole World Is Watching*:*Mass Media in the Making and Unmaking of the New Left*)一书采用案例研究法,讨论了大众媒体对政治运动的影响及政府管制、自由派偏见、政治精英等热点问题,相关内容在本书第八章亦有涉及。这批学者探讨了新闻的偏见或非客观现象后其实已暗含了一种潜在的态度,即承认新闻在组织生产过程中很难完全避免偏向性的产生。

4.媒介偏见的传播学研究

种族歧视是偏见发展为社会问题、种族矛盾集中化的体现。在北美地区,因为历史原因,不同种族间遗留着大量的偏见。媒介是否抱有种族偏见一直是人们关注的话题,北美作为传播学实证研究的根据地,相关量化研究数量极多。传播学界关于偏见的研究可追溯到传播学四大先驱之一的库尔特·勒温(Kurt Lewin,也译作卢因)。他以团体与行为改变方面的研究闻名于世,他关心种族冲突问题和社会偏见问题,指导了社团中集体住宿对偏见影响的研究和儿童偏见的发展和预防研究。这种群体偏见的影响研究引发了社会的关注。勒温的成果推动了对集体偏见行为研究的发展。他采用实验设计法来验证偏见是否存在,特别是在小型群体偏见研究方面贡献突出。"他指出环境对理解人类行为的关键意义,他对一致性的偏见行为有重要的贡献,因为只有当社会心理学家自己认识到环境重要性的时候,他们才想到去向普通人对此发问。"[①]勒温的研究多集中于社会学角度,并未向传播学方向深入开拓。

"二战"后德国法西斯对犹太人的偏见宣传引发了一系列重要的研究论著

---

① 　Daniel T. Gilbert & Patrick S. Malone. The Correspondence Bias. *Psychological Bulletin*,1995,117(1):25.

问世。对德国的反犹偏见研究产生了伊丽莎白·诺埃勒-诺依曼(Elisabeth Noelle-Neumann)1974 年出版的《沉默的螺旋:舆论——我们的社会皮肤》(*The Spinal of Silence : Public Upinion—Our Social Skin*)这部重要著作。诺依曼对 1971 年德国大选的调查结果进行分析,发现人们具有分辨"多数意见"与"少数意见"的能力,而且能够感觉到"支持"与"反对"观点流动的频率。她从 20 世纪 40 年代博士论文写作时就开始关注舆论问题,寻求用新的理论来解释自己的发现,虽然"沉默的螺旋"假说不能算是真正意义上的理论,却因极具探索魅力,成为理论驱动器,吸引大量学者不断进行验证研究。

传播批判学派对偏见和受众心理等问题的积极研究,最著名的作品是西奥多·W. 阿道诺(Theodor Ludwig Wiesengrund Adorno)的《权力主义人格》(*The Authoritarian Personality*,又译作《权威人格》)。其研究结果显示出受众不同的性格对偏见接受会有很大的影响。E. M. 罗杰斯评价道:"1950 年前,偏见研究在美国的心理学家中并不流行,《权威人格》引发了大量研究。"①实际上,这次研究对传播学也同样意义重大,有助于人们从接受角度研究媒介偏见宣传产生的心理影响。

传播研究的发展推动了媒介偏见研究在本学科领域的深入展开。《传播学研究》(*Communication Research*)、《传播理论》(*Communication Theory*)、《媒介、文化与社会》(*Media, Culture & Society*)、《政治传播》(*Political Communication*)等高影响力的学术期刊,对媒介偏见的各方面研究均有涉及。国际传播学界的重要理论刊物《新闻和大众传播季刊》(*Journalism and Mass Communication Quarterly*)和《传播学刊》(*Journal of Communication*)上常有与媒介偏见相关研究成果发表,对偏见与性别、种族等问题研究成果较多。20 世纪八九十年代,西方的新种族主义思想开始重新活跃,持坚定批判立场的学者们对新闻界在报道中表现出的种族偏见给予了真实的记录和深入的思考,对具体的种族歧视表现如反黑人、反犹太人和反华人等现象亦十分关切。

新闻编辑部的一项种族偏见研究,整体检视了美国都市类日报的故事模式,通过内容分析的记录发现,非洲裔美国记者所写的大多数关于少数族群的故事,白人记者大多数采访的都是政府和商业部门。研究为此还进行了焦点访谈,在与记者们访谈后研究组确信,少数族群成员的经历有助于报纸提高少数族群事务报道的覆盖面。只有当他们谈到少数族群记者和相关话题时,各族记者们才谈到族群的多样化。而白人的和谐自如之处在于,当报道大规模白人群

---

①　[美]E. M. 罗杰斯:《传播学史——一种传记式的方法》,殷晓蓉译,上海译文出版社 2005 年版,第 106 页。

体的政治和商业事务时,没有记者想到白人的地位这个问题。① 这类适合媒介偏见的定性研究方法在国内已开始更多地采用,需要注意对前期的预想、设计和论证予以充分考虑,并在质化各环节中进行良好控制。

20世纪三四十年代初兴起的法兰克福学派达到了西方政治传播批判的顶峰,瓦尔特·本雅明(Walter Benjamin)、赫伯特·马尔库塞(Herbert Marcuse)、尤尔根·哈贝马斯(Jürgen Habermas)等哲学大师的深刻著作探讨了媒介权力与控制、媒介制度等问题,这一学术发展的大背景引导人们将偏见这一传播行为放在社会、政治、文化等系统中考察,学者们开始注重思考媒介与政府等多重关系及它们相互间的影响作用。

政治传播学领域相关成果有两本书值得关注,其一是兰斯·班尼特(W. L. Branet)的《新闻:政治的幻象》(News: The Politics of Illusion),作者从政治学角度考察了新闻的偏向性,不无忧虑地指出因为明显的政治倾向性,公众对政治新闻失望至极,选择关掉政治新闻频道转向其他节目,即使每天关注新闻的人也被愤世嫉俗和负面报道搞得对政治和公共生活不再有信心。② 作者对政治影响下的新闻倾向性采取审慎的批判态度,除了论述政治对新闻的影响,他还注意到受众政治信息体系各方面的相互影响,此方面的延伸拓宽了政治新闻偏向性研究的论述思路。

另一部重要的著作是《维系民主? 西方政治与新闻客观性》(Sustaining Democracy? Journalism & The Politics of Objectivity),全书从社会政治学观念出发对新闻内容客观性维持的机制逻辑给予分析,作者罗伯特·哈克特(Robert A. Hackett)揭示了掩藏于新闻判断中的价值观影响,其中关于价值判断和意识形态对新闻客观性的影响的相关论述较为深刻。

(二)国内研究的几次热潮

1."妖魔化中国"

国内对媒介偏见的研究有过几次集中讨论:20世纪90年代开始的西方媒体的对华偏见的研究是第一阶段。在这一阶段,出现频率最高的词是"妖魔化中国"(demonizing China),这一概念根据李希光和刘康谈话的内容整理而来,

---

① David Pritchard & Sarah Stonbely. Racial Profiling in the Newsroom. *Journalism & Mass Communication Quarterly*, 2007, 84(2): 231.

② [美]W. 兰斯·班尼特:《新闻:政治的幻象》,杨晓红、王家全译,当代中国出版社2005年版,第95页。

曾以《如何看待美国主流媒体的对华报道——一位旅美记者与留美学者的对话》发表,1996 年出版的《妖魔化中国的背后》一书令"妖魔化中国"为人所熟知。随后中美关系史上连续发生一系列重大事件,西方媒体对华报道存在着偏见和"妖魔化"的提法引起普遍关注。李希光后来在《魔化中国:对美国媒体的批评分析》(英文版)、与刘康合著的《妖魔化与媒体轰炸》(1999)及《中国有多坏?》(1999)中持续探讨"妖魔化"现象,他试图告诉人们:"塑造一个国家的国际形象,媒体的作用是关键。西方媒体妖魔化中国媒体,首先是破坏形象塑造者自身的形象……在信息传播方面,中国要学会用国际社会所能接受的媒体与传播的方式、语言、角度,来塑造自己的国际形象。……这是一场非常严峻的较量。但是中国别无选择。"①李希光、赵心树在 2002 年出版的《媒体的力量》一书,继续以一系列中美冲突案例对美国主流媒体的对华报道进行研究。《看得见的手——国际事件中的传媒》则延续了这一话题,从国际传播角度对国际传播事件予以记录,特别收集了大量西方媒体对华不公正的报道。以上书籍均为描述性质的探讨,支持西方媒体对华存在"妖魔化"报道的说法。

对国内民众和媒体关注的"妖魔化中国"的问题,西方学者给予了不同的理解。2002 年 12 月 12 日,清华大学国际传播研究中心举办了"美国媒体与中美关系"座谈会上,李希光就"妖魔化"中国发言后,《纽约时报》驻北京分社社长康锐(Erik Eckholm)解释说:"……通常很多的中国读者,包括一些专家,并没有全面地看待我们驻华记者对中国的报道。一篇关于外交政策或批评政府、批评人权状况的文章就会被传来传去,外交部会有所反应。而我们那些关于中国婚礼习俗、胡同里的日常生活、老年人在公园组织合唱团这些很正面、富有人情味的报道却被忽略了。……我反对单纯用'正面'或'负面'来考虑问题,也反对仅仅以'中国的朋友'或者'中国的敌人'来判断一个记者。"②康锐认为东西方的报道思路、报道方式、兴趣点、接受的差异都可能造成"妖魔化"的误解,他的回答可以看作对当时国内普遍批评的西方对华偏见的一种补充说明。

2. 国际传播中的国家形象问题

"妖魔化"问题引发政府和学者们开始思考对外报道中如何保持中国国家形象(country image)的问题。保持东西方媒体报道的平衡成为策略研究的重点,问题因软实力(soft power)等热点话题讨论而受到国内关注。作为政策制定基础的实际研究内容包括:了解他国受众对中国的认知,进行国际传播与国

---

①　李希光、刘康:《妖魔化与媒体轰炸》,江苏人民出版社 1999 年版,前言第 6—7 页。
②　郑思礼、郑宇:《现代新闻报道理解与表达》,云南大学出版社 2004 年版,第 3 页。

家形象的建构,避免西方偏见对中国国家形象的损害,以及如何提高中国政府的声誉,树立更好的中国国家形象等。清华大学国际传播研究中心对此已有部分研究成果,其出版的《全球传媒报告》中对当前中国国际传播中的障碍进行了相应的策略分析。

研究西方主流媒体对华偏见的还有刘继南、何辉等所做的"中国国家形象传播现状及对策研究",对世界主流媒体对中国的报道进行了内容分析,形成了8份内容报告,试图从量化的方面证实和分析西方媒体对华报道存在不全面和非客观的现象。[①] 西方学者对此问题同样关注,有学者使用内容分析法,通过历史回溯对《时代》杂志照片、图片、漫画和评论进行分析,以朝鲜战争、台海危机、冷战期间、尼克松访华几个阶段研究,观察西方主流媒体报道对中美关系的影响,研究结果指出《时代》在 20 世纪四分之三的时间内极大影响了美国关于中国的舆论走向。[②]

随着 1991 年对伊战争的爆发,美国国内媒体在战争时期的爱国热情高涨,影响了其一贯的客观冷静的报道风格。我国学者批评福克斯(FOX)电视台的偏向,并指出"利用爱国主义和国家利益误导受众,不是致力于让受众知情,而是使用影射、暗示和渲染的新闻手法,说服受众接受某种政治观点。同时,通过对政府的舆论支持,反过来谋求和巩固自己的舆论领袖地位,最终实现商业利益的最大化",文中对福克斯电视台的战争中媒介偏见的表现分析提及媒介偏见的政治和经济的原因,并从新保守主义抬头和媒体垄断进行初步解释。[③] 虽然论述并不深刻,但提及了媒介偏见战时特殊表现以及媒体利用商业可获经济利益的分析,这两点将在第六章和第八章中重点分析。

3. 弱势群体研究

"弱势群体"一词自 2002 年朱镕基总理在政府工作报告中提出后被媒体频频使用,广为传播。它指政治经济地位较低,社会影响力较弱的人群,是国内偏见问题的主要对象。媒介对弱势群体现象的研究在 2004 年达到相当的数量。"弱势群体"这一社会学词语被传播学借用成为国内偏见研究的重要概念,新闻研究者将目光集中在媒体对农民工的歧视中。有学者将媒体对弱势群体报道

---

① 刘继南、何辉等:《镜像中国——世界主流媒体中的中国形象》,中国传媒大学出版社 2006 年版,第 1—4 页。

② David D. Permlutter. *Picturing China in the American Press：The Visual Portrayal of Sino-American Relations in Time Magazine*, 1949—1973. Lanham：Lexington Books, 2007.

③ 毕竟、范旭:《从福克斯现象看美国的媒体偏见》,《传媒》2005 年第 5 期,第 61 页。

的问题归纳为对弱势群体的"歪曲""利用"和"轻视"①;也有从弱势群体的媒体近用权和话语权的方面进行研究,谈及媒介素养的重要性,认为要改变弱势群体现状,必须"提高弱势群体的个人素质和知识水平,培养弱势群体的媒介素养,提高他们利用媒体的能力"②。对弱势群体的媒体呈现以及媒体对待弱势群体的态度探讨最多。学者们对在社会环境和营利压力下媒体不能够平等对待公众,嫌贫爱富的风气提出批评。

弱势群体的研究焦点集中于农民工等弱势群体的媒体呈现。对弱势群体的媒体弱势成因有学者从经济角度进行分析,认为这是由媒介资本的逐利性决定的。③有论文对"农民工"弱势社群的新闻报道进行实证考察,是弱势群体报道中不多的量化分析之作。研究设立了3个变量:新闻总量、新闻主角、新闻主题分布的累积,这在量化研究中略显简单,但大致勾勒出整体的发展情况;④也有学者将媒介生态学观念放入媒介偏见进行论述;⑤对如何避免和消除媒介偏见有学者提出加强媒介素养作为对策。⑥

随着媒介市场化倾向的日渐明显,偏见的批评对象转向了媒体自身。有学者将"媒介歧视"定义为"传媒不能够平等地对待分布于不同社会阶层的人群,歧视弱势群体即处于阶层低端和社会边缘位置的人群"⑦,将发生传媒歧视的原因归为"市场定位"和"信息成本";赵志立对传媒的歧视现象分析后认为"所谓主流人群并不一定就代表着主流,也不能成为有导向作用的'媒介领袖'"⑧,批评新闻媒介一味向主流人群倾斜的做法,认为根源存在于媒体对"弱势群体"的歧视。媒体的商业化促发了媒介偏见在态度和行为上的表现,媒体歧视的研究

---

① 刘光:《大众传媒对弱势群体的歧视》,《青年记者》2006年第5期,第59页。

② 高榕:《试论弱势群体媒介话语权的维护》,《安阳师范学院学报》2005年第6期,第152页。

③ 魏敏钢:《中国媒介资本的流向及其对弱势群体话语权影响》,《声屏世界》2006年第11期,第16—17页。

④ 李艳红:《新闻报道常规与弱势社群的公共表达——广州城市报纸(2000—2002)对"农民工"报道的量化分析》,《中山大学学报(社会科学版)》2007年第2期,第116—123页。

⑤ 龙绪高:《媒体弱视偏见:媒体生态失衡的始作俑者》,《声屏世界》2005年第11期,第16—17页。

⑥ 胡辉平:《传播偏见与媒介素养教育》,《安徽职业技术学院学报》2006年第3期,第73—76页。

⑦ 樊葵:《当代信息传播中的传媒歧视》,《当代传播》2003年第5期,第51—52页。

⑧ 赵志立:《传媒歧视,正在倾斜的社会公器》,《广告大观(媒介版)》2006年第6期,第22页。

内容继续展开,有身份歧视①、媒体语言中的歧视②、媒体法制栏目中体现的地域歧视③等。

媒介偏见研究选题与社会现实结合紧密,国内研究集中于国际关系中的国家形象构建和商业化背景下的媒体表现这两部分,与国外的媒介研究相比,挖掘不够深入,无论是在研究深度、方法设计还是论证细化上,都存在相当差距。

但近年国内学者开始关注将媒介偏见视为整体的理论研究,成果多在学术著作中体现。李岩的《传播与文化》有两个章节分别对传播与弱势群体和媒介偏见两方面问题进行了整体说明,谈及媒介偏见在体育、政治方面的表现,将其视为一种传播文化现象加以讨论。④

赵雅文的《全球化与国际平衡传播》主要论述国际传播在全球化背景下的传播技术与平衡传播,在具体章节中涉及了媒介偏见,提出了解决媒介偏见的方法,认为是传播不平衡的态势造成了媒介偏见的局面:"他们占据着全球70%的信息总量,他们也由此形成了最为显性的媒介偏见,因此禁止传播的垄断与霸权是解决媒介偏见的重要途径。"⑤全书单一的国际传播视角造成解释的牵强,媒介偏见产生因素是多样的,简单的关联和逻辑缺乏容易产生论证的偏颇。

我国台湾地区的周树华、阎岩近年对媒介偏见理论的研究颇具价值。他们在《敌意媒体理论:媒体偏见的主观感知研究》中提出了敌意媒体效应理论,认为对某个事件持相反意见的对立双方都会认为均衡的媒体报道是对己方带有敌意的。这种差异化的感知是一种主观心理现象。此外,敌意媒体效应还体现在人们对信息本身的判断受到既有刻板印象的显著影响。他们认为媒体立场、信息来源以及媒体到达程度等都影响着人们的媒体偏见感知。这些外部信息先于新闻而被人们接触到,从而铺垫了人们对新闻本身的判断。⑥这种属于对媒介偏见接受和感知心理的解释,还需要更多验证。

阎岩和周树华在2014年年末发表的《媒介偏见的客观存在与主观感知》是目前所见对媒介偏见最为全面的综述,囊括了媒介偏见的影响因素、表现形式

---

① 袁敏杰:《媒体,警惕身份歧视》,《新闻战线》2005年第5期,第51页。

② 李腊花:《新闻媒体语言中的性别歧视》,《华中农业大学学报(社会科学版)》2004年第3期,第75—78页。

③ 周立:《刍议中国电视法制报道的地域歧视》,《新闻实践》2004年第1期,第48—50页。

④ 李岩:《传播与文化》,浙江大学出版社2009年版。

⑤ 赵雅文:《全球化与国际平衡传播》,新华出版社2007年版,第119页。

⑥ 周树华、阎岩:《敌意媒体理论:媒体偏见的主观感知研究》,《传播与社会学刊》2012年第22期,第187—212页。

等多方面,文章集中梳理了媒介偏见的客观表现与主观感知的重要文献与观点,与本书整体论述有多处思想共鸣,只是细部论述中存在一些分歧。①

(三)研究取向和方法分析

布伦特·博泽尔(Brent Bozell)作为美国媒介研究中心(Media Research Center)的创办者,对媒体偏见问题有着深刻的认识。他与布伦特·贝克(Brent Baker)在《媒介偏见指导手册》(*And That's the Way It Isn't？A Reference Guide to Media Bias*)中对当前媒介相关研究方法进行了归纳,这些研究主要是为了证明偏见是否存在而设计的。他们列举了7种证实方法:(1)对记者,尤其是精英媒体的记者,以及新闻专业学生的政治或文化态度进行调查;(2)对记者先前所属媒体进行研究;(3)对知名记者对政治以及对记者职业的应当秉持的信念的话语进行收集;(4)通过调查电脑词语的使用和主题分析来确定内容与标题;(5)对新闻内容所推荐政策进行研究;(6)对新闻与娱乐媒体提出的议程和政治人物或其他活动家提出的议程进行比较;(7)对正面和负面报道进行分析。② 概括非常全面,囊括了目前西方媒介偏见的主要研究方法。但西方媒介偏见的量化研究数量较多,存在的问题是研究数据只能说明某一新闻事件,如果脱离研究语境(context)和具体情境(situation),所获资料很难有推广意义,还有些量化资料则是人为诠释的结果,需要仔细甄别。

马丁·李(Martin Lee)与诺曼·所罗门(Norman Solomon)在《靠不住的信源:新闻媒介的偏见导论》(*Unreliable Sources：A Guide to Detecting Bias in News Media*)一书从信息源的影响因素着手分析,包括媒体决策者个人数据评估;对影响信息和娱乐内容的广告源和广告内容进行比较;对政府宣传的程度和公共关系产业对媒体的影响进行分析;研究媒体对专家和发言人的利用;对企业或商业协会付给记者的酬劳对新闻报道可能产生的影响进行研究。③

新闻媒体的偏见研究大多采用内容分析法,通过样本分析,对主题进行探讨,推断媒体传播时是否带有偏见,最终证明偏见是否成立。这种偏见研究方式结合语言学的话语构成进行新闻报道分析则更为客观,可操作性强。麻省理工学院教授、公共知识分子乔姆斯基(Avram Noam Chomsky)极擅长这种批评

---

① 阎岩、周树华:《媒体偏见:客观体现和主观感知》,《传播与社会学刊》2014年第30期,第227—264页。

② 转引自莲子:《媒体偏见的分析工具》,《国外社会科学》2004年第6期,第117—118页。

③ Martin Lee, Norman Solomon. *Unreliable Sources：A Guide to Detecting Bias in News Media*. New York：Carol Publishing Group,1991.

性话语分析的理论框架,他从分析具体的新闻报道文本出发,揭示了新闻文本中某些形式和结构可能具有的意识形态意义。①

国内有熊伟同样采用话语分析法对偏见进行了研究,他的《话语偏见的跨文化分析》将批评性话语分析理论和方法与其他相关理论结合起来,以三个话语维度为基本架构,即文本分析、话语实践和社会实践,来透视跨文化传播中的话语偏见问题,整体研究具有一定深度。

从符号学角度进行的话语分析的研究甚为多见,一般通过分析新闻的文本组织、考察话语和意义的生成和展开。符号学的方法过于依赖文本分析,虽然努力揭露媒体背后隐藏的意识形态,却因视野局限忽略媒介偏见发生的背景差异,有一叶障目、不见泰山之感。

当前对媒介偏见问题的研究水准,我国与西方国家还存在较大的差距。国内具备规模的相关量化研究和实验测量数据很少,也不具备普遍意义,调查数据获取和数据分析的科学性不够,大部分研究停留在对具体媒介偏见事件发生时的解释和文本意义的探寻上。研究方法没有高低之分,却有适合与否。通过前文综述对媒介偏见的整体研究方法总结后发现,依据目的和出发点采取定性、定量方式都是可行的。在大规模的研究中,焦点访谈、调查研究等方式都十分重要。国内偏见研究还停留于个人对偏见事件描述性层面对偏见事件发生原因的解释和偏见文本的意义探寻。没有真正组织过大型的调查研究,即使是调查也是形式大过实质,缺乏事前预想和充分设计,在设计之初就未曾期待有重要的发现,结果分析中自然难以获取有价值的观点。

三、研究方法和思路

本书期望从媒介研究(media studies)角度出发,将媒介作为偏见行为的主体和传播渠道,考察媒介偏见的传播和接受,分析偏见的影响因素,探寻媒介偏见形成的根源。这并非伦理层面的考察或道德至上的简单批判,也非传播者偏见心理的分析,而是期望对媒介偏见事件的发生根源给予深层次的解读。

遵循媒介偏见探究的思路,需要解释以下一系列问题:媒介偏见从何而来,如何传播? 媒介偏见如何被受众接受和再生? 媒介偏见有无产生的机制? 如果有,其运作形态如何? 媒介偏见可以控制吗? 如果可以,该如何控制? 在文

---

① 熊伟:《话语偏见的跨文化分析》,武汉大学出版社 2011 年版。

献综述和资料查阅基础上,本书形成了几点理论预设,在此先作一陈述。

第一重理论假设:媒介偏见存在且无可避免。

媒介内容和态度上存在着偏见,这不仅表现于艺术化的影视产品中,甚至同样存在于号称公平客观的新闻产品内容中。偏见背离事实,是武断的态度和否定的思想。对这种与事实偏离的思想不予重视会导致歧视行为的发生,而偏见思想由媒体表现出来,其辐射范围和渗透强度会带来巨大的社会危害。

对于媒介偏见的无可避免,在此可以进行简单论证:

首先,偏见存在且无可避免,这在认知心理学和社会心理学研究中都得到了证实。偏见的前期表现形式——刻板印象具有一定的认知正面意义。认知偏见即刻板印象能帮助人们接纳信息、高效率地做出判断,指导行为方式。在日常交往中,人们在接受他人经验时也会同时接纳其中包含的态度偏向。因此,无论是从心理学还是从认知经验角度来看,偏见都难以避免。

其次,事实与新闻的关系并非完全对等。新闻学理论指出新闻是对新近发生的事实的报道,事实是新闻的本源,是第一性的,但对具有新闻价值事物的转述或报道过程难免会带上个人的思想烙印和痕迹,这为媒介偏见的发生提供了可能。

最后,正如媒介公平是人类的永恒目标和新闻从业者的理想,媒介偏见却是一种无可避免的现实存在。只要在人类头脑中存在着偏见,现实生活有偏见存在的土壤,偏见就不会灭绝,甚至在一定条件下还会不断滋生,在人群中传播,实现复制,通过大众传媒获得便捷、有效的渠道,再大范围地散播,达到受众头脑,完成偏见的再生产。

第二重理论假设:在现实中存在媒介偏见的产生和触动机制。

对生活中普遍存在着偏见这一点,细加思量后,人们或许只能不情愿地承认。若要承认现实中存在媒介偏见的产生和触动机制,这种大胆的假设一定会遇到诸多反对意见。最有力的反驳应该来自于这一条:如果存在着偏见机制的话,媒介为何对此无动于衷?对新闻媒体来说,报道事实、查询事实真相、传递真实信息是本身的功能,媒介偏见因何能绕过重重新闻审查到达受众,这明显是与媒介本身的真理追求取向相悖的情形,受众又为何毫无疑虑地接受它?这里突出体现的媒介责任与功能的矛盾该如何理解?

关于偏见机制社会心理学已经提供了许多有价值的研究理论,最为著名的当属群体冲突理论(realistic group conflict theory)①,它由坎贝尔(Campbell)在1965年首先提出,理论认为:偏见是群体争夺资源或权力的必然结果。理论指出,现有的制度化的偏见是一种社会利益格局的结果。新的偏见产生,又为打破各种现存的竞争埋下伏笔。本书认为,社会偏见的存在就是媒介偏见的机制基础。另一重考虑则应从媒介与其他社会存在的联系入手。这种社会机制深藏于社会整体结构中,巧妙而隐蔽,对此解释说明时应联系媒体和其他现实影响因素予以考察,比如政治势力、党派、意识形态、新闻组织机构等。

学者 C. R. Hofstter 在对1972年美国电视竞选的研究中提出了"结构性偏见"(structual bias),这与本书关于偏见机制的构想在词面上非常相近。这是在对1972年大选中电视网报道的研究成果分析中提出的。② 这一研究是对竞选过程中新闻党派偏向性的实证考察,但作者用结构性偏见解释上下文的信息和新闻编排组织中表现出的偏向性(contextual information and the problem of structural bias),与本文论述的存在于社会各关系层面的结构性偏见有较大差异。

第三重理论假设:政治是媒介偏见机制的推动力。

既然假设媒介偏见存在,且有形成机制,那么接下去的问题更加顺理成章了:机制在特定情形下会发生运行,究竟是什么力量触发这机制的呢?换言之,触发机制的原动力是什么?以马克思主义社会历史发展观来看,偏见是一个历史范畴,它伴随着阶级和社会的发展而出现。学者们认为偏见的成因有社会政治、经济因素的影响,其产生之初是社会地位占优的阶层对劣势阶层或团体抱有偏见,目的是建立起有利于自身的支配性格局,此后偏见传播则多出于维持的目的。当偏见有利于权力筑造或者权力维护时,媒介很容易被利用,成为制造和散播偏见的工具。对产生偏见的政治权力进行探究,更有利于考察媒介偏见主体产生的机制。

选取有典型意义的媒介偏见,可以从单独的、偶发性的媒介偏见逐步触及其行为的制度性根源。本书涉及的偏见"事件"(event)基本都具有戏剧化、影响深、波及面广、引发关注度高等特征。将近年媒介偏见事件及其报道综合归纳

---

① 以北美地区为代表的种族研究的成果较为丰富,对偏见问题也极为关注,解释族群间偏见的形成和族群冲突的产生有这样几个主要的理论:群体冲突论(realistic group conflict theory),社会身份认同论(social identity theory),自我肯定论(optimal distinctiveness theory),社会统治论(social dominance theory)。

② C. R. Hofstetter, *Bias in the News: Network Television Coverage of the 1972 Election Campaign*. Ohio: Ohio State Univesity Press, 1976:32.

来看,偏见事件的形成和传播中最不可避免的就是政治因素,每一个事例中,政治都是无法回避的字眼,是串联偏见的线索。政治这一人类社会的特有活动,关系着不同的利益纷争,其影响表现既有台前对偏见媒体的谴责,也有幕后的推动与和解斡旋。政治成为本书讨论的关键,是触发偏见机制的最大的可能。

如果说政治是偏见发生的一种原动力,即初始的政治推动力(political core motivity),对偏见的形成有直接影响,就需要解释说明为何是政治,而非经济、文化等其他诸因素促动媒介偏见的机制运行。不同国家地区媒介偏见的具体表现各有不同,不同的社会发展阶段媒介偏见也各有差异,包括种族偏见、性别偏见、国别偏见、地域偏见、宗教偏见、党派偏见等。偏见机制在传统的新闻学中通常集中于新闻组织层面的分析,如果换成从政治传播角度对媒介偏见进行分析,会发现媒介偏见不再是散乱的类型集合,而是表露出发生根源的共性。

政治无疑是人类最为古老的一种社会行为,从古希腊时期开始政治就成为学者们所关注的对象,苏格拉底和柏拉图确立了政治学的基本研究框架。政治的本质是对权力、资源分配的实践。意大利的尼可罗·马基亚维利(Niccolò Machiavelli)、法国的拿破仑·波拿巴(Napoléon Bonaparte)、美国的乔治·华盛顿(George Washington)等,以及中国的治国明君和历代重臣都是优秀的政治家,从其政治轨迹和取得的成就可见他们是政治活动的高明实践者。

政治作为一种资源的分配方式,不可避免地与国家、政党直接关联,与一定的利益集团紧密挂钩,其过程直接涉及经济利益、权力分配、资源占用等系列活动。政治学从边沁的政治哲学研究开始,到当代的拉斯韦尔,都曾围绕着"谁得到什么,如何得到",这种工具性的角度考察政治主体和政治行为。媒体作为上层建筑中意识形态的有机组成,不可避免地受到政治力量的直接控制,这种影响力量通过政策、法令给予限定,以直接的行政干涉方式予以实施,对媒体内容的限制和思想宣传的注入等,这些都属于政治对媒体的作用方式。当政治对媒介偏见的机制发生作用时,媒介开始产生偏见内容,在这种情形下,媒介偏见机制才得到最为完整集中的展现。正是作为一种原动力的推动,偏见观念得到显现,最终通过媒体散播。

应该承认,在研究政治与媒介的关系过程中,会遇到潜在一元论态度的影响,即把政治看作高于媒体的存在,认为前者决定后者。政治的确能影响媒介的制度、组织结构、传播内容、技术应用等,而媒体对政治的影响似乎没那么显著。媒介受到政治利益的牵制,是不是简单扮演着思想传声筒的角色? 政治涉及的社会分层与财富分配早已成为近年来引人注目的社会问题。在财富的分配中,社会各群体间的偏见也随之发生。从这个方面思考,政治人物或既得利益者是否会发生媒介偏见的投射? 社会偏见是否会让一部分被固定在偏见受害者的位置上？这些问题都值得人们继续思考。

本书对媒介偏见的分析遵循由内而外的探讨思路，从偏见心理到个人偏见的形成、从编辑部组织对个人的影响再到媒介偏见报道的外部影响因素分析。根据以上的思路，写作过程中采取上、下两编划分论述，上编集中于媒介偏见在新闻组织行为层面的分析，主要思考媒介偏见是个别新闻组织的行为抑或仅是是表象。第四章重点讨论媒介组织作为偏见产生的重要环节其内部各因素，从目前媒介工作的内部组织研究材料来看，尽管有新闻客观性原则和新闻专业主义的支持，媒介受到偏见影响却是无法避免的，这已从认知理论的人类认知行为中得到证明，也可在新闻学的框架理论中找寻到支撑，但在具体工作中情形如何，还需要加以具体分析。

下编则结合了政治传播学的批判性成果，将集中于政治原动力对媒介偏见推动的讨论，大致选择了三个主要议题：民族主义情绪、国家意识形态和媒介精英，这三方面在媒介偏见整体机制运行中表现突出，成为媒介偏见传播中重要的作用力。

最后要特别提出本书对媒介偏见的基本态度。正如 E.M. 罗杰斯在《传播学史——一种传记式的方法》中提及庞奇所说的："定性的研究方法可能碰到道德问题。"①既然是媒介偏见的定性研究，对研究对象的明朗态度是必不可少的。偏见作为社会心理中值得关注的内容，进入传播后会造成传播的低效、误解，甚至是社会偏见和歧视的后果，对此，大多数学者都予以批评。但批判态度表达并非研究的初衷，也非本次研究的重点。

本书更倾向于将视线投向以往分析中所忽视的部分，采取传播经验学派的研究方法，从经验事实出发，以价值中立的态度，运用所收集的资料对媒介偏见这一社会现象和行为进行考察。为批判而批判无助于对媒介偏见的深入了解，理性客观的态度将会有助于进一步的深入分析。

---

① ［美］E.M. 罗杰斯：《传播学史——一种传记式的方法》，殷晓蓉译，上海译文出版社2005 年版，第 175 页。

第一编

媒介偏见：新闻组织的行为表象

第一章　认识媒介①偏见

向之论人论世者,各怀偏见,偏生迷,迷生执,执而为我,不复知有人,祸且移于国。

——《明史·邹元标传》

一、媒介偏见释义

完成文献检阅后不难发现,媒介偏见涉及的领域较广,几乎涵盖了新闻传播的各研究领域,但直接以媒介偏见为对象的研究很少。在划分本书的"媒介偏见"的概念之前,有必要对"媒介"和"偏见"的词语加以考证,进行一番梳理。

"媒介"一词最早见于《旧唐书·列传第二十八·张行成》:"史张行成,字德立,定州义丰人也。……纠劾不避权威,太宗以为能,谓房玄龄曰:观古今用人,必因媒介,若行成者,朕自举之,无先容也。"②张行成是唐朝名臣,唐太宗发现了他的才能后重用了他,后来对宰相房玄龄说了此番话,意思是:古今用人没有不通过别人介绍的,而行成是我自己发现,是没有举荐者的。"媒介"在此指介绍者,是使双方发生关系的人或事物,距离今天媒介意义甚远。在英语中,媒介以"media"表示,它是"medium"的复数形式,这个词语"大约出现于 19 世纪末 20

---

① 本书使用"媒介"而非"媒体",主要为了避免考察和分析过于实体化,"媒介"一词通常更偏向于社会层面和制度层面的探讨。

② (后晋)刘昫:《旧唐书·列传第二十八·张行成》,中华书局 1975 年版,第 2703 页。

世纪初,其义是指使事物之间发生关系的介质或工具"①。有趣的是,medium另外还有个意思是"灵媒、巫师、招魂者"②,《不列颠百科全书》的解释是"指据说主要在鬼神附体状态下能够接触灵异的人,灵媒是降神会上的中心人物"③,是沟通神灵与普通人的介质,词义暗含了传播中介的意义在内。可见,古代东西方的媒介一词都有中介物的意义。现在"媒介"常用来指称不同的传播技术载体,不像"媒体"一词多用于新闻组织和经营管理层面,后者语义更为抽象和概括。

对"偏见"一词进行考察后亦有所收获。在古书典籍中追溯"偏"的词源,可获知"偏"的本意。许慎在《说文解字》里这样解释:"偏,颇也,侧也",指出偏有歪斜之意,并举出《孔传》中提到的"偏,不平,陂,不正。言当循先王之正义以治民"④为例。以此可见,偏已经引申到不公平的状态,并指出国君之道是以公平、公正来管理众人的。《康熙字典》则举了两个例子说明"偏"字在古时候的用法:"《书·洪范》:无党无偏,王道平平。又中之两旁曰偏。《左传·隐十一年》:郑伯使许大夫百里,奉许叔以居东偏。"⑤这里"中之两旁曰偏"和"奉许叔以居东偏"指的都是事物的两边或旁边,与正相对,与斜接近,是偏的本义。《书·范洪》中的"无党无偏,王道平平"一语则是指偏的引申义,指不结党,不偏袒,国君治国才能顺畅。这发展出了以后常见的"无党无偏"一词,"偏"在此时已经带有倾向性,开始有了偏见色彩。

哲学大师、先秦诸子代表人物庄子因其哲学和散文方面的成就深受后世推崇,被鲁迅称为"汪洋辟阖,仪态万方,晚周诸子之作,莫能先也"⑥的《庄子》中有这样一段话,表达了这位古代哲人对"偏"的理解:

> 人之生也,固若是芒乎?其我独芒,而人亦有不芒者乎?夫随其成心而师之,谁独且无师乎?奚必知代而心自取者有之?愚者与有焉。未成乎心而有是非,是今日适越而昔至也。是以无有为有。无有为有,虽有神禹且不能知,吾独且奈何哉!⑦

① 转引自[美]F.S.西伯特、西奥多·彼得森、威尔伯·施拉姆:《传媒的四种理论》,戴鑫译,展江校,中国人民大学出版社2008年版,序第4页。
② 《朗文当代英语大辞典》,朱源等译,商务印书馆2005年版,第1099页。
③ 《不列颠百科全书》国际中文版,中国大百科全书出版社1999年版,第11卷,第61页。
④ 许慎:《说文解字》,九州出版社2006年版,第655页。
⑤ 陈廷敬:《康熙字典》,汉语大辞典编撰处,辞书出版社2008年版,第35页。
⑥ 鲁迅:《汉文学史纲要》,人民文学出版社2006年版,第24页。
⑦ 冯国超主编:《庄子》,中国文史出版社2004年版,第40、41页。

　　其大意是:不要追随已形成的偏执并把它当作老师,这是不正确的。还没有在思想上形成定见就有了是与非的观念,这就像今天到越国去而昨天就已经到达,是把还没有的事物当作已经发生的,是错误的。庄子批判这种偏执的见解和做法,认为这是一种先人为主、不自知且无奈何的错误。晋代郭象在旁批注:"各信其偏见,而恣其所行,莫能自反"①,是对庄子观念的赞同。郭象所说的"偏见"是较早出现的记载,其中包含了固执的个人观点之意,人们总是相信自己的偏见,任意而行。"信"字点出了人们对偏见犹如信念般执着,"恣其所行,莫能自反",略略数笔,简绘出偏见者的固执神态。古籍中查阅可见,古代人们对偏见已有了一定的认识,并对此持批判的态度。

　　按照语义对"媒介偏见"进行分析,"媒介偏见"词组会形成两种释义:一种是主谓结构,指的是媒介是偏见态度或行为的发起者,表示一种状态或行为;另一种是将词语理解为偏正结构,指的是媒介的偏见,是媒介有意或无意持有的或流露的偏见态度,强调的是偏见的后果。

　　英文中"偏见"一词的表达方式多种多样,"bias","partiality","prejudice","slant","a prejudiced view","a biased view","a one-sided view"均可。学术研究中"bias"和"prejudice"为常用表达。根据《英汉大词典》的词意解释,"bias"的本意指织物的斜纹,"主要意思包括:偏见,偏心,偏袒"②。《朗文当代英语大辞典》解释"bias"时既包括了"偏见、成见、偏见性"等负面的内容,同时纳入了"偏爱"这样的正面偏见之意。③"prejudice"的释义包括:"先人之见,成见;偏见,歧视,反感"④,是对他人权利的损害,侵害,更多偏见歧视之意。在英文含义上,两者有语义轻重之别,在具体行业使用中,两词呈现一定的差别。

　　美国心理学家小奥尔伯特(G. W. Allport)在其所著的《偏见的本质》(The Nature of Prejudice)中曾对"bias"和"prejudice"做了区分,"在欧美新闻学上,偏见一词是指'bias',而非'prejudice',因为后者是'对一个人表示嫌恶和敌视的态度,只因为他属于某一个群体,就认为他也有那个群体所有讨厌的特质'"。⑤ 早期心理学研究中,中性的"bias"一词则使用较多,自"二战"后更多地使用"prejudice"一词。有心理学研究者认为,早期的"bias"是认识上的偏差,没有多少主观情感倾向,而"prejudice"则是带有明显贬义的词汇,认为这不仅是

---

①　《辞源》,商务印书馆 1979 年版,第 236 页。

②　陆谷孙:《英汉大词典》(第二版),上海译文出版社 2007 年版,第 172 页。

③　《朗文当代英语大辞典》,朱源等译,商务印书馆 2005 年版,第 147 页。

④　陆谷孙:《英汉大词典》(第二版),上海译文出版社 2007 年版,第 1542 页。

⑤　转引自彭家发:《新闻客观性原理》,台北三民书局 1994 年版,第 166 页。

研究价值取向的改变,也是人文情怀的体现。① 这种解释在新闻传播领域似乎不尽然如此,从相关资料查阅可见,"bias"的使用更为广泛和常见,因为其表意上包含了"偏见"与"偏向性"两个层面,两者均为媒介研究的重要议题。只是对研究者或翻译者来说,讨论的究竟是哪个议题,需要加以分辨。而"prejudice"在心理学研究中是更确切的偏见表达,在新闻传播研究中使用频率较低。

德国哲学家、阐释学大师迦达默尔(Hans-Georg Gadamer)对偏见的德语词源有过考证,他证明在德语中偏见(vorurteil)是与法律相关的词语,表示最终裁决之前先做的暂时的判定。② 他对英文中的偏见(prejudgement)从字面上分析,认为这是在"判定"即"judice"前加上"pre"即"在先",指的是一种在决定某个境况之下的所有因素得到检验之前所作出的判断,即预先判断,以便对某些因素进一步考察。伽达默尔对偏见有个人独到的见解,他认为偏见对认知有正面意义,关于这一点本书还将继续讨论。

英文研究刊物中习惯用"media bias"表达媒介偏见,本书的英译名也采用"media bias"一词,需要加以说明的是,"bias"的模糊性直接影响这一词语涵盖的范围。"根据斯坦福大学教授杰弗里·纽伦堡的研究,'media bias'在国外经历了几次变化,1950年偏见与政见和党派性同义,是准确和客观的反义词,1950年后人们用偏见一词更多地表达一种偏袒,或者是偏好,也有时候可以翻译为媒介的倾向性。"③从近年来的专著出版来看,仍然存在这一分歧。Kallen和Stuart在2004年出版的著作 Media Bias 中对媒介偏见从不同的角度进行探讨,从书的整体内容来看"bias"更适合表达为倾向性。④ 更准确地表达或者在更狭窄意义层面上,Media Bias 应理解为媒介的偏见行为和表现,是媒介中存在的偏见态度。托马斯等人在2006年出版的 Media Bias 一书中则对美国的媒体偏见进行讨论,重点关注政府政策、政治和公共关系以及他们是如何塑造媒体的,讨论媒介的偏见和权力关系对其形成的影响。⑤ "media bias"目前成为美国新闻传播和政治话语中的热门词语,相关讨论主要集中于自由主义偏见(the liberal bias)中"bias"是否存在,研究着眼于对竞选中的新闻报道的偏向性进行考察。

---

① 许靖:《偏见心理学》,北京理工大学出版社2010年版,第8页。

② 李彦明:《迦达默尔的成见说探微》,《广西大学学报(哲学社会科学版)》1996年第5期,第20页。

③ 转引自刘见林:《"媒体偏见"引发美国左右派话语权之争》,《天涯》2004年第1期,第190页。

④ Kallen, Stuart A. *Media Bias*. Santiago: Greenhaven Pr., 2004.

⑤ Streissguth, Thomas. *Media Bias*. Singapore: Marshall Cavendish Corp., 2006.

二、其他学科对偏见认识的推动

　　《权力主义人格》一书在序言中这样写道:"偏见是我们时代的主要问题之一。对此,每个人都有一种理论,但却没有人拥有答案。"①时隔半个多世纪,人类已迈入了 21 世纪,此话依然适用于当前的世界。媒介偏见是本书的研究主体,偏见是人们最应了解的内容,也是此次研究的起点。目前偏见相关研究散见于社会学、心理学和哲学三大学科。从各学科的偏见研究历程来看,偏见不仅是一个研究主题,更是一个多面向的研究领域。漫长的时光中,各种观点像是交叉小径,彼此交错,让人容易迷失。好在曲径通幽处总有美景呈现,不同学科的观点总会带来新的启发,各学科为偏见的研究提供了不同的解释。了解这些便于厘清偏见的各种理论,廓画出本书的媒介偏见概念。

　　偏见的研究一般围绕着以下一系列问题展开:(1)什么是偏见? 它有哪些显著的特征? (2)偏见是天生的还是后天形成的? 形成的因素有哪些? 哪些因素在偏见形成或表达过程中起着关键作用? (3)偏见是否可以减少或消除? (4)如果偏见可以消除的话,有哪些方法、策略或措施可以减少或消除偏见? 对于这些问题,不同的学科研究方向不同,答案也不相同。

(一)心理学领域对偏见的研究

　　偏见作为一种特殊的心理现象,引发了小奥尔伯特等著名心理学家的研究兴趣,相关探讨甚为丰富。西方偏见研究一直与社会偏见问题紧密联系,成为社会心理学的重要研究组成部分。

　　《心理学百科全书》中对偏见的定义具备了社会学和心理学双重视角,它是这样解释的:"偏见表示针对某特定群体或某类成员持有某种否定性的消极的认识和态度,这种认识和态度又总是缺乏充分的事实依据的。"②这里将偏见确定为受到类型化思路影响的、稳定性层面的知觉,从事物的真实性而言,它是与

---

　　① ［美］霍克海默、弗劳尔曼:《〈权力主义人格〉序》,见［美］西奥多·W.阿道诺等:《权力主义人格》,李维译,浙江教育出版社 2002 年版,序第 2 页。
　　② 心理学百科全书编委会:《心理学百科全书》,浙江教育出版社 1995 年版,第 1926 页。

事实相违背的。①

通常人们研究主体的偏见指的是态度和行为一致的情形。目前心理学普遍接受的偏见概念包含三重内容，②即偏见是一种"态度—心理状态"，一个情感因素（由该人或群体所引起的各种情感和情绪），即 affect；一个行为内容（对该人或群体以某种行为方式行动的趋向或先定），即 behavior；具有一个认知内容（我们拥有一个人或一个群体的心理想象或图像），即 cognition 或者 belief，这种表述被简称为 ABC 模式，这种模式是关于偏见心理比较全面的概述。③

在偏见研究的初期，人们的研究角度还没有明确划分，社会与个体、群体与个体、行为与态度等因素在研究中没有完全分离。20 世纪二三十年代，心理学随着对社会现象的介入，开始注意到民族、种族态度与偏见这些社会问题，并进行了初步的调查研究。这一时期发展出了"社会距离"和"刻板印象"这两个与偏见相关的心理学概念。当时，著名心理学家莫里斯·萨缪尔（Maurcie Samuel）和奥托·芬尼奇尔（Otto Fenichel）都曾进行过偏见研究。

几乎是同时代最为知名的心理学家西格蒙德·弗洛伊德（Sigmund Freud）对偏见心理研究的贡献也颇为显著，主要表现在两方面：一是提出无意识理论，影响了整个心理学界，特别是引发后人关注偏见中"无意识偏见"类型；另一个

---

① 对此问题还有一些补充说明。有学者特别提出偏见与歧视发生背离的情况，贝克与默顿（R. K. Merton）对此均有提及。默顿在 1949 年的偏见和歧视的范式中提出的四种理想类型划分法：无偏见的非歧视者、无偏见的歧视者、有偏见的非歧视者、有偏见的歧视者。虽然盖瑞·贝克不同意这种划分，但默顿研究的意义在于他分离了偏见与歧视，"表明了两者之间不存在必然的因果关系，人们的普遍设想是偏见导致或引发歧视。然而，大量的社会研究已经证明了这种因果关系不仅不是必然的，而且反倒是反向的关系更加常见。"（请参阅［美］马丁·N.麦格：《族群社会学》（第 6 版），祖力亚提·司马义译，华夏出版社 2007 年版，第 81—82 页。）偏见的功能是在事实之后使歧视行为合理化，这种比较适合从心理学角度分析。根据默顿的说法：即使歧视者没有偏见，他也可能发生歧视。如，雇主不是一个反犹太分子或厌恶黑人者，但他拒绝雇用犹太人或黑人是怕影响生意。有偏见的非歧视者可能发现，表达个人偏见不利于形象，而有偏见的歧视者可能具有强烈的偏见，导致他总是会歧视他人。偏见与歧视不重合的情况也得到了社会学家安东尼·吉登斯的认同："阻止某些特定群体成员分享的行为或夺取其他群体应获得的报酬。尽管联系密切，但歧视有别于偏见。遭到他人偏见的个体并不会陷入受人歧视的境地，而不遭受偏见的人也许会受到歧视。"（请参阅［英］安东尼·吉登斯：《社会学》（第四版），赵旭东、齐心、王兵、马戎、阎书昌等译，刘琛、张建忠等校译，北京大学出版社 2004 年版，第 318 页。）

② 心理学百科全书编委会：《心理学百科全书》，浙江教育出版社 1995 年版，第 1926 页。

③ ABC 实际是心理学中态度系统的一种表达模式，在《态度改变与社会影响》中也有对影响心理过程以态度 ABC 进行划分的方法，这种划分在方便研究，可以把模糊的范围扩大，纳入研究的范畴，偏见研究基本也脱离不开这三个范畴。

重要的研究成果在群体心理学方面。"弗洛伊德对群体心理学的兴趣是他研究中,也是精神分析法中一个激进的转折点,是一场真正的革命。"①群体偏见是对他群体的不公正的看法,表现为对他群体的贬低,或表现为对他群体的抬高。它是由群际知觉偏差所导致的结果。其原因为:(1)群体之间的差异,这种群际交往中的差异往往被人为夸大;(2)群际交往的缺乏,从而使群体之间不能充分、客观地相互认识;(3)群际偏见的产生还受到群体之间的利益关系和情感关系及其性质的制约作用,其中,具有共同利益、相互合作、相互友善的群体之间易于产生肯定性的群际偏见,而相互冲突、相互敌视的群体之间则易于产生否定性的群际偏见。②

小奥尔伯特③ 1955 年发表的《偏见的本质》(*The Nature of Prejudice*)是当时对偏见研究成果的集中体现。④ 20 世纪七八十年代中期,美国出现了较为成熟的关于偏见本质的认知理论和分析方法。认知理论着眼于探讨偏见的心理和历程,将偏见纳入了社会认知的研究框架中,抛弃了一些心理学所无法解释或无法承担的社会经济文化领域的偏见影响因素。20 世纪 80 年代末至今,学者们的精力主要集中在偏见的起源及其消除的研究中。

英国学者贝斯黑莱姆的《偏见心理学》是目前所见国内最早翻译出版的对偏见心理的集中论述,全书对偏见的概念、作用和起因进行了全面的分析,并对当时流行的偏见问题给予一定的陈述和展开,包括种族偏见的历史、性别偏见的讨论等,并回顾了偏见的心理学解释和解决方式。他指出了偏见的错误与人们顽固坚持间令人迷惑的联系。"人们对任一事物所持的观点或信念,而这种观点或信念缺乏适当的检验,或者与这些检验的结果相悖,或者与逻辑推理得到的结论相悖,或者不符合客观实际。这种观点或者信念之所以被人们当作事实是因为人们信奉它。有时它就像真理一样在起作用。"⑤这种关联是偏见的重要特质,它已成为现代心理学家们研究的重点。贝斯黑莱姆的研究代表了当时偏见研究的整体水准。

关于具体偏见行为的研究目前已极为细化,发展出诸多议题,如同性恋形

---

① [法]塞奇·莫斯科维奇:《群氓的时代》,许列民等译,江苏人民出版社 2003 年版,第295 页。

② 车文博主编:《当代西方心理学新词典》,吉林人民出版社 2001 年版,第 280 页。

③ 其兄 F. H. 奥尔伯特(Floyd Henry Allport)是美国著名社会心理学家,实验社会心理学的创始人之一,被称大奥尔伯特,奥尔伯特兄弟在心理学界享有盛名。

④ Irwin Katz. Classics in Political Psychology. *Political Psychological*,1991,12(1):125.

⑤ [英]道格拉斯·W. 贝斯黑莱姆:《偏见心理学》,邹海燕、郑佳明译,湖南人民出版社1989 年版,第 7 页。

象刻板化(homo stereotypes)、污名化(stigmatization)、种族歧视(racism)、性别歧视(sexism)、反犹主义(anti-semitism)、美国的种族灭绝(genocide in America)、同性恋歧视(heterosexism)等①,每一个细分项目均已获得了丰硕的成果。

偏见心理学家达科特(Duckitt)在 1992 年出版的《偏见心理学》一书中,从历史角度划分了偏见研究的七个时期,总结了偏见不同时期的研究内容及理论使用,阐述了他对这一心理现象的理解(见表 1-1)。1996 年他在原书第四章的基础上修改完善,发表了《偏见研究的历史分析和整合的模式》一文。这篇研究综述描绘了偏见研究的大致发展历程和方向,他指出目前偏见研究没有普适性的理论框架,通过对种族偏见研究的回溯显示出当代的理论转向,有助于人们了解偏见心理研究的整体情形。

表 1-1   偏见心理研究的历史进展②

社会历史问题	社会科学问题	偏见概念	理论倾向	研究方法
20 世纪 20 年代前白人支配和殖民统治落后民族	确定"落后民族"的自然反应	偏见是对"落后"民族的自然反应	种族理论	不同种族能力之比较研究
20 世纪二三十年代白人支配地位的合法性受到挑战	解释对少数人的歪曲认识	偏见是不合理和不公正的	将偏见定位于社会问题	测量和描述性研究
20 世纪三四十年代白人种族主义在美国无处不在	确认决定偏见的普遍心理过程	偏见是无意识防卫	心理动力学理论中的防卫过程	实验法
20 世纪 50 年代纳粹种族主义思想和大屠杀	确认偏见倾向的人格特征	偏见是一种病态的需求表达	个体差异	关联法
20 世纪 60 年代南美偏见问题	社会规范和势力如何决定偏见	偏见是一种社会规范	社会文化:偏见的社会传播	观察法和关联法
20 世纪 70 年代美国种族主义和歧视的持续	偏见是如何扎根于社会结构及群体问题的关系之中的	偏见是一种群体兴趣的表达	社会文化:关于偏见的群体动力学	社会学和历史学的研究

---

① 详见 http://www.understandingprejudice.org/links/,2009-1-30.

② Duckitt,John H. Psychology and Prejudice:A Historical Analysis and Integrative Framework. *American Psychologist*,1992,47(10):1182-1193.

续表

社会历史问题	社会科学问题	偏见概念	理论倾向	研究方法
20 世纪 80 年代偏见的必然性、普遍性与群体间冲突	决定群体间冲突和偏见的普遍心理过程是什么	偏见是社会类化的必然结果	认知观点	实验法

更值得一提的是,达科特在研究基础上提出了整合性的观点,从偏见的起因形成的整合模式中可以发现,偏见的不同理解发展出的理论倾向差异很大(见表 1-2)。不同的心理学分支对偏见的产生形成了不同的解释和看法。偏见作为社会心理学的研究内容并未固步自封,认知心理学角度对偏见问题也曾予以关照,后者通常集中于从事物的理解和认知的过程中去探讨偏见是如何产生的。认知心理学本身着重于社会知觉的特点和人的内因作用,认为即使没有经历引发偏见的社会化过程,在没有群体间资源竞争或人格障碍的情况下,看似无害的认知偏差也会导致偏见的产生。

表 1-2　偏见的起因范式的整合模式[①]

因果过程	偏见的心理基础	社会和群体动力	偏见的社会传播	个体差异
过程的性质	决定人类固有偏见倾向的普遍心理过程	群体接触和相互作用致使某些倾向强加于已有偏见模式的条件	偏见形成中将社会规范影响传播给个体	通过接受偏见与否的个体差异调节社会影响
分析层面	心理学过程	社会群体	人际关系	个体
理论	取代或转移、信仰类化、投射、社会类化、社会认同、社会生物学	现实冲突、社会竞争、支持、地位权力及角色方面的群体间差异、汇聚的群体、分界	从众的压力、社会化、社会知觉和归因、人与人之间的接触	权威主义、挫折、调整、认知因素、政治思想、自尊

(二)社会学角度的偏见研究

社会学角度理解的"偏见"完全不同于传统心理学的认知,新角度带来新的理解。本领域内的偏见研究始终与社会问题紧密结合,与反偏见和歧视的社会运动相呼应,兴起于 18 世纪末的女性歧视研究、20 世纪的反犹偏见研究、近年来流行的刻板印象研究均有丰富的成果。社会学对偏见的研究受益于心理学

---

① 　Duckitt,John H. Psychology and Prejudice：A Historical Analysis and Integrative Framework. *American Psychologist*,1992,47(10)：1182-1193.

研究的发展,社会学家迈克尔·施瓦布(Michael Schwalbe)吸纳了心理学的成果,他承认偏见是不可避免的,未必是坏事。同时,他也指出偏见在两种情形下会发展为问题:"首先,当我们意识不到它会影响我们所有人从而错误地想象我们的看法是中立和客观的,而他人的看法则是带有偏见的。其次,当偏见变得僵硬不化到阻止我们去考虑新的证据和新的观念时,它也是一个问题。因此,问题不在于有偏见,而在于受其限制无法自拔。"①

更多社会学家从群体习俗、种族关系、社会结构等方面展开偏见研究,《种族主义源流》一书是这样解释偏见的:"(1)一个群体的成员所分享的在社会上学到的可能对所针对的类别有利或不利的先入之见。(2)针对属于 定类别的个体采取的否定的、不利的,甚至敌视的,以至于带有感情色彩的态度。(3)僵硬的信仰,其基础是过分的推论和判断的错误,将构成陈词滥调的特征加在各种人类群体(人种、种族、民族等)身上。"②这实质为偏见的三种不同强度的表现,通常人们称第一种为刻板印象,第二种为我们通常意义上的偏见,第三种则类似于强度较高的偏见。种族偏见的相关研究成果表明:偏见和歧视不仅针对某些特定群体或成员,而且常与宗教、种族、政治或文化等有关。

对犹太人的偏见问题的研究采用了心理学的研究方法,但主要在社会学的领域内展开。美国犹太人委员会(The American Jewish Committee)于 1944 年5 月举办了关于宗教和民族偏见问题的会议,目的是针对"二战"中犹太人遭遇的歧视问题进行分析和研究,并对学者们的研究提供资助,这催生了偏见研究中极有影响的一批社会学著作:贝特尔海姆和贾诺维兹的《偏见动力学》、阿克曼和贾霍达的《反犹主义和情绪障碍》、马辛的《破坏的彩排》、劳温塔尔和戈特曼的《骗人的先知》以及霍克海默、弗劳尔曼和阿道诺的《权力主义人格》③,构成了社会学中偏见和歧视研究的经典。

荷兰话语分析学家范·戴克(Teun A. van Dijk)于 1992 年出版的《精英话语与种族歧视》包含了近年来对欧洲种族研究的分析,聚焦了精英在当代族群和种族不平等中的角色,其收集的资料中包含种族主义表现在微观话语、行动和思想层次内容,他将种族主义的繁殖问题放在宏观结构层次上分析,批判性

---

① [美]迈克尔·施瓦布:《生活的暗面:日常生活的社会学透视》,汪丽华译,北京大学出版社 2008 年版,第 14 页。

② [法]皮埃尔-安德烈·塔吉耶夫:《种族主义源流》,高凌瀚译,生活·读书·新知三联书店 2005 年版,第 109 页。

③ [美]霍克海默、弗劳尔曼:《〈权力主义人格〉序》,[美]西奥多·W.阿道诺等:《权力主义人格》,李维译,浙江教育出版社 2002 年版,序第 2—5 页。

地看待种族主义和精英。戴克使用了"再生产"为核心概念,他认为存在种族主义的再生产"只要践行该系统的白人群体成员或者机构依旧存在,意即只要他们仍共享族群偏见并时常有歧视性行为,那么种族主义系统的再生产就会持续"①。他指出了社会认知,包括共享的群体规范、价值、态度、意识形态等组成了认知—社会维度,以认知为前提,滋生了歧视。同时,他还指明了精英对种族的认知或意识形态应当承担的责任,包括允许使用种族主义的媒体话语、教科书或政治宣传等,或纵容或不采取行动反对这种种族主义的话语再生产。全书具备多重的话语分析研究视角,是不可多得的研究佳作。

(三)哲学对偏见的研究

哲学研究中阐释学派曾关注过偏见,代表人物是迦达默尔(Hans-Georg Gadamer),他作为现代阐释学派的集大成者,独辟蹊径,从认知角度正面理解偏见。他认为,传统对理性所规定的任务,即理性追求客观真理的方向被规定为摆脱偏见、涤除偏见,这种认识传统是错误的,是以偏见反对偏见。他认为,海德格尔的前理解结构是一种"合法的偏见",人永远处于这种偏见之中,不可能摆脱,没有这种偏见也就是对历史的持续性的否定。②

在伽达默尔看来,偏见是由历史、传统构成的,它指向了预断,它是在一切对于事情具有决定性作用的要素被最后考察之前被给予的。他认为"放弃我们的预断等于放弃对世界的看法,无异于放弃我们乃至人性存在的真实地盘"③,理解人类所固有的历史性本身就构成了偏见。"迦达默尔批判所有想把现今的成见从关于过去的历史分析中排除的企图。对成见的非难本身就是怀有成见,因为由成见引起的每一种误解都以'一种深层的共同一致'为先决条件,而试图从方法论上排除成见的诠释理论只不过掩盖那种事实上通过成见和惯例不断前进的传统连续性。于是,在迦达默尔看来,成见未必没有道理,未必是错误的,因而未必注定歪曲真理。事实上,我们生存的历史真实必然会使成见构成我们整个经验能力最初的定向性。"④

---

① [荷]范·戴克:《精英话语与种族歧视》,齐月娜、陈强译,中国人民大学出版社2011年版,第23页。

② 李彦明:《迦达默尔的成见说探微》,《广西大学学报(哲学社会科学版)》1996年第5期,第32页。

③ [美]罗伯特·C.尤林:《理解文化》,何国强译,北京大学出版社2005年版,第138页。

④ [美]伊丽莎白·迪瓦恩等编:《20世纪思想家词典——生平、著作、评论》,贺仁麟总译校,上海人民出版社1996年版,第201页。

在迦达默尔看来,偏见具有积极的意义,是理解的必要条件,是能够客观地描述理解的真实过程。"要使一个偏见被这样区分出来,显然要求把它的有效性悬置起来,因为只要某个偏见在不断地不引人注目地起作用时,要使人们意识到它是不可能的;只有当它如所说的那样被唤起时,才可能使人们意识到它。"①"事实上,我们自己的偏见正是通过它冒险行事才真正发挥作用。只有赋予偏见以充分发挥作用的余地,才能使它与他人产生协作,并使他人也能充分发挥作用。"②当然,在伽达默尔的研究中,偏见并不是其研究的主体,而是陪体,是为了更好地说明阐释学的哲学问题而存在。哲学角度的研究的新启发在于,从辩证和发展的眼光来看待偏见,认识到偏见对人类认识发展中的作用,对"偏见"这一带有负面色彩的概念,有着积极的提升作用。

综合以上所述,"偏见"的内涵与外延经过认识的不断深化,从原来的偏即不平,发展到现在成为融合了历史、认知、心理的多重学科背景、多重意蕴的一块学术领地。

三、媒介偏见的历史脉络

媒介偏见的历史散见于以往的新闻和传播学历史研究中,对所收集的材料加以整理后,以下进行一番大略描述。

偏见作为一种个人态度,可以追溯到人类有意识之初;作为一种整体性的、有影响的错误态度,则可追溯到人类社会的产生初期。从不平等的社会起源开始,偏见就随之产生,而受人诟病的种族偏见和性别偏见则在蛮荒时代就已经存在了,几乎和人类发展历史一样久远。

(一)性别偏见

媒介的早期偏见有时直接表现于媒介内容中,且因媒介本身带有偏见烙印而不能自察,媒介不自觉地成为时代偏见的传声筒,更有些偏见直接流露在言辞中,属于显性偏见。对女性偏见的媒介呈现,旧时代的人们很少明确地意识到。唐朝在中国历史上算得上是民风开化、封建礼教束缚少、思想空前解放的朝代。唐朝在思想文化上受少数民族的影响,"大有胡气",加之这一时期对外

---

① [德]迦达默尔:《迦达默尔集》,邓安庆等译,上海远东出版社 2003 年版,第 47 页。
② [德]迦达默尔:《迦达默尔集》,邓安庆等译,上海远东出版社 2003 年版,第 48 页。

交流频繁，女性的社会地位相当高。但观之其他朝代，则少有这种盛唐气象和对女性的尊崇，在封建旧式思想的影响下，女性的地位从属于男子，依附于父亲、丈夫，甚至是儿子。关于女性品德要求的实质是固化女性偏见。汉代才女班昭的《女诫》强调女性的从属地位，要求女子恪守本分，相夫教子。明代的《女德》则对女性德性、修身、慎言、谨行都提出要求，后来发展到对女性的日常行为举止都有详尽的成文或不成文的规定。

结合这样的社会背景，人们就不难理解以下这则中国早期的报纸中的新闻案例了。清末民初北京有一家报社名为《醒世画报》，因集中了当时市井生活和社会风情的描写而颇受欢迎。在一篇名为《妇人无耻》的报道中写道："灯市哈兴铁铺门口初四日下午两点多钟站着一位少妇，直站了有两三点钟的功夫，并且跟铁铺人打牙汕嘴的，听说天天如此，叹一个年青妇道整天站街可实在不相宜呀，望该家管管吧"①，此处新闻采写者的性别偏见跃然纸上。女性在街上聊天在现代人看来属于正常的人际交流，当时却是有违妇道的举止，被冠以"无耻"之题，这类明显对女性带有偏见眼光的新闻在《醒世画报》中还有不少。这种事情在今天看来实在是大惊小怪，在当时却因有违常理而具备了新闻价值中的反常性，不仅登上了报纸，还引发编辑的感叹，从侧面折射出旧中国女性低下的社会现实。

女性选举权和同工同酬是西方女权主义者们争取了多年的权益，因新中国建立、男女平等思想的宣传，在我国实施情况良好。但对国内女性的偏见思想却不能太过乐观，在某些思想保守的农村地区，女性至今仍受到性别偏见的歧视和影响，没有参与族群事项的参议权，不能进入祠堂拜祭祖先，不能参加宗族的流水席，而这些活动只要是男性，连男孩子都可以参加。这种传统的性别偏见因体现在文化和族群礼仪方面，没有直接影响女性的社会生活，所以较少受人关注，只是在文化类型的纪录片中偶有表现。

媒介传播中女性商品化趋势是当前性别偏见最突出的表现。在经济活跃的消费大潮推动下，女性的社会地位表面上有所提升，实质却在降低。商品化广告中，女性身体成为被观看和展示的对象，街头广告中的女模特无论脸部表情还是身体姿态都在传递出强烈的性意味，女性作为性符号被广泛消费和使用。在国内流行的婚恋相亲类节目中，女性对男性收入、住房、职业提出种种要求，与此相对应的是男性对女性年龄、外貌、身材的高度关注。富豪或"富二代"的征婚吸引了大批年轻美貌的女性争相参与，青春美貌成为女性的重要砝码。

---

① （清）张风纲编，李菊胡竹溪绘：《旧京醒世画报》，中国文联出版社 2003 年版，第 328 页。

女性贪恋享受的心理、浮躁的社会风气无不在这类节目中折射出来。媒体既突出放大女性在婚恋中的自卑、恨嫁和拜金心理，又扮演卫道士对"宁愿坐在宝马车里哭，不愿坐在自行车上笑"的出位言词加以斥责和审判。各种网络新闻频频以"校花""西施""女神"等标题，不断展示和消费女性，制造噱头，博取眼球，这种媒介性别偏见的本质显示出对女性性别偏见的升温和媒体在市场经济中自我身份的迷失。

（二）种族偏见的媒体报道

不同的偏见思想在媒介中表露程度不同，很大原因是社会思潮变革带来的观念扭转。在西方，资产阶级革命的影响和女权主义运动的数次洗礼，使带有性别偏见的文体和内容在媒体中表现得更为隐蔽，而种族歧视对媒体的影响却持久而深远。早期的美国报纸对有色人种的报道中的歧视态度流露得最为强烈。"《纽约时报》上一则广告试图确保这样一个法案通过，该广告陈述了一个事实，即在之前的 30 年中，3000 多个美国人被施以私刑；在过去 4 年中，28 人被暴徒处以火刑而致死。这些被普通公民残忍杀害的人中，大部分是黑人。"① 歧视黑人在美国的报纸中一直有所表现，"二战"时德国曾经抓住这一点予以攻击，进行对敌重点宣传。② 可以说，偏见报道直接影响了美国的国家形象。同样的情形不仅发生在对待黑人上，对印第安人的报道也存在明显的偏见："19 世纪初大众媒体在制造和传播这种偏见中起到了推波助澜的作用。许多报纸从政府和商业利益角度出发，把印第安人看作经济发展和国家强盛的障碍……而在其报道中，一些记者把对印第安人的看法及其在美国社会中的地位标准化和简单化了，这种标准化和简单化的观点正是易于为读者所接受的。报纸维持着美国原住民既浪漫又野蛮的形象。"③

以种族为中心的媒介偏见仍然是目前美国社会的敏感话题，1994 年发生的"球星辛普森杀妻案"就是一则典型案例，从媒体的报道中可以清晰地感知种族偏见的存在。案件的主角是美国家喻户晓的橄榄球星欧·杰·辛普森（Orenthal James Simpson），受害人是辛普森的妻子妮克尔·布朗·辛普森

---

① ［美］菲利普·津巴多、迈克尔·利佩：《态度改变与社会影响》，邓羽、肖莉、唐小艳译，刘力审校，人民邮电出版社 2007 年版，第 211 页。

② ［美］哈罗德·D.拉斯韦尔：《世界大战中的宣传技巧》，张洁、田青译，展江校，中国人民大学出版社 2003 年版，第 128—130 页。

③ ［美］马丁·N.麦格：《族群社会学》（第 6 版），祖力亚提·司马义译，华夏出版社 2007 年版，第 170 页。

(Nicole Brown Simpson)和餐厅服务员罗纳德·高曼(Ronald Goldman),案情将血腥暴力、名人隐私扑朔迷离地结合为一体,案件发生后便成为美国报纸、电视媒体追逐的焦点。审判期间更是令美国举国关注,1995 年 10 月 3 日那天宣布审判结果时,美国有 1.5 亿人收看。人们对案情判决持各种意见,议论纷纷。最终刑事审判认为证据存有漏洞,辛普森被判无罪。一时间舆论哗然,当时美国总统克林顿为此特别进行了电视讲话,要求人们尊重审判结果。在整个长达一年多的审判过程中,美国所有媒体不厌其烦地对案件细节加以讨论,对陪审团组成和审判结果不断猜测。其实最受关注的根本问题在于三点:第一,他究竟有没有杀人;第二,他的肤色对判决有没有影响;第三,他的名声和金钱会不会影响判决。

试想在公平公正的社会,一则凶杀案件的报道怎会引起如此高的关注度?辛普森案件之所以成为世纪审判,正因为它折射出多元族群社会各方的状态,触动了社会的敏感神经,才有对案件的狂热追踪。最终各方对结果都不满意,指责判决存在偏见之声不绝。

多年反歧视的社会运动和团体组织的活跃减少了直接的偏见表现,种族偏见和歧视不可能完全灭绝,但随着社会的发展,人们的观念始终在不断前进。随着社会偏见观念的改变,媒介在种族歧视中开始努力扮演正义的一方,引导舆论,这是值得注意的进步。目前各大媒体对记者的培训手册中有词语使用的详尽规定,禁止使用一些倾向性强烈的偏见词语,这在以前是媒体毫不在意的事情。"在 20 世纪 80 年代和 90 年代,像《太阳报》这类报纸认为对同性恋者用贬义的称呼是可以接受的,但现在不可能这样去做。20 年前,大家可以接受种族主义者耻笑亚裔人,现在也不可能了,尽管爱尔兰的这类笑话仍然存在。"①

(三)党派偏见

党派偏见也是媒介偏见近年饱受批判的重要内容。美国政党报时期的媒介偏见是党派偏见在历史上的极端表现,具体来说,当时主要体现为联邦党和共和党的纷争,这一时期媒介的偏见十分明显,被称为美国新闻史上的"黑暗时期"。李彬在《全球新闻传播史》中总结政党报的特点是:(1)政论多,新闻少。(2)党派性强,可信性差。在报道时充满偏见甚至不惜捏造事实,信口雌黄。

---

① 〔英〕卡伦·桑德斯:《道德与新闻》,洪伟、高蕊、钟文倩译,复旦大学出版社 2007 年版,第 98 页。

(3)读者少,销量低。(4)造谣诽谤,漫骂攻讦。① 媒介偏见在党派偏见方面体现为各大报业的论战和攻击:"19 世纪早期的报纸也不登广告。这种报纸其实质是差不多每周出版的新闻信,由订户购买,只在政党成员中发行,具有严格的党派性。版面上登满了我们现在所谓的新闻分析,包括对反对党领导人的恶语攻击。因为目标读者是城市上流,所以订费很高,普通大众根本负担不起。"② 媒介的功利性质表现得淋漓尽致,现在人们熟悉的新闻客观性的要求是作为对党派报纸的一种反拨而提出来的。

在法西斯极权主义阶段,纳粹党在全社会推动的反犹偏见是党派偏见最为极端的例子,"希特勒……非常恶毒地制造偏见,并把这种偏见密集地指向所有不被元首所谓的'优秀种族'喜欢的人,特别是犹太人。这种偏见以特殊的教材形式开始,像漫画书,在书中以最消极的刻板形象来描绘犹太人"③。他们控制着当时最重要的德国媒体,"所有这些都以一种夸张的形式延续着权威主义的传统。纳粹德国,正如它不能逃避重振和扩大德国人民强盛的'命运'一样,它不能不对大众传媒加以强行控制"。④ 纳粹党在政治上控制社会的一切方面,宣传和追求种族优越论,以雅利安人种和北欧白人为人种的最高等级,并以各种借口压迫少数人群如犹太人、吉普赛人、同性恋者和政治敌人。这一时期偏见传播借助了带有煽动性偏见传播工具,如收音机、电影(当时作为新闻影片小规模放映,不同于现在的电影产业)和演讲等。这些传播介质都属于口语传播介质,适合煽动起狂热的民族主义情绪,成为点燃大规模偏见传播的引火石。党派偏见传播中,一旦隔离其他信息对受众进行单一政党思想的输入,夹杂偏见传递也往往能达到强烈的传播效果。在现代社会信息流动顺畅状态下,党派偏见很难达到纳粹那样显著的传播效果,因为受众理性观念的提升、电视的清晰客观特质、网络的交流评论氛围都降低了非理性偏见大规模流动的可能性。

美国每逢竞选阶段,各大媒体对竞选党派和候选者都进行大篇幅报道,党派偏见或偏向性一直被认为广泛存在,成为影响人们对媒介偏见感知的主要因素。美国媒介偏见研究对自由主义偏向性的讨论已经持续多年,关于这一问题,在本书第七章"媒介精英"中将进行深入探讨。

---

① 李彬:《全球新闻传播史(公元 1500—2000 年)》,清华大学出版社 2005 年版,第 162 页。
② [美]盖伊·塔奇曼:《做新闻》,麻争旗、刘笑盈译,华夏出版社 2008 年版,第 42 页。
③ [美]菲利普·津巴多、迈克尔·利佩:《态度改变与社会影响》,邓羽、肖莉、唐小艳译,刘力审校,人民邮电出版社 2007 年版,第 211 页。
④ [美]F. S. 西伯特、西奥多·彼得森、威尔伯·施拉姆:《传媒的四种理论》,戴鑫译,展江校,中国人民大学出版社 2008 年版,第 10 页。

以上勾勒了性别偏见、种族偏见、党派偏见在传播中的突出表现。可以深切感受到，媒介偏见是一个随历史发展而变化的范畴，媒体作为现实的反映，时代思潮和社会氛围都会影响人们的正确判断，媒体也会被有形和无形的力量所影响和控制，一旦它失去对受众正确的引领和导向，后果难以预计。

四、媒介偏见的定义和两种划分

（一）媒介偏见和偏向性

在新闻传播领域讨论媒介的公平、公正必将涉及新闻的客观性、新闻标准等相互关联的问题。既然发生了"偏"，确定"正"在何处就显得尤为重要。英文的"media bias"中"bias"翻译时可译为"偏见"或"倾向"，其实，两者在中文表达语义上有很大的区别。首先，"偏见"指态度所产生的结果，"倾向性"指的是一种态度的引导作用。换句话说，"偏见"强调的是传播后的效果，而"倾向性"是传播中媒介表达出的一种姿态，是或支持或反对，或认可或保留的态度。其次，两者在语言色彩上表达轻重也不同，"偏见"的语意更为强烈，"倾向性"的表达则更为中立。有倾向性并不意味着一定发生了媒介偏见，倾向性含有较多的引导性和倾向性言词，却不像偏见有针对性的受害者，容易引发新闻纷争。西方各大报纸一直采用新闻与倾向性明显的评论、社论分开的传统，但就民众看来，报纸依然体现出一定的倾向性。

利昂·纳尔逊·弗林特（Leon Nelson Flint）对"倾向性"的观点代表了大多数西方新闻工作者的立场，他的书中所译的倾向性即偏向性，认为偏向性与偏见的差异在于：偏向性是未明确标明的媒介态度表达，"除非标明了，否则倾向性注定会误导读者，而如果标明了，就不能算是倾向性了"[①]。弗林特对新闻报道中表现出的"倾向"的危害并未掉以轻心，他将其归纳为对新闻的歪曲：（1）通过选择进行歪曲。（2）通过强调进行歪曲。（3）通过挑选字眼"渲染"新闻。（4）引述某位子虚乌有的权威人士的话。（5）新闻中彻头彻尾的意见。（6）标题的

---

① ［美］利昂·纳尔逊·弗林特：《报纸的良知——新闻事业的原则和问题案例讲义》，中国人民大学出版社2005年版，第57页。弗林特的书中翻译成"倾向性"，倾向性与偏向性所指并无差别，在本书中统一为偏向性。

倾向。①

西方学者对偏向性的表现曾细致地加以归纳，莫里尔将偏向分为六类："(1)什么人说什么话(attribution bias)，如杜鲁门咆哮说。(2)形容词偏向(adjective bias)，如艾森豪威尔温和的说话态度。(3)副词（助动词）偏向(adverbial bias)，如杜鲁门草率地说。(4)有话就说(outright opinion)，如'一个不受欢迎的人（杜鲁门）把另一个受欢迎的人（麦克阿瑟将军）解职，像这种情况，是很少见的'。(5)文脉偏向(contextual bias)，整段或通篇报道，都充满偏向。(6)照片偏向(photographic bias)，指照片所给人的印象，包括说明的写法。"② 细加分析，就能发现莫里尔的(1)(2)(3)类属于新闻文本中的偏向呈现，(4)是新闻评论中的偏向，是最直接的观点显现，(6)指向了新闻编排中的偏向可能，(5)是偏向程度最为严重的，不仅指偏向占有的篇幅，更指偏向的显性和有意识性。

更为详细的偏向划分出现在塞里诺(Robert Cirino)的著作中，他曾将新闻媒介中的"隐藏偏向"(hidden bias)归纳为十三项，包括：新闻来源中的偏向(bias in the source of news)；新闻选择中的偏向(bias through selection of news)；新闻省略中的偏向(bias through omission of news)；访问中的偏向(bias in the treatment and use of interviews)；刊载位置的偏向(bias through the placement of stories)；版面中的"巧合"或并列放置(bias through "coincidental" placement or juxtaposition of stories)；标题中的偏向(bias in the headlines)；言辞中的偏向(bias in words)；新闻图像的偏向(bias in news images)；新闻照片选择的偏向(bias in photograph selection)；新闻图片说明的偏向(bias in captions)；社论对事实的扭曲(the use of editorials to distort facts)；隐藏于评论中的偏向(the hidden editorial)。塞里诺总结后得出结论：大量的新闻都因必须面对公众的需求和突发的新闻事件，为此产生的混乱使得新闻偏向几乎不可避免。③ 他的划分几乎囊括了新闻生产过程偏向可能发生的所有环节，包括新闻来源、选择、采访、编辑、写作、制作各阶段，以及所有的新闻分工。塞里诺实际在提醒人们，媒介的偏向性可能在新闻采制的任何环节中发生。

---

① [美]利昂·纳尔逊·弗林特：《报纸的良知——新闻事业的原则和问题案例讲义》，中国人民大学出版社 2005 年版，第 45—52 页。

② 转引自彭家发：《新闻客观性原理》，台北三民书局 1994 年版，第 123 页。

③ Robert Cirino. *Don't Blame the People*：*How the News Media Use Bias*，*Distortion and Censorship to Manipulate Public Opinion*. New York：Random House of USA，1971：134-178.

媒介偏见不同于偏向,作为带有个人色彩的强烈的情感态度,其程度远高于偏向,媒介一旦进行偏见传播,错误的显著性和社会批判反响会远超偏向性。媒介偏见作为一种与事实相悖的态度,在很大程度上缺乏支持的依据,且违背了新闻真实客观的严格要求,发生了事实偏离,背离了客观性的原则。不仅新闻报道中可能发生偏见,影视文化产品中也不例外,新闻报道中的偏见体现在新闻作品报道、图画、新闻评论中,影视文化产品在塑造形象和创作故事时发生刻板化、偏见或歧视,也会受到观众的批评。

通常,媒介偏见与社会偏见有一定的联系,社会思想态度会通过媒体或以不同的方式反映。因此媒介偏见受害者多集中于性别、种族中的弱势群体,施加偏见的往往是拥有媒体的使用或近用权者。

(二)媒介偏见的概念

概念的确定何其不易,既要能包容说明事实本身,又要包含事物的特质,这一过程犹如建筑一道樊篱,将事实本身包容在内,同时又要具有与外界不同的特质。概念是不通融的,任何概念都会囊括一些重点,也会损失其他未纳入的部分,人们永远无法拥有一个完美无缺的概念。本书的确期望能找到一个"媒介偏见"的概念,可以把媒介偏见这一屡被提及,却又含糊其辞地掠过的实质囊括在内。从本书的研究的目的出发,为了明晰媒介偏见的讨论对象,在此尝试性地提出以下定义,以廓清媒介偏见论述的内涵和外延。

媒介偏见指媒介在传播中没有保持平衡和公正的立场,传播了武断的态度和错误观念,引发受众的偏见态度或歧视行为,影响了社会心理的客观认知,最终对媒介形象和偏见行为对象等产生一定损害。

这一定义有几点需要解释:首先,从传播内容来看,媒介偏见传播的思想内容中含有偏见。这是否意味着偏见必须构成传播的中心内容?从现有的媒介偏见案例来看,这仅仅发生在纳粹的反犹偏见这类极端案例中,大多数时候,只要偏见的思想或态度是传播内容的一部分:无论偏见是有意或无意、偏见内容或多或少、偏见语义或轻或重,都因出现了"偏"而违背了媒体的公正准则,引发争议。从传播学意义上说,媒介偏见完成了偏见的"传"和"播"的过程,传达了与事实相违背的信息,这是确定媒介偏见发生的首要条件。

媒体偏见一旦发表或传播,痕迹就被固化在媒介产品中,供人评判。国外有专门的裁判机构对媒体进行监督,就是否发生偏见由受众、专家和学者判断,报道过程中与新闻客观性标准比对，与事实本身参照，更容易发现媒介偏见是否发生。

其次，从传播社会效果看，媒介偏见的传播影响一定是负面的。大众传播作为一种开放的态势，永远期待交流和反馈。媒介偏见却是一种信息的封闭态度，它持有偏激观点，拒绝更深层的交流，是对话的阻断，是冲突的源头。在偏见者与偏见受害团体间人为地建立起樊篱，使受害者被排挤和边缘化，令其在社会心理、自我认知、社会身份等方面都产生了不良变化。这种情形下，偏见不再具有心理学所肯定的认知功能，而是带来了传播信息的混乱，污染了传播生态环境。

最后，从新闻伦理角度看，公平和公正是新闻媒体的立身准则，历来是媒体高举的旗帜，媒介偏见无疑是对媒介客观公正的背离。媒介偏见作为预设性的态度，带有偏见地看待原本应该公平公正对待的事物，将错误和偏激的评判融入媒体传播中，违背了新闻伦理的规范。对偏见与道德的关系，曾有学者 Key Sun 提出两种偏见类型阐述其观念，一种是认知或认识上的偏见（cognitive or epistemic prejudice），另一种是道德偏见（moral prejudice）。区分两种偏见主要基于社会知觉或态度，认知偏见通常被认为是社会知觉和社会现实间的不符合；而道德偏见则被认为是社会知觉或态度和某一群体或社会所拥有的公平原则之间的不一致。[①] 这种区分有利于清除偏见概念指涉的道德批评，研究者依此可分清楚研究中采用的是批判还是认知的态度。

定义媒介偏见是为了划清讨论的范畴，方便寻找媒介偏见存在的根源。个体和群体被媒介偏见影响，很容易形成偏见并继续保持，存在严重偏见的社会其稳定性、民众心理、法律政策的制定和执行都会遭遇到问题。本书并未预备对此进行偏见的道德评判。另一个紧迫的实际问题是，要找寻一种有力的工具帮助更好地分析媒介偏见，为此，有必要对前文所定义的媒介偏见作进一步区分。

（三）任意的媒介偏见和有机的媒介偏见

为了分析方便，在此尝试将人们接触的媒介偏见再次进行划分，形成两种媒介偏见："机制性的媒介偏见"（organic media bias）和"任意的媒介偏见"（arbitrary media bias）。区分不同形态的偏见目的是更方便地展开论述和分析。在思考媒介偏见的过程中，本书一直关注是否有一种区分方式，能够说明

---

① Key Sun. Two Types of Prejudice and Their Causes. *American Psychologist*, 1993,8 (11):1152-1153.

偶发的、非常态的媒介偏见和根源性的、深层的媒介偏见两者的差异。在查询资料过程中,葛兰西的《狱中札记》给予本书直接启发,他对意识形态进行了"有机的意识形态"(organic ideology)和"任意的意识形态"(arbitrary ideology)①的区分,这对概念非常接近本书的表达意图。令人遗憾的是葛兰西对此并未深入阐述,从其上下文语境来看,他描述的应是两种根源不同、差异较大的意识形态。

利用葛兰西的"有机的"和"任意的"两类划分思路,结合媒介偏见发生的种种案例特质,可以在此将媒介偏见大致划分为两类,并归纳出两种类型的特征,表1-3是对两种媒介偏见具体表现的描述。

表 1-3　两种媒介偏见的区分

偏见类型	任意性的媒介偏见	机制性的媒介偏见
偏见特征	留存在认知过程的头脑中	深藏于意识形态领域
	随意性,难以解释	有可探寻的机制根源
	个人的、零散的、自发的	社会的、系统的
	受文化、习俗影响的、广泛的	政治等多因素推动的
	社会反响较小的	有巨大的社会反响
	非强制性、间断性的	强制性的、持续性强

有机的媒介偏见类似学者威廉斯(A. Williams)1975年在对电视的偏见研究中提出的媒体偏见内涵,他指出媒介偏见应当具备以下特征:媒体偏见应当是一种有意为之的,具有广泛影响力,威胁现有秩序,且持续性而非偶然性的媒体行为。② 这与任意的媒介偏见显然是两种类型,它是由社会结构、社会制度、统治者利益等因素决定的,是深层次的结构性的偏见机制,类似于西方学者将新闻日常规范和组织机构形态等影响产生的偏见称之为"结构性偏见"(structural bias)。③ 它存在于任何国家和社会中,对这类媒介偏见不必简单地急于否定,它的根源探究将是本书重点。

正是因为存在这种整体的、机制性的偏见机制,媒介偏见才得以通过媒介源源不断地生产,形成一种偏见再生产体系,对此西方学者相当关注。传播学

---

① [意]葛兰西:《狱中札记》,田时纲译,人民出版社 2007 年版,第 39 页。

② Williams, A. Unbiased Study of Television News Bias. *Journal of Communication*, 1975,25(4):190-199.

③ Stromback, J. & Shehata, A. Structural Biases in British and Swedish Election News Coverage. *Journalism Studies*,2007,8(5):798-812.

家麦奎尔(McQuail)代表了对媒介偏见持批判态度的西方学者观点,他所批评的偏见表现接近本书的"有机的媒介偏见",他指出:就消息来源而言,媒介新闻均过度呈现社会高层及官方声音;新闻注意力大多集中在政治或社会精英成员身上;普遍强调的社会价值是公众的而且有助于维持现状;国外新闻集中在比较邻近、富裕以及较强大的国家身上;新闻在题目选择及意见表述上呈现一种国家主义以及种族主义的倾向,在对世界的看法和描述上也如此;新闻反映的价值与权力,是男性主宰制社会中的价值与权力;少数族群明显被边缘化、忽视或污蔑;犯罪新闻过度呈现暴力与个人犯罪,而忽略社会中其他风险的事实。①他所提出的媒介偏见表现根植于社会制度、政治权力、等级分层等复杂的关系中。"有机的媒介偏见"产生根源正是这样触及政治、经济和意识形态等多方面,存在于复杂的关系体中。

"任意的偏见"是历史和文化的产物,这类偏见的具体产生过程已难以追溯,它以无意识状态存在于普通人头脑中,既受到偏见接受者个人因素的影响,亦受到接受的环境因素的影响,表现出随意性和非理性的特质。

本书围绕两种偏见的差异安排各章节具体内容,对"任意的偏见"的分析主要集中于上编。第三章探讨传统文化遗留的任意的媒介偏见,考察它在文化中的衍生、残留,此外还重点讨论了移民歧视问题。移民问题不仅是文化差异和口头语言中残存的任意偏见的表现,还关系到根本的群体利益问题,对此在本书第八章"有机的媒介偏见的经济分析"中还将继续展开。本书第四章是新闻组织传播中的媒介偏见分析,这一章是对媒体从业者心理和新闻组织层面共同观照的结果,对偏见观念影响传播者的可能性分析,也展示了偏见进入新闻组织内部、最后形成新闻产品被传播的过程,这一过程同时存在着任意媒介偏见和有机媒介偏见,前者来自头脑、文化等各因素的影响,是个人态度,后者来自上层统治者施加给媒体的深层作用,两者在新闻组织行为中相交织,最终体现在新闻产品中。

在本书下编"政治原动力下的有机的媒介偏见"部分,将以"民族主义情绪:触发偏见机制的导火索""国家意识形态:媒介偏见机制的整合者","媒介精英:西方媒介偏见的推动者"三章内容对有机的媒介偏见展开讨论,辅以典型案例研究,以附录形式附于章节之后,这三章看似三个不同方面的问题,实质是紧密围绕着政治展开的。在第八章将对有机的媒介偏见进行利益分析,歧视经济学理论有助于对有机媒介偏见的利益和损失进行考察,说明媒体行为和政治行为

---

① [英]丹尼斯·麦奎尔:《麦奎尔大众传播理论》(第四版),崔保国、李琨译,清华大学出版社 2005 年版,第 272 页。

都确有其利益驱动性。

本书最后一章主要讨论媒介偏见应如何控制的问题,主要观点认为:有机的媒介偏见可以通过理性社会建立加以控制,通过磨合与协调各方力量减弱偏见;而"任意的媒介偏见"的发生则较为随意和零散,在消除方面需要更多的精力去设计解决的策略。

五、几点说明

对以往媒介偏见相关研究中较为模糊的几个问题,此处予以说明。

第一,媒介偏见有认知方面的意义吗?

媒介偏见的认知问题源于人们熟悉的偏见认知方面的哲学探讨。阐释学家迦达默尔曾对偏见进行"合理的偏见"和"误人的成见"的划分,他从阐释学出发认为偏见有生产性的、积极的和肯定的作用,也可能具有障碍性的、消极的和否定的作用。[①] 其中最引人注目的是"合理的偏见",它提醒我们思考偏见在认知中的正面作用。原因很简单,人的时间和精力有限,不允许对大多数事情花费太多精力去了解,只能根据经验形成的印象或看法,做出许多设想或预判。伽达默尔指出的偏见的认知意义,在很多受众调查中可以得到证明,媒体的刻板印象在传播中有帮助认知的效果,人们对没有接触过的群体、事物可以通过媒体的新闻报道或影视作品呈现了解,并以此为依据,形成印象和态度,便于日后采取相应的行动。

不过,这仅仅是从认知角度谈论偏见有节约时间成本的作用,迦达默尔所谈论的具有认知功能的偏见接近刻板印象,但负面偏见通常带有强烈的态度倾向,对人们认知事物反而会有不利的干扰。那么负面的媒介偏见是否有此功能呢?新闻传播学界对此答案显然是否定的,原因如下:

媒介偏见意味着对新闻客观性的冲击,甚至是颠覆。新闻以客观反映事实为己任,表达的公正是新闻专业性的要求和从业者需要遵循的职业守则。客观性代表着远大的新闻理想,是每一个新闻从业者在新闻学习中最早接触的、长久秉持的理念,也是脚踏实地的日常行为准则。虽然对新闻制作者来说,除了编辑部的明确规定以及初入行的训练中会有一定的规避和提示外(如带有歧视性的词语明确不能使用),在具体操作时仍有模糊之处。对新闻从业者来说,偏

---

① 伽达默尔:《论理解的循环》,载《伽达默尔集》,邓安庆等译,上海远东出版社 2003 年版,第 40—48 页。

见与客观性是相违背的,承认媒体报道中发生偏见对新闻机构来说,是对权威性和公信力的最大挑衅,失去客观、陷入偏颇,媒介就失去了立身之本。由于媒介的巨大的社会影响和传播功能,媒介偏见会造成严重的认知上的混乱。

第二,媒介偏见包括正面的偏见吗?

正面的和负面的偏见的划分依据标准是偏见所带来的心理感受,小奥尔波特在心理学家中较早注意到对正、负偏见划分的问题,在他看来"一些偏见可能是赞成性的,即'喜欢性偏见',而种族态度则引导大多数社会意识为反对,即'憎恶性偏见'",憎恶性偏见是"无充分证据即认为他人有问题",或"偏见是对你不尊敬之事的蔑视"。① 研究歧视经济学的贝克(Gary S. Becker)也提到了这种区分,他同意小奥尔波特的观点,并与其区分歧视品味和族阀主义品味相比较,但对小奥尔波特指出负面偏见是歧视行为背后的激励力量,以及"我们很少听到有关爱(正面)的偏见,因此此类偏见不会制造社会问题"的看法不赞成。他认为错误的原因在于正面偏见或族阀主义的社会和经济意涵非常近似负面偏见或歧视之意涵。②

偏见中正面偏见广泛存在,举例来说:当前社会的女性报道整体上看正负面偏见并存,在以男性为主导的传播比如体育新闻报道中,表现为报道中的性别歧视。③ 对女性正面偏见更多地被解读为刻板印象,它是偏见主体对客体对象带有褒义态度,以一种固化形象出现。广告中女性的刻板印象最为显著,相关研究极为丰富。④ 中国传统女性的形象是温良恭俭,擅长操持家务,相夫教

---

① 转引自王沛:《现代人的心理迷信——偏执心理现象分析》,湖南教育出版社 2000 年版,第 133—134 页。

② [美]盖瑞·贝克:《歧视经济学(第二版)》,蓝科正译,台北正中书局 1996 年版,第 7 页。

③ 国外对体育节目中的性别歧视有集中探讨的文献较为丰富,请参阅 Nathalie Koivula. Gender Stereotyping in Televised Media Sport Coverage. *Sex Roles*,1999,41(7-8):10. 国内研究文章请参阅尹丽娜、章龙飞:《电视体育报道中的性别偏见对体育事业的影响——以美国的地方电视台为例》,《体育成人教育学刊》2006 年第 4 期。

④ 有相当数量的硕士论文选择以广告中的女性形象为研究对象,请参阅程莉娜:《性别与媒介——从社会语言学角度看 2006 年度〈瑞丽服饰美容〉杂志中女性的刻板化印象表现》,2007 年西南财经大学硕士学位论文;念瑶:《我国电视广告女性歧视问题初探》,2001 年厦门大学硕士学位论文。

子,虽然表现的都是正面形象,但属于正面偏见,是对事物的非正常反映。[①] 如国外的学者就提出了对待女性不同的善意的偏见和敌意的偏见两种态度。[②] 通常情形下,受众会对媒介"负面偏见"报道或呈现最为不满,对正面偏见则态度模糊,反应没有那么强烈。正面偏见本质上同样是媒体和社会刻板思维和表达的体现,会造成被刻板化对象的困扰,应尽量避免。

第三,媒介按社会现实客观反映偏见时也被看作是媒介偏见吗?

新闻对客观现实的报道反映出社会的真实状态,不可避免地折射出流行的思想和观念。当大众媒介认真履行报道职责,如实反映社会存在的刻板印象、偏见或歧视时,人们应当如何看待这种传播行为呢? 这种无意识传播的社会偏见是否属于本书要论述的媒介偏见呢? 对这个问题,本书的回答是肯定的。媒介偏见包括了媒介传播行为中的所有偏见,偏见色彩的报道会带来负面传播效应,不管传播动机是有意还是无意,只要媒介在传播过程中产生了偏见,对社会心理发生了影响,就构成了媒介偏见的传播。这种情形下,媒介对偏见的态度显得至关重要,媒体应努力坚持客观报道的原则,回避偏见言辞,避免发生态度误导,是媒介的职责所在和立身之本。在发生重大社会偏见或歧视事件时,媒体在报道中更应做好舆论导向,以公正的评论引导群众,努力成为偏见的矫正器,而非偏见的传声筒。

六、本章小结

本章对媒介偏见进行了本体论的思考,从语义考察出发,清理了关于媒介偏见一系列相关却始终模糊的概念,如媒介偏见和媒介偏向性、媒介偏见和媒介公正等。目前国内研究多集中于媒介偏见事例的发生原因分析,存在着将偏见事例盲目嵌套西方理论模式的倾向。从国外研究情况看,学者们完成了大量

---

① 正面的偏见在"范跑跑"事件中也有所体现。"范跑跑"原名范美忠,他在汶川地震发生那一刻,弃学生不顾第一个跑出了教室,后在论坛里称"在这种生死抉择的瞬间,只有为了我的女儿我才可能考虑牺牲自我,其他的人,哪怕是我的母亲,在这种情况下我也不会管的",遭到网友的攻击,被形容为本次大地震中"最无耻的教师",网友们送了他"范跑跑"这个外号,而他因为事件引发强烈的社会反响被开除公职。网友的不理解和指责,说明对教师存在正面的偏见,即道德品行方面的高要求。正因为这种正面偏见背景,"范跑跑"的"实话"才被认为是无耻和犯众怒的言辞。

② 陈志霞、陈剑峰:《善意和敌意性别偏见及其对社会认知的影响》,《心理科学进展》2007年第3期,第464-469页。

媒介偏向性的实证研究,对各种具体偏见议题的分析十分细致,研究视野在不断扩充,为本书的写作提供了大量研究资料。

本章确定了媒介偏见的定义,将论述的范围阐释得更为清晰。对"任意性媒介偏见"和"有机的媒介偏见"的划分依据来自两种偏见的表现特质和存在根源的差异。划分两种偏见形式是全书的基础,具有实际操作意义。它有助于全书论证思路的开展,方便分析偏见形成的因素,找寻偏见影响因素的关系,有助于建构起全篇对媒介偏见现象的深入分析。

第二章　媒介偏见的形成与传播

人类的这种致命的趋势,即,当对一件事情不再怀疑的时候就停止思考,这就是人类大多数错误的原因。

——约翰·斯图亚特·穆勒:《论自由》

本章主要探讨媒介偏见的形成与传播,观察偏见是如何进入人们的头脑,转化为偏见内容,进而被媒体广泛散播,最终影响社会心理的过程。想要完全把握媒介偏见并不容易,媒介偏见本身并不抽象,是一种具体而复杂的过程,由认知心理、传播行为、社会影响等多层次互相作用,共同参与完成。清晰地描述媒介偏见的形成是媒介偏见机制研究的必经之路。

人们往往不愿意承认这样一个事实:人的头脑中总是存在一些偏见观念。实际上,只要没有表现出歧视性的社会行为,就谈不上有何种社会危害。但个人层面的偏见观念一旦通过媒体这一社会放大器表现出来,就会产生或大或小的后果。根据日常观察到的媒介偏见传播情形,大致可以将此过程描述如下:首先,偏见态度借助媒体获得了公共传播的机会,如同石子投入水中,激起强烈反响,引发社会争论。随之而来的社会各方反应有时会有差异。一般情况下,偏见受害者提出抗议,要求公正公平的对待,谴责偏见言辞和行为;偏见观念持有者为自身的不当言辞和行为道歉;非偏见观念持有者或称有识之士们觉察到偏见态度的存在,提出理性建议;作为传播工具的媒体则根据事情的受关注程度采用不同方式应对。严重时媒体选择面对偏见受害者,直接道歉,维护媒体权威形象。但大多数情况下媒体会用冷处理方式,通过议程设置变换每日的报道和传播内容,等待偏见的批评逐渐沉默,社会舆论重归平静。媒介偏见事件的发生、发展、结束常常以这种形式,周而复始地循环。常为人们所忽视的是偏见传播中潜在的、长期的影响,经过此番传播,偏见观念如同病毒一般开始在社会心理中滋生，为偏见论调再次爆发埋下隐患，这种长期、潜在的影响令人担忧。

一、无可避免的偏见

心理学界对偏见这种奇特的人类心理现象一直保持高度关注，学者们通常从内外两方面解释偏见的形成，内部是从个体的人格和心理情绪出发，外部则关注引起偏见的环境和情境因素，包括了奖赏、惩罚、社会学习和从众压力等作用。社会认知心理研究（social theory cognitve）经历了一系列的理论发展，20世纪70年代以前认为，人是"朴素的科学家"（naive scientist），认为人在社会认知过程中并不能完全地、精确地运用所获得的信息，导致社会认知、社会判断中出现大量偏差。70年代开始，社会认知学开始把人们看作是"认知吝啬鬼"（cognitive miser），认为人们在社会认知的过程中，面临的信息往往是不确定、不完全的和复杂的，在对它们进行加工的过程中，达到最满意的合理性是困难的。① 按照这种观念理解，"朴素的科学家"的偏见产生是对信息使用不当的结果，而"认知吝啬者"更接近偏见认知的本质，即人的认知能力是有限的，认知事物的范围广大以及时间精力限制了人们的认知，人们不得不借助各种先验判断。这在日常经验中很容易得到验证，例如并没有深入接触过各国人，人们却能根据流行看法形成某些国别偏见。好莱坞影视作品中人们总能看到缺乏教育、头脑迟钝的少数族群，来自中东等地的恐怖分子，俄罗斯人不是富可敌国、品位低俗的石油大亨，就是窃取重要情报的亡命之徒。对于从未真正接触这些国度的人的人们，依靠影视作品的描绘去感知，很容易被媒介偏见影响，形成错误观念。借用他人判断或用最小限度的观察是社会认知偏差产生的根源，也会为日后发生偏见埋下伏笔。可以说，偏见是人们观念的产物，从个人认知过程角度去理解，人类的思维方式和认知特点本身决定了偏见难以避免，还将长期存在。

由罗伯特·阿克塞罗德（Robert Axelrod）提出的概略理论（schema theory）是认知过程的补充解释，他认为：概略是一种认知结构，它由组织好的从以往经验中抽象出的对情景及个人的知识所组成，被用来处理新的信息，并追溯已有的信息。人们处理信息的能力有限，因而奉行"认知经济学"，即形成简

---

① 朱新秤：《社会认知心理学研究的新进展》，《心理学动态》2000年第2期，第74页。

单化的思维模式。该理论承接了"认知吝啬者"的基本构想,但强调具体过程很重要的一环,就是选择以及整合。

人们在处理信息时,首先接收信息,然后进行分析处理,大脑通常会迅速确定新信息是否与原有信息相联系,如果有是怎样的联系。假如回答信息是有价值的,则新信息被整合纳入现有的信息库中;如果不是这样,新信息及其来源很可能不被信任或被排斥。当然,在整合的过程中,信息会发生改变,事件的某些方面被削弱,另一些方面则被突出。经过这一编码过程,对信息接收者来说,重要的事件元素与不重要的细节区分开来了。信息被提炼为正确的或错误的意义推理并储存起来,而不是将证据本身储存起来,这被认为是人类处理信息超载的主要方式。概略理论可以帮助理解面对汹涌而来的海量信息和铺天盖地的媒体宣传,告诉人们应该如何尽快接纳和处理信息。

人类短暂的生命、强烈的求知欲望和知识的浩瀚无涯,三者构成了难以解决的矛盾。哲人庄子因而慨叹:"吾生也有涯,而知也无涯。以有涯随无涯,殆已;已而为知者,殆而已矣。"①投入再多的时间,拥有再多的信息处理技巧,了解事物全貌、追求真理的过程依然困难重重,完全避免认知错误和偏见似乎不太可能。

认知角度认为偏见难以避免,除了人力不能及,不了解的外界限制,还有心智的限制。古希腊的苏格拉底曾就心智的限制提出了著名的"洞穴理论":如果一个洞穴里有被禁锢的囚徒们,他们只能看到背后火光投射在洞穴墙壁上的阴影,那么会断定看到的阴影是事物本身。苏格拉底的比喻用来说明人类对事物的认识局限,当洞穴囚徒重新发现新的环境和真实事物时,将会意识到:"当看清楚太阳和世间万物时,再回想当初的洞穴生活,洞穴世界,他们会明白当年的那个智力,是何等的低下。"②

培根从哲学角度继续了苏格拉底对"洞穴理论"的思考,他提出了"四假象说",指明认知的障碍会令不带偏见的判断变得困难。在批判经院哲学和神学权威时,他在《新工具》一书中提出了著名的"四假象说",认为迄今为止,人类的智慧都被他所称的假象——错误的、不理性的观念——所蒙蔽,这四种假象包括:"族类假象"(idol of the tribe)、"洞穴假象"(idol of the cave)、"市场假象"(idol of the market place)和"剧场假象"(idol of the theatre)。这四种假象的重要价值在于归纳出了偏见形成的几种可能:"族类假象基于人性本身中,也即基于人这一族或这一类中。若断言人的感官是事物的量尺,这是一句错误的

① 郭庆藩:《庄子集释》,王孝鱼点校,中华书局 1961 年版,第 115 页。
② [古希腊]柏拉图:《理想国》,侯雯雯译,人民日报出版社 2005 年版,第 150 页。

话……人类理解力则正如一面凹凸镜,它接受光线极不规则,于是就因在反映事物时掺入了它自己的性质而使得事物的性质变形和褪色。"①"族类假象"指的是人类的本性,培根指出了认知个体的差异带来的不可靠性,事物的性质不会发生真正的改变,只是在所获得的假象中加入了个人色彩,理解发生了扭曲,色彩发生了变异。

虽然沿用了苏格拉底的譬喻,培根的"洞穴假象"更多地带有唯心主义的色彩。"洞穴假象是各个人的假象,因为每一个人都各有其自己的洞穴,使自然之光屈折和变色,这个洞穴的形成,或是由于这人自己固有的独特的本性,或是由于他所受的教育和与别人的交往,或是由于他阅读一些书籍而对其权威性发生崇敬和赞美,又或是由于各种感印,这些感印又是依人心之不同而作用各异的;以及类此等等。"②这里每个人的洞穴指的是个人的素质、教育背景和经历、环境等外在因素的影响。"另有一类假象是由人们相互间的交接和联系所形成的,我称之为市场的假象,取人们在市场中有往来交接之意"③,培根在此考虑到了关系和利益对认知发生的影响。剧场假象"是从哲学的各种各样的教条以及一些错误的论证法则移植到人们心中的",在培根看来,这包括公认的学说和体系,还包括"由于传统、亲信和疏忽而被公认的原则和原理"④,这些通常是不加分辨被后世所继承下来的。

实际上,培根的"四假象说"是从个人理解角度、个体差异角度、社会利益影响角度和历史传承角度产生的认知偏见。培根将假象看作是错误观念构成的一种精神存在,存在于个人头脑中。"族类假象""洞穴假象"均指认知和接受方面带来的差异。"市场假象"是从经济学和社会学角度看待认知偏差,也有启发意义。特别指出的是,"剧场假象"包含了认知中的积累,真理与谬误,理性与偏见,来自于社会传统的深层影响而产生,这就是偏见外部因素的影响了。⑤ 正如社会学家们所说:"偏见通常是社会影响力的产物,在青年人有能力或有意愿去

---

① [英]培根:《新工具》,徐宝骙译,商务印书馆1984年版,第19页。

② [英]培根:《新工具》,徐宝骙译,商务印书馆1984年版,第20页。

③④ [英]培根:《新工具》,徐宝骙译,商务印书馆1984年版,第21页。

⑤ 印度文化中对培根的假说也有类似的思考。印度认识论是以一个特殊的概念"量"作为其逻辑出发的起点的。"'量'在印度通常认为有四个:一是'现量',即感觉所得;二是'比量',即推理所得;三是'譬喻量',即由类推而来的知识;四是'圣言量',即由已有的权威(神、圣人、法典)而来的知识。"见金克木:《文化要义丛书》,中国人民大学出版社2007年版,第58页。印度人引发了对经验可信度的思考,人们是否该无条件、不加怀疑地接受"量",这值得深思。事实上,"现量""比量""譬喻量"和"圣言量"有时也会发生错误,经验知识正确与否不能依此确定,盲从容易引发错误的认识,产生"偏见",甚至发生"偏见"代际传递。

抵制这些社会影响之前,偏见就被埋藏在他们的思想中。"①社会环境对媒介偏见的影响极为深远,熟悉的传统思想中有着许多未觉察的、历史积淀而来的、根深蒂固的偏见,如男尊女卑的性别偏见、对他族群的偏见,在日常生活和传统习俗中仍然存在着。

二、普遍存在的媒介偏见

如果说偏见在人们的头脑和意识中广泛存在且无可避免,那么是否可以推论媒介偏见亦是种普遍的存在呢? 对记者在采编过程中是否存在偏见这一问题,资深新闻从业者李普曼(Walter Lippmann)无疑持肯定的态度。"因为经验证明,他本人带着一些成见到出事地点去,事后他带回来的多半是他想象的,已经真正改观了的一个事件的报道。"②为了证明他的观点,李普曼在《舆论学》中引用了冯杰内普的一个心理试验:

> 在一个假面具的舞会招待会上,突然有一个小丑在一手持左轮手枪的黑人的追击下冲了进来,两人开始打斗,小丑跌倒,黑人跳在他身上,开枪,然后冲入大厅,整个事件持续不到 20 秒。主席要求出席的人据此写一篇报道,共收到 40 篇报道,只有 1 篇在主要事实上有不到 20% 的错误,14 篇有 20% 到 40% 的错误,12 篇有 40% 到 50% 的错误,有 1/4 的报道是不真实的。而且,有 24 篇报道 10% 的细节纯属虚构,还有 10 篇报道超过这个比例,有 6 篇小于这个比例。③

李普曼的这个试验得出了令人沮丧的结论:"新闻和真实并不是一回事,必须清楚地加以区分。"④

相比新闻从业者的悲观,受众对媒介偏见感受又是如何呢? 他们对标榜客观报道的新闻是如何理解的呢? 新闻媒体是否有偏见的调查数据一公布,每次都让人如坐针毡。根据美国 ANSE 的可信性调查显示:47% 的报纸读者认为报

---

① [美]菲利普·津巴多、迈克尔·利佩:《态度改变与社会影响》,邓羽、肖莉、唐小艳译,刘力审校,人民邮电出版社 2007 年版,第 210 页。

② [美]沃尔特·李普曼:《舆论学》,林珊译,中国人民大学出版社 1984 年版,第 51 页。

③④ [美]沃尔特·李普曼:《舆论学》,林珊译,中国人民大学出版社 1984 年版,第 52 页。

纸在政治上偏向自由派，只有 34％认为报纸相对保守。此外，56％的人说报纸"选择内容时有偏见"；超过 3/4 的读者认为媒体有偏见，但对于哪些行为才构成偏见则没有一致的看法。30％的人认为偏见即缺乏开放的态度；29％的人认为偏见是先有成见，报道新闻时削足适履；有 29％说是偏爱某些社会或政治团体。① 这一调查数据并非用来说明媒介偏见情形在美国最为严重，实际上，媒介偏见广泛存在，在不同国家和地区，因社会历史等情形不同，偏见的具体表现各异。

塞伦·麦克莱(Ciaran McCullagh)曾总结过媒体对世界反映的两种方式：一种是窗口理论，这种理论认为客观世界与媒体所反映的世界总是存在着差别，即通常所称的客观真实与媒介真实，传媒"有限的承载力"意味着对信息只能进行选择；另一种相对的看法是，同样承认传媒对世界是选择性告知的，但认为媒介选择后的报道像打碎的镜子，支离破碎而且夸大或缩小某部分，提出的问题并不是最重要的。②

窗口理论被人们熟知和广泛接纳，而第二种镜像理论更有新意，值得更多思索。镜像理论承认新闻是一种镜像反映，但在照映的过程中可能发生歪曲。多碎片化正是媒体不断大数据冲刷、潮流播报的结果，对受众来说，接收到的信息永远是碎片状、零散的。对传媒传播中有选择权的观点进行梳理后，麦克莱赞同大多数传媒社会学家的观点，"传媒力量的源泉来自于选择性地告诉我们世界的情况。它告诉我们一些事情和事件，而不是别的东西。这样，它控制哪些传媒能够得到的信息，从而潜移默化地形成或限制受众的社会知识，构建他们生活世界的映像"③。麦克莱十分关注"选择"这一过程，他所说的选择中即包含了对事实的筛选和选择者的态度，而态度有可能是酝酿偏见的温床。

台湾学者张锦华也指出："新闻"是意义化的过程。报道新闻不是报道事实，事实是被"界定"出来的。"界定"也就是"意义"的赋予。因此，新闻的处理，是一种对"事实"的选择、安排、解释等的"意义化"的过程。④ 综合新闻从业者和学者们的观点，他们或多或少都承认新闻报道容易发生偏向，认同新闻是选择、

---

① ［美］海曼·韦斯廷：《最佳方案：公平报道的美国经验》，郭虹、李阳译，汕头大学出版社 2003 年版，第 58 页。

② ［美］塞伦·麦克莱：《传媒社会学》，曾静平译，昝廷全校，中国传媒大学出版社 2005 年版，第 10 页。

③ ［美］塞伦·麦克莱：《传媒社会学》，曾静平译，昝廷全校，中国传媒大学出版社 2005 年版，第 14 页。

④ 张锦华：《媒介文化、意识形态与女性》，台北正中书局 1994 年版，第 37 页。

反映事实的过程,媒体讯息经过新闻的一系列的制作和加工,会不自觉地表现出各种力量有意或无意的影响。媒介偏见较新闻失实情况要复杂得多,它不是与事实相关联的问题,失实只要将真实情况与报道进行比对,即可对失实情形归类,发现失实的原因。偏见是复杂的心理问题,最为关键的是在报道中偏见态度何时渗入、如何渗入? 其来源有多种可能:社会的、历史的、文化中的偏见观念,采编人员的偏见思想,经济利益影响对某类人群的偏见等。

三、媒介偏见的传播过程

(一)两种媒介偏见传播

对偏见观念究竟在哪个环节渗入的疑问,通过对新闻产制过程的全程考察,便可获得较为具象的思考路径。将媒介偏见传播过程加以图示可以清晰地观察到偏见在其中的流动。偏见以观念形态被传播者的头脑吸收,进入媒介加工现场,被整合进媒介产品,到达受众,最终影响受众,形成新的偏见观念。图2-1预示着偏见的循环,作为终点的受众偏见有可能重新成为起点,以偏见的积淀形式存在,为下一次偏见传播做好心理准备。

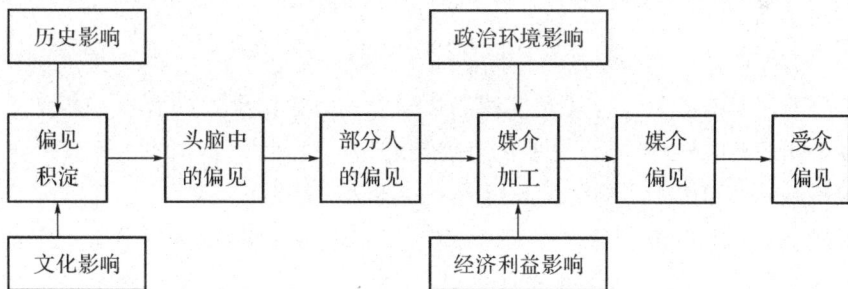

图 2-1　媒介偏见传播过程

偏见发生影响的作用阶段集中在新闻产制过程中,具体到每个传播环节都可能会发生。两种偏见心理的影响途径体现在新闻采制的两个阶段,第一阶段以"任意的媒介偏见"为主导,在图2-1中所指的是作为历史文化的产物的偏见积淀于人们头脑中。有些偏见能跨越时间,即使偏见产生的社会历史背景不复存在,但偏见观念和行为仍可能沿袭下来,这类偏见是以任意形态存在的。长期身处任意偏见的传播中,人们对这类偏见几乎没有觉察,它们经历社会变迁、时光转换，其形成路径已经模糊不清，只有通过语言学家、社会学家、媒介研究者考察出偏见词语意义变化，他们会从语义、语境、语法功用等方面找寻固化在传统、文化和语言中的偏见，通过设立关键词、动作、调查者偏见倾向，或是媒体报道中的偏见词语出现频率高低，对偏见原有的时代背景深入研究，形成有意义的成果。

第二阶段是现存的社会经济状态下的"有机的媒介偏见"，重点在于新闻组织自身以及政治、经济等外部因素对新闻组织的影响，形成有社会根源的深层偏见。政党和经济利益集团拥有极大的权力与资源，以控制和利诱等方式发挥作用，干涉媒介选题、制作和播出各环节，产生的这类媒介偏见更多地与意识形态结合，影响大众价值取向和思想观念。

在新闻组织层面中，任意的媒介偏见与有机的媒介偏见同时存在，偏见既包含了过去观念的留存，也有现在的政治经济因素的影响。以种族偏见为例，它既有历史遗留的原因，也有统治者对具有威胁性的种族或群体经济利益上排斥的因素影响。图 2-1 中所示的两阶段在社会生活中不可能绝对分开。任意的媒介偏见一般多集中于偏见积淀到人们头脑这一阶段，历史文化以随意的方式影响媒介，媒介偏见通过偏见的历史文化积淀，特别是偏见持有者的错误认知态度传播，进入媒介机制，通过偏见观念作用于媒介工作者。

（二）媒介对固有偏见的激活

下面具体分析媒介偏见的传播情况。议题设置理论认为，新闻报道对同一议题的不同架构会影响受众对议题的认知。国外政治大选的数据分析把重点放在了新闻偏向性（正面的偏见，俗称"偏好"）的证实上，特别集中于媒介所有者和操纵者利用媒介影响选民的行为。传播学先驱拉扎斯菲尔德、贝雷尔森和高德特（Lazarsfeld, Berelson & Gaudet）在《人民的选择》中对伊里县竞选调查的研究可提供佐证，这次调查被认为是"社会科学发展史上最有想象力地使用调查设计和调查技术的研究之一"①，研究结果发现了媒介对偏向性的激活和强化作用。"政治传播会激活潜在的既有倾向。为了做到这一点，它向人们提供有效的论据，受既有倾向引导的人民，会选择性地接收这些与既有倾向一致的论据"，对受众原有偏向的加强则是因为通过调查发现，超过半数的选民早已有意识地选择了候选人，他们虽然不能确定谁做候选人，但是不管在什么情况下，

---

① ［美］希伦·A. 洛厄里、梅尔文·L. 德弗勒：《大众传播效果研究的里程碑》（第三版），刘海龙译，中国人民大学出版社 2004 年版，第 67 页。

他们都会投该党候选人一票。宣传的组织者必须向这些早就下定决心的选民不断提供论据和证明,使他们保持原来的立场。这是媒介竞选宣传的一个重要功能。这次对美国总统大选的研究发现了相当有价值的数据和关联,比如:"人们根据自己的爱好和想法选择政治材料,甚至那些尚未做出决定的人也会去接触那些符合自己还未意识到的政治既有倾向的宣传。……造成这种区别的因素至少有两种:其一是选民本身接触的外部因素。……另一个因素就是选民本身尚未意识到的心理既有倾向的影响。一个人与其所在的经济、宗教和社区群体中的其他人共同拥有诸多经历,他只乐于注意其中一些事情。选民设法选择那些短暂的、刺激的信息流,通过这些信息,他们更易于被劝服。"①这次研究证明当选民自身偏向性已存在的情况下,媒介所起作用的是激发与强化。

在媒介偏见的传播中,媒介的强化作用非常显著,并非仅限于正面偏见中。很多时候,负面偏见的种子早已在受众心中,媒介所做的是给予带有偏见色彩的社会氛围,让种子发芽和生长,令受众潜在的偏见得以激活和强化。津巴多(Philip G. Zimbardo)和利佩(Michael R. Leippe)承认偏见形成过程中的环境影响的作用,他们的整体观点是:偏见的形成在人类心智发展早期,即童年阶段就开始了。通常家庭生活场所、社会环境、教育场所都是习得偏见的场所,性别偏见、种族偏见浓厚的地方,儿童接受偏见更为普遍。周围的偏见环境让接受者得不到反省的机会,偏见便一直保留下去。媒介在现代社会中已成为人类社会环境的重要组成,对偏见观念的形成和传播都有直接影响,很难脱离干系。

媒介环境(media ecology)学派的代表人物尼尔·波兹曼(Neil Postman)在《童年的消逝》一书中将童年理解为一种历史性的范畴,在全面描述了人类童年的演变后,他认为儿童越来越成人化,媒介影响不可忽视。媒介对儿童的影响研究议题并不新鲜,早期传播学者就曾特别关注并发现儿童对新事物的接受较成人更为容易。试想,如果偏见思想在人类儿童时期就开始植入,此时儿童的认知还在发展阶段,对知识的吸纳、对周边态度的学习都是最强的时期,独立人格所必需的怀疑和反思的能力尚不具备,这种无意识下的偏见接受会非常顺利,在成长后也很少被觉察到,最终想要改变它也非常困难。

偏见作为不公正的态度,与人们对事实的追求相悖,那么偏见如何被点燃,而不以人们的意识为转移呢?明显与客观相悖的偏见为何还会被接受呢?迪瓦恩(Devine)在1989年的实验研究中发现偏见观念会逃避理性,自动发生作用。心理学家对两组测试人员进行阈下刺激,结果令人吃惊。相对于接受了有

---

① ［美］保罗·F.拉扎斯菲尔德、贝纳德·贝雷尔森、黑兹尔·高德特:《人民的选择——选民如何在总统选战中做决定》(第三版),唐茜译,中国人民大学出版社2011年版,第69—90页。

关黑人刻板印象的轻度阈下刺激的白人,那些接受了重度阈下刺激的白人,对实验文字中描述的黑人男子的评定更带有敌意;而在几个月前,两组人员的种族歧视量表还显示他们没有区别。这次实验试图解释在刻板印象的无意识暗示下,被测试的无偏见的白人为何在陌生人身上看到比原来客观时更多的敌意。实验结果的合理推断是:几乎所有的美国白人在童年就习得了关于黑人的刻板印象,刻板印象的重要部分是黑人更加有敌意的假设。有偏见的人有意识地获得刻板印象,并情绪化地做出反应;偏见不强的人则会有意识地抵抗它。偏见观念属于牢固的习得,存在于无意识中,通常处于隐匿状态,实验中与黑人或黑人刻板印象有关的暗示会激活潜在的刻板印象。在这项研究中,暗示是阈下刺激,然而阈下刺激仍然能够足够强烈地激活刻板印象,使刻板印象中的唯一成分——敌意——被凸显到意识的关注点上。①

　　作为受众对偏见接收是一种内外因素相互作用的结果。人类认知的特点令他们会自觉地筛选信息,在媒介偏见中选择与自我偏见相符的内容。当媒介偏见与他们的价值观或信念接近时,他们会自动地摄取并储存这类信息。当对某群体或地域不够了解时,权威性媒体的报道会先入为主地发挥作用。假如报道中本身有偏见或大量刻板印象时,会触发偏见的形成。对于这一复杂的接受过程,以下将会继续分析。

四、媒介偏见的接受

(一)媒介传播与无意识偏见的接受

　　考察媒介偏见对受众的影响是传播效果研究的常见议题,普遍的观点认为,受众接受偏见观念是一种无意识的过程。偏见常常深植于思想中,具有无理性的特质,偏见持有者对偏见是否认知,决定了偏见是以有意识还是无意识的形式存在。显性偏见一般是直接表露在外的,很可能与环境的支持有关,容易造成直接的、显著的后果,如发生歧视行为。通常,这种偏见持有者的态度一般较为强硬,对自身的偏见存有意识。

　　无意识的偏见处于人们的意识之外,大多数处于隐匿的状态中,只有在特

---

　　① [美]菲利普·津巴多、迈克尔·利佩:《态度改变与社会影响》,邓羽、肖莉、唐小艳译,刘力审校,人民邮电出版社 2007 年版,第 252 页。

定的环境下才会被发现,有时可能导致误解甚至是破坏性的后果。《论意识操纵》一书提到过这个事例:20 世纪 70 年代初,《哈佛企业评论》在杂志封面上刊登了一幅怪画,编辑部要求大家仔细端详这幅图画,画面上是公共汽车的车厢,两个人——白人和黑人——正在打架,其中一人手里攥着一把打开的剃刀。三个月以后,这幅画再度登出,但有一点变动——剃刀不见了。编辑部请求读者做个试验,在不去寻找原画的情况下回忆一下,参加打架的人谁手里攥着一把剃刀。后来杂志刊登了令人吃惊的结果:大多数读者(几乎全是白人)认为,手里攥着剃刀的是黑人,但事实上是白人。[①] 实验结果证实了人们头脑中存在着潜在种族偏见。人们补充的是他们假定真实的情形,而这正是偏见长期积淀,难以觉察地渗入的结果。在日常生活中有自我偏见明确认知的人并不多,大多数人的偏见都保存于隐性层面上,心理学专家们需要实验设计,才能获得更多的观测结果。媒介偏见的相关研究为此带有一定的模糊性,不像媒介歧视可以通过行为明确测定,在法律或社会制度层面也有更为清晰的界定。

受众长期生活在媒体的报道外环境,媒体的报道内容和观念影响着人们。传播者拥有较高的权威性和公信力,传播中夹杂了偏见态度,受众也容易不加分辨地接受。比如,大众传播媒介经常集中报道某地域、某职业、某人群的负面消息,长此以往会造成不好的印象,导致他人对此类对象相应的偏见态度生成。

国外学者从跨媒体影响检视媒体对可卡因毒品的这类报道,指出"多样媒体,寡量声音"(many media, few voice),即媒体虽然多样化,然而受每日新闻采访惯例、同业影响以及消息来源的影响,导致新闻产生"聚合现象"(convergence)[②],这指的是同一化和标准化的新闻操作和流程,使得多元观点被"消音",形成了多个新闻频道却只有一种单一观点的传播情况发生。试验证实媒体报道的单一化是影响受众接受氛围的重要因素。当媒介都以同一声音说话的时候,人们接收到雷同的信息,会丧失基本的判断和分析能力,久而久之,偏听偏向就会逐步发展为偏见。

(二)受众对媒介偏见的接受

受众本身因个性差异对偏见信息的接受呈现出很大差别。如果一个人完

---

① [俄]谢·卡拉-穆尔扎:《论意识操纵》,徐昌翰、宋嗣喜、王晶等译,徐昌翰校,社会科学文献出版社 2004 年版,第 36 页。

② Danielian, L. H. & Reese, S. D. A Closer Look at Intermedia Influences on Agenda Setting: The Cocaine Issue of 1986. In: P. J. Shoemaker(ed.). *Communication Campaigns about Drugs: Government, Media and the Public*. Hillsdale: Erlbaum,1989:47-66.

全不具有类同的偏见态度,权威传播者的偏见传播影响将是非常有限的,即使身受他人的偏见行为暗示,产生对某事物的偏见态度仍需要相当的积累。此外,受众对偏见的抵抗力有很大的影响,研究表明受众的确存在对偏见的易感与非易感两种类型。研究者认为偏见接受与个人的性格、情感、态度等有一定的关系,解释这种接受差异时不妨将偏见看作病毒,有的人身体不太容易受到病毒入侵,而有的人则相反。心理学提供的受众对偏见的接受解释是:受众的具体人格分类与接受程度直接相关。霍克海默在《权力主义人格》引言中归纳伯克利民意研究所对偏见考察的结果时指出,偏见与某些具有破坏性的虚无主义(nihilistic)的人格特质有着密切的相关性,这种虚无主义的人格特质是以那些非理性的悲观思想为标志的。① 更直白地说,他们认为虚无主义类型人格比较容易接受和产生偏见。

除了性格原因,个人成长环境也是影响偏见形成的重要影响因素。虽然在自省意识的控制下,人们对偏见有所防范和抵抗,从小生长在一个强烈性别偏见的家庭中的个人,很难彻底脱离偏见的影响。一位女性可能在表面上厌恶性别偏见或歧视,在内心却认同自身较低的地位,接受这种对女性的偏见态度,虽然父母或他人的偏见流露会伤害她的情感,但她自身也是偏见持有者,两者在本质态度上并无二致。在特定的偏见刺激下,她的真实偏见态度容易被激发出来。偏见的长期影响作用,令接受过程难以确定,带有神秘色彩。形象地说,偏见的态度像颗种子,隐蔽地埋藏,适量的水分和土壤环境加上丰富的阳光,它会飞快生长,最终暴露于空气中。

在新闻媒介领域,带有偏见色彩的内容似乎更易传播。原因很简单,伴随偏见裹挟而来的是煽动的情感,在心理上满足受众和媒介对情感化、刺激性和耸人听闻的要求。这一点艾特曼(Entman)的"两级限定"原则提供了解释。他认为,由于大多数公众依靠简单的直觉来引导其政治评价,他们通常不愿理会要求两个认知步骤以上的政治言论。这两步表现为:首先理解,其次再接受某一对象与其特征之间的关联。其他条件等同时,推理越详尽,传播效果会越差。当改变一项政策的反对者处于比支持者更加有利的地位时,学者发现,负面言论不论简单或复杂,其说服效果往往会胜过正面言论。② 在政治传播中,这种情形非常普遍,原因正如"两级限定"可提供的解释:公众对政治并不了解,对公共

① [美]西奥多·W.阿道诺等:《权力主义人格》,李维译,浙江教育出版社 2002 年版,序第 4 页。

② R. M. Entman & M. Robert. *Projections of Power: Framing News, Public Opinion, and US Foreign Policy*. Chicago: Chicago University Press, 2004.

事务也没有足够的耐心关注,当面临选择或判断时,如果媒体分析过于复杂,公众会失去耐心和兴致,只能借助媒体的分析,帮助做出快捷的选择,而这通常是否定的言论或态度。

偏见的观念多为否定的、简单的、非此即彼、二元对立思维的产物,推理单纯,无须深入思考,大多数也经不起仔细推敲,公众对这类观念的接受反而迅速。这从另一方面说明了为什么煽动性的偏见通过媒体传播,会有广泛的传播效果。最关键原因是它切断了人们与理性判断思考的联系。弗洛伊德从性心理研究角度出发,认为公众像女人一样需要强烈的引导者,他们容易陷入狂乱炙热的情感中,这是对大规模偏见接受过程中的一种形象化的解释。

布尔迪厄(Pierre Bourdieu)的《实践理性》(*Raisons Pratiques*)是这样表述人类理性行为与社会秩序关系的:"社会世界充满着秩序的恢复,秩序恢复只为那些习惯于领会它们的人而这样发挥作用,它们唤醒了被深深隐藏的身体的性情倾向,而并不通过意识和计谋的手段。"[①]在此大胆地套用在偏见问题上,可改为:"社会世界充满着偏见的观念,偏见观念的发生只为那些习惯于领会它们的人而发挥作用,它们唤醒了被深深隐藏的偏见倾向,而并不通过理性的监督。"偏见承认的事实往往是错误的,只要偏见被接受,偏见持有者会绕过理性分析,寻找为偏见辩护或相符的观点。这种固执的态度和自我维护的心理是偏见突出的特点。

(三)集体偏见接受的关键:偏好伪装

偏见接受过程的时间长短很难估计,有时候瞬间便发生作用,产生偏见,更多的时候是长期接受的结果。受众接受偏见的情况可分为两类:一类是偏见施加者,他们在语言、行为上发出偏见,产生偏见传播。另一类则是偏见的受害者,他们经常受到偏见的困扰。照常理推断,这类偏见受害者应该会拒绝不公正的偏见态度或行为,明确表示反抗,可事实常常相反。第默尔·库兰(Timur Kuran)就提出了偏见受害者对偏见接受的情况中有一类是会伪装自我态度的受众。他以印度的种姓制度分析为例证,阐明其"偏好伪装"的观点。他分析歧视制度集体的接受,对受歧视者为何集体接受歧视非常感兴趣,其主要观念是从印度的种姓制度宣扬情况发展而来。种姓制度的起源的确只是婆罗门的权力和威望,库兰并不否认婆罗门在实施和维持不平等中的作用,但他指出了非

---

① ［法］皮埃尔·布尔迪厄:《实践理性:关于行为理论》,谭立德译,生活·读书·新知三联书店 2007 年版,第 106 页。

常重要且常被人忽视的一点：受到征服的阶级，通过他们愿意支持等级规则和制裁那些反对等级制度的同阶级人，也为这个等级做出了贡献。[①] 作者的基本观点可归纳如下：社会制度性的偏见开始时可能出于某个利益集团的目的，当偏见需要维持的时候，受歧视阶层也自动地认同这种偏见，甚至主动维护它。

库兰所表达的偏好与正面的偏见不同，他指的是印度的种姓制度，实质上是一种被普遍接受的偏见，他将其称为偏好主要是方便与伪装进行联系。他将偏见形成视为一种灌输，是一个集体的过程，而不是一个分割的认知调整过程。库兰用"偏好伪装"解释了为什么在印度，成千上万的平民都认为导致其悲惨命运的原因都是相同的。库兰认为，成千上万的平民都独立思考，并得出因果报应的信条，这几乎是不可能的，平民们在理解他们贫困境地的时候，通过知识伪装的独立行动，塑造出彼此的世界观，这些行动实质上是对导致偏好伪装的多种刺激因素的反应，这样便加强了对社会现状的认可。[②]他的观念非常适合解释大规模歧视的维持阶段，他考虑到了各社会力量在偏见保持中发挥作用。

库兰的思想最关键处在于歧视观念的接受过程，遗憾的是被轻描淡写地用"知识伪装的独立行动"带过，缺乏更为具体的解释，但他认同偏见在接受过程中作为一种集体思想意识的重要作用，并指出：实际上，并不是所有的人都接受了偏见，但在行为上会表现出来，偏好伪装并不是用来掩饰个人的真实想法，更确切地说应该是顺从心理发挥了作用，这也就是所谓从众心理和趋同力量的作用。那么，库兰指的究竟是偏见受害者，还是旁观者呢？如果用大众心理学的从众心理来解释，两者的分界立刻显得模糊起来。在印度种姓偏见的传播中，平民的确参与了偏见的保持，但在大众传播和媒体高度发达的现代社会，没有结合媒体的重要作用，仅仅从受众心理角度入手，尝试用库兰"偏好伪装"理论来解释非大规模的、长期的、历史留存的偏见现象，就显得有些力不从心了。

那么受众在接受偏见过程中的心理如何？集体心理是否会对个体接受偏见产生影响呢？这需要借助群体心理和传播社会学的研究成果进行说明。传播学中的"沉默的螺旋"(the spiral of silence)假说正是这类研究中的代表，理论基于这样一个假设：大多数个人会力图避免由于单独持有某些态度和信念而产生的孤立。因为害怕孤立，他便不太愿意把自己的观点说出来。如果这个过程有大众媒介参与，螺旋往往形成得更快、也更明显。占支配地位的或日益得到支持的意见会愈加得势，另一方则越来越失去支持的声音。这样，一方表述而另一方沉默的倾向便开始了一个螺旋过程，这个过程不断把一种意见确立为主

①② ［美］第默尔·库兰：《偏好伪装的社会后果》，丁振寰、欧阳武译，欧阳武校，长春出版社 2005 年版，第 185—186 页。

要意见。① 正如人们在日常体验中所感觉到的,媒体的巨大影响力量和人际交流缺乏带来的隔绝感,令受众暴露在各种大众传播工具面前,成为被追逐、被锁定的终极传播目标。受众们被各自的手机等传播终端束缚,沉迷于大数据的海洋中,独立思考和深度交流的机会越来越少。在快速聚集、短期关注、迅速消散的传播氛围中,人际交流中他人的态度影响这一变量很难被测量到。当媒体展示他人的偏见态度,或营造出偏见或歧视的普遍接受氛围时,受众会在从众心理作用下接受偏见。

"沉默的螺旋"理论假设对媒介偏见现象有价值的解释在于:第一,它提供了令人迷惑的,大规模媒介偏见为何如此顺利地传播甚至被接受的一种解释;指出了媒介反映的意见环境未必等于真实的意见分布。在受众不知晓的情况下,人们会把媒介传播当作多数意见从而推动螺旋开始上升运动。

第二,它指明了面对大众传媒偏见传播时受众的孤独境地。库兰和诺依曼的理论探讨了印度种姓制度和纳粹反犹宣传两个不同的偏见问题,都关注到受众在偏见接受过程中的特别表现,两人的理论都承认受众有一部分是没有受到偏见影响的,并对这一现象给予了说明。在诺依曼的理论中,他们放弃了话语的权力,而在库兰的偏好假说中他们选择从众,没有表达出真实的意愿。这类人虽然在行为上没有直接反对偏见,但在内心保持自省,不属于偏见态度持有者。如同惰性气体很少参与化学反应,这类人也极少受到偏见的煽动和影响,更不会参与偏见的继续散播,不过,他们直接反对偏见的可能性也极低。库兰和诺依曼没有对这类特殊人群进行描述,他们更关注受众如何迅速不疑地接受媒介偏见,这一形成他们理论的核心问题。《权力主义人格》一书中可以找到相对应的、不易受偏见影响的人群的描述和调查。媒介偏见被受众接受并不意味着整个传播活动结束了,偏见对受众发生普遍的态度影响,投射在社会心理中,影响人们去形成偏见,这就构成了局部传播视野下媒介偏见的一个相对完整的循环链条。

(四)媒介偏见的渠道感受差异

传播研究者很早就注意到传播媒介的差异会造成传播效果的不同,受众对媒介的依赖程度呈现显著差异。2005 年发表的《中国大陆大众传播公信力的实证研究》一文得出的结论之一就是:中国大众传播公信力偏低,其中电视的公信

---

① 诺依曼:《沉默的螺旋》(节选),见郭建斌、吴飞主编:《中外传播学名著导读》,浙江大学出版社 2005 年版,第 285－298 页。

力略高于广播、报纸,报纸的公信力最为低下。① 这与陈力丹提到的欧洲国家广播电视比报纸公信力高的情况类似,欧洲人普遍认为广播电视需要比报纸更高的不偏不倚的报道水准,他解释说这是因为两者的听众更为广泛,对信息接受者的影响更大,他根据受众的习惯和传播特点来推论,读者阅读报纸的时候首先需要先选择一份报纸,然后选择一条新闻,再决定是否需要细致地阅读。但是广电是一个更为普遍性的媒介,不需要决定是读、看还是听一个特定的节目,就可以被这个节目影响。如果你正试图与一个人说话,而电视正在角落里播放,你可以集中注意力听对方在说什么,但你的潜意识在听电视节目,广电的这种潜意识效果比纸质媒介的影响要大。② 分析论证结果是广电更不容易传播具有偏向性的新闻。从现实情况观察,国内出色的新闻评论节目还在发展中,电视和广播因为受众广泛,也因其历史政治上的重要性,言辞一贯中肯、谨慎,如国人熟悉的播音体、新华体等,都给人以严肃稳重之感。但仅从视听习惯、国情角度的分析还不够全面,应从报纸本身发展历史来看待这一现象。中外新闻史上均存在过政党报时期,政客和文人积极办报论政,形成了报纸洞察世事、言论犀利、评论精辟的语言风格,这或可从另一方面解释人们为什么常感觉报纸的倾向性更为明显。

大卫·麦克奎恩(David McQueen)在《理解电视》中虽然提及布罗雷1994年的调查,70%的观众认为电视没有偏见,而对报纸只有8%的人这样认为。麦克奎恩说明英国电视台 ITV 和 BBC 对"充分的公正性"的高要求,即在所有可合法表述的政治和社会观点中不显示出偏见。但他也客观地认为电视确实有倾向性或偏见,对于产生原因他解释道:"电视在'观念自由'的条件下选择新闻的职责,反而使得它几乎不可能制作真正的调查性新闻(而调查性新闻通常反映着新闻工作者的责任感和良心)。于是,在新闻议程设置方面电视经常明显地受到报纸杂志的影响——而这些机构在他们的新闻选择中毫不掩饰自己的偏袒和倾向。"③

值得注意的是,受众对不同媒介的偏见传播接受感受差异很大。复旦大学新闻学院曾在 2005 年以"十年来中国人日本观的变化"为题展开调查,在对调

① 廖圣清、李晓静、张国良:《中国大陆大众传播公信力的实证研究》,《新闻大学》2005年第 1 期,第 24 页。

② 陈力丹:《自由与责任:国际社会新闻自律研究》,河南大学出版社 2006 年版,第 24—25 页。

③ [英]大卫·麦克奎恩:《理解电视:电视节目类型的概念与变迁》,苗棣等译,华夏出版社 2003 年版,第 100—102 页。

查数据分析后发现,媒体因素对中国人的日本观有很大的影响,结合中日政治、外交冲突不断的背景,调查印证了中国人对日本和日本人的印象评价在下降,友好度、亲切感也在下降。有意思的是,通过网站获取关于日本报道的受访者普遍认为中国媒体对日本负面报道比较多,而相比较而言,通过报纸杂志或电视了解对日报道的受访者则认为中国媒体报道比较客观公正。因此该调查的结论是:"报纸、电视、广播等传统媒体在信息传播上具有单向性的特征,受众接受此类媒体信息时也处于比较被动的状态。由于缺少对信息的拓展和比较,受众对传统媒体更易倾向于信任和依赖。因此传统媒体的宣传功能比较突出,其'议程设置'的效力也更强。相比传统媒体的受众,网络使用者对信息的渠道更为丰富和全面,也意味着他们可能比传统媒体的受众更接近事实和真相。"①这个研究还可结合网络受众的组成成分获得一些解释,一般调查显示,网络受众一般较年轻,有更高的信息收集、处理的能力和更强的信息分辨力,因此在调查中表现出掌握着更全面的信息。

五、本章小结

本章遵循媒介偏见的传播途径,探究了媒介偏见的观念来源、传播和接受情况。从心理、认知、哲学等多方面分析媒介偏见后,发现媒介偏见与人类偏见一样难以避免。所有的媒介传达的思想都来自人类观念,在此意义上,媒介偏见也可理解为源自人类头脑中的偏见。

传播过程中,两种媒介偏见总是在不同的环节中显现,其间也有相互交错和并存的情形。根据对媒介偏见传播过程的考察发现两种偏见在不同环节交替出现,偶有交错,各自在一定环节中占据主导地位,据此将它们划入主要存在的传播阶段进行论述。任意的媒介偏见作为一种武断的态度,即使失去了当初形成偏见的社会根源,依然会作为观念存在于受众的头脑中,在文化和语言中不时地显露痕迹,对此现象下一章将继续讨论。有机的媒介偏见的情形更为复杂,将在第二编多个章节中分析和考察其产生的外部环境,包括社会因素和支配权力等。

对媒介偏见接受问题的探讨引起了学者们的普遍关注,西方研究者的解释颇有新意,但关键问题上阐述还不够清晰。如库兰的"偏好伪装"发现在种姓制

---

① 顾炜程、侯静慧:《析媒介因素对中国人"日本观"的影响》,《中国传媒报告》2006 年第 3 期,第 74 页。

度下，被偏见或歧视长期压制的阶层会主动维护这一制度，对此值得详加思考。偏见的伪装现象究竟是心理学的内隐偏见，还是未被激发的潜在偏见态度，期待以后学者们的继续阐释。

　　"沉默的螺旋"理论在传播学界的重要地位不可否认，作为仍需不断验证的假说，它尝试解释纳粹偏见宣传在接收时的特殊现象，但不能离开这一语境解释其他偏见接受的普遍情形。对于媒介偏见如何通过媒介宣传植入，产生强大的偏见舆论，造成受众头脑真空，最终接受偏见的极端情形，本书的第六章将通过对纳粹反犹偏见宣传的解读进行深入的案例研究。

第三章　文化传播与媒介偏见

在一个正在全球化的世界中,信息和图像通常都被传遍全球,我们与那些与我们思维完全不同,生活完全不同的其他人紧密联系在一起。世界主义者欢迎并接受这种文化复杂性。原教旨主义者发现这非常令人烦恼而且认为这非常危险。无论是在宗教、种族认同还是民族主义方面,它们都躲进重建的和纯粹的传统中,而且经常陷入暴力中。

——安东尼·吉登斯:《失控的世界》

一、语义混沌的文化

没有什么比给文化下定义更为困难的事情了。"文化"一词被随意地使用,成为宽泛到难以确定界限的范畴。人们千百年来为各种文化所包围,身处其中,自觉或不自觉地遵循着各类文化习俗,享受着种种文化成果的累积。似乎人人都对文化有独特的体会与感受,却又难以捕捉其核心。学者们每次给文化下定义前都颇为踌躇,将定义视为一桩难事,文化学者罗布特·达恩顿(Robert Darnton)就曾玩笑地指出,文化在人类学家的考虑中,"即使仅仅是询问文化的定义,他们很可能就要爆发氏族大战"[①]。

明确分类有助于梳理文化内涵,清晰聚焦于本书要讨论的文化范畴。通常人们将文化分为物质的、习俗的、文献的三大类,物质类的文化指遗产类的实物留存,如各种名胜古迹、建筑奇观等;习俗是文化在人类行为方式上的重要体

[①]　[美]罗伯特·达恩顿:《屠猫记:法国文化史钩沉》,吕健忠译,新星出版社2006年版,第286页。

现，也是文化区分的重要分界；文献包含了各种文化在历史上的记载，这类文化成果以往局限于学术探索中，近年来日益受到重视。联合国教科文组织于1992年启动的世界记忆遗产（Memory of the World）正属此类保护项目，它关注的文献遗产包括手稿、图书馆和档案馆保存的任何介质的珍贵文件以及口述历史的记录等。

沿着这种三分法的思路，英国著名人类学家马凌诺斯基（Bronislaw Malinowski，也译作马凌诺夫斯基）将文化继续细分，分支包括物质设备、精神方面、语言、社会组织四大类，他在20世纪初所注意到的语言文化和社会组织文化，当前已发展为社会学科中极富生命力的分支。马凌诺斯基在四分法过程中没有忽略物质与精神二元化对分类的影响，他将与物质文化相对的后三类进行整体论述："这部分是包括着种种知识，包括着道德上、精神上及经济上的价值体系，包括着社会组织的方式，及最后——并非最次要的——包括着语言，这些我们可以总称作精神方面的文化。"①可见，在马凌诺斯基的观念中，文化实质就是由物质文化与精神文化两大类组成的。物质文化和精神文化可以通过有形和无形的存在方式来理解和把握，如文化内涵丰富的建筑民居、古玩字画、庆典仪式等，都是有形的文化遗产，受到建筑学家、收藏家、文化学者们的关注。而文化中无形的部分如语言、仪式、观念等，一直以非物质形式却明确可感的方式对人们发生作用，拥有着共同的历史背景、语言词汇、情感表达、思维习惯、生活习性的人们因这些具有共享意义的符号，在思想和行动上更易于达成理解和沟通。

学者史蒂文·J.库里奇（Steve J. Kulich）的研究有助于推进对文化分类的理解，他注意到文化接受者在不同维度中的位置及其所造成的差异，并由此将文化接受分为三个具有共时性的分析层面：国家、文本和个人，他将文化成果区分为三类：历史传承层面、社会共建层面和个人意义层面，在这个二维表格中（见表3-1），几乎现有的重要文化研究成果都可以找到自身位置。个人所能领会到的国家层面的文化，是作为现代公民的身份与要求。文化对符号有依附性，个人在阅读时所感受的文本，即理解和思想交流达到的协商，依靠的是约定好的符号体系，比如读者通过语言阅读小说，通过音符、节奏、音高、声部感受古典音乐，通过画家的色彩和线条触碰他创造的世界等。以下表格是对文化研究各方向的细致归纳，与此对应，人们可将所接触的文化研究成果归纳到这个类似药房抽屉般的表格中，便于对文化研究的发展迅速形成一个整体印象。

---

① ［英］马凌诺斯基：《文化论》，费孝通译，华夏出版社2002年版，第5页。

表 3-1　文化分析的多层次框架①

分析层面 (level of analysis)	作为历史传承的文化 (culture as historically transmitted)	作为社会建构的文化 (culture as socially constructed)	个人领会的文化 (culture as personally interpreted)
国家层面 (national level)	神话般的理想 (mythic ideals)	主流/大众潮流 (mainstream/mass trends)	现代公民 (modern citizens)
文本层面 (contextual level)	预期的构成 (expected mechanics)	整合的网络 (integrated meshwork)	协商的隐喻 (mediated metaphors)
个人层面 (individual level)	无意识的反应 (mindless responses)	矩阵选择 (matrix choices)	个人意义 (personal meaning)

　　库里奇的表格暗示了文化对媒介的深刻影响。文化与媒介一向关系密切，从产业经济学视角出发，媒介被看作是大文化产业的重要组成，隶属于文化系统。当前媒介产业化的步伐之迅速远超出工业社会人们的想象，人们在信息高速公路上一路狂奔，闯入新媒体时代，跃入大数据共享、网络触角无处不在的当代生活中。媒介因一次次的技术革新获得无数机遇，不断发展壮大。发达国家的媒介产业早已成为国民经济发展的重要支柱和文化输出的重要载体。影视、动漫、书籍、音像等媒介产品作为文化的主要组成，带动了经济的发展，满足了人们的娱乐需求，更构筑起当前文化社会的消费景观。

　　将文化与媒介两者关系反向思考，媒介对文化的影响力是否同样深远呢？答案是肯定的，媒介创造文化氛围将人们联结成为"想象的共同体"，依靠的正是文化的强大凝聚力；现代社会人们寻找的归属感通过媒体创造的文化包容感最终获得；媒介提供文化养料满足受众精神，并孕育整个社会的文化氛围。

　　媒介作用还远不止于此。文化研究者格雷厄姆·默多克（Graham Murdock）从文化研究的共有文化团体角度认可媒介对文化的构建，并指出这种共有社团之形成主要在于媒介生成了象征性资源以及媒介具备强大的沟通功能和有效的传播效果。正如默多克所指出的那样，"媒介对当代文化生活的重要性，主要体现在传媒生成大量象征性资源，借此各个社团共同了解历史、定义现在、构想未来，并探讨各种视角、立场和观点的冲突；其次，传媒在组织人们

　　①　Steve J. Kulich & Michael H. *Intercultural Perspectives on Chinese Communication*. Shanghai：Shanghai Foreign Language Education Press，2007：226.

的业余时间及社会关系方面越来越重要"①。

媒介文化研究通常将考察点落在个人层面，发现个人不仅是文化接受者（受众），更同时是文化传播者（传者），在传播的重要环节中发挥作用。英国的文化研究不仅发展了对文化的种种批判，更注重对亚文化群体的分析，在新媒体社会中这种文化群体和个体同样值得注意。当代人不仅将文化的传与受不断融合于自身，更极力发展个人的文化趣味，展露个人才能，活跃在各自的生活圈中。

媒介与文化有着深刻联系，那么，代表负面态度的媒介偏见与文化又会有怎样的关联？精神方面的文化是无形的，但确实存在，在漫长时间里对重要的意识主体——人的思维发生影响。受众对文化的高涨热情表现在对文化产品的积极消费与渴求中，但文化不可避免地会夹杂偏见观念，在文化产品接受过程中，受众的感受和抵御能力各不相同。心理学家普遍认为个人认知水平和心理素质对偏见接受有重大影响，这导致现实生活中人们对文化中媒介偏见的接受差异极大。

2008年汶川地震后，网络上关于电影《功夫熊猫》的争论可作为个人媒介偏见的一个事例。2008年6月16日，以熊猫为创作对象的先锋艺术家赵半狄在广电总局门口拉起了"不容许好莱坞在劫后余生的中国捞金"的横幅，抵制《功夫熊猫》的上映，这令美国发行方推迟了四川地区放映期。② 赵半狄认为《功夫熊猫》对国宝熊猫形象的塑造有侮辱之意，熊猫作为中国的文化符号被好莱坞任意地误读，丑化了中国国宝。但大多数国人看完影片后并未感觉到强烈的侮辱意味。熊猫阿宝贪吃可爱，这符合熊猫的整体外在观感和动画人物的性格设计，阿宝个性化的小缺点与好莱坞喜剧化处理方式如出一辙，并无针对中国熊猫的污蔑之实。这一事例说明：文化产品是文化消费中的客体，内容非常丰富，表意的丰富会因受众的个体教育情况、生活经历、敏感程度、理解偏差，造成接收语义的差异。

以个人化的随意表达呈现的"任意的媒介偏见"更多与言说者的心理、态度、文化环境等潜在因素相联，很难找到确切的机制性根源。国外的新闻评论节目常出现言辞出位的嘉宾，节目通常会打出"嘉宾观点不代表本台立场"的字样，这既是宣扬嘉宾拥有个性化的言论自由，同时也为媒体偏激观点的播出撇清立场，淡化"任意媒介偏见"发生时的责任。

---

① 曾军、旁璃：《竞争时代的文化——经济：默多克教授访谈录》，《文化研究》2008年第1期，第39—46页。

② 《〈功夫熊猫〉受艺术家抵制，在四川延期上映》，《东方早报》，www.sohu.com.2008-06-20。

二、任意文化偏见的衍生

前文关于文化分析范式的表格 3-1 中展现出个人文化层面与作为社会建构的文化两者的交集，库里奇采用了矩阵(matrix)这一隐喻，指向了大多数媒介偏见研究所找寻的根源解释，即文化环境影响。文化环境会影响媒介偏见的传播、接受，同样也会成为任意媒介偏见发生的温床。

撇开文化的物化形态，仅考察文化作为人类精神财富积累的层面，人们会发现这一层面包含了过往重要的认知经验和态度，正是依靠这些，构建起人们的生活方式。约翰·费斯克(John Fiske)声称文化是"越过经验领域的连续性的产物"[1]，它有着奇特的积淀性，是各种习俗、信仰、思维日积月累的结果。在文化爱好者的心目中，对本族文化的认知常饱含骄傲的情感，在这种优势心态下，对异质文化的态度认知则难以做到完全客观，在审视时常不自觉地带有偏见，殖民时代盛行的西方文化中心论就是典型例证。20 世纪 50 年代西方文化中心论独大的局面被文化相对主义(cultural relativism)的兴盛所扭转，文化相对主义者认识到文化的"他者"存在的价值，开始尝试给不同文化以相应的位置，对他者文化态度较前者有所进步。

即使如此，文化传播领域人们依然遵循着文化法则对待异质文化。文化的法则就像是家长制中"父亲法则"(the law of the father)[2]，这是借用心理学家拉康的术语所做的形象譬喻。父亲在传统家庭中拥有至高无上的地位，他统管全家重大事务，对家庭其他成员发号施令，他人没有任何争辩的余地。文化使用"父亲法则"对待他文化，既表现出宽容的胸襟，又显示出武断狭隘的一面，它在传承中累积了宝贵的真知灼见，也留存了无道理的偏见和非理性观念。

---

① 转引自[美]詹姆斯·罗尔:《媒介、传播、文化——一个全球性的途径》，董洪川译，商务印书馆 2005 年版，第 154 页。

② 国外学者的研究可以为父亲法则提供一些理解，他们指出在 17 世纪宪章运动之前，父亲(the primal father)是绝对的群体君主(absolute monarch)，妻子是他的财富，孩子们组成了推翻暴君的共谋，并最终组成了彼此平等的社会结盟(参见 Jonathan Boyarin & Anthor Abraham. Jewishness & The Law of the Father. *Yale Journal of Law & Human*,1997: 345)。此种观点颇为流行，同时暗合了西方熟知的希腊神话情节。古希腊神话传说中"黄金时代"宙斯与提坦神们将克洛诺斯统治推翻，在这场对父亲的反叛中，宙斯替代了父亲，获得神权和统治权，奠定了奥林波斯神的领导地位。但其女雅典娜从宙斯劈开的头颅中身披盔甲飞出，暗示了她对父亲宙斯的统治的未来挑战。

　　日常生活中人们有时会发现：在表达作为他者的陌生文化印象时，平日最和善的人也可能变得武断，伴随着莫名的优越感和毫无道理的偏见。很多固化的刻板印象是对特定人群、族群、职业、年龄、身份的偏见的流传，其中有些刻板印象随时间融为文化的组成，成为下一次偏见触发的机关。其实任何一种文化身份的个人或团体都可能遭遇文化刻板印象。在我国以秦岭—淮河为界划分南北，南方人与北方人在语言、气候、习俗、饮食上都有较大差异，由此带来文化的千差万别，有诸多文化段子流传。人们在学习和了解这些文化差异时就是逐步将自我归入某种文化群体，分享生活方式、价值观、世界观的过程。

　　以下关于欧洲国家的笑话同样是文化刻板印象的有力例证：当警察是英国人，厨子是法国人，机修师是德国人，爱人是意大利人，管家是瑞士人，这就是天堂；而当警察是德国人，厨子是英国人，机修师是法国人，爱人是瑞士人，管家是意大利人，这就是地狱。笑话里包含了对欧洲各国民族性的深刻领悟和生动描述，这些民族的优缺点作为两极同时并存，将文化特质错位放置便会产生令人捧腹的效果。

　　贝斯黑莱姆的《偏见心理学》引用的实验数据说明了对黑人的偏见与西方种族文化的相互影响。"雷用南非的约翰内斯堡、澳大利亚的悉尼和美国的洛杉矶的随机样本进行研究，他发现约翰内斯堡和悉尼的白人的反黑人态度较洛杉矶的白人强，但是他们在 F 量表上的得分差别不大。……魏玛以荷兰的新教徒作样本进行实验，他发现，与受教育较差的群体相比，受良好教育的群体在 F 量表上的得分与反天主教的态度之间的相关较显著。这些结果有力地证明了文化因素在决定种族偏见上起作用。"[①] F 量表是在《权力主义人格》研究中设计出来的，广泛用于测量歧视水平的高低，是公认的较为科学的偏见衡量方式。

　　社会人的行为直接受到文化观念支配，而追溯人类观念的形成则需要从少儿期开始考察。少儿伴随着对本族文化习得的同时往往被灌输了对他民族的文化、历史、情感的态度，其中或多或少地包括了对他文化的刻板印象或是偏见。这种偏见是从小习得的，一旦生成就很难改变，更重要的是它存在于人们的潜意识状态中，置身其中的人们很难觉察到。

　　心理学家哈定曾将人类种族与民族偏见的发展分为三个过程——意识过程、倾向性过程和态度过程。哈定指出：对民族背景或种族差异的意识早在 3～4 岁即可建立，这种意识随着年龄的增长而逐渐增长。8 岁左右，儿童获得了一般性的消极顺从行为倾向，他们通过句子和术语描述这类群体而得到反应。他

---

　　① ［英］道格拉斯·W.贝斯黑莱姆：《偏见心理学》，邹海燕、郑佳明译，湖南人民出版社1989 年版，第 164—165 页。

们标签式的理解力此时可能尚未完成。最后,从一年级开始,儿童逐渐开始整合观念、感情和行为趋向。作为这种心理过程的必然结果,整体的偏见态度就出现了。①

文化包裹着儿童生活的整体环境,对偏见的态度形成有极大的影响。生活中有色人种或少数族群孩子在学校被戏弄的情形并不鲜见,不公正的偏见态度通常隐藏在整个社会文化中,集中体现为本文化的优越感和对他文化的贬斥态度,如果偏见作为整体文化氛围存在,孩子们很容易在文化中习得和演练偏见态度,这些偏见可能在无意识的缺乏自省的状态下被内化。当它作为自我意识起作用时,偏见就已开始对人们的态度和行为施加影响、发挥效力了。

三、文化对任意媒介偏见的影响

(一)作为他者的东方

偏见常在文化传播过程中发生,尤其表现为对本族文化的肯定和对异族文化的贬斥。文化中"任意的偏见"成形于人们对本文化的拥护心态,表现为对他文化的随意性、无意识性。文化已经发展为一个巨大的系统,联结着人们的头脑、血液和亘古的回忆,而不同类型的文化在形式和内容上都表现出巨大的差异,它们拥有各自的体系,同时带有明显的区隔性。乔纳森·弗里德曼(Jonathan Friedman)从人类学角度讨论文化的意义,声称"文化只是不同于他者的东西"②。"他者"这一概念实质上凸显的是西方对东方的妖魔化和平等包容心态的缺乏。

保持本族文化有助于文化内群体的认可度和凝聚力的提升,这正是文化奇特的魅力所在。文化是"……令人感动地和怀旧地与一种与众不同的生活方式紧紧相连,它直指一个个体的认同感和归属感。确切地说,是因为个体认识到他们自己这种独特的感觉表达的是一种情感诉求,他们也愿意承认文化的观念对其他人的生活的意义和价值"③。同属亚洲文化圈,相邻各国在类文化的影响

---

① 转引自王沛:《现代人的心理迷信——偏执心理现象分析》,湖南教育出版社 2000 年版,第 165 页。

② [美]乔纳森·弗里德曼:《文化认同与全球性过程》,郭建如译,高丙中校,商务印书馆 2003 年版,第 67 页。

③ [英]C.W.沃特森:《多元文化主义》,叶兴艺译,吉林人民出版社 2005 年版,第 3 页。

下，文化间的理解和交流也更多些，但各自文化圈还是存在着较大差异，即使同为东亚文化圈层内，日本、韩国、中国的文化依然个性特质显著，能被清晰地分辨出来，在交流中仍有大量文化隔阂存在。

东西方在地球上各持空间一端，遥遥相望。两者并非单纯地理意义的存在，更以二元对立概念存在，中间隔着一道文化隔离的鸿沟。在东西方文化传播中，西方中心主义对东方的倨傲心态糅杂了大量的偏见，形成了人们常说的"东方主义"。"东方主义"实质体现了西方对东方零散的认知，从中能追寻出态度变化的轨迹。"东方几乎就是欧洲人的发明，它自古以来就是一个充满浪漫传奇色彩和异国情调的，萦绕着人们的记忆和视野的，有着奇特经历的地方，是西方人对东方的无知和偏见制造出来的一个神话。"①

萨义德(Edward W. Said)的《东方学》是东方学中最广为人所知的西方学者著作。在萨义德的观念中，东方是西方"最深切最经常出现的他者形象之一……也有助于欧洲(或西方)将自己界定为与东方相对照的形象、观念、人性和经验"②。萨义德因东方学的论著而举世闻名，他的研究成果建立在大量东方学者研究的基础上。他因身处西方话语圈受到欧美学术的关注，同时也受到一些批评，被认为观念带有明显的西方色彩。

西方学者也大方承认西方文化的优越心态："每一个文明都把自己视为世界的中心，并把自己的历史当作人类历史主要的戏剧场景来撰写。与其他文明相比较，西方可能更是如此。"③文化的东西方交流与碰撞持续千年，这一时期偏见思想借助印刷媒介缓慢地流传。"由于东方主义的存在，我们对所处世界之事实的感知、表达和体验极为不同，并且相互之间存在巨大的误解。……客观而不偏不倚的东方主义是不存在的。在定义上，它是具有偏见和派性的主题。"④西方人在自我中心思想的作用下，流露出的对其他宗教、文化的轻蔑态度往往成为偏见事件的导火索。现代社会中，西方的媒介偏见传播到东方发生影响，散见于对东方的生活、文化的带有偏见色彩的报道和评论，这并非背后有深刻的利益或体制的推动。文化是任意的媒介偏见发生的土壤，这种偏见更像是

---

① 赵修艺：《解读汤林森的〈文化帝国主义〉》，见[英]汤林森：《文化帝国主义》，冯建三译，郭英剑校订，上海人民出版社1999年版，第7页。

② [美]爱德华·萨义德：《东方学》，王宇根译，生活·读书·新知三联书店1999年版，第2页。

③ [美]塞缪尔·亨廷顿：《文明的冲突与世界秩序的重建》，周琪等译，新华出版社2002年版，第41页。

④ [英]齐亚乌丁·萨达尔：《东方主义》，马雪峰、苏敏译，吉林人民出版社2005年版，前言第1页。

文化差异,糅合了西方对东方的复杂心理:期待、想象、失望、鄙夷等等,造成了对东方的媒介塑造和呈现的诸多问题。

(二)东方的刻板化

东西方文化的差异造成刻板印象广泛地存在,突出表现在电影文化产品的制作中,一些具有中国民族色彩的符号被大量堆砌,塑造出西方人想象中的"东方"。早期西方曾被东方视为蛮夷之族,西方对早期代表先进文明的东方古国的描绘充满了理想化色彩,令人心生向往。《马可·波罗游记》描述了 13 世纪末马可·波罗在各国的游历,最引人注目的是对忽必烈大汗和他的宫廷的见闻录,对东方国王的大张旗鼓地选妃、精美华丽的宫殿、冬季的狩猎活动都有详细的描绘,更将元朝首都汗八里作为文明高度发达的城市看待。[①] 虽然对此书的真伪存在争论,书中对元朝的华美描述却代表了过去西方人对东方的极致想象。不过,这种艳羡持续的时间并不长,零星的往来之后是中国长时间的封闭。鸦片战争后西方殖民者强行进入,占领者的身份带来优越感,自然地将本国或本族文化看作衡量他文化发展程度的标尺。即使不由自主地为东方所吸引时,西方人也是带着猎奇的态度,将东方印象停留在肤浅的异域风情的欣赏中。

西方列国创建了约 400 年之久的文明,成为世界的中心,东方经济和政治地位不断衰落,正如哈佛大学教授塞缪尔·亨廷顿(Samuel P. Huntington)在《文明的冲突与世界秩序的重建》中坦率指出的:"西方军队的组织、纪律和训练方面的优势,以及随后因工业革命而获得的武器、交通、后勤和医疗服务方面的优势,也促进了西方的扩张。西方赢得世界不是通过其思想、价值或宗教的优越,而是通过它运用有组织的暴力方面的优势。"[②]东方的形象在这一时期没有随列强占领而活跃的殖民地文化传播得到更丰富的呈现,相反,西方媒体成为东方刻板化的来源。美国好莱坞制造的关于东方的媒介文化产品,似乎总是与东方文化精髓相去甚远,也为此总被批评对东方文化进行过于单薄的解读,转化为浅薄的大众娱乐产品。其惯用过程通常采用以下步骤:第一步:符号化,片面化。第二步:传播过程中的变形。第三步:将接受过程夸大。

华人学者潘忠党对这种东西方的文化差异深有体会,他从传播学角度予以解释:"美国传播媒介对中国的报道很零散,而且注重政治、经济上的冲突或文

---

　　①　[意]马可·波罗:《马可·波罗游记》,梁生智译,中国文史出版社 2008 年版,第132—134页。

　　②　[美]塞缪尔·亨廷顿:《文明的冲突与世界秩序的重建》,周琪等译,新华出版社 1998年版,第 37 页。

化上的奇异,它们仅是对中国现状的符号表述的片段(nuggets of symbolic representations),于是一些外国人常把传播媒介当作他们认识中国的工具……这种行为反映的观念是,传播媒介对中国的符号表述与中国的现状有着某种必然的、决定式的(deterministic)联系。"①潘忠党认为西方传媒对华报道有零散化、奇异化的特征,并认为传媒是西方受众对华认识的主要来源,它直接影响了受众心理。

《环球时报》驻外记者曾做过一次有关中国形象的调查,结果表明:世界上大多数受众了解的中国形象都与西方主流媒体的报道相关。长期沉浸在偏见语调中,西方受众甚少觉察西方媒体的偏见。密苏里大学的传播学者对此也有过研究,他们以《纽约时报》和《洛杉矶时报》1992—2001年的中国报道为对象进行量化分析,主要从报道总量、媒体模式、报道偏好三方面进行,发现对华报道数量和报道面已有大幅度增加,但是总体的报道基调仍然是负面的,在政治和意识形态领域的报道更是如此,而且两份报纸未发现明显的不同。② 这类偏见报道造成的后果是西方受众不能正确认识中国,媒介潜移默化的影响造成西方的受众对中国普遍抱有偏见,而新闻报道中或隐或显的偏见言语和态度构成了偏见难以根除的外环境。

文化的生产有强势影响作用,文化研究学者指出:"美国乃至西方世界的小说、戏剧和电影里某些关于中国和中国人的定型化形象,对华人内部文化生产中自我形象塑造产生了不容忽视的影响",并对其从"虚假认同"的角度进行阐释。③ 好莱坞根据中国北朝民歌《木兰辞》改编的动画片《花木兰》,虽然讲述了女扮男装、替父从军等重要情节,但女主人公缺乏中国传统文化中花木兰的神韵,而展现出的是好莱坞动画惯常设计的女英雄形象。即使如此,作为少有的以中国人物为主人公的动画大片,这部影片票房极佳,在西方世界被广泛接受。而更多好莱坞影片里的东方人物就没那么幸运了,"好莱坞总是将穆斯林、中国人与印度人描绘为窃贼、军阀和恐怖分子,东方自身也被描述成奇怪的粗鄙之

---

① 潘忠党:《传播媒介与文化:社会科学与人文学研究的三个模式》,《现代传播》1996年第4期,第8页。

② Zengjun, Peng. Representation of China: An Across Time Analysis of Coverage in the *New York Times and Los Angeles Times*. *Asian Journal of Communication*,2004,14(1):53—67.

③ 宋伟杰:《地方性的还是全球性的?——多元文化语境中的文化认同问题》,见乐黛云、张辉主编:《文化传递与文学形象》,北京大学出版社1999年版,第368页。

地,在那里,生命廉价而色情愉悦却很丰富"①。文化传播中刻板印象与媒介的积累效应、文化表现的模式化直接相关,好莱坞等西方早期影片对唐人街里的黑帮、堂会等场所的描绘都属此类,用以满足普通西方观众对东方的贫乏想象。

长期被西方想象包围的东方,在新文化创造时也不自觉地落入西方窠臼中,迎合起西方的欣赏口味。西方对中国传统文化中历史悠久的、难以模仿的曲艺、技能,如京剧、昆曲、书法、国画等认可度较高。某些文化特征和特产如胡同、丝绸、旗袍等代表着对中国浅薄的符号化解读,在迎合西方口味的国家形象宣传片中一再出现,其间混杂着双方传播的交流偏差和误读,组成了西方对东方片面审美和认知,从这层意义上说,人们看到的东方化实质是东西方媒体共同构建的。

当话语权失衡时,媒介报道的不公正很容易产生。约翰·汤姆林森(John Tomlinson)在《文化帝国主义》中通过东西方文化事业差异探讨了西方国家的文化扩张力量,书中提供了大量珍贵的数据。他指出东方处在信息弱势地位,西方国家讯息占据了大部分国际播出的渠道,东方国家接收到的西方信息全面而丰富,相对而言西方国家接收的东方信息则要少得多。"新闻广播只是在第三世界国家处于灾难、危机或军事冲突的时候,才会对之予以关注。它们保留有关发达国家的其他类别新闻的日常资料,但却不保留第三世界国家类似的资料。"②

从传播力量比较,东方和西方的差异的确非常显著,对影视、音像、印刷品的流向统计和所使用传播技术的差异,对通讯社的新闻采集情况均能为此提供证明。"由于不满西方和苏联通讯社的偏见,发展中国家开始建立自己的通讯社。这些通讯社开展了地区性新闻交换,将新闻的重点放在本国和邻国,并且在节目交换时摆脱大国的干涉。"③中国作为东方的代表和重要组成部分,对外新闻报道规模和数量上都很不足,在国际文化传播中处于弱势,居于信息低地,不断被动接收西方信息高地的输出,西方对中国正面报道数量有限,负面报道显著多于正面的社会进步的报道,这种传播状况近年来已有较大改善,但仍与西方主流的国际报道在数量和质量上存在着差距。

---

① [英]齐亚乌丁·萨达尔:《东方主义》,马雪峰、苏敏译,吉林人民出版社 2005 年版,第 169 页。

② [英]安东尼·吉登斯:《社会学》(第四版),赵旭东、齐心、王兵、马戎、阎书昌等译,刘琛、张建忠等校译,北京大学出版社 2004 年版,第 608 页。

③ [美]罗伯特·福特纳:《国际传播:"地球都市"的历史、冲突与控制》,刘利群译,华夏出版社 2000 年版,第 190 页。

四、媒介偏见与文化思维差异

身处不同文化环境意味着感受世界的方式和思维模式的差异,手势、语言、符号所代表的文化意义也相差甚远,直接影响信息的接收和处理,造成不同文化环境中的人们对事物的认知和理解发生偏差。文化造成的思维定式还会影响传播者和接收者对问题整体思考的角度和方向不同。请看一则典型案例:

> 1991 年 11 月 1 日下午三点半左右,中国留学生卢刚进入了正在进行专题研讨会的爱荷华大学凡·艾伦物理系大楼(Van Allen Hall)三楼的309 室,在旁听约五分钟后,他突然拔出左轮手枪开枪射击在场人员,他首先击中他的博士研究生导师,47 岁的戈尔咨教授,并在戈尔咨教授倒下之后,又在教授脑后补了一枪;然后,他又朝他的博士研究生导师助理史密斯(Robert Alan Smith)副教授身上开了两枪。此时,在场的众多人士刚刚有所醒悟,纷纷逃离现场,这时卢刚又瞄准了当时在场的一位中国留学生,27岁的山林华博士,接连向山林华的脑部和胸膛连开数枪。随后,卢刚离开了第一现场到达二楼 208 室系主任办公室,一枪射杀了 44 岁的系主任尼克森(Dwight R. Nicholson)。在确认尼克森死亡之后,卢刚又返回第一现场,发现几个学生正在抢救奄奄一息的史密斯教授,于是又朝史密斯的脑部补发了致命的一枪。然后卢刚持枪离开物理系大楼到达生物系大楼,由一楼走到四楼,似乎在寻找一名女性目标(有目击者见他进入女厕所寻人),其间遇到师生多人,但卢刚并未开枪滥杀。在未找到射击目标之后,卢刚又进入了行政大楼,冲入一楼 111 室的校长办公室,向副校长安妮·克黎利(T. Anne Cleary)前胸和太阳穴连开两枪,又朝办公室内的学生秘书茜尔森(Miya Sioson)开了一枪。随后,卢刚到达二楼的 203 室,饮弹自尽。①

这是震惊一时的中国留学生卢刚杀人案的基本情况。事件刚发生时,美国全国、华人社圈和中国国内都为之震惊,人们难以理解一名接受高等教育、成绩优异的青年,为何如此残酷冷血地展开杀戮,东西方媒体在事件报道中都尝试

---

① 详见维基百科:卢刚事件,www.wikipedia.org,2012-02-01.

解释卢刚杀人的动机。将西方报纸、华人报纸①和国内报纸归纳梳理后,可以发现报道方向上存在显著差异。事件起初各华文报刊几乎众口一词,对卢刚其人痛加指责,随后华人更多地参与到卢刚事件的反思中,开始讨论亚裔融入美国主流社会的困难及美国新移民与本地居民的冲突等社会问题。甚至民间还存在一种偏激的声音,认为卢刚的行为是中国人对美国社会的反抗,这种行为打破了中国人在美国社会一向沉默、驯服的形象。

学者莫里斯和彭(M. W. Morris & K. Peng)对卢刚杀人案报道选取英文的《纽约时报》和中文的《世界杂志》用新闻框架理论进行研究,他们认为从报道中可见,媒介并没有存在有意识的偏见,媒介的报道框架给人以成见的误解。② 归因理论(attribution theory)的解释可为卢刚案中的东西方媒体行为差异以及人们的反应提供参考。归因是人在与社会互动的过程中,不断对自己和他人行为或态度原因进行推断和评价,而文化对思维方式的影响会直接作用于归因的结果。

莫里斯等人在调查后发现,大部分美国人只是把这个事件当成个案看待,但华人圈敏感神经被触动,以此大做文章,有人更指出华文报刊的敏感特质隐含了卢刚那种极端的思维方式。国内媒体与华人报纸的想法同样存在差异,国内对卢刚杀人案普遍的解释是:卢刚在美国受到了不公平的对待,这是西方对

---

① 美国华文报纸起步于19世纪中期,华人族群的扩展也为华文媒体的发展带来了契机,《星岛日报》《世界日报》《侨报》《明报》是美国兼跨东西两岸发行的四大华文报纸,发行量大、影响范围广,这四大报的发行量占了全美华文报纸发行量的近一半。过去10年中,美国华文媒体的数目和发行量增长了近3成,日报每天总印量超过25万份。《华尔街日报》曾报道,《星岛日报》和《世界日报》的发行量如果与美国主流英文报纸放在一起排名,大约可以排在第20位上下。华文报纸的兴盛与华裔在美人数的增加、华裔在美地位的提升有着直接关系。美国华文媒体发挥着文化桥梁、经济触媒和政治平台的重要功能,在中美关系的发展中承担着润滑剂的作用。见高金萍:《美国华文报纸的进路》,《青年记者》2008年4月上。

② Morris, M. W. & Peng, K. Culture and Cause: American and Chinese Attributions for Social and Physical Events. *Journal of Personality & Social Psychology*, 1994, 67(6): 949-971.

华偏见长期作用的结果。① 这说明不同的文化背景下思维方式的不同,文化间的陌生和疏离会带来明显的认知偏差,而偏见一旦在此基础上形成,则意味着难以改变的态度倾向。事件报道中,虽然美国媒体并没有偏见报道的意图,但在华人和国内民众看来,美国媒体表现出明显的偏见,说明事件报道在华人圈内传播时被带有偏见色彩地解读了。这一背景是华人普遍接受西方存在对华偏见这种认识,所以当这类报道再次发生时,人们很自然地将其归因为媒介偏见,在某种程度上被认作是西方长期偏见报道的结果。对他文化的不理解态度和本文化的思维定式就会对人们加工新信息的方式产生影响。带有偏见的头脑看待非偏见事物时也倾向于扭曲它,使其符合类似的偏见预设。

时隔不久,美国又发生了与卢刚事件非常类同的麦克温尼事件,莫里斯和彭对此事的报道进行了分析,同样采用《纽约时报》和《世界杂志》的关于麦克温尼报道进行内容比对,发现这些报道与对卢刚的报道分析完全一样,都是从个人生活态度以及过去的行为推断出嫌疑犯的性格特点,而中国的报道则强调对麦克温尼造成影响的环境因素。他们这次以东西方不同的文化和思维系统为研究入口,得出了新的发现。研究者认为事件可以从东西方思维方式和文化差异去理解,东方的亚洲人看问题更为整体,更少用分类和逻辑的方式,更多依赖辩证的思考;西方人更喜欢用规则、常用逻辑去理解他人的行为。文化差异较大的东西方有时难以顺利地沟通,一旦传播的时候发生偏见,会引发媒介偏见的表面认定。②

文化间的巨大差别是异质文化相互理解时的障碍。不同文化的人群对事

---

① 卢刚事件被改变为电影《暗物质》,由著名演员刘烨和梅丽尔·斯特里普主演,在北美 2008 年 4 月公映,并荣获 2007 年圣丹斯电影节阿尔弗莱德·斯隆奖和 2007 年亚美电影节最佳故事影片奖。这部影片因根据真实事件改编,引发了国人关注,在豆瓣等网络圈内有大量影评,有看法认为影片的改编并不成功,将卢刚事件过于简单化,过多强调文化差异。制片人杨燕子(Janet Yang)在谈到为什么拍摄这部影片时说:"中国人想了解美国,美国人也希望更多了解中国"(见 2007 年 3 月 13 日美西版《世界日报》B4 版左上角报道)。而导演陈士争亦是持有此种目的:"在我看来,影片抛出的第一枚令人震惊的炸弹是,周围没有人在乎你,关心你,你似乎如一颗流星身在茫茫人海之中,基本上是自生自灭的味道。相反,我们从小生活在一个人人关心的环境下,一切活动均有人教导、帮助。美国人和中国人从彼此身上学习的地方仍旧有很多。我们对彼此的了解是如此的肤浅。"http://movie.douban.com/review/1422912/,2014-11-20,从导演的谈话中可看出事件更多被视为一种文化悲剧。

② Morris, M. W., Nisbett, R. E. & Peng, K. (eds.). Causal Attribution Across Domains and Cultures, Causal Cognition: A Multidisciplinary Debate. *Symposia of the Fyssen Foundation*, 1995:577-614.

物有不同的解读方式,其产生根源正是不同文化背景的作用。跨文化学者乐黛云就此现象曾这样阐述:"人们与他种文化接触时,很难摆脱自身的文化传统、思维方式,往往只能按照自己所熟悉的一切来理解别人。人在理解他文化时,首先按照自己习惯的思维模式来对之加以选择、切割,然后是解读。"①心理学教授理查德·尼斯贝特(Richard E. Nisbett)的研究支持了乐黛云的观点,他发现美国人认为性格是相对固定的,而亚洲人认为性格是有可塑性的;西方人的思维具有单向性的特点,中国人喜欢循环思考;西方重个性,中国重和谐;西方人把握世界清晰,中国人追求浑然天成。这些影响看起来了无痕迹,却无时无刻不在发生作用。他指出:"西方人主要关注焦点上的物体或人,亚洲人更关注背景以及物体与背景之间的关系。西方人认为事件的发生是因为物体而引起的,而亚洲人则认为背景很重要。"②这为卢刚案件中东西方媒体表现相异提供了文化思维的阐释思路。③

五、移民:任意媒介偏见的受害者

(一)移民与文化

约翰·汤姆林森(John Tomlinson)在考察"文化"一词来源时指出:"……就像庭院一样,'文化'一词在欧洲的意义就是从庭院来的。居住被理解为是集体生活的地方场所,旅游只是补充而已;根总是先于路线的。"④不同于其他文化人类学者所主张的文化与地域有着紧密关联的观点,汤姆林森指出文化不能被视为与地点有着必然的联系,因为意义的生成同样要仰赖于在活动中、在流动中和在文化之间连接的人们,他所特指的这类人即"移民"。移民作为一种特殊的群体,最能体现文化与媒介偏见的关联,也是谈论媒介偏见和文化偏见时值

---

① 乐黛云:《独角兽与龙——在寻找中西普遍性中的误读》,北京大学出版社1995年版,第1页。

② [美]理查德·尼斯贝特:《思维的版图》,李秀霞译,中信出版社2006年版,第79页。

③ 了解东西方新闻报道思维差异就能理解为何西方新闻史有扒粪运动(Muckraking Movement),记者以揭幕为己任,并以"扒粪者"自居。而纵观中国新闻发展史,从整体社会影响考虑更多,我国报纸思想和宣传政策中都能看到对新闻的整体报道效果的一贯重视。

④ [英]约翰·汤姆林森:《全球化与文化》,郭英剑译,南京大学出版社2002年版,第38—39页。

得深思的对象。移民们离开原有国度,生活在异乡,体验着文化与地域的分离,在散居的状态下努力保持原有文化,适应居住地的文化环境,努力融入新的环境。他们不仅感受着两种文化的碰撞和差异,更常成为原有居民或更早期移民的偏见对象,如在德国的犹太人、香港的内地人等。在极少数情形下,移民们也成为偏见的施加者,如以盎格鲁-撒克逊人为代表的美国移民对印第安土著居民的歧视和驱逐。

移民的同化问题最出色的研究者当属 20 世纪初芝加哥学派的罗伯特·帕克(Robert Park),他认识到人们被迫离开家园,以移民方式生活散居时,文化保持现象的研究价值。在具有"流动的现代性"的人类社会,原有文化仍保持着相当的凝聚力。帕克对芝加哥等美国城市的外来移民进行了实证性研究,提出了种族关系周期理论、人类生态学理论、"社会距离"和"边缘人"等重要理论。帕克关心外来移民的同化问题,他通过调查认为,族群社区和外文报刊对外来移民与主流社会的融合起着促进作用。① 以帕克为代表的芝加哥学派对移民问题的研究适逢其时,影响巨大,直接推进了城市社会学、人类学的相关研究,成为媒介环境学派(media ecology)的滥觞。

移民文化内群体成员往往通过维护原有文化来反对他人的偏见对待。移民受到的文化偏见暗含对移民历史文化和生活方式的不公正态度。这类偏见曾经与社会、经济结构关联,虽然现实与这类结构已经发生脱离,文化的稳定或滞后性令其仍成为保留偏见观念的土壤,有时也成为触发偏见的诱因。

(二)歧视语言中的任意媒介偏见

印尼电台播出的《海啸之歌》事件可视作任意媒介偏见的典型表现,值得分析。事情发生的背景是令人悲伤的印度洋海啸事件。2004 年 12 月 26 日印尼发生里氏 7.9 级强烈地震,并引发了波及印度洋沿岸 10 多个国家和地区的海啸。

从 1 月 18 日到 21 日,埃米斯广播公司(Emmis Communications)下属的位于纽约的"狂想 97"广播电台,连续 3 天在收听率很高的早间节目《琼斯小姐》中,播放了他们"独创"的丑化华人和取笑亚裔难民的《海啸之歌》。该节目不仅播放了这首歌,主持人还以嘻哈风格调侃、取笑、丑化亚裔,甚至还以热线方式

---

① 请参阅[美]R. E. 帕克、E. N. 伯吉斯、R. D. 麦肯齐:《城市社会学:芝加哥学派城市研究》,宋俊岭、郑也夫译,商务印书馆 2012 年版。

与观众讨论,一副幸灾乐祸的样子。最后,该台非裔主持人同时也是嘻哈歌手的琼斯,带头唱起了《海啸之歌》,另外还有其他主持人合唱。造成几十万人伤亡的海啸悲剧,被他们以一种风趣的方式当作笑料。歌词大意为:

> 一下子你就听到了那些"Chinks"的嚎叫/他们在海浪中无一幸免/小中国人被卷走了/连神都发笑/去找你的妈妈吧/我刚看到她的脑袋/还有那些孩子们/现在只能被带到奴隶市场贩卖……
>
> ——新加坡《联合早报》1月30日报道①

"狂想97"电台喜欢寻求刺激出格的言论,此次播放的是嘻哈风格歌曲,从歌曲整体内容看,充满对海啸受害者的嘲弄以及强烈的种族主义倾向。电台主持人林恩曾在播放《海啸之歌》时,大喊"我要拿枪上街毙了亚裔"。结合地震的背景,这一伤口撒盐的媒介偏见事件引发群情激愤,林恩后被电台解雇,电台向海啸灾区捐款100万美元表示歉意。亚裔妇女中心也发表正式声明,谴责《海啸之歌》相关人员的残忍和不人道。②

歌词中多次出现"尖叫的亚洲猪(the screaming Chinks),小小的中国佬被冲走(little Chinaman swep to way),你能听到上帝在笑,游吧,你们这些狗杂种,游吧(you can hear God laughing,swim you bitches,swim)"这类刻薄言辞和冷漠嘲讽。歌词对亚洲人的歧视挑衅着人们的忍耐底线,触发人们的敏感神经。这首歌曲中多次使用了"little Chinaman"和"Chinks"这样贬低华人形象的歧视性用语。这类特殊词语在文化中有历史发展缘由和稳定的、负面的语义。各民族都有对他族群的这类侮辱性称呼,它们在强调对话、公平、公正的当前报道环境中已经很少使用,但在民间情境交流和随意的口语表达中依然时常可见,比如西方人称华人为"Chinks",日本人为"Nips",黑人为"Nigger"。作为歧视性的文本符号,它们是一种"诽谤性标签",这种语言符号在对他者的称呼上使用,仍带有极易辨识的偏见。

《海啸之歌》中反复提到的"中国佬"(Chinaman)一词在此需要加以解释。从历史上看,华人移民起于19世纪40年代末的苦力贸易,低微的身份和脏苦的劳作令华人初到美国时饱受歧视,这种观念至今还残留在许多人的头脑中,偏见在文化传统发生变化后依然存在。类似词语还有"天朝佬"(Celestials)、

---

① 《纽约电台播辱华歌曲引公愤》,《参考消息》2005年2月1日,第14版。

② 《惹众怒的"海啸之歌"两主持人被电台解雇》,新华网,http://www.sina.com.cn,2010-2-4。

"蒙古呆"（Mongolians）、"苦力"（Coolies）、"清客"（Chinks）、"中国佬"（Chinaman）、"中国小仔"（Chinee）等。① "中国佬"在当时不只是民间俗语俚称，在官方文件和报纸报道中都曾普遍使用。例如，1880 年加州即立法规定"中国佬不得领取商业捕鱼执照"，1865 年的《纽约时报》也在社论中说："美国已有四百万低等的黑人，如果中国佬再大量涌入，我们就要向共和主义及民主告别了。"②

在 19 世纪末 20 世纪初，英国著名作家高斯华绥·狄更生（G. L. Dickinson）曾撰写过一本书《"中国佬"信札》（Letters from John Chinaman），书中作者就直接以"中国佬"自称。③ 可见，在当时的英国，对华人的这种歧视称谓是普遍使用的，所以作家狄更生毫不在意，并将此作为书名。但只要看完全书便会发现，作者使用这种称呼只是遵从当时社会习惯，他在个人态度上对中国人并无实质贬义，相反，作者非常欣赏中国文化，他笔下的"中国佬"同时富有东方的睿智和西方人的洞察力，他模仿"中国佬"口吻对西方文化不断予以抨击，全书内容与歧视性的书名形成了反讽。遗憾的是，狄更生这种对"中国佬"的褒义使用是极为少见的个例，并未改变欧美社会使用此词语时普遍的歧视意蕴。

语言是文化组成中极为重要的一环，它是文化传播的符号组织，更是人们沟通的工具。当人们使用语言进行交流时，语言将人们的思想予以直接外化，语言反映着思想，影响着行为。歧视性语言是测定文化中是否存在偏见的重要指标，通过它人们可以观察到日常生活中偏见的积淀。在国外，"清客"和"中国佬"至今仍有使用的情形。俚语里有"'中国佬'一样的机会"（Chinaman's Chance）的片语，它的意思是毫无机会。学者还列出类似的话语："……与族群相关的具有贬义的习语（to Jew down，像犹太人那样杀价购买；to gyp，像吉普赛人那样行骗；Indian giver，像印第安人那样送礼指望还礼者），是一种程度相

① 媒体和文化作品中可以看到，这类辱称也并非华人单方承受，东南亚一带华人称印巴人为"阿差"，白人为"鬼佬"，黑人为"黑鬼"也是一样的贬义。可见偏见是相互的，敌意也会互相传染，"人们的隔阂、偏见以及歧视等内心活动不仅仅是人们社会联系的障碍，同时在特定的环境中则会成为人们对抗与冲突的思想根源……"（见唐书明：《认同理论演变中的民族认同》，《思想战线》2008 年第 2 期，第 34 卷，第 9 页）。

② 转引自南方朔：《语言是我们的居所》，辽宁教育出版社 2000 年版，第 175 页。

③ 在讲到广州之行时，狄更生这样描述和感叹："这里当然是现实的世界，在每一方面来看都是如此。和蔼的性情、勤劳、智慧，没有反常或过度紧张的东西，自然的人在工作、婚嫁、生育、成长和死亡——这就是一切。"［英］G. L. 狄更生：《"中国佬"信札——西方文明之东方观》，卢彦名、王玉括译，南京出版社 2008 年版，第 113 页。

对较低的族群歧视形式。"①这种歧视性的语言残留很难彻底清除,它很容易在没有完全意识的情形下被习得、使用和传播。

对语言与思维的关系,萨丕尔-沃尔夫假说(the Sapir-Whorf Hypothesis)提供了独特的理解思路。萨丕尔不同意过去认为文化造就语言的观点,他认为不同的语言造就不同的文化,"……语言作为一种结构来看,它的内面是思维的模式"②。他认可语言的成长要充分依赖思维的发展,"……我们确实看到这种语言和思维相互作用的复杂过程在我们眼前进行着,工具使产品成为可能,产品又改良了工具"③。

沃尔夫吸收了萨丕尔的观点并予以发展,认为人们是按照母语所规定的框架与模式去把握外在世界。从现象上看,似乎是人的思维在操纵语言;而从实质上看,却是语言在操纵人的思维。这个观点非常具有启发意义,语言学家们从语言结构上分析,认为语言不仅是表达思想的工具,更是塑造思想的模型,语言结构的不同操纵着人们的思维。

以萨丕尔-沃尔夫假说的主要观点来看,歧视不应该被简单视为一种偏见是否存在的证据和文化残留的影响,这只看到了事物的表面。从语言对思维的再造功能来看,这种歧视语言的确可能会再造歧视思维。萨丕尔的观点值得人们深思,他认为语言与走路性质不同:走路是遗传的、生理的、本能的功能;说话则是非本能的、习得的、文化的功能。他认为语言是工具、思维是产品,没有语言,思维是不可能的。

他们的理论让人意识到一个重要事实,即语言中对某群体歧视的态度会在无形中影响人们。歧视性的话语并非作为一种简单的标签存在,其中包含偏见认知,这种语言的使用会将偏见代代相传,途径就是人们在使用的语言。这种偏见词语被整体接纳的时候,偏见的思维被接纳,被偏见指向的对象则在这种氛围中一直成为偏见的受害者。正如印尼《海啸之歌》在媒体中播出的恶劣影响,这些歧视性符号充斥在媒体的播送内容中。荷兰话语学家范·戴克说:"在文本和谈话中,人们常规性表达他们所持有的社会表征的片断,也就是表达为一般的陈述,并用这些社会表征去理解他人话语表达的事件和观念。……话语是获得和共享普遍态度的最有效方式,因此也是获得和共享族群偏见的最有效

---

① [美]马丁·N.麦格:《族群社会学》(第6版),祖力亚提·司马义译,华夏出版社2007年版,第69页。

② [美]爱德华·萨丕尔:《语言论》,陆卓元译,陆志韦校,商务印书馆1985年版,第19页。

③ [美]爱德华·萨丕尔:《语言论》,陆卓元译,陆志韦校,商务印书馆1985年版,第15页。

方式。所以,话语和社会认知的综合分析,是种族主义再生产理论的关键部分。"①允许歧视用语被广泛使用甚至通过媒体播出,其结果必然是纵容社会偏见和歧视的存在。

(三)移民对抗媒介偏见的举措

在很多情形下,移民受到媒介偏见的可能性比其他原有居民更高。移民对原有文化努力想要保持的心理和行为常显得摇摆不定。不过,当人们认为自身文化受到威胁的时候,原有文化的凝聚力就开始显露,"文化这个标签有其象征性的力量。人们害怕失去他们的原有文化"②。移民身上最清晰地体现出原有民族和故国文化与现居地的文化之间的融合与争斗。在美国的多元文化背景中,当华人或不同文化背景的人们聚集在此时,相较于同化的外在力量,更引人注目的是他们要保持自我内在文化品质的努力,华人对语言、仪式、习俗的保护都是这种努力的表现。早期的在美华人,虽居住美国长达数十年,仍努力保留自己原有的文化,衣食发辫、风俗习惯、语言文字等,在美国各地的唐人街仿佛小中国,各地华人生活习俗保留完整,居住于此的华人们依然故我,与美国主流文化保持着一定距离。

移民文化具有异质性,易与本土主导文化互不相容,这种不相容主要表现为相互冲突和对立,在保持文化这种时间产物的仪式和生活方式过程中,人们有时候会故意使用他们的文化来标示个人的文化身份,增强文化自豪感,揭示独特的文化象征意蕴,强调自我的文化特性。

文化自有一种力量,让其顽固地自我坚持,③文化的神奇也正体现于此。当人们感觉自我文化遭到侵袭或受到外来的偏见或歧视时,散居的移民也会保卫

---

① [荷]范·戴克:《精英话语与种族歧视》,齐月娜、陈强译,中国人民大学出版社 2011 年版,第 36 页。

② [美]詹姆斯·罗尔:《媒介、传播、文化——一个全球性的途径》,董洪川译,商务印书馆 2005 年版,第 152 页。

③ 与此相对的是多元文化推者的理论。多元文化主张文化本身即具有多样性,但其观念似乎也存在问题。"在尊重文化差异多元论和相对论的掩护下,它们有时把他者描绘成几乎与欧洲主流文化毫无联系,因此是低等的,或者至少完全不同,从而有必要采取一些保护措施防范它们,以维护被认为受到威胁的文化身份。"[美]Jorge Larrain:《意识形态与文化身份:现代性和第三世界的在场》,戴从容译,上海教育出版社 2005 年版,第 5 页。

自我文化,甚至形成独特的移民文化圈。① 爱德华·斯图亚特(Edward Stuart)从文化发展历史角度解释这种心理:每个人、每个群体都被"文化的情感边缘"所鼓动,世界范围的文化原初发展以深植于恐惧中的身体和情感的脆弱为基础。作为社会群体的原始文化,其形成原因是保护人民自己免遭环境的威胁——成为"食肉者"而非"被食者"。②

跨文化交流研究的讨论一直热烈持续,议题围绕着文化战争、多元文化主义、文化霸权、文化全球化等展开。霍尔的文化学派的流行令文化相关讨论都变得极为引人注目,"文化全球化被再解释为现代化的一部分"③。实质上,所谓的消费文化和流行文化的本质就是全球趋同性的,而真正的文化是难以通过所谓全球化被接受的,更多时候作为他文化,甚至是"他者"这样的对象而存在。这是越来越占据主流声音的多元文化主义者的基本观点,他们认为每种文化都有其存在的理由,多元化并存和异质性正是文化的魅力所在。

(四)移民媒体呈现的变化

在 19 世纪中期,华人移民开始遭遇排华浪潮,华人移民在美国媒体中以大量的负面形象出现。"媒体中华裔的负面形象在形成全国性反华情绪中起了重

---

① 对这个问题还有另一种解释:受到外来攻击的长期历史以及族群的污名化和制度性的歧视都可能使得群体人们不再向内寻求力量,犹太人是明显的例子。1941 年,勒温就犹太人这个被贬损和歧视的群体写过一篇重要的文章,提出了犹太人的"自我怨恨"(Lewin,Kurt. Self-hatred Among Jews. *Contemporary Jewish Record*,1941(4):219-232)。他围绕着犹太儿童夏令营展开研究,这个夏令营只雇用非犹太的管理人,做基督教的礼拜,并没有犹太教的活动。勒温研究后解释说,当一个群体的否定方面超出了肯定的吸引力,那么一个人就会离开这个群体,但是,由于多数人群体的更大力量,少数人群体的成员不被允许离开他的群体。因此,一个皈依了的犹太人在其他人看来仍然是个犹太人。例如,具有犹太血统的个人生活在德国,但不信奉犹太教,也不认为自己是犹太人,可仍然被纳粹划分为犹太人,并被送往集中营。不再信奉犹太教的个人将尽可能地远离传统的犹太活动,但是因为被别人仍然划分为犹太人而产生挫折感,这种情形导致了侵略。多数人群体过于强大,难以攻击,所以这个个体转而进攻他的少数人群体和他自己。引自[美]E. M. 罗杰斯:《传播学史——一种传记式的方法》,殷晓蓉译,上海译文出版社 2005 年版,第 286 页。

② 转引自[美]詹姆斯·罗尔:《媒介、传播、文化——一个全球性的途径》,董洪川译,商务印书馆 2005 年版,第 157 页。

③ [美]Yunxiang Yan(言云翔,音译):《受管理的全球化(中国的国家力量和文化传统)》,见塞缪尔·亨廷顿、彼得·伯杰主编:《全球化的文化动力》,康敬贻、林振熙、林雄译,新华出版社 2004 年版,第 21 页。

要作用,而这种消极刻板成见一直延续到下个世纪。"①从 20 世纪 60 年代中期开始,美国媒体频繁地使用"模范少数族裔"来形容华裔,在这一阶段华裔似乎受尽媒体宠爱,但对此有学者分析后发现:其发生背景是 60 年代黑人民权运动高涨之时,推出"模范少数族裔"给政府造势;华裔的成功归结于对美国主流社会的文化适应与同化;对华裔的真实的歧视情境视而不见,报喜不报忧;报道中依然常见讽刺性手法。②

有学者对美国移民或少数群体的媒体呈现的阶段给予了归纳,杰克森和哈里斯(Richard Jackson & Harris)引用了 Clark(1969)对少数群体的刻板印象的呈现的研究情况。③ Clark 认为,电视上少数群体形象经历了四个阶段:第一阶段是否认,在这一时期少数民族群体被排斥在电视屏幕之外。第二个阶段是讽刺,这一时期强势群体压制刻板印象弱势群体,把他们描绘为无能、弱智的小丑。第三阶段是管理,在这一时期少数群体经常被塑造成现有社会秩序的保护者。最后一个阶段是尊重,这一阶段媒介上少数群体形象就是一个多样和全面的形象,既有好的角色,也有坏的角色。④ 从文化研究和种族历史的材料翻阅对比情况来看,Clark 的归纳还是较为恰当的,从忽视到关注再到丰富全面地反映是少数族群媒介呈现的总体态势,⑤这项研究还提供了华人媒体呈现的变化趋势与未来的可能。

现阶段移民在媒介传播中仍有刻板印象的形成,虽然在某种意义上说,大众传媒就是不断地制造着各种文化刻板印象的生产机构:性别、种族、民族和阶级、宗教等刻板印象常被包含在文化刻板印象的大范畴内。⑥ 主流文化对移民

---

① 周敏:《美国华人社会的变迁》,上海三联书店 2006 年版,第 182 页。

② 周敏:《美国华人社会的变迁》,上海三联书店 2006 年版,第 185—187 页。

③ 对少数族群的研究社会学角度所提供的成果则更为丰富,对少数族群的偏见和歧视作为一种社会行为被研究。安东尼·吉登斯的"社会距离"理论,帕克"边缘人"理论,齐美尔的"陌生人理论"等都成为社会学研究中的典范。

④ [美]Richard Jackson Harris:《媒介心理学》,相德宝译,中国轻工业出版社 2007 年版,第 63 页。

⑤ 黑人在美国电视中的变化证实了 Clark 观点的正确。黑人不再仅仅是 20 世纪 70 年代电视中滑稽的角色,"黑人担任主角的节目,尤其是电视剧,在 90 年代持续多产……90 年代末期,黑人和西班牙语裔的新闻播报员的数量与他们在总人口中的比例是匹配的,甚至更多"。见[美]马丁·N.麦格:《族群社会学》(第 6 版),祖力亚提·司马义译,华夏出版社 2007 年版,第 65 页。这或许与黑人具有文体、演艺方面的优势相关,黑人明星不断增多,不少人成为青少年的偶像和社会成功者。这对减少人们对黑人的偏见多少有些帮助。

⑥ Peter R. Grant & John G. Holmes. The Intergration of Implicit Personality Theory Schemas and Stereotype Images. *Social Psychology Quarterly*,1981,44(2):107-115.

他文化则存在更多的刻板印象。

　　香港学者李少南在肯定刻板印象在跨文化研究中的价值并检视香港人对日本人与韩国人的刻板印象研究后指出,大部分 20 世纪五六十年代的研究只是对"我们脑海中的图像"做出描述,只有少数研究尝试检视有关印象之本质及来源等理论课题。从 20 世纪 80 年代开始,研究方向开始转向身份认同,刻板印象开始摸索"人们对自己有何想法"。[①] 这种身份的自我定位与群体印象的刻板化已开始为众人所关注。

　　影视作品中华人的刻板印象是有现实依据的,大致依据人们对旅居海外华人印象而来。比如对热播一时的美剧《绯闻少女》(*Gossip Girl*)略作检视便可发现华人刻板印象痕迹:这部青春剧表现的是美国上流社会贵族学校的生活,偶像明星与潮流时尚结合,迅速红遍全球,为少男少女们追捧。女主角是生活在美国纽约上东城的两位白人女孩,无论是金发碧眼、热辣性感的"S",还是美颜无敌、气质高贵的"B",她们永远扮演着欧美上流舞会的女皇角色。剧中唯一的华人女生黄肤黑发黑眼,既不漂亮也不惹眼,是一位小提琴和数学方面的天才少女。她之所以会成为女主角们戏耍的对象,原因在于她给他人造成了升学的威胁。而在美貌、情感和风趣上,这个女孩毫不占优势。这一人物集中体现了媒体报道中的华人形象,在西方媒体呈现中,优秀华人总是特殊技艺的掌握者,或钢琴、小提琴,或围棋、数学、芭蕾。他们精于此道,刻苦用功且有天分,但对乐于享受生活的美国人来说,他们太努力、太优秀,总给人以威胁感。其实,无论人们如何称扬美国的种族融合是多么成功,或是"美国神话"对所有人一律平等,现实中人种差异、文化差别始终是融入美国社会的障碍。人们日常对华人的刻板印象通过影视作品表现,媒体又加固了人们头脑中这种印象,如果没有事先提示或警醒地观看,很容易不加思索地接受这些形象。媒体逐步失去了对移民形象和生活真实反映的动力,只依据头脑印象和想象塑造人物,就会形成大众媒介传播中的刻板化问题。

六、本章小结

　　本章从文化因素对任意的媒介偏见的形成影响进行了集中探讨。传统文化中,偏见作用主要通过观念留存影响媒体文化,这种影响模糊且难以确定。

---

① 李少南:《香港人对日本与南韩的刻板印象》,《中国传媒报告》2005 年第 1 期,第 71 页。

理解任意媒介偏见的发生,仅仅靠传播信息的不全面难以充分说明,需要在文化差异中寻找恰当的阐释。文化中残留的根据不充分的偏见多可视为任意偏见,文化的变迁是任意的媒介偏见难寻源头的一种解释。

长久以来,多元文化主义似乎成为人们无法解释某些社会文化现象时最好的借口。学者们的分析思路总是从文化出发,直接认同文化的差异和思维方式的差别,认为这些最终再造了偏见思维。这实质上是以文化为解释一切的万能钥匙,放弃深入思考的机会,未能有效地解释文化与偏见隐藏的深刻问题。

移民问题是本章关注的重点,移民们跨越双重文化,需要在保持本文化传统和融入所在国文化间进行角色转换。移民们时常承受着文化偏见,受到偏见影响更为直接,对媒介偏见也更为敏感。萨丕尔-沃尔夫假说从文化思维差异出发理解任意媒介偏见的发生,具体阐述中以语言学研究成果为支撑,拓展了语言、思维、歧视三者关联研究的深度,对此感兴趣的研究者们应多予以关注。

对移民遭遇刻板印象和偏见的问题,人们不断思考。假若移民获得媒体使用权是否有助于改变这一现状呢?答案是肯定的。当移民有了自己的媒体,移民的文化生活才得到比较全面的反映。这类媒体作为特有文化的自我发声器,有助于较充分地反映移民的文化特质和优势,这在多元文化保护较好的国家或地区已经有相当多的实践,如澳大利亚的民族电视台(SBS),台湾的客家电视台(Hakka TV)①等。虽然其传播效果、经营态势、社会影响都无法与主流商业媒体抗衡,但仍有助于消解社会对少数族群的刻板印象和偏见态度,达到文化宣扬、文化凝聚的目的。

---

① 台湾客家电视台作为少数族群媒体的使用与发展受到了不少学者的关注,如陈静:《从台湾客家电视台看少数族群媒体的困境》,《电影文学》2010 年第 7 期,第 132-134 页;李美华:《族群媒体之组织文化与组织认同研究:台湾客家电视台的个案分析》,《传播与管理研究》2013 年第 2 期,第 3-51 页;蔡佩:《客家电视台与台北都会客家阅听人族群认同建构之关联性初探》,《中华传播学刊》2011 年第 19 期,第 189-231 页;彭文正:《客家元素与收视行为结构模式研究》,《广播与电视》2005 年第 24 期,第 63-91 页。

第四章　新闻组织行为的媒介偏见

我们不认为，仅仅增加大众传播的数量和种类就会增进人们的相互理解，这样做也可能给强化偏见和仇恨的报道带来更多的传播途径。然而，新工具业已存在，而且无论如何将得到应用，纠正歪曲性信息的方法，似乎应该是提供更多、而不是更少的信息——充分而负责任地运用新型传播工具，向全世界人民呈现一幅关于彼此的或在他们中间所发生事情的真实画面。

——新闻自由委员会：《一个自由而负责的新闻界》

新闻传播领域内，媒介偏见是新闻从业者避忌的，且随时可能会遭遇到的严重指控。各媒体的主编对偏见批评绝不敢掉以轻心，越是资深的媒体人士越能领会到偏见恰似头顶高悬的"达摩克利斯之剑"（The Sword of Damocles），时刻威胁着媒体的可信度和权威性。本章将从新闻组织角度讨论媒介偏见形成的可能路径，并以新闻生产过程为研究对象，着重于各环节对偏见发生的影响作用分析。

新闻产品生产过程是寻找偏见机制的重要环节，这暗含了一种指向，即媒体是否会成为"有机的媒介偏见"的发生主体？媒介偏见与新闻组织行为有密切关联，虽然从新闻事业发展史来看，媒体产业经过数百年的发展，形成了相当规范的新闻作业流程，在保持客观性的前提下每日进行新闻资讯的收集与传播工作。但当媒介处于政治环境制度和经济条件约束下，可能会产生偏见报道，在新闻生产过程的选择和制作中也容易带上个人或采编集体的偏见，最终表现为新闻组织的行为偏向甚至是偏见。

大众传播自身的独立性突出表现在新闻产制环节中的新闻专业主义精神与媒体伦理操守，媒介偏见经过核心编辑部的重重把关，仍然得以传播。人们该如何理解这一环节中媒介偏见现象的产生根源呢？本章将借助新闻编辑室研究成果,通过对媒介偏见的产生过程的描述,试图证明媒介偏见不只是新闻组织行为的结果,更是一种需要更多深入分析的表象。

一、新闻报道形式的变化

有西方学者对 2002 年美国总统选举的媒介偏向进行了分析,归纳出三大类明显的偏向性:(1)守门的偏向(gatekeeping bias):记者或编辑在对新闻的挑选上,是否具有明显的偏好或政党倾向。(2)报道的偏向(coverage bias):新闻报道在量的多寡上有无明显差异。(3)陈述的偏向(statement bias):新闻报道的语言陈述中,是否具有对某些党派的正面或负面、支持或不支持的言辞出现。① 研究结论是否支持了新闻报道存在偏向性的假设其实并不重要,其研究意义在于提醒人们报道制作的守门阶段,报道过程以及报道的成品三个阶段均值得仔细分析。

新闻学客观性标准的形成与报道中的偏向性问题显现两过程相互交织,人们对偏向性的报道的态度并非一直深恶痛绝,反而呈现波动态势。只需对新闻史略加研究,便可觉察对新闻偏向性态度的松紧变化。党派报纸作为各党派的宣传阵地,是偏向性最为直接的表达。新闻媒体经历了自由资本主义阶段,已成为发达的商品经济中庞大的产业群体,新闻客观性标准正是在这一背景下应运而生的。

新闻业的发展变化带来媒体自我修正的机会,这既有市场因素的作用,也有社会环境、媒介伦理的需求。当新闻成为大众化报纸的主要内容时,为了迎合有品质、思想深刻的报纸消费人群,新闻必须做到尽量的"客观"和"中立",报道和评论相分离,以保证其专业化要求,这也是受众需求和市场发展的结果,强调客观性是对偏向性的一种远离。

当这种"客观、中立"的操作原则被固定后,"解释性新闻"在西方国家又开始兴起,《美国新闻史》这样描述其产生的社会背景:"'新改时期'政治、社会、经济改革的冲击,现代科学技术的兴起,国内各经济集团之间相互依存关系的日益加强,以及世界缩小成一个强权政治的巨大竞技场,这一切都要求采取一种新的新闻处理方法。除了传统的'何人做了何事'的报道方法以外,交代'为什

---

① D'Aleesio & Allen, M. Media Bias in Presidential Elections: A Meta-Analysis. *Journal of Communication*,2002,50(4):133-156.

么'变得重要起来。"①解释性报道时代的来临使得报道者对"新闻的选择"变得更为微妙,给受众的"解释"必然带有报道者主观的判定与思考,如何将新闻专业性、解释性和客观性的潜在矛盾在报道中化解,面对受众既有对事实的选择、组接、剪裁、解释,又不带有明显的报道偏向性和立场,是解释性报道面临的普遍难题。

报纸作为售卖价值低于成本的特殊商品,需要依靠发行量来吸引广告商投资。深度的新闻报道需要优秀采编人员投入大量精力,其发布还会受到政治体制、社会环境等敏感因素的牵制。对媒体来说,所付出的时间成本和可能的社会后果都难以估量,而简单的现象新闻可以满足受众对刺激性报道的需要,带来眼球经济和销售利润,这种低成本、碎片化的新闻事件报道方式正在替代严肃的深度报道,成为日常新闻消费的主流。

二、编辑部的工作环境影响

新闻编辑部作为新闻媒体生产制作的核心部门,其重要性是不言而喻的。在这忙碌的空间里,每天拍板决定各类选题、派出记者采写稿件、对发回稿件仔细审稿、排版制作和签发发片等各环节紧密相扣。编辑部是抢新闻战役的大本营,是新闻实践各环节的中心,从更深刻的意义上说,编辑部更是新闻组织的权力代表和把关者。考察新闻偏见性的来源,人们总会将目光投向编辑部,因为一旦发生偏见,编辑部难辞其咎。学者们对新闻事业的偏向性的态度同样坚决:编辑部作为媒介产制过程的核心部门,不应该受到任何利益的干预,它的独立性是不偏不倚,保持真实的必需条件,那么,作为新闻工作的把关者的编辑能否秉持新闻客观中立的原则呢? 对编辑的倾向性发生怀疑的时刻集中于政党报时期。学者黄旦在梳理美国新闻史时指出,报纸党派化的两个推动力量中,除了印花税等因素推动促使报纸向党派方向发展外,另一重要的影响就是编辑的出现令报纸的倾向性更为显著。编辑,一种是某一党派的推荐或所请;另一种就是自己投身报纸,而之所以选择报纸,其目的已不像早期的印刷商为了营利,往往具有明显的政治偏见。他在此同意莫特(Frank Luther Motte)在《美国新闻史》(*American Journalism*, *A History of Newspapers in the United States Through 260 Years*:1690—1950)中认为,编辑的产生似不能仅视为是业

---

① 　[美]迈克尔·埃默里、埃德温·埃默里、南希·L.罗伯茨:《美国新闻史:大众传播媒介解释史》(第九版),展江译,中国人民大学出版社 2004 年版,第 394 页。

务或技巧的发展,更重要的,它是报纸作为政党代言人所带来的一个结果。① 对新闻业把关者与报纸偏见性关联的历史回溯,可见政党报时期编辑的产生以政治倾向性宣传为目的。

当今编辑部所受到的利益引诱和权势压力,情形并不比从前更乐观,来自报业集团外部和高层的影响这种自上而下的作用直接且令人难以反抗。传媒大亨默多克通过对政党或领导人亲近示好,以获取更多的市场进入许可,谋求更大的利益。默多克对内曾因频繁干预新闻中心所属的报纸主编们的工作而饱受西方媒体批评,近年来他采取了更为狡猾的做法,不再直接干预,而是雇佣那些与他观点相近的人。

当前对编辑部干预的金钱力量没有减少,反而呈不断增加趋势。台湾新闻的植入式营销是最明显的例证,主要表现为电视新闻中插入软性广告,并在近年来愈演愈烈,引发新闻传播学的关注和讨论。② 广告商的力量深入整个新闻行业,对报道的选题、报道方式都给予干预,不可避免地对新闻报道的偏向性产生影响。其结果必然是动摇整个新闻业的基石,影响到新闻媒体的信誉。

虽然新闻业内批判之风极盛,学者们的实证研究却少有直接证明金钱对编辑部的影响。2006 年《经济学季刊》发表了从广告是否影响编辑们决策的角度对财经媒体的广告和偏向性的量化研究,研究集中于对编辑独立性的观察。研究报告中写道:"具体说来,我们研究了 1997 年 1 月至 2002 年 12 月六大共有基金的广告,控制可观测到的资金以及整个家庭广告的花费,我们记录了肯定的关联。相反地我们没有发现任何国际性的新闻中存在这种广告和内容上的关联。文章中作者还指出这种共有基金的赞许态度是测试广告倾向的最好试验品,首先,产品是一种内容,广告主可能希望从最大的偏向性中获益。其次,共有基金的巨量,因为它们是财政资产,它们质地相较容易被观察到。而且,关于基金的客观性的特质,更多信息的获取都有助于我们控制关于产品质地的不同类想法。作者发现共有基金(mutual fund)的推荐在三本私人财经杂志中呈现出关联,而不是在报纸中。他们研究控制基金的特性,整体的广告花费和提及

---

① 黄旦:《独立战争前后美国报刊思想之演变——美国新闻传播思想史学习札记》,《新闻大学》1999 年秋季刊,第 29 页。

② 台湾对此问题已有相当多的学者加入讨论中,如陈炳宏:《广告商借用新闻产制之新闻广告化现象:兼论置入性行销与新闻专业自主》,《中华传播学刊》2005 年第 8 期,第 209—246 页;蔡树培:《电视新闻性置入性行销:行销视野之探讨》,《中华传播学刊》2005 年第 8 期,第 3—15 页;刘昌德、罗世宏:《电视置入性行销之规范:政治经济学观点的初步考察》,《中华传播学刊》2005 年第 8 期,第 41—61 页;林照真:《置入性行销:新闻与广告伦理的双重崩坏》,《中华传播学刊》2005 年第 8 期,第 27—40 页。

的数量。正面提及会伴随着资金量的上升，但并不一定预示着回报。未来的回报对资金来说是相似的。研究证明广告花费对读者的偏向性很小的，强烈否定了预存偏见性(proadvise bias)的存在。"①在文献回顾中，作者也提及大量研究证明媒体的收入与商业广告之间的否定联系，这篇量化研究可算是对新闻公正和专业水准的支持。尽管如此，市场商业利益对媒介偏见的影响的批评还是不绝于耳。权力与金钱对编辑部发生负面影响，但其究竟是如何起作用的，在具体的新闻生产制作过程中还很难被观察到。

编辑部不仅是新闻组织的有效组成，更是记者和编辑的工作场所。办公室的士气、氛围，同事相互的评价等都会对形成中的新闻作品发生一定影响。传播学者李金铨在其《大众传播理论》一书引用了早期的研究者 Breed 在 1955 年的相关研究成果说明这类情况：Breed 当时访问了美国东北部中型报纸 120 位记者，发现一般记者都会遵循编辑部规矩。结论是由于编辑室的社会化过程具有潜移默化的作用，使得记者最在乎被他的同事、上司所欣赏，而较不在乎一般较为抽象的受众的想法。对记者而言，与其遵守社会上或专业上一些抽象理想，不如把自己的价值摆在更实际的层面上——即新闻室的同事或上司的认可。这样，不仅自己有地位，又能被大家接受。② 这和"二战"中曾做过的调查有类同之处：士兵们并不在意崇高的爱国理想，对他们来说团的荣誉来的更为重要。

李金铨注意到，Breed 提到的是编辑部的同事间认同的无形影响力，对这种控制在具体采编中的作用，台湾学者张文强继续进行了研究，他提出了"想象"在采编操作时的关键影响。其基本观点是：有时候参与共谋控制的是新闻工作者与他(她)自己的想象，而非新闻工作者与组织的真实目标。他通过对新闻从业人员的访谈，发现某位实习记者以为所工作的杂志喜欢悲情书写的方式，于是揣摩和沿用，但这不一定是指导教师所要的。记者们也会猜想报社的政治倾向，从而构建出一套印证自己观点的精彩论述，一再运用于大小新闻事件。但事实上，组织规范没有这么细腻绵密，老板与主管也不想在所有事件上都展现自己的政治喜好。研究者将编辑部的运作很大程度上归因于编辑和记者们各自想象中形成的常规，这种依照自己想象形成常规，然后抱怨组织管太多的气氛，展现部分受访者的某种夸张自我规训：先是依照不必要或过了头的想象构建常规工作方式，然后在平淡节奏中习惯了想象，以为组织要他(她)们这么做，

---

① Jonathan Reuter & Eric Zitzewitz. Do Ads Influence Editors? Advertising and Bias in the Financial Media. *The Quarterly Journal of Economics*,2006:197-227.

② 转引自李金铨:《大众传播理论》(修正三版),台北三民书局 2005 年版,第 31 页。

因而长期控制了自己的工作方式。不过,虽然这里运用"想象"一词,并不代表所有的想象都漫无边际,毫无根据,报社的确有政治立场,也的确会在重大政治事件上进行控制,只是密度没有那么高。① 依靠"想象"进行的编辑室工作似乎弱化了报社的专业性的说法,但这是日常忙碌的报道工作的剪影,编辑部的选题和审稿都是意见交流的方式,新进记者和编辑人员在培训中也会了解本媒体的个性、定位、态度、标准,之后便进行独立的采写工作。大多数时候,采编人员是凭借经验、惯性,对领导喜好、媒体定位的了解,完成整个的日常报道的。②

对这一问题,迈克尔·舒德森(Michael Schudson)持赞成态度,他的视角偏向文化方面,他在其名著《新闻的力量》(The Power of News)中认为新闻工作者不仅在组织中工作,更在文化中工作。"新闻工作者不仅是在特定类型的组织中工作,而且他们的工作利用并依赖于特定的文化传统。此外,这种传统关注的是如何知道什么是有趣的与不寻常的,如何让一个宣传得到确证,如何证实某人自己著作的合法性,如何写一则吸引人的导语,如何赢得新闻奖,如何把一则新闻报道建构成一个可接受的符合道义的故事。不言而喻的,这种文化传统,通常被看作是一种本能的(新闻敏感)或是一种只有通过在该领域长期实践而获得的(新闻判断)。新闻就是在这种传统文化的脚手架上建造出来的。"③

对新闻采编的日常报道这类活动很难加以细致的规定,但对媒介偏见问题媒体们均有所警觉,在各相关的报道条例中也有规定。目前我国已有的媒介自律的条文主要集中在新闻工作者的道德法规中,包括:《中国新闻工作者职业道德准则》《中国报业自律条约》《中国新闻界网络媒体公约》等。

1997 年《广播电视管理条例》第三十四条提到广播电视新闻应当真实、公正。从国家政策层面的道德准则来看,1999 年国家广播电影电视总局发布的《中国新闻工作者职业道德准则》一度是新闻工作者最重要的行为准则,其中除了对新闻真实性和新闻工作者的工作作风加以强调外,主要强调公正性,防止主观性、片面性,努力做到从总体上、本质上把握事物的真实性。采写和发表新闻要客观公正。不得从个人或小团体利益出发,利用自己掌握的舆论工具发泄

---

① 张文强:《新闻工作的常规样貌:平淡与热情的对峙》,《新闻学研究》2005 年第 84 期,第 1—40 页。

② 作者在 2005 年对国内某著名都市类报纸所进行的课题研究过程中,曾与报社主编和编辑部人员进行深度访谈,他们也表达过类似的意思,即新闻工作依靠想象,但他们的想象不是指编辑部的内部想象,而是对受众的想象,记者和编辑永远都在猜测受众模糊的面目及他们的组成、喜好、观点和态度等。

③ [美]迈克尔·舒德森:《新闻的力量》,刘艺娉译,展江、彭桂兵校,华夏出版社 2011年版,第 13 页。

私愤,或作不公正的报道。2009 年对准则的修订对民族、宗教等当前世界的敏感问题都有了更细致的规定。比如要采取适当方式进行民族观、宗教观、民族和宗教政策的培训,杜绝影响稳定的问题发生。中共中央宣传部、国家广播电影电视总局、国家新闻出版总署 2005 年发布《关于新闻采编人员从业管理的规定(试行)》,以加强新闻职业道德建设,规范新闻采编人员行为,维护新闻界良好形象,促进新闻事业健康发展。规定强调,新闻采编人员要坚持真实、全面、客观、公正的原则,确保新闻事实准确。①

英、美等西方国家对新闻工作者的生产和传播内容的倾向性十分重视。英国的《新闻工作者行为的准则》中提到了新闻工作者不得写出或处理出能怂恿歧视、嘲笑、偏见或仇恨的材料。② 美国的新闻学院对学生写作能力的锻炼贯穿大学四年,学生根据学习计划,从政治、社会、法律、医疗等各方面了解社会,进行相关的选题报道和写作,采写稿件老师和同学们加以讨论和修改。这种实践的过程本身就类似编辑部的运作,得到小范围的稿件反馈,避免某些明显的稿件偏见的发生。而美联社对新记者的培训非常细致,各种歧视、不当的词语或语气都会特别加以注意,提醒新记者们避免犯错。

整体检视国内已有的新闻政策和法规会发现,其中对媒介偏见虽没有具体提及,但对此问题的原则性把握一直在不断强调,"公正""客观""全面"等表述随处可见。如果能坚守这些原则,媒介偏见报道便不会出现,这模糊的概念表达也包含了避免媒介偏见的意义层面。在这概括性的论述中,现有政策对记者和采编人员作为保持公正客观的行为主体,提出了新闻传播从业者的新闻专业性和新闻伦理方面的要求。

三、消息源的偏向性影响

消息源的偏向性影响是偏见研究者研究的主要议题,包括消息来源决定如何获得信息、到哪里去获得信息以及信息的可信度和权威性等。新闻机构需要大量的消息,政府部门需要通过媒体发布消息,看似是和谐互利的关系,但大多数学者们并不这么认为。香港学者罗文辉一直关注新闻偏向性的研究,他对

---

① 《广播电视管理条例》等相关法规可在国家新闻出版广电总局官网或相关部门网站查阅。

② 张咏华、黄挽澜、魏永征:《新闻传媒业的他律与自律》,上海外语教育出版社 2007 年版,第 385 页。

2004年台湾地区领导人选举新闻的报道偏差进行研究,采用抽样法,对选举前三个月台湾六家媒体的报道进行抽样分析,从了解报道的消息来源是否有差异、报道候选人的数量、报道给人的整体印象这三点着手研究,得出的结论是:"消息来源的偏见似乎是新闻记者迎合截稿时间、提高工作效率、维持新闻可信度,以及和消息来源互动的必然结果。"①他的研究中联系了新闻生产制作整体团队的特性,关注了与消息源互动的意义。

权威声音的偏向性(the authority-disordered bias)指的是来自官员或其他权威的声音占据着媒体话语权,决定媒体报道的内容和秩序。对此西方学者常有批评的声浪,政府自然地掌握着大量的消息源,这是能获得与媒体对抗的重要砝码,政府更借此在与媒体关系中占据着主导力量。狄根森(Dickson,S. H.)曾批评媒体对官方信息的过分使用,他将这类偏见命名为"意识形态偏见"(ideology bias)。他代表了西方学者们的批判观点,认为新闻记者天然地笃信政府和官方版本的信息,通过对官方信源的有意识或无意识的依赖来维持和延续美国政府在对外政策中的主导性地位。这种几乎微小不可见的偏见充斥在几乎所有的美国主流媒体之中,并在代代记者中传承和深化。②

从大量的战时新闻报道可以明显地观察到这一点。媒体一旦处于战争这一特殊状态中,中立报道的立场和新闻专业主义的原则就变得很难维持。政府和军方的消息源变成唯一,权威声音被无限放大,新闻媒体的偏向性的发生就几乎不可避免了。

学者刘昌德和罗世宏在论文中提到两个事例,说明消息源的控制对西方媒体来说是改变受众看法的重要法宝:《纽约时报》及《洛杉矶时报》2005年11月30日揭露,美国军方出钱委托设于华盛顿的公关公司Lincoln Group,由其负责将军方提供片面事实的新闻稿先翻译成阿拉伯文,再供稿给伊拉克当地的阿拉伯文报纸,企图扭转伊拉克人民对驻伊美军的形象认知。《纽约时报》报道,美国有二十个联邦政府机构使用公款制播数以百计的有利于美化政绩与宣扬政策的新闻片,也就是政府预先制作来喂养电视新闻台的"影音新闻发布"(video/audio news release),供懒惰与资讯不对称的部分商业广播电视台在不费任何编采成

---

① 请参阅罗文辉的相关研究:罗文辉、侯志钦:《2004年电视总统选举新闻的政党偏差》,《广播与电视》2004年第23期,第1—21页;罗文辉:《选择可信度:1992及2002年报纸与电视新闻可信度的比较研究》,《新闻学研究》2004年第80期,第150页;《新闻记者选择消息来源的偏见》,《新闻学研究》1995年第50期,第1—13页。

② Dickson, S. H. Understanding Media Bias: The Press and the U. S. Invasion of Panama. *Journalism Quarterly*, 1994, 71(4): 809-819.

本情况下即可立即播出。① 这个事例让人体会到新闻消息源头已被公关或是被各种机构乃至政府力量所影响和控制,会在不知不觉中对受众产生深刻影响。

四、新闻从业者的偏见考察

新闻从业人员的教育背景、种族、信仰、文化等因素都可能体现在生产过程中,轻则表现为某种偏向性,严重时就是媒介偏见了。新闻博物馆(Newseum)在 1997 年进行过一项调查,结果显示尽管有 80% 的美国人相信媒介对于一个自由社会是至关重要的,但是有 64% 的人认为新闻过于煽情。人们认为新闻记者不够敏感和具有偏见性,不到 1/3 的人信任报纸记者。新闻记者被视为在伦理道德上等同于带有议程的个人,就像政客、律师和公司经理一样。该调查中最惊人的发现也许是,如果今天对宪法所保障的新闻界的各种自由进行全民公决,那么这些自由就有可能不保。② 根据著名的调研机构盖洛普(Gallup)2012年的相关调查结果显示,60% 的受访者表示,他们很难相信新闻机构能“全面、准确和公正地”报道政治。公众对新闻的不信任达到了新的高点。③ 这种持续性的对媒体的悲观看法令人始料未及,人们似乎失去了对媒体和记者们的一贯信任。

新闻记者的价值观有时也会成为决定议题处理的关键因素。《圣路易斯论坛报》的记者们曾讨论关于种族偏见、性别偏见和宗教偏见的话题,有记者谈到自己是如何遭遇偏见对待的,并指出偏见在实际生活中是如何严重,而对此媒体却无能为力。“毫无疑问新闻界存在偏见,因为从业者们就带有偏见……我们有责任对此做出行动”,参与讨论的 Karen Aroesty 说道。社会批评家 Joan Lipkin 提到电视新闻应该少花一些时间在犯罪报道上。《圣路易犹太之光》的编辑 Bob Cohn 承认自己带有偏见,这是份犹太人的报纸,“我有种族情感”,他说,当他接触到黑人孩子从犯罪现场逃跑的画面时觉得重要性不大,“但是当一

---

① 刘昌德、罗世宏:《电视置入性行销之规范:政治经济学观点的初步考察》,《中华传播学刊》2005 年第 8 期,第 41—61 页。

② [美]迈克尔·埃默里、埃德温·埃默里、南希·L.罗伯茨:《美国新闻史:大众传播媒介解释史》(第九版),展江译,中国人民大学出版社 2004 年版,第 552 页。

③ Morales, L. *U. S. Distrust in Media Hits New High*. Retrieved on November 29, 2012, http://www.gallup.com/poll/157589/distrust-media-hits-new-high.aspx. 2014-05-23.

个犹太孩子偷高尔夫球的时候,那就不一样了"①。记者和编辑们无法回避自身的思想局限,也愿意坦承新闻选择的过程中个人偏向性难以避免的事实。

对国外的新闻从业人员来说,"令新闻工作者欣慰的是,他们认为其关于事件的报道是真实的,因为这些报道是由各个不同的新闻组织的新闻工作者独立采写出来的,并没有表现出个人偏见。至于专业化或阶级偏见问题,他们说确定采集新闻和评价新闻的方式是新闻客观性的保证"②。对记者和编辑来说,他们看待世界的方式非常接近,即使带有某种偏向,因为与周边态度相当一致,也不容易觉察,看起来大家一样客观。这并不是说新闻组织内部就缺乏客观的准则或是操作方式,相反,大多数记者都在报道中遵循报社或媒体的各种规定或是守则,保持新闻采写内容的公平公正。

台湾传播学者彭家发在综合了众多传播学者的观点后,指出"当新闻工作者声称他们客观时,他们或多或少意味着新闻工作不受自己成见或念头左右,也将个人态度或个人涉入减至最少。他们的新闻工作不受个人情绪所影响,事实与意见分开处理。不在讯息中灌注个人意见或判断,但尽量提供所有主要的相关观点"③。当新闻从业者理解事物的整体视角呈现类似时,只要不影响报道的内容真实,不影响受众的看法,对这种微弱的偏向性就不必太过苛责。

对新闻从业者的访谈和量化研究是研究常用的方法,A. M. Zakaria Khan对孟加拉国的新闻从业者进行过一份调查,试图提供给人们一个分析新闻从业者性格趋向的更广阔的理论平台。这项研究从心理学角度对记者们进行更为实际的研究,该研究将学者 Eysenck 以前提出的"三大个性说"运用于孟加拉国的不同媒介组织的 100 名记者的研究中,结果显示外倾性(extraversion)个性特征主要表现在与新闻来源有密切的联系,神经质(neuroticism)式的个性特征则表现在嘈杂的新闻编辑室内不舒适以及对错误极度痛苦,同时表现出对新闻截稿时间压力的担忧。④ 可见,新闻从业者不同的性格表现对新闻也会有表现方式或其他方面的影响。

新闻从业人员的新闻职业态度对新闻工作的处理是否公正和平衡十分重

---

① Roy Malone. Media Bias: Fact not Fiction?. *St. Louis Journalism Review*,2007,37(296):5.

② [美]盖伊·塔奇曼:《做新闻》,麻争旗、刘笑盈译,华夏出版社 2008 年版,第 171 页。

③ 彭家发:《新闻客观性原理》,台北三民书局 1994 年版,第 41 页。

④ A. M. Zakaria Khan. The Influence of Personality Traits on Journalist's Work Behaviour: An Exploratory Study Examining a Bangladeshi Sample. *Asian Journal of Communication*,2005,15(1):72-84.

要。对这个问题从来都有两方面的观点,差不多是相互对立的。新闻工作者在长期工作中的倦怠情况也有可能会造成刻板印象的自动生成效应,容易产生新闻偏见。Dominic L. 和 Jia Dai 就提到"日常的新闻报道容易引起刻板印象,这是因为积极性的作用相当于半篇报道,记者们引发刻板印象主要有两个途径:首先是报道者对报道的漠视,其次,因为工作要求而不得已的情形"[①]。对抗这种情形的最佳武器当然是报道中获得的激励与肯定,另外就是记者心中的"新闻专业主义精神"。

近年来对"新闻专业主义精神"的讨论一度十分热烈。通过对美国早期新闻史的考察,人们对作为舶来品的这一新闻术语的出现背景有所了解。"新闻专业主义在 19 世纪 90 年代出现,直到 20 世纪 20 年代,新闻的真实性才意味着专业性的中立和客观,新闻工作者们明确地声明新闻工作不能歪曲事实、不能带有个人偏见,只有这样才能保证新闻的公正性。"[②]越来越多的新闻教育专家开始认识到,教授新闻知识的时候,未来的记者们所涉及的各方面,包括新闻伦理、新闻道德以及对新闻业的追求和梦想,都是极为重要的。坚持新闻专业主义的记者或将其视为一种尺度来衡量新闻,或将它作为梦想唤醒激情。一般而言,有新闻专业主义精神的记者会更加认真地对待采编工作,回避有意识的偏见。

五、本章小结

本章借鉴新闻组织研究的成果,从中观层面出发,对报道形式的变化、编辑部运作、消息源控制、新闻从业者的偏向性几方面进行了分析。对媒介偏见在新闻生产制作环境中的各种影响因素进行了描绘,其作用过程态势复杂,同时随着各种政治环境、传媒生态等外部因素的变化而不同。

有两点值得在此说明:首先,尽管新闻产制过程中记者和编辑作为生产者和把关人,有对稿件进行修改处置的权力,但个人影响因素不足以提供偏见发生的全部解释。个人的种族、性别、教育、背景、喜好、经历都可能带来偏向性差异,了解这一点,有助于理解任意媒介偏见的发生。媒介偏见组织内部的结构考察是了解媒介偏见产生的关键,编辑部、消息源、新闻从业人员都构成了研究

① Dominic Lasorsa & Jia Dai. When News Reporters Deceive: The Production of Stereotypes. *Journalism & Mass Communication Quarterly*,2007,84(2):283.

② [美]盖伊·塔奇曼:《做新闻》,麻争旗、刘笑盈译,华夏出版社 2008 年版,第 156 页。

对象,新闻室研究也提供了许多证明材料,这方面的研究值得国内学者继续深入。

其次,对新闻组织的外在作用力无疑广泛存在,统治者正是通过编辑部完成偏见观念的输入。可以确定的是,新闻组织是偏见生成机制的关键机构,是具体的运作和实践部门,但不会是决定性的、根源性的力量。新闻组织发生的偏见或偏向报道难以解释长期的、整体的媒介偏见行为。换句话说,新闻组织层面的理论不足以解释整个偏见系统的存在,新闻组织部门的偏向行为无法让社会整体偏见机制运作起来。

一旦需要分析有预谋的、大规模的媒介偏见现象,仅仅从新闻组织部分去思考,视野显然过于狭窄,问题至此已完全超越这一层面,开始涉及社会结构、政治体制、经济结构等方面,这需要人们将目光放远,从更全局的宏观视角思考媒介偏见现象。

第二编

政治原动力下有机的媒介偏见呈现

编前语

政治在人类生活中有着无可替代的地位,正如政治学家罗伯特·A.达尔(Robert Alan Dahl)所说:"无论一个人是否喜欢,实际上都不能完全置身于某种政治体系之外。一位公民,在一个国家、市镇、学校、教会、商行、工会、俱乐部、政党、公民社团以及许多其他组织的治理部门中,处处都会碰到政治。政治是人类生存的一个无可避免的事实。每个人都在某一时刻以某种方式卷入某种政治体系。"①的确,政治的触角延伸至人们社会生活的方方面面,与人们紧密关联、亲切接触。同时,政治的存在更应被看作是各种体系的综合,它囊括了国家、主权、制度、政体、法规等众多有形或无形的系统,各政治系统间既相互联系,又各自独立。政治借由每一个体系发挥对人的作用和影响,由此形成类似整体包裹性的特质,如同大气层笼罩着地球上生活的人们,作用于人们的每一次呼吸,须臾不可分离。

民众与政治的联系依靠各种传播方式进行,在以口头传播方式为主的社会里,政治不仅重要,而且表现相当活跃:古希腊哲学家苏格拉底和民众一起在雅典体育馆打听战争消息;古罗马政治家西塞罗还是位演说家,经常在广场发表政治演说;时间与此接近的战国时期,中原大地上出现了苏秦、张仪这类集胆识、辩才、才能于一身的纵横家,他们凭借三寸不烂之舌,以合纵和连横游说于各国君主,改变着政治外交局势。随着人类社会进入封建时期,很多大一统帝国虽然未出现专业化的媒体机构,但已建立了覆盖全国的政治传播体系,用以维系帝国有力的政令传达和运作。这种政治讯息传播体系一旦出现问题,帝国离分崩离析之日也就不远了。

人类迈入现代社会之后,伴随着人口密度的增加、城市的迅速扩大,人们对信息的需求量也在不断增加,电子媒体的诞生给了政治传播更高效的选择:从"一战"、"二战"中收音机播放的战况公告和政治宣传,到美国竞选中总统辩论的电视直播,再到新媒体建立的网络话语空间,媒体跨越日常生活和政治生活维度,发挥着对大众的引导作用。大众媒体政治传播的功能不仅体现在政令通达、信息传播等基本任务上,更集中体现于政治态度和观念的控制上,谋求最终达到意识形态的整合与构建的目的。

在思考媒介偏见机制的过程中,政治因素总是特别引人关注,这是由于典

---

① [美]罗伯特·A.达尔:《政治分析:为何?怎样?什么?政治学基础文献选读》,郎友兴、韩志明编选,浙江大学出版社 2008 年版,第 10 页。

型的偏见案例中或多或少总能观察到政治的作用。本编选取了政治对媒体的影响作用为角度开展研究,政治对大众媒介的影响集中体现于政治作为原动力对新闻体制的影响。政治无处不在、无时不有,渗透于新闻传播中,主要体现为对新闻源头的控制。政府部门通过持续不断的新闻发布活动,使自己成为媒介最重要的新闻来源之一,通过操纵媒介引导和控制社会舆论,将媒介作为向公众传达自身观念和主张的工具。

如果我们将媒介偏见作为研究主体来思考,假设偏见存在着某种发生机制的话,究竟是什么力量在推动着它开始运作? 人们都熟悉牛顿被苹果砸中后提出万有引力论的轶事。"近代物理学之父"艾萨克·牛顿(Isaac Newton)在提出能量守恒定律后,便思考这些能量从何而来的。他的经典力学无法解释这一点。后来他在研究行星为什么会围绕太阳运转时,发现除了万有引力外还有一个"切线力",它又是从何而来的呢? 牛顿反复思考后仍无法解释,最终他将目光投向了上帝,认为宇宙间肯定存在上帝的"第一推动力",不然就无法解释这一体系如何开始运转。几个世纪后,爱因斯坦提出的广义相对论是否证明了这个"第一推动力"的存在暂且不论,它属于物理学家们讨论的专业话题。本书关于政治原动力的思路却与牛顿非常接近:机制性的偏见有其存在的机构或体制化的表现,但一切运行都需要一个初始的推动力来真正实现,人们应该从政治方面考虑这一力量,而非文化或经济因素。这是因为文化适于解释偏见在历史长河中的发展,是任意媒介偏见形成的影响因素。歧视性经济制度和媒介偏见发生有着根源性联系,经济的相关分析在后文还将继续,但政治是实现经济体制的保证。换言之,机制性的媒介偏见是通过媒介的传播实现偏见或歧视的正统化,从而维持甚至强化社会利益分配现状。在这层意义上说,媒介偏见正是政治利益推动的一种力量,它通过报道和宣传作用于人们的态度,左右人们的思考观念。媒介偏见更通过与政治当权者合谋,共建意识形态的上层建筑,完成偏见的整体态度整合。在接下去两章将着重讲述这一观点。

本书第二编在此提出一种理解政治的思路:看待和理解政治应同时具备两种目光,一种是将政治定位为系统,有助于我们理解政治与体制、国家、法律等相互间关系,这与传统的普遍认知相符合;另一种是将政治看作各体系的整合和相互作用的力量,正如米歇尔·福柯(Michel Foucault)所表达的,政治"对我们的存在而言,它可能是至关重要的主题,它意味着我们所生活的这个社会,它所发挥作用的经济关系,还有界定我们行为的规范形式,界定常规的可行和不可行的权力体系。毕竟,我们生活的本质是由我们在其中发现自身的这个社会的政治运作构成的"①。它是触发战争的动机、是国家或统治阶层自我利益的维护,获取资源和财富的无尽欲望,是对媒体发生的第一作用力,正是在此意义的基础上,本书选择了政治原动力的表达方式。

在展开论述前,需要对"政治原动力"一词略加解释。作为本书再次出发的重要起点,"原动力"一词的英文表达非常多样,有 motivation,core movitity,the original motivation 等。"原动力"的提法曾经非常流行,但查询数本国内以原动力为名的书籍和文章后,发现此概念在使用上比较随意,缺乏必要的解释,原动力更多只是一种形象化的比喻。从词意来看,本书中的原动力包含了两层意义:首先它是初始力量,是一种作用力。其次,用原动力来说明作用政治的影响力巨大。这种原动力是动力系统,主体或辅助地作用于整个偏见的产生机制。也可以理解为政治原动力是政治内部相关力的综合影响。对媒介偏见整个机制来说,政治原动力既是动机,也是一种显影剂,是它让偏见机制开始运作,也只有在原动力的推动下,整个隐藏的机制才得以显现,给人们分析和研究它的机会。

政治原动力的表达暗含了政治对媒介偏见的巨大作用这一预判。政治是人类社会独有的产物,媒介偏见很多时候是政治力量的产物。在上编中本书研究了编辑部这样的中观层面;将视野放远,下编将从更宏观的角度观察偏见机制的各种作用力关系,研究外部政治影响如何直接干涉报道,使报道发生偏转,甚至形成偏见的。

本编选择从政治传播学角度分析影响偏见机制运行的各种因素,试图揭示政治对媒介偏见的发生作用,此过程通常被认为是隐蔽存在的。以下各章将围绕民族主义情绪、国家意识形态、媒介精英几大问题展开,它们都与有机的媒介偏见有密切联系。民族主义情绪会催生出偏见性质的报道,或是对报道做出偏见的引导,是媒介偏见的导火索和助燃剂。国家意识形态是一种整合作用,像是黏合剂将混乱的思想、偏见态度杂糅在一起,为己所用。媒介精英处于媒体和权力机构间,在政治传播中形成特殊的作用力,是机制性媒介偏见运作的实际力量,媒介偏见事件的报道中常可见他们的身影,以下将对此一一展开分析。

---

① [美]诺阿姆·乔姆斯基、[法]米歇尔·福柯:《乔姆斯基、福柯论辩录》,刘玉红译,漓江出版社 2012 年版,第 54 页。

第五章 民族主义情绪：
触发偏见机制的导火索

民族主义（nationalism）是所有意识形态中最古老的，且无疑是最具致命性的。这一概念在当代政治中的重要性堪称无以复加。在过去两百年中，民族主义是最具威力的政治理念，它对现代社会的每一个人都产生了重大的影响。

——利昂·P.巴拉达特

国际传播领域内，随着媒介偏见事件的发生，激烈的民族主义情绪常常相伴而来。对他民族发表的激愤言辞，网络上非理性的谩骂和抵制，民族主义情绪里总是包含着或多或少的偏见态度。任何建议或口号一旦披上民族主义外衣，对本身具有民族主义倾向的人群就有了特殊的凝聚力甚至是疯狂的煽动力量。本章需要特别指出的是，作为民族主义运动的副产品，民族主义情绪并非总是代表正义或公正，如果没有恰当的引导与控制，民族主义情绪很容易成为重大政治事件的助燃剂，在具体事例中被民族主义情绪点燃的媒介偏见传播，反过来又成为民族主义情绪的有力煽动者。两者究竟如何在传播中发挥主导作用？它们的密切联系代表了什么？这些问题组成了本章思考的重点。

一、民族主义情绪与民族主义

海斯（Carlton J. H. Hayes）从启蒙主义时期民族主义萌芽开始，对哲学层面的民族主义演变进行梳理分析，他将民族主义作为现代文化的重要特征，认为"民族主义不仅仅是一种将来或可实施的理论,而是近日世界的一个推进力"①。在其1931年发表的民族主义的重要著作《现代民族主义演进史》(*The Historical Evolution of Modern Nationalism*)中,对当时民族主义的发展趋势给予了预判,事实确实验证了他的判断。民族主义作为一种政治运动,曾在"二战"后在全球风起云涌,亚非拉等国家纷纷要求脱离殖民体系,迎来了各自的民族独立。近年来民族主义作为独立的运动和思潮开始衰退,但民族主义引发的各种冲突在世界范围内愈演愈烈,大有蔓延之势,有的更结合了恐怖主义的行径,引发世间惨剧,让人惊惶不安。

在这种语境下,海斯过去对民族主义的支持无疑会遇到反对的声浪,最为激烈的批评可能是:民族主义"是一种下贱的和变得没有意义的爱国主义。民族主义与高贵的和健康的爱国主义关系,就像顽固的妄想与正常的信念的关系一样。……由于杂乱的民众激情,它使最简单的问题也成为无法解决的了"②。这种观点指出民族主义与爱国主义的暧昧联系以及民族主义是一种极端的、情绪化的发泄,直接地批评了民族主义的堕落及其带来的负面影响。

其实他们说的未必是同一个"民族主义",在此不妨将民族主义模糊的边界加以划分。民族主义通常可以分为两种:一种是作为思想或是实践的民族主义,还有一种是在国家或民族范围内的民族主义,因与国家的权力实践范畴紧密相关而常被人们与爱国主义相混淆。

大多数情况下,民族主义与国家有着共同的指向,但当两者分裂时,人们的情感倾向开始变得更难以捉摸,比如研究者发现伊拉克战争中的科威特人对美国的态度就颇为有趣。"在一些国家,强大的多数认为,阿拉伯恐怖主义者不应对2001年的'9·11'袭击负责。根据皮尤(Pew)研究中心的调查,93%的美国人认为,阿拉伯恐怖主义者摧毁了世贸中心,而只有11%的科威特人认为,阿拉伯恐怖主义者摧毁了世贸中心(被美国人从萨达姆·侯赛因手中解救出来的科威特公民,则可能同意美国人在这一问题上的看法)。"③这是个有意思的研究案例,人们无法否定9·11袭击事件的真实性,但对谁应对此负责却有认识上的分歧。在1990年8月的海湾战争中,科威特被伊拉克入侵,遭遇灭国的危险。1991年1月美国对科威特和伊拉克境内的伊拉克军队发动军事进攻,帮助科威

① [美]海斯:《现代民族主义演进史》,帕米尔译,华东师范大学出版社2005年版,第227页。
② [法]阿尔贝特·施韦泽:《文化哲学》,陈泽环译,上海人民出版社2008年版,第67—69页。
③ [美]凯斯·R.桑斯坦:《信息乌托邦》,毕竞悦译,法律出版社2008年版,第31页。

特攻打伊拉克,与科威特成为国家战略上的同盟者。当然美国出兵是为了维护自身石油资源和战略利益。虽然一部分科威特的既得利益者赞同美国媒体的观点,但调查发现大多数科威特人对阿拉伯恐怖主义一说持谨慎态度,其原因可在民族和宗教方面得到解释。特殊的宗教和民族情感融成了伊斯兰民族共同体,科威特人与其他海湾地区的阿拉伯人一样,对此拥有深度的心理认同感。借助马克斯·韦伯(Max Weber)对民族共同体的定义,人们就能理解这一现象:"由于身体外貌或者生活习惯相似,或者两者都相似,或者对拓荒和移民的共同记忆等原因,群体成员主观上都相信他们拥有共同的起源。"①因此,尽管美国帮助科威特人赶走了萨达姆的军队,大部分心属伊斯兰世界的科威特人仍不会接受美国媒体对阿拉伯恐怖主义者的描述,因为这意味着对他们自我身份和所属民族团体的否定。

二、媒体与民族主义情绪煽动

媒介属于与国家政权紧密联系的上层建筑,受到国家权力意志的支配。在正常统一的国家形态中,民族主义是保障国家秩序、保持领土完整的重要力量,民族精神激昂能产生巨大社会凝聚力。对近年来频频发生的媒介偏见事件进行观察不难发现,民族主义情绪成为偏见事件触发社会反响的直接推动力。民族主义情绪为何不是更多地带有正面色彩,而是与媒介偏见紧密结合在一起,甚至成为引发偏见的导火索?

原因可以从以下几方面考虑:首先,从媒介社会责任说来看,媒体的社会功能就是监督舆论、观察社会,这包括了对社会情绪的关注、对言论倾向的引导等。民族运动虽已在世界范围内退潮,其伴随的产物——民族主义情绪却经常要寻找释放的渠道,每一次的媒介偏见事件中,民族主义情绪都因其民族色彩和煽动力而成为触发偏见传播的导火索。这种民族主义情绪有时并没有明确的政治诉求,而是由情绪构成表达的主要内容,内在包含了民族认同(个人对群体的归属感)与民族尊严(与群体成功的自我联系),显示出巨大的凝聚力。

从西方媒介的商业化本质来看,寻找轰动煽情题材是保证媒体盈利的原始动机。拉斯韦尔曾经写道:"'报纸的卖点是什么?'北岩子爵的一位前副手这样回答:首选答案是'战争',战争不仅能制造大量新闻,而且制造对新闻的需求。

---

①　转引自[俄]B. A. 季什科夫:《民族政治学论集》,高永久、韩莉译,民族出版社 2008 年版,第 208 页。

人们对战争以及所有相关事物的迷恋是如此根深蒂固,以至于……报纸只能打着'一场大战'的招牌使其发行量攀升。这就解释了为什么新闻界在危机时刻喜欢加重公众的焦虑。"①

过去一两百年间,最重大的新闻几乎都与人类战争紧密相关:"一战"、"二战"、越南战争、朝鲜战争、阿富汗战争……饱含人道主义关怀目光的镜头摄录着残酷的生存与死亡考验、责任与义务的冲突、武器与人性的对比、战争意义的思考、普通人命运的悲喜等,真实地直指人心,打动受众,深受和平环境中受众的关注,战争也因此成为普利策奖、荷兰摄影大赛等世界级新闻奖项中优秀作品的主题来源。

新闻史一直传说美西战争是由媒体推动和炮制出来的,真相如何已不可考。但现在媒体能引发或影响战争的可能性在不断降低,为媒体提供无比丰富的报道资源的大规模战争变得罕见稀缺,媒体开始将目光集中于局部战争或地域冲突。世界变化造成对媒体的挑战,当大规模战争甚至局部的战争亦不可得,冲突就成为媒体的另一种替代性对象。冲突经常肇始于一方对另一方的偏见感受而产生的消极影响。一旦冲突不断升级,就会演变为最高层面的、群体的、大规模的民族主义冲突。

受众在冲突社会里倍感惊恐,这种心态似乎与媒体在不断地相互传染。现代社会中不确定因素太多,学者乌尔西里·贝克(Ulrich Beck)的"风险社会"理论于1986年提出,便因形象指明了人们的社会处境,表达了对混乱世界的切实体验而被广泛传播。实际上大多数使用者并不了解"风险社会"的理论要点。贝克的理论承认人类身处于缺乏安全模式的世界,伴随快速的社会变化步伐,风险社会随之产生,主要含义是指社会进步的阴暗面越来越支配着社会和政治生活,人类面临着威胁其生存的由社会所制造的风险,如工业的自我危害、对自然的毁灭性的破坏、恐怖主义袭击、食品安全事件等,都引发人们的集体不安全感。②

贝克的理论直观含义并不深奥,引发了普遍共鸣。对传媒工作者来说,值得注意的是,当前的风险社会中,媒体的表现没有遵守应有的职责,没有努力释放人们对风险的焦虑,忽视了自身作为社会公器的责任,没能担负起社会情绪

① [美]哈罗德·D.拉斯韦尔:《世界大战中的宣传技巧》,张洁、田青译,展江校,中国人民大学出版社2003年版,第159页。
② 请参阅[德]乌尔里希·贝克:《风险社会》,何博闻译,译林出版社2004年版。贝克的理论与英国著名社会学家安东尼·吉登斯有相通之处,他们都承认西方社会面临的风险,力图在现代与后现代之间找寻其道路。

的减压阀功用，相反地，更多媒体在强调风险、制造恐慌。传播学者道格拉斯·凯尔纳（Douglas Kellner）特别提到本·拉登及各种基地组织利用恐怖景观来推进其议程的，媒体在其中起了不良作用，他甚至认为布什政府是利用恐怖景观推进他们的地缘政府目标。"在一个媒体高度渗透的环境中，成功的政治计划需要有对媒介景观的精心策划与执行。在本书中，笔者认为'9·11'恐怖袭击和布什家族对伊拉克的战争是这个媒介景观中极好的例证。基地组织恐怖分子和两届布什政府都曾利用媒介景观来促进其极具争议性的议程。因此，在恐怖战争时代，政治正日益媒体化，并由壮观的媒介事件的生产和生产者的政治议程所组成。"①这种批评不仅针对短视的、追逐利益的政治和军事行为，更说明媒体是恐怖主义的氧气而非灭火器。

媒体有悖社会责任论的失态做法在现实中屡屡出现，原因之一便是西方媒体的商业化本质，刺激性新闻意味着发行量和受众关注度，这导致媒体对此的追求永无休止。学者邵培仁在对媒体与恐慌文化进行研究后指出："在这些媒介恐慌事件中，究竟当时有多少人因为受到侵害或感染而死亡和患病？事件所涉及的范围到底有多大？其实，最后人们发现，事件导致人员死亡的数量远比当时交通事故中死亡的人数少，而且涉及的范围也不大。但是，当一个地方出现这一事件，或者当一个人因为这一事件死亡的时候，媒体就会立即开足马力进行大张旗鼓的宣传报道，仿佛一夜之间已有成千上万的人死亡和患病，人类的末日即将到来。媒体这种渴望发生大新闻的心理和面对突发事件所暴露出来的兴奋状态，所引发的如果不是大量的恐慌，就是普遍的不安。"②媒体对现实反映的偏颇既来自新闻选题和报道的禁区难以开掘的缺憾，也有媒体思维习惯和模式化报道的因素，更有背后经济和政治的推动力的影响，不过，最根源的还是"唯恐天下不乱"的不良心态。

偏见代表着极端的、排斥的、非理性的态度，它往往唤起人们头脑中的偏激观念，这种疯狂的情绪正与民族主义情绪的非理性合拍。在民族主义浪潮中伴随而来的民族情绪是激进的、有社会进步或改革要求的，而偏见中的民族情绪成分主要是情感的宣泄，没有明确的政治诉求。有学者在提到苏联解体后，东欧国家的民族情绪的升温时，引用当地问题研究专家所说的话："民族激情是这些相对落后

---

① Douglas Kellner. Theorizing September 11: Social Theory, History, and Globalization. *Social Thought & Research*, *Postmodernism*, *Globalization*, *and Politics*, 2002,25(1/2):1-50.

② 邵培仁：《恐怖源于媒体？》，《新闻记者》2007 年第 6 期，第 22 页。

的国家的天然财富"①,将其作为财富的观点无疑是对民族情绪的价值肯定,但这种情绪是极端的、未受节制的,若不有效进行控制和正确引导,将带来危险。

三、民族主义情绪与偏见机制的触发

(一)政府对民族主义情绪的态度差异

民族情绪的负面功能源于其极容易受到政治力量的左右和操纵,变成对他民族的排外或歧视。对民族和民族统一体的认识可以帮助人们理解这一特质,虽然民族的自我意识并不一定以反对立场为基础,与其他民族的意识也不一定相联,但是与异族对抗的形式,往往成为促动民族主义情绪的重要原因。与他者的对抗的确能促进内部力量的凝聚,这一点从心理学角度已得到证明。对国家来说,民族主义情绪是最好的对外抵抗力量。

美国媒体在国内民族主义情绪发生时,经常起着推波助澜的作用,以"李文和间谍案"为例,案情具体情况详见本书第八章。李文和案与19世纪末发生在法国的德雷福斯事件(Affaire Dreyfus)有类似之处,后者现在通常被看作是一起政治事件,事件起于阿尔弗雷德·德雷福斯,一名法国犹太裔军官,被误判为叛国,法国社会因此爆发了严重的冲突和争议。此后经过政治环境的变化和再次重审,事件终于在1906年7月12日获得平反,德雷福斯成为国家反偏见的英雄。有人认为李文和案同样是一则教科书式的样例,反映了政府和媒体联合对付个人的时候,会对个人造成多么巨大的伤害。

可是西方媒体为何选择中伤李文和?政府又为何支持媒体的渲染报道?此中原因在于美国政府和鹰派势力一直信奉"中国阴谋论",他们怀疑中国的军事进步是美国情报泄露导致的,而李文和的特殊职业和华裔背景给了媒体大做文章的材料。大众媒体以此为焦点激发美国其他民众的民族主义情绪,肆无忌惮地伤害华人的种族情感。

有学者结合中国特色,对中国的民族情感走向给予解释:"中国民族主义又缺乏超越世俗的特点,不太具有普世性的视野;最后,与缺乏超越性相关的,中

---

① 彼得·布拉希斯:《上、下、左、右——全球化、空间比喻和国家权力》,见斯坦利·阿罗诺维茨、希瑟·高特内主编:《控诉帝国:21世纪世界秩序中的全球化及其抵抗》,孙德刚译,广西师范大学出版社2004年版,第189页。

国民族主义实用性太强,忽略对人类普世价值的关注。这样中国的民族主义既具有和平和务实的优点,同时又具有短视和忽视价值理念的缺点。此外,中国内忧外患的近现代历史,使中国的民族主义感情天生容易走向偏激,进而容易变得盲目排外。"①这话未必尽然,世界范围内民族主义是有政治目的的运动,而民族主义情绪的本质是偏激和煽动性的。中国的情形也不例外,在几次影响较大的偏见事件报道中人们均可发现民族主义情绪的踪影。

当然,民族主义情绪爆发时一味鼓动并不是好事情,国内媒体经常发挥民众情绪疏导作用,在保持关注的同时,也提出劝告,呼吁大家保持冷静,引用专家的分析帮助人们理性认识。阻止偏见造成更大伤害正是媒体所需要保持的正确态度。这里当然有政府部门态度的影响,对民族情绪控制的分寸拿捏需要精准。而媒介的态度至关重要,保持冷静报道必要而且重要。好在传来的并非全是坏消息,至少国内媒介并非盲目逐利,全无社会责任感,在2008年法国"家乐福事件"和2010年"钓鱼岛事件"中,国内媒体的表现恰当,主要配合政府的政治外交工作,既没有对事件本身避而不报,也没有大肆渲染。国内民众一度反法、反日言辞非常激烈,民族主义情绪上扬,出现号召抵制家乐福、抵制日货等口号,甚至有民众采取损毁他人日系车等违法过激行为,在高涨的民族情绪向暴力转向的趋势下,媒体通过理性的评论和言辞发挥了必要的引导作用。

(二)媒体是否持偏见态度是关键

在媒介与社会运动的研究著作中,最为出名的当数托德·吉特林(Todd Gitlin)的《新左派运动的媒介镜像》。吉特林通过对美国学生的反战运动报道,揭示出媒介的报道框架如何决定政治运动的命运。吉特林的著作收集了大量电视台的节目资料,成功地证明了在一场运动中,媒介可以扮演怎样的角色。吉特林认为:"媒介框架是选择(selection)、强调(emphasis)和表达(presentation)的原则,由很多对存在、发生和发展的事物加以解释的细微理论构成","在很大程度上是不可言说和超越认知的"。② 他深刻展示了新闻框架是得到如何逻辑地"言说"与自觉地"认知"的。在这部媒介社会名著中可以看到盖伊·塔奇曼的"系统性框架"的影响,它令人信服地说明了在政治运动中媒体强大的塑造力。

---

① 李霞、李正:《从民族主义透视围绕3·14事件的中外新闻传播——兼谈中国民族主义转型》,《国际新闻界》2008年第5期,第19页。

② 托德·吉特林:《新左派运动的媒介镜像》,张锐译,胡正荣审校,华夏出版社2007年版,第14页。

民族主义极端排外的形式就是种族主义,全社会被种族主义情绪弥漫时,必然会影响到新闻报道的内容,当其与新闻从业者坚持自我看法发生冲突时,结果常以种族主义者的胜利而告终。[①]

欧洲的传播业近年来笼罩着新种族主义的阴云,《中国新闻周刊》报道了2007年发生在德国的米格尔恩事件,最能说明现在德国以及欧洲的偏见倾向的严重:

> 种族主义和新纳粹都不是新鲜的故事了。不过,当丑陋的袭击再次发生时,还是能够震惊一个国家。8月20日,德国东部小城米格尔恩。在热闹的庆祝舞会上,50个德国青年突然开始追打8个印度人,同时高呼口号"外国人,滚出去"。印度人试图在同胞开的比萨店里躲过一劫,结果却连累了店主和他的车。一群人站在比萨店外,没有人出面制止,甚至没有人打报警电话。警察到来的时候,印度人已经鼻青脸肿,奄奄一息。[②]

随后2008年发生的"张丹红事件"为种族主义事件又增加了一例,它可被视为种族思想对媒体的影响。

> 2008年9月26日,德国之声广播电台中文部副主任张丹红因为"为中国说好话太多"而被停职。张丹红被停职显然带有复杂的政治背景,并反映出德国政治层面利用媒体,压制新闻报道自由,敌视中国的立场。据报道,针对张丹红在媒体上表示"中国在过去的几十年中成功地使4亿人脱贫,说明中国共产党比世界上任何一支政治力量在实践人权宣言第三条方面的贡献都要大"等一系列客观评价中国的言论,德国《焦点》杂志报道称张丹红"向中国共产党献媚",紧接着,德国执政联盟的一名发言人将张丹

---

① 民族主义和种族主义相交缠,对此可以依据著名人类学家本尼迪克特·安德森(Benedict Anderson)的观点理解:"民族主义乃是从历史宿命的角度思考的,而种族主义所梦想的却是从时间开始经由一系列永无止境而令人作呕的交配传递下来的污染——这是发生在历史之外的。"安德森继续解释说:"种族主义的梦想的根源事实上存在于阶级的意识形态,而不是民族的意识形态之中。……整体而言,种族主义和反犹主义并未跨越民族界限,而是在民族界限之内现身的。换言之,它们所欲正当化者,与其说是对外战争,不如说是对内的压迫与统治。"在安德森的观念中,种族主义是负面的、对内的阶级压迫形态,这与民族主义有很大差异,两者联系在于种族主义可能是民族主义带来的负面结果。见[美]本尼迪克特·安德森:《想象的共同体——民族主义的起源与散布》,吴叡人译,上海人民出版社2005年版,第146页。

② 王艳:《种族主义幽灵重返欧洲》,《中国新闻周刊》2007年第35期,第50—51页。

红的发言称为"无与伦比的灾难",并赤裸裸地表示"她的做法表明她不适合在德国之声工作"。①

近年来,德国社会的政治右倾偏见已从这一系列事件中表现出来:德国记者黑尼希因"亲华"报道被德国体育信息通讯社撤职;在2008年北京奥运会前,德国电视一台编造了所谓"中国是兴奋剂大国"的纪录片,无中生有地抹黑中国;再早前,德国《明镜》周刊曾在2007年推出一系列辱华报道,并遭到在德华人的起诉。德国政治气候的变化,令在德国媒体上客观报道中国越来越难,肆无忌惮地造谣和抹黑反而大行其道。直到2013年3月,国内媒体报道"德国之声"选出新台长,原来力挺张丹红的冯海音恢复原职。报道中,有学者指出,这可能会给该台的涉外报道带来新风气,多一些客观报道,少一些偏见。②

种族主义一直是欧洲社会面临的主要问题,"其最初发明是为了奴隶制、殖民主义、种族隔离进行合理化辩护,而今天则是为了阻止迁居和控制从非欧洲国家来的移民"③。任由种族主义发展会盲目排外,割裂社会,制造骚乱,最终成为社会的毒瘤。"如果以最为宽泛的方式定义种族偏见,即断言或相信'其他民族因为和我们不同而比我们低下',种族偏见就表现为种族中心论的态度或其组成部分之一。但是,种族偏见不是种族主义的全部,还远远没有竭尽其内容。"④种族主义是和平社会不安定的威胁,在种族主义伺机潜伏的政治氛围下,保持中立的媒体在右翼分子看来当然就属"左倾"了,整个社会都处在右翼控制下,媒体客观"中立"也就可想而知了。

四、民族主义情绪的群体心理

民族尊严与情绪影响可全然为负面也可为正面:通常意义上,共同的危机感可巩固民族,骄傲偏狭的民族情绪是媒介偏见的罪魁祸首,这种民族情绪需

---

① 新华网:《华人女记者遭德国之声停职事件始末》,http://news,sina,com,cn/c/2008-09-02/081616215883,shtml,2008-12-30,具体内容引用时有改动。

② 青木:《"张丹红事件""亲共"德媒体人复职》,《环球时报》2013年3月9日,第3版。

③ [荷]范·戴克:《精英话语与种族歧视》,齐月娜、陈强译,中国人民大学出版社2011年版,中文版序第1页。

④ [法]皮埃尔-安德烈·塔吉耶夫:《种族主义源流》,高凌瀚译,生活·读书·新知三联书店2005年版,第6页。

要从群体心理学予以分析。群众心理一直是心理学和社会学家研究的重要主体。西奥多·W.阿道诺（Theodor W. Adrono）把群众心理的基本特征概括为：（1）去个性化。（2）强烈的情绪色彩，在很多情况下情绪替代理智。（3）不安于现状，不满于现状，要求进步和改革。① 群众心理在社会运动能发挥群众力量的时候有直观的表露，但在早期的群体心理学中，对这种心理的否定态度更为明显。古斯塔夫·勒庞（Gustave Le Bon）的《乌合之众：大众心理学》是群众心理研究中影响最大的著作之一，从标题便可看出作者对群众心理持否定态度，他坚持强调诱导在社会过程中的作用，他甚至提出假设，认为人性具有"依附本能"，并认为群众在集体行为的时候智力比较低，容易受到煽动和诱导，他以法国大革命时期的群众表现为例，夸大了群众心理的盲目特性，勒庞的观点甚至影响了一部分历史学家对群众运动的评价。

媒介报道中本身所含的偏见，引发的民族主义情绪反弹总是特别引人注目。这种媒介偏见引发的严重后果，是最易观察到的，其中包括国家、民族、团体的纠纷，政治、经济、外交的损失，民族情感总是带有纤细敏感的特质，一旦被偏见侮辱和触怒，爆发出来的能量和波及面是惊人的。

在偏见心理学领域，大多数学者认同偏见具有特殊的情绪化水平，心理学家小奥尔波特操作性地表述了这一点："我们倾向于当一个偏见为相反事物所威胁时变得情绪化。"②偏见者在与其偏见对象接触时，无论是直接还是间接的接触，都会产生消极的情感体验，这是偏见态度的重要情感部分。这种消极情感并非单方存在，情绪研究心理学家发现偏见受害者也常表现出情感上的伤害和受挫感。

媒体在不同民族或种族、族群态度上出现偏向，报道中出现偏见言辞或评论，都会借由大众传播对受众发生直接影响。一旦发生媒介偏见，受害者通常是少数民族、族群或教民，因为他们很少拥有作为大众文化产业的主流媒体，没有自我发声的机会，媒体的话语权和近用权缺失。不可否认的是，他们对不公正偏见报道的反应是最为敏感的，反抗态度也是最为强烈的。从心理学角度说，他们具有较强的内群体凝聚力，同时保持着对外群体态度的高度敏感性。

---

① ［美］西奥多·W.阿道诺等：《权力主义人格》，李维译，浙江教育出版社2002年版，中文版译序第16页。

② 转引自王沛：《现代人的心理迷信——偏执心理现象分析》，湖南教育出版社2000年版，第155页。

五、丹麦漫画事件的损失

近年关乎民族主义情绪的媒介偏见屡见报端实在令人担忧,如美军在伊拉克战场的"虐囚门"事件、美军"亵渎《古兰经》"事件报道后在阿拉伯世界引发一片哗然。伊斯兰民族向来讲究民众团结、教义严谨、生活节律,宗教情感被亵渎让伊斯兰群体民族情绪激荡,难以控制,教民的愤怒情绪被报道和评论一次次点燃,下面以丹麦漫画事件为例进行分析。

2005 年 9 月 30 日丹麦《日德兰邮报》(Jyllands-Posten)刊登了一则标题为《穆罕默德的脸孔》的 12 幅讽刺漫画,有一幅漫画引发的争议最大,成为后来引发民族冲突的直接导火索,画中穆罕默德被描绘为头顶着一个已经点燃引线炸弹的恐怖分子,头巾上还写着伊斯兰教教条。

事态发展证明,穆斯林民众确实感到心目中先知被极大地侮辱(blasphemy),他们对此无比愤怒。"丹麦漫画事件"是一则生动的实例,说明伴随着民族主义在全世界的蔓延,媒介不仅传递出强烈的民族主义情绪,还能反映受侮辱者的情绪反弹,网络的评论言辞充斥着非理性的情绪。伊斯兰民众被亵渎的怒火和强烈的反应是丹麦报纸始料未及的。不过,文化版主编费莱明·罗赛(Flemming Rose)附上的评注无异于火上浇油:

> 有些穆斯林拒绝接受非宗教性的现代化社会,他们坚持自己宗教特殊的感受与生活方式。然而这样的坚持却与民主精神格格不入,而且与言论自由背道而驰。在言论自由底下,我们会随时要准备好去接受嘲讽、侮辱,或是戏谑。许多迹象表明,我们正在接近一条自律的滑梯……有鉴于此,《日德兰邮报》向丹麦插图画家协会约稿,画出心目中的穆罕默德形象。[1]

在这个媒介偏见意识传播的典型案例中,媒介偏见传播的主体是丹麦著名的报纸,这似乎让人颇为惊讶。丹麦近年来民族宗教冲突频繁构成了事件发生的社会背景,结合这一点人们便可理解事件为何发生了。虽然事件以新闻自由表达的面貌呈现,但表现出了对他民族情感的不尊重和对他人宗教教义的随意曲解,更将宗教先知与西方妖魔化的拉登联系起来,加以"污名化",亵渎了伊斯

---

[1]　B. N. Bonde. How 12 Cartoons of the Prophet Mohammed Were Brought to Trigger an International Conflict. *Nordicom Review*,2007,28(1):33-48.

兰的宗教情感。伊斯兰民族的特殊性在于它不局限于某个主要国家范畴内,而是跨越了国界的"一种想象的政治共同体——并且,它是被想象为本质上有限的(limited),同时也享有主权的共同体"①。

西方媒介在此事件中不仅成为偏见观念的传播者,更不光彩地扮演了事件的挑起者,有违新闻的基本职业精神。其宣扬的西方普适性的民主和自由理念因强加于人,完全不被理解和接受。② 丹麦报纸的挑衅姿态更被看作是一种宗教歧视,引发了强烈的抗议活动。据当时报纸报道:

> 至少有17个国家的穆斯林举行了游行示威,有的国家的穆斯林还纵火焚烧丹麦、挪威等国的大使馆,其中在黎巴嫩、阿富汗和索马里等国还因示威者与警察或治安部队发生冲突而造成了人员伤亡;1月26日,沙特阿拉伯召回驻丹麦大使;欧洲商品在中东地区遭到穆斯林的抵制,埃及议会甚至通过一项抵制丹麦商品的决议,据报道,一家有丹麦参与的牛奶公司的产品根本无人问津。伊朗明确表示与丹麦断绝一切贸易关系,从2月7日起停止进口丹麦的商品,两百名伊朗议员发表声明警告丹麦的肇事者应记取英国作家拉什迪的前车之鉴。③

媒介从新闻价值进行选择时,总是会挑选最激愤的、代表着民族主义情绪的言辞,偏见受害国或民族、族群团体同时又利用自身媒介,对新闻报道中的偏见进行解读,借助媒体报道社会情绪引发更大的关注。电视画面中人们愤怒的表情、游行在街头浩荡的队伍、巨大的抗议标志构成反抗偏见的典型报道画面。在国际传播渠道更为双向化的今天,相关偏见报道通过报纸、网络、电视迅速传

---

① [美]本尼迪克特·安德森:《想象的共同体——民族主义的起源与散布》,吴叡人译,上海人民出版社2005年版,第6页。

② 亨廷顿也曾谈及西方与伊斯兰世界的冲突问题,他引用派普斯的观点来检视伊斯兰社会在实现现代化方面存在困难这一普遍认识。"这来自伊斯兰教与经济事务方面的现代性在诸如利润、禁食、遗产法和妇女参加工作等方面冲突。然而他也赞同地引用了马克辛·罗丁森的话:'没有任何令人信服的证据说明穆斯林宗教曾阻碍穆斯林社会沿着通向现代资本主义的道路发展'……他认为伊斯兰教与现代化并不冲突。"亨廷顿同意派普斯的观点,并指出更为重要的是,现代化并不一定意味着西方化,非西方社会在没有放弃它们自己的文化和全盘采用西方价值、体制和实践的前提下,能够实现并已经实现了现代化。见[美]塞缪尔·亨廷顿:《文明的冲突与世界秩序的重建》,周琪等译,新华出版社2002年版,第70页。亨廷顿的观点可以代表西方对文化冲突问题理性一派的态度。

③ 春秋:《丹麦漫画事件与"文明冲突论"》,《环球视野》2006年2月21日。

播至偏见行为各国,被以不同的方式解读。西方媒体面对偏见受害国家或宗教的激烈反应却又无法理解,伴随而来的是再次偏见报道,他们对情绪的渲染只会更加点燃偏见受害者的愤怒。①

　　媒介确实具备社会情绪宣泄"安全阀"的功能,但一味追踪民族主义引发的偏见事件对民族主义情绪发泄并不可取。本国或本民族偏见或歧视受害者的情绪伤害一旦被媒介"放大",加上民族、宗教等特殊的高度认同团体效应,会在偏见受害者那里激起强大共鸣。难以把握的民族情绪选择在媒体前爆发的后果是让场面扩大、难以收拾。

　　偏见事件的大肆报道同时隐藏着另一种后果,即伴随着民族主义情绪的高涨,反向偏见随之而来。反向偏见并不是由偏见受害者主动发起的,而是因偏见持有者不友好的偏见态度或行为引发的同样敌意。但反向偏见仍然属于偏见,会对民族情绪、经济生产、社会心理带来诸多负面影响。反向偏见意味着新的偏见产生,偏见与反向偏见相持,最终形成更多的冲突对立。在报道民族冲突事件时,媒介一味地渲染事件的严重性,或是煽动引发民族情绪,只会将事件的严重程度加深。遗憾的是大多数媒体在类似境况下经常扮演火上浇油的不光彩角色。

　　在"丹麦漫画事件"中可见,一旦受害国或群体的情感或尊严受到伤害后,反向偏见或反向歧视的经济行为常常发生,受害国或种族群体往往借助经济外交等方式进行报复。历史上当美国通过排华法案后,清政府统治下的中国各地同样发生了严重的排美行为,包括焚烧美国国旗和美国货、义和团杀害洋人的疯狂排外行径等。这种针锋相对的举动完全无益于事件的解决,反而造成两败俱伤。有学者在进行少数族群的歧视分析后特别指出:"少数族群会对多数族群采取'回敬'的行为,在实际中可能会使多数族群蒙受经济上的损失,如少数进入少数族群的资本将会受到排斥,但是,相对而言损失更大的还是少数族群自身。……尽管报复式的'歧视'会使少数族群在心理上得到相对满足,但是由于他们内部资源的分布通常比不上多数族群来得均衡,所以,心理满足的代价是经济上的损失。"②对于媒介偏见带来的经济损失,在本书第八章《有机的媒介偏见的经济分析》中还将继续探讨。

---

　　①　在本书即将出版之时,2015 年 1 月法国讽刺漫画杂志《查理周刊》,又译为《沙利尔周刊》(Charlie Hebdo)遭到恐怖袭击,"基地"组织宣称对此事负责。该杂志作风大胆,曾以先知穆罕默德作为讽刺对象。这一事件人们多从反恐怖主义角度予以谴责,联系本章探讨的复杂的民族情绪和宗教尊严,人们也许能更深入地理解此类事件的发生原因。

　　②　张继焦:《少数族群是数量上的少数,更是一个经济上的少数——对族群"歧视"关系的解释》,《广西民族研究》2000 年第 2 期,第 32 页。

六、本章小结

本书研究至此,人们不难发现偏见观念既是历史的产物,又是最新社会事件的直接结果,更与民族主义情绪紧密相联。民族主义情绪是民族主义运动的副产品,民族主义的煽动性、非理性都使它成为非常适合的偏见刺激诱因,一旦发生作用,便产生系列反应,让媒介发生态度偏斜,推动媒体偏见机制开始运作。从案例来看,媒体对民族主义情绪有明显的鼓动作用。在民族主义运动和社会冲突报道中,媒体究竟该扮演何种角色,是煽动、渲染还是冷静、理性? 对媒体来说,答案是显然的:保持理性态度是媒体的社会责任使然,也有利于国家和社会的媒介生态的改善。

从"丹麦漫画事件"分析伊斯兰民族作为偏见受害者的损失,是案例研究中值得思考的另一方向。如果有学者能结合伊斯兰教徒在丹麦等北欧国家的移民情况进行详细调研,相信会对事件本身及其发生的社会根源都有更深入的了解。

传来的也并非全是坏消息,以多元文化著称的国家在解决各民族的偏见问题上的成功做法值得借鉴。这些国家制定了政策和法规,以防止民族偏见在媒体上的散播,并且对媒体工作加以限定。德国《新闻业准则》(Press Code)中提及应尊重隐私和个人空间,尊重人们的宗教信仰和团体的规则,禁止种族歧视、民族歧视和宗教歧视。BBC 在其《节目制作者指南:BBC 的准则和标准》中提及全面、公平地对待各界人士和各种文化。[①] 各国偏见具体情形不同,限制内容也有所变化。偏见心理学家贝斯黑莱姆曾就英国社会面对的族群偏见的问题指出:"由于大众传播工具具有广泛的影响,因此它们特别值得一提,尽管使用大众传播工具减少偏见和不友好的态度只是它们改变社会气候和进行教育的副产品。大众传播工具可以造成这样一种气候,在这种气候中,各种族的人在一起生活和工作是正常的事。"[②]

---

① 张咏华、黄挽澜、魏永征:《新闻传媒业的他律与自律》,上海外语教育出版社 2007 年版,第 246、309 页。

② [英]道格拉斯·W. 贝斯黑莱姆:《偏见心理学》,邹海燕、郑佳明译,湖南人民出版社 1989 年版,第 257 页。

第六章　国家意识形态：
有机的媒介偏见的整合者

意识形态研究的独特性在于后面的问题：它呼吁我们询问象征形式所建构和传达的意义是否服务于或不服务于维持系统的不对称的权力关系。它号召我们根据某种情况来研究象征形式：根据运用或配置这些象征形式在某些具体情况下可能有助于产生、培育、支持和重建的结构化社会关系。

——约翰·B.汤普森：《意识形态与现代文化》

有机体原是生物学概念，用以代指各种附属于整体的组织肌体的关系和作用，现在已经被多学科借用，成为社会学、经济学的常见比喻，用以描述社会结构部门的运作体系。有机的媒介偏见在本书第二章曾重点提及，它与任意的媒介偏见组成了分析媒介偏见时所使用的一对概念。本章将围绕有机的媒介偏见探讨媒介偏见的运行机制。

通常情形下，偏见不会成为媒体的传播内容和主要产品，大多数偏见以社会观念的少量投射形式存在，最多只能算传播的副产品。一旦偏见成为社会公开宣扬的内容，就会影响社会所进行的经济生产、资源配置和权力运作。政府有责任保证整个社会平和有序地运转，绝不会对偏见传播放任不理。但纵观人类历史发展过程，在某些特殊情形或状态下，偏见确实成为某种社会心理和结构的主要支持，比如通过排斥某特殊群体而建立的社会秩序。那么，机制性媒介偏见通过何种方式影响受众？这种大规模的、整体性的偏见或偏向性何以成为可能？这里所涉及的意识形态及其功能成为本章要深入探讨的对象。

一、意识形态的概念

意识形态（ideology）总是给人以深奥难解的印象，对学者们来说，意识形态也被认为是难以定义的。^① 即便如此，人们对意识形态的理解变化仍有迹可循，值得追溯。意识形态术语一般认为是由法国大革命时期的思想家德斯图·德·特拉西（Destutt de Tracy）提出的，这一概念的法文原意是"观念学"或"观念论"，特指在理性的基础上，通过实践，使一种观念系统能够解释世界和改造世界，从而造福人类。^② 概念本身富含哲学意味，同时也强调了其社会功用。意识形态的内涵此后不断发生各种偏移，学者们的考察角度也发生了转换。马克思与恩格斯在《德意志意识形态》中曾从实践角度对意识形态予以充分探讨，目的是批判黑格尔唯心主义和费尔巴哈人本主义，指出社会存在决定社会意识，物质实践是社会历史发展及社会意识诸形式产生、发展的动力。^③《德意志意识形态》这部著作带来的直接影响是，即使到了现在，提及意识形态人们都将其与马克思的政治体系紧密相连，包括其与政党体制、政治阶层的结合，阶级和国家被认为是意识形态最有力的推动者。西方马克思主义者结合了新的社会发展，丰富了意识形态的论述：卢卡奇的意识形态"物化说"，葛兰西的意识形态"霸权论"以及霍尔的"文化说"，都将意识形态的领地不断地扩充，形成目前这幅相互牵涉交织的复杂理论地图。

在理论家的眼中，意识形态的褒贬时有差异，在最早提及意识形态的特拉西的概念中，意识形态无疑是褒义的。"特拉西拒绝了天赋人权观念的思想，解释我们所有的观念如何以身体感觉为基础。而摆脱宗教或形而上学的偏见，对思想的起源进行理性的研究，这可能是建立一个正义和幸福社会的基础……因而，在它的最初意义上，意识形态这个概念是积极的、进步的。"^④对于拿破仑对

---

① 请参阅［英］大卫·麦克里兰：《意识形态》，孔兆政、蒋龙翔译，吉林人民出版社 2005 年版，第 1 页；［英］约翰·B.汤普森：《意识形态与现代文化》，高铦译，译林出版社 2005 年版，第 5 页。

② ［英］大卫·麦克里兰：《意识形态》，孔兆政、蒋龙翔译，吉林人民出版社 2005 年版，第 7 页。

③ ［德］马克思、恩格斯：《马克思恩格斯选集》（第一卷），中共中央马恩著作编译局译，人民出版社 2012 年版，第 141—215 页。

④ ［英］大卫·麦克里兰：《意识形态》，孔兆政、蒋龙翔译，吉林人民出版社 2005 年版，第 7—8 页。

意识形态的负面影响,在恩格尔的著作中有较为详细的说明:拿破仑恐惧自由主义的知识分子向其为教会所支持的专制主义挑战,抨击他们为意识形态家,并且谴责他们的共和思想与反宗教观念为意识形态的"黑暗玄学"(dark metaphysics)。恩格尔指出:意识形态"既指抽象与空想的激进思考,亦指错误而设计来欺骗与迷惑世人的观念,一直持续至今"①。

出于将意识形态的不同解释整合的目的,雷蒙德·盖斯(Raymond Geuss)提出了他的意识形态三类型分法,即描述性意义(中性)、积极性意义(褒义)与批判性意义(贬义)上的意识形态。② 约翰·B. 汤普森(John B. Thompson)则认为意识形态是具有负面意义的概念,他接纳了盖斯的"中性概念"和"批判性概念"的区分,并进一步加以说明,所谓"中性概念"是"根据这个概念,意识形态可以视为有关社会行动或政治实践的'思想体系''信仰体系'或'象征体系'"③,而"批判性概念"则指"保留了意识形态概念在其大部分历史中带有的负面含义并把意识形态分析同批判的问题结合起来"④。

汗牛充栋的意识形态文献让人们难以下手,巴拉达特(Leon P. Baradat)的《意识形态起源和影响》可算得上一本合格的指南,它有助于加深人们对意识形态的基本认识。作者罗列了当代政治家包括了沃特金斯(Frederick Watkins)、英格索(David Ingersoll)、萨金特(L. T. Sargent)、鲍尔(Terrence Ball)等人对意识形态的观点。在清理各家观点的过程中,巴拉达特总结了意识形态的五个特征:第一,意识形态是个政治术语;第二,意识形态包含了对现状的看法以及对未来的憧憬,或者说它提供了希望;第三,意识形态是行动导向的;第四,意识形态是群众导向的;第五,意识形态通常以一般人所能理解的简单词语来陈述。全书用这一标准检视了《美国独立宣言》和《共产党宣言》,认为这是同一种意识形态的陈述。⑤ 从全书的布局和论述可见,巴拉达特同样肯定了意识形态具有强烈的功能性,且有煽动性和行动导向。他在论述中已经说明了意识形态整合众人意识的具体方式:通过描绘愿景构筑共同意识,达到引导群众行动的目的。这一点有助于人们理解媒介偏见对意识形态的特殊整合并予以传播的功能。

---

① [德]恩格尔:《意识形态与现代政治》,张明贵译,桂冠图书股份有限公司 1981 年版,第 3—4 页。

② Raymond Geuss. *The Idea of a Critical Theory*: *Habermas and the Frankfurt School*. Cambridge: Cambridge University Press,1981:20-23.

③ [英]约翰·B. 汤普森:《意识形态与现代文化》,高铦译,译林出版社 2005 年版,第 6 页。

④ [英]约翰·B. 汤普森:《意识形态与现代文化》,高铦译,译林出版社 2005 年版,第 7 页。

⑤ [美]利昂·P. 巴拉达特:《意识形态起源和影响》(第十版),张慧芝等译,世界图书出版公司 2010 年版,第 9—10 页。

汤普森补充了意识形态与权力关系的论述,他指出:"我认为意识形态的概念可以用来指特殊情况下意义服务于建立并支持系统的不对称的权力关系的方式——这种权力关系我称之为'统治关系'。就广义而言,意识形态就是服务于权力的意义。"①汤普森强调意识形态本质上是服从权力的,受着权力推动的,他指出意识形态的功能属性中最为重要的是服务性,或者用服从性解释也是非常恰当的。

本章将从意识形态与国家权力和媒体三者关系入手开始分析,思考国家意识形态作用于媒介偏见的方式和途径,具体问题包括:意识形态与群众的关系,意识形态的功用以及它如何被用于传播偏见而不被觉察,具体问题主要考察国家意识形态对媒介的控制及其在控制中灌输符合其利益的偏见过程。

二、作为"意识形态的国家机器"的媒介

卡尔·曼海姆(Karl Mannheim)区分了"具体的意识形态"和"整体的意识形态",他强调后者的重要性,认为"解决问题的关键是整体意识形态,因为只有它才能揭示出一个时代或一定团体的思维结构,一个社会的主体的认识态度是怎样形成的"。整体的意识形态确实存在,而且反映着人们的认知,但曼海姆的研究重点落在了"意识形态"和"乌托邦"的分析上,他考查了意识形态的变化,最终指向了意识形态的不可靠性。"意识形态的特定概念指的是一种错误区间,它本质上是心理性的,它是非故意的,不同于故意的欺骗,它是一定的因果性因素的不可避免的、无意识的产物"②,他在此指出培根的假象理论是意识形态概念的前身,他认为两者的联系在于它们都意味着错误之源,"但却不能认为这一点和现代意识形态概念之间,存在着可以凭思想史而直接追溯到的、事实上的联系"③。

西方马克思主义对意识形态的分析将经济利益作为切入点,以批判精神看待国家机器对意识形态的操纵性,认为媒体是服务于统治集团的。但在如何看待意识形态这一问题上显示出分歧:究竟该把意识形态看作是一种精神现象,放入社会结构中理解,还是应将其作为一种整体性的社会存在来认识,答案不尽相同。媒介本身在阿尔都塞(Louis Althusser)的观念体系中有明晰的描绘,

---

① [英]约翰·B.汤普森:《意识形态与现代文化》,高铦译,译林出版社2005年版,第7页。
② [德]卡尔·曼海姆:《意识形态与乌托邦》,姚仁权译,九州出版社2007年版,第125页。
③ [德]卡尔·曼海姆:《意识形态与乌托邦》,姚仁权译,九州出版社2007年版,第127页。

阿尔都塞通过"压制性国家机器"（repressive state apparatuses，常被简称为 RSA）和"意识形态国家机器"（ideological state apparatuses，常被简称为 ISA）的区分将意识形态看作一种半物质（quasi-material）的存在，而非纯粹的心灵产物。这不同于以往研究者将意识形态作为一种先于个体存在的文化客体，或是表现为一种思想或者是无意识的看法。人们普遍认为阿尔都塞的"意识形态的国家机器"不等同于国家，而是一系列非政治的单位，如家庭、教育制度、宗教、工会、通信、文化机器的总和。"压制性国家机器"则包括军队、警察、法律等。它们有相对自主性：政治、经济与意识形态各自占有决定性因素，又同时享有某种程度的自主性。[①] 阿尔都塞指出："（强制性的）国家机器大规模、普遍地通过强制（包括物质上的强制）起作用，而间接地通过意识形态起作用的事实。……对于意识形态国家机器来说，它们大规模、普遍地通过意识形态起作用，但也间接地通过强制起作用。"[②]阿尔都塞的理论在媒介研究方面有启示意义，从其理论出发可以推论媒介是特殊的"意识形态的国家机器"，是非政治性、非压制性的文化机器的组成部分。也就是说，媒介既包含了媒介的实体和传播的内容产品这样的物质，也包含了丰富的意识形态内容。正因为媒体在统治的意识形态底下运作，会帮助形成"统治阶级"的意识形态，意识形态的国家机器功能在于保证统治阶级在意识形态方面获得统治性的优势，成为统治手段，达到巩固的目的。

斯图亚特·霍尔（Stuart Hall）积极肯定了阿尔都塞对意识形态概念重新阐释的贡献，并分析了他与马克思理论的断裂处，认为阿尔都塞对意识形态的重新分析是对马克思主义的新的开辟。[③] 马克思曾有过著名的"虚假意识"的论述，"虚假意识"（false ideas or false consciousness）认为不同的人由于在经济生产中所处的不同位置，会形成不同的观念——既包括真实观念又包括虚假观念，意识形态是特定的社会阶级为了最大限度维护自己的利益而扭曲真实现实关系的结果，它很有可能与真实或科学知识相违背。马克思对"虚假意识"的态度是否定的，认为它是虚假的、靠不住的，但同时又反映出统治者和现存社会的状态。马克思的著名陈述是："人们在自己生活的社会生产中发生一定的、必然

---

① 李岩：《媒介批评：立场、范畴、命题、方式》，浙江大学出版社 2005 年版，第 46 页。

② ［法］路易·阿尔都塞：《意识形态与意识形态国家机器（一项研究的笔记）》，见斯拉沃热·齐泽克，泰奥德·阿多尔诺等：《图绘意识形态》，方杰译，南京大学出版社 2002 年版，第 147 页。

③ Stuart Hall. Signification, Representation, Ideology: Althusser and the Post-structuralist Debates. *Citical Studies in Mass Communication*,1985,2(2):91-114.

的、不以他们的意志为转移的关系,即同他们的物质生产力的一定发展阶段相适应的生产关系。这些生产关系的总和构成社会的经济结构,即有法律和政治的上层建筑竖立其上并有一定的社会意识形式与之相适应的现实基础。"①是马克思将意识形态与阶级紧密地结合在一起,正是他的论述,让意识形态这一概念有了极高的关注度,其"虚假意识"延伸了以往意识形态的思考,说明意识形态并非一定是真理,偏见也可能成为意识形态的重要组成部分,只要这对统治阶层有利。

经过前面对意识形态重要观点的梳理后,归纳本章对意识形态的基本态度,包含以下几点:

第一,承认媒体是"意识形态国家机器"的有机组成。它既是传播工具义是传播的思想内容。对此本书继承了阿尔都塞对媒体的"意识形态国家机器"(ISA)的整体观念。阿尔都塞和布尔迪厄为代表的西方学者都认识到了家庭和学校的作用,并将他们认作是意识形态国家机器的重要物质依托。阿尔都塞论述重点在学校教育,对传媒的作用也有所提及,但论述并不丰富,他的生活背景和学术兴趣没有将他指引到对媒体的意识形态作用的关注。"意识形态是别人的思想,是除了自己以外某人的思想。"②理解此话便会了解媒体的作用在于实现将统治者意识形态移植入大众的头脑,完成意识形态的对接与整合,对媒介的此项重要功能人们应予以关注。

第二,媒介偏见与意识形态相通之处在于两者都代表着态度,媒介偏见的态度通常是否定的、武断的,意识形态则囊括了支持、赞许、宣扬和否定、批评、贬斥等多种形态。文化学者约翰·费斯克(John Fiske)曾指出,意识形态对心理学家而言,指一个人的态度能整合为一致性的模式,他提及布拉克·瑞德形象的说法:意识形态是态度的家。费斯克提到少数心理学家的看法是意识形态仍然是由社会所决定,而不是由个人的一套态度和经验来决定。③ 意识形态与态度之间的密切联系是值得注意的。

第三,意识形态被视为包围受众的整体意识,是一种包围的、整体性的观念体系,它潜在地影响人们的思想和行动。这并非是将以往意识形态神秘化倾向扩大,而是由于日常生活中的意识形态渗透很难觉察,统治阶层的思想往往内

---

① 　[德]马克思、恩格斯:《马克思恩格斯选集》(第一卷),中共中央马克思恩格斯列宁斯大林著作编译局编译,人民出版社1972年版,第82—83页。

② 　[英]约翰·B.汤普森:《意识形态与现代文化》,高铦译,译林出版社2005年版,第5页。

③ 　[美]约翰·费斯克:《传播符号学理论》,张锦华等译,台湾远流出版公司2007年版,第218—219页。

化到意识形态中,以统一的声音直接影响观众对事件的判断和态度。

第四,受众头脑中存在着自我小意识形态体系。心理学家们认为每个人存在一个意识形态系统,用以整合个人的态度。国家和社会代表的整体意识形态包含了价值判断和态度倾向,要求人们在其影响下接纳观念,并融入自身的态度体系中。受众头脑中也有小意识形态体系,其与大意识形态体系的对接是值得注意的环节,这也是理解意识形态接纳过程的形象化表述。

三、意识形态对偏见态度的整合作用

意识形态如何整合对媒介偏见分析有重大意义。为何有时候明显的偏见能最大程度地传播而不被质疑,仅依靠意识形态的渗透或包裹特性来解释显得过于苍白。在人类历史上,意识形态被用作贯彻统治者的意图、欺瞒群众的工具的时代多不胜数。偏见融合在意识形态中,作为"虚假存在"的意识形态,是由"意识形态国家机器"的组成媒介进行传播的,受到意识形态的影响,媒介作为影响人类思想的重要介质,在意识形态的贯彻中始终发挥作用。它不应被简单看作是"传声筒",更是再造、整合传播意识形态的重要组织,具有强大的意识形态整合力量,这种力量一旦被用作偏见观念载体时,大规模的媒介偏见就开始传播了。

讨论国家利用意识形态传播偏见意识前,对意识形态的本质继续深入探究是有必要的。阿尔都塞指出,"虽然意识形态国家机器是在压制性国家机器的护卫下进行生产关系的再制(reproduction),但每一种意识形态国家机器仍采取其特有的方式来达成相同的再制效果"[1]。在这种再制的过程中,原有的不平等的社会关系被一再地再制,每一种意识形态也都化为实践活动。

社会的不平等在媒介再现中突出地表现为统治者对媒介使用权的霸占和话语权的独占,而低阶层的媒介使用和呈现都表现量少和不均的态势。每日新闻中被挑选和剪裁过的国际新闻,新闻事件的呈现,影视产品中的多族群社会的聚集情况,日常生活的形态,都可视为不平等的社会关系的媒体再现,它们在实践中再制了意识形态中的生产关系。

身处当代的吉特林指出,资本越密集,企业集中程度越高,媒体工作者的意

---

[1] 转引自张锦华:《传播批判理论》,台北黎明文化事业公司2002年版,第108页。

识形态越僵化就越倾向霸权,媒体工作者与主控权力结构密切相关。① "传媒研究与意识形态在社会中的影响是紧密相连的。意识形态指的是理念对人们的信仰和行为的影响。这一概念在传媒研究和社会学的其他领域得到了广泛运用……"② 当代传播领域的批判研究借用意识形态进行了大量的分析工作,重点放在了新闻从业者意识形态的研究中。格拉斯哥媒介组探讨了 20 世纪 70 年代后期对产业冲突报道的偏见。他们提出,新闻重演了具有连贯性的中产阶级的意识形态。因而,新闻不是中立和客观的,也不是公正和无偏见的报道,而是有赖与某些特定的阶级有联系的设想。从西方电视节目产品输出中探讨意识形态对他国的影响是常见研究主题。③ 格拉斯哥媒介组的研究分析了电视新闻报道中的意识形态问题,他们指出新闻报道倾向于损害罢工者的利益,这不仅包括新闻,还包括各种内容及类型的电视节目。另外,工人阶级的意见被排除在大众传播媒介之外。这三种关于产业新闻偏见性的观念,结合在一起衍生出一种强大的意识形态,歪曲现实,研究组再次肯定占统治地位的各种社会关系并排斥各种异己之见。格拉斯哥媒介组的观点是困于新闻工作实践的中产阶级的世界观,保证了权力不对称关系在意识形态方面的再生产,对此史蒂文森并不赞成,他予以分析批判,认为这过于强调新闻记者社会背景的重要性,迷失了对专业实践具体性问题的探讨,并且忽略了明显表现与各精英集团的在意识形态方面的分裂与冲突。④

这场学术批评中值得思考的要点是:首先,记者是否来自同一社会阶层? 其次,他们是否共享同一意识形态? 最后,意识形态中是否存在分裂?

媒介以夸张和羡慕的方式追逐着名人和大亨的生活,沾沾自喜、事无巨细的报道引发人们的关注和谈资,事实上正显示出贫富差距的拉大,媒介将目光集中在所谓社会阶层的顶端,对贫困的底层缺乏关注。这不应该被简单地理解为嫌贫爱富,而是社会不平等关系的直接体现。权力所有者对媒体的接近和使

---

① [美]托德·吉特林:《新左派运动的媒介镜像》,张锐译,胡正荣校,华夏出版社 2007 年版,第 193—202 页。

② [英]安东尼·吉登斯:《社会学》(第四版),赵旭东等译,北京大学出版社 2004 年版,第 588 页。

③ 电视是日常生活中伴随人们时间最长的媒介,其灌输教化作用显著,对电视和意识形态的联系和论述相当丰富。请参阅:罗伯特·艾伦主编:《重组话语频道:电视与当代批评理论》(第二版),北京大学出版社 2007 年版;[美]劳拉·斯·蒙福德:《午后的爱情与意识形态:肥皂剧、女人和电视剧种》,林鹤译,中央编译出版社 2004 年版。

④ [英]尼克·史蒂文森:《认识媒介文化——社会理论与大众传播》,王文斌译,商务印书馆 2003 年版,第 47—48 页。

用必然更为方便，若用媒体使用权来衡量社会力量的对比会呈现力量大小的差异，那么这其中反映出的偏见表现实质就是对社会关系的再制。[①] 从这一层意义上理解，媒介偏见的表现就体现在这种必然的不均衡报道中，是通过媒介偏见体现出的社会不平等本质。正如前文提及的，媒体与媒体工作者同属于上层社会的意识形态构成，媒体工作者与上层权力接触紧密，他们并不属于社会底层，更有一部分属于媒介精英阶层，拥有媒体使用权，有较大的社会影响，对此在第七章将展开论述。

那么，意识形态是否会分裂呢？这句话换成意识形态是否存在裂隙，可能是更恰切的表达。詹姆斯·罗尔是这样表述的："意识形态并不必要以历史或经验的可以验证的事实为基础。意识形态组织或紧密或松散，有些复杂但结构严谨，而有些则是碎片式的。有些意识形态的经验教训是暂时的，而有些则是经得住考验的。"[②]换句话说，意识形态有紧密之处，也有松散的连接，裂隙当然会存在。

下面这则事例正是说明一个媒体记者如何造成了这种意识形态的裂隙。著名战地记者阿内特被 NBC 解雇的新闻通过美联社向世界播发，令世人震惊，我国《参考消息》报在第二天第 6 版以"战地采访言语贾祸：美国知名记者阿内特另择栖枝"为题转发。这一事例说明西方媒体对不同意识形态色彩的所谓偏见报道的容忍性并不高。

NBC 今天解雇了记者彼得·阿内特，说他接受了伊拉克国家控制的电视台记者的采访是错误的。阿内特在接受采访时说，由于伊拉克的抵抗，美国领导的联军关于战争的初步计划已经落空。

NBC 昨天还在为阿内特辩护，说他接受采访完全是出于职业礼貌；但是，14 小时后，NBC 就改变了态度并在其新闻中说总裁尼尔·夏皮多（Neal Shapiro）与阿内特谈话之后发表声明，称公司将不再与阿内特合作。

NBC 的女发言人艾森·戈勒斯特说："在战争时期阿内特接受国家控

---

① 对这种观点有另一种声音，斯蒂芬逊与关尼在研究新闻偏见时就已指出，若从读者立场去衡量，可能"偏见就是不正确"的说法已经不管用了。他们认为，在选举中，所谓的新闻偏见是有系统地对某个候选人、某党、政争的某一方，长时间地给予差别待遇。也就是说，在意见市场中，偏见是未能同等地对待所有的声音。不过，媒介若是同等对待所有竞争者，勉强给予他们同等版面、时段和内容，则又会招致批评，指责媒介扭曲了实际上存在的差异——这又是另一种的偏见。转引自彭家发：《新闻客观性原理》，台北三民书局 1994 年版，第 163 页。

② ［美］詹姆斯·罗尔：《媒介、传播、文化——一个全球性的途径》，董洪川译，商务印书馆 2005 年版，第 19 页。

制的电视台记者的采访是错误的,而且,在采访中谈论个人观点和意见也是错误的。"

阿内特抱怨说:"右翼媒体和政客不放过任何给记者找茬的机会。"他在自己的博客里声称"战争并不存在","他们故意让我犯的判断错误",他还写道"我不会停止对战争真相的报道"①。

战争时期国家利益至上,当新闻专业主义精神与战时倾向性相互抵触时,记者应该恪守公民的原则,与政府保持统一口径。阿内特被解雇在 NBC 解释是阿内特   时失误,在阿内特看来是被人陷害了。但抨击华盛顿新闻界没落的女记者海伦·托马斯作为旁观者,提供了一些解释则丰富了事件本身。海伦承认阿内特是出色的战争记者,也提到了他先后被美国有线电视新闻网、国家广播公司、微软全国广播解雇的遭遇。她认为阿内特屡屡被主流媒体放逐,主要原因在于"他不像小布什时代的很多记者,先把事实加以修饰才报道出来。作为一个记者,他长期以来追求的目标就是把自己看到的真相说出来。显然这是电视台那些惊恐万状的老板所不能接受的"②。

阿内特是社会整体意识形态的破坏者,他让观众们看到了西方媒体及其奉行的意识形态的裂隙,并加剧了这种裂痕的扩大。因而即使他有才能,也不可能再得到媒体的重用,这一事例也可作为政府控制和新闻自由有限性的诠释,它触及美国政府控制媒体的本质。国内学者将阿内特的案例与从战争报道中媒介的全球化无法消弭民族主义结合论述,③似乎有点过于牵强。如果涉及全球化和民族主义的问题,那又是另外一个概念的阐述,并不是新闻专业主义所能概括的。

四、采编框架:意识形态的技术层面

学者们不仅承认,而且使用不同的理论对意识形态在采编环节的渗透给予了解释,框架理论是其中最具有理论阐释力的。"框架"概念由戈夫曼(Goffman)提

---

① 译自 Jim Rutenberg. A Nation at War: The NBC Correspondent; Arnett Is Dismissed by NBC after Remarks on Iraqi TV, http://www.nytimes.com,2003-04-01.

② 海伦·托马斯:《民主的看门狗》,夏蓓、蒂娜译,南方日报出版社 2009 年版,第 152 页。

③ 请参阅陈一:《美国战争报道中缺失的新闻专业主义——从阿内特被解雇说起》,《新闻与传播研究》2003 年第 3 期,第 86 页。

出，原为符号交往论中的术语，他认为"框架"有助于对社会交往活动进行定位、感知、认识和分类。著名学者托德·吉特林(Gitlin)在《新左派运动的媒介镜像》中将框架理论正式运用于媒介分析中，认为大众媒介不仅仅报道新闻，更将新闻组织到已有框架中。新闻框架理论的基本内容是传媒的选择性和取景性的观点决定了媒体必然带有对事实的取舍。新闻记者在报道的过程中，通过这种报道手段，带有一定主观性构建一个社会"真实"，这就是新闻记者提供给受众的"框架"。他认为选择带来倾向性，吉特林对框架是否带来偏见并没有过多思考，而是将其作为新闻采编的必然过程接受。吉特林用形象化的比喻说明这一点："媒体是移动的聚光灯，而不是被动地反映社会的一面镜子，选择是他们活动的工具。一篇新闻报道采用某一形式，但对内容有所抛弃或者不予重视，这是不足取的。一篇报道就是一个选择，是一种看待事情的方式，也就是展示观点的方式。"[①]吉特林将框架理论看作是新闻生产过程的工具，是必需的，它由新闻本性决定。框架在此更多具备实践意义，是媒介认知世界的方式。

　　臧国仁对新闻框架理论提出过 12 条理论预设(postulates or assumptions)，充分说明了框架理论的特性，可供研究者下一步推论使用。他直接表达了框架理论与偏见产生的联系，"框架社会事件涉及主观认知，因而必然造成'偏见'，在 Goffman 的框架概念中，真实转换无法'照章全收'，因为所有的转换均会造成意义缩减或抽象化，主观认知中的'偏见'因而形成。'框架化'一词即代表了对某些部分选入与重视，及对其他事物的排挤与忽略。'偏见'可谓是框架化的结果，也是真实转换的'附属品'"[②]。他的主要观点从戈夫曼的框架中引出，当某种框架被选取时，必然会有遗漏、挤出和压缩，这是对框架选取和认知意义上的推论。

　　爱德华·赫曼(Edward Herman)和罗伯特·麦克切斯尼(Robert Mcchesnay)指出，新闻就是按照社会建构的"意义框架"来选择和展示的信息。新闻通过社会的"符号系统"来获得意义。新闻报道的意义来源植根于文化传统中的主张、形象和假设。新闻报道的结构也是依照一定的格式和体裁样式来构建的——这些格式和样式因时代和社会的变化而不同。依据以上观点，新闻就是经过特

---

　　① ［美］托德·吉特林：《新左派运动的媒介镜像》，张锐译，胡正荣校，华夏出版社 2007 年版，第 26 页。

　　② 臧国仁：《新闻媒体与消息来源——媒介框架与真实建构之论述》，台北三民书局 1997 年版，第 63 页。

定社会和文化"加工"后的产物。① 但他们更注重文化和社会对报道框架的作用，指出框架是历时性的，随时代社会的变化而变化。认识到这一点非常可贵，框架不仅是一种选择，更因时时融入了社会意识的内涵而始终在发生变化。

　　社会意识形态正如艾里克·方纳在 *Free Soil*，*Free Labor*，*Free Men* 中所说的话，"由一个社会集团的信仰、价值、恐惧、偏见、反思和义务感组成的系统——简言之也就是社会意识"②，它在思想上控制着生活在其中的人们，作为意识形态最关键的机构——大众传媒，也不可避免地受到影响，具体的影响表现主要是通过采编框架的设立体现意识形态的意图。在政治报道中，主流媒介往往被所属的政治集团操控，新闻媒体在报道框架中体现意识形态的影响和企图。

　　所有的社会意识中，政治意识与权力的关系毋庸置疑。兰斯·班尼特（W. Lance Bennett）在《新闻：政治的幻象》中提到新闻报道中产生偏见的四种方式：人物中心化（personalization），即在新闻事件的叙述中，重人物而轻事件本身；戏剧化（dramatization），新闻媒体偏向于报道那些危机、不平等、饥荒、能源短缺等事件；片断化（fragmentation），媒体报道的事件相互分离，实践和背景也不曾联系在一起，以至于报道变得支离破碎；以及权威——无序模式的倾向性（authority-disorder），这是前三点所产生的结果：权威人物占据舞台的中心，为公众解释那些危及社会生活秩序的危险，让人迷惑的事件。③ 记者的态度会影响受众对新闻的认知模糊，从而做出错误的判断，产生偏见。对媒体的日常报道中是否带有偏见，西方学者不仅从媒体的组织结构和运作方式进行了一系列分析，同时对编辑部和采编人员的量化分析成果予以证实。

　　或许这都会遭到来自"社会责任理论"的反驳，在新闻生产过程中，框架的作用会让新闻从业者以社会责任论为准绳，保证客观性法则。但这种理论也因为操作困难成为空洞的名词，记者如何保持公正客观呢？对此 J. 赫尔伯特·阿特休尔（J. Herbert Altschull）就曾做过言辞激烈的批评："总之，客观性法则在资本主义世界中为维护其社会制度，为防止背离其意识形态的正统观念增添了力量。仔细观察你会发现客观性法则绝不是科学的东西，而是视偏见为神圣，捍卫这个制度，反对社会演变。只要对立方表明互不争强，那么社会现状一如

---

　　①　转引自［美］詹姆斯·卡伦：《媒体与权力》，史安斌、董关鹏译，清华大学出版社 2006 年版，第 165 页。

　　②　转引自［美］雷迅马：《作为意识形态的现代化：社会科学与美国对第三世界政策》，牛可译，中央编译出版社 2003 年版，第 20 页。

　　③　［美］W. 兰斯·班尼特：《新闻：政治的幻象》，杨晓红、王家全译，当代中国出版社 2005 年版，第 52—56 页。

既往得到保障。根据客观性法则，异议允许存在，甚至受到鼓励。然而异议的范围是有限定的，抗衡正统观念不能逾越一个范围，即统治阶层所规定的范围……"①这话可能是对客观性法则有限性最为辛辣的批评了。

五、主流意识形态与国家意识形态

究竟何谓主流与非主流意识形态？划分的标准一直显得模糊不清。以政治经济或商业化角度来看所谓的"主流意识形态"(mainstream ideology)会有具体差异，但大致方向却较为接近，通常认为主流意识形态集中体现为男权统治，重视市场的经济能力和社会地位占优者。主流意识形态在多元状态中占有统治地位，其实质是既得利益者所把持控制的。格拉斯哥媒介组的《负面新闻》也对媒介偏见在英国电视新闻中的表现进行了分析研究，"发现新闻报道在意识形态领域扮演了这样的角色，即新闻报道一贯维护一个文化架构，有利于'现状'的观点'优先'播出"②。西方学者尖锐地指出："美国人对待重要社会问题的态度基本上是与发布者的估计、意图一致的，总是在主流文化政治的意识形态的框架之内活动。大众媒介传播的具有充分选择余地的形象，实际上是早已设计好的观点。"③主流就是现有的秩序，它与当前的意识形态相吻合。意识形态也并非铁板一块，各种意识形态会在不同的传播场域交流和碰撞，媒介是其中最引人关注的场域。

意识形态有保持自身稳定性的要求，很少频频发生变动，保持稳定态势的意识形态不容易发生侵蚀或崩塌。从苏联解体和东欧剧变中媒体的传播来看，媒体的负面作用不可小觑，正是因为东欧国家大量传播了西方的意识形态，令原有的意识形态出现裂隙，引发人们对社会现状的极大不满，最终激起社会动荡。虽然改革失败和经济困境被认为是主要的原因，但媒体长期被一种封闭的意识形态统领，突然放开后遭遇西方意识形态的进攻，对原本意识形态层面的破裂就构成了重要的影响。

---

① ［美］J.赫尔伯特·阿特休尔：《权力的媒介——新闻媒介在人类事务中的作用》，黄煜、裘志康译，华夏出版社1989年版，第340—346页。

② ［英］约翰·埃尔德里奇：《获取信息新闻、真相和权力》，张威、邓天颖译，新华出版社2004年版，第122页。

③ ［美］詹姆斯·罗尔：《媒介、传播、文化——一个全球性的途径》，董洪川译，商务印书馆2005年版，第37页。

　　主流意识形态具有压制性，而且具备传统的意识形态观点的保守特性。统治者占主导地位的指导思想，常常直接影响传播政策的制定，进而影响媒介文本、产品和思想内涵。当主流意识形态上升为国家意识形态时，控制力会增强，国家权力为了保证主流意识形态的贯彻，对异己的意识形态会采用各种方式加以控制，甚至扼杀异己，通过各种手段对其他意识形态进行排斥和打击。

　　国家意识形态在表现方式上更为强制，其独断和专横暴露无遗，这也是媒介偏见被大规模传播的时期。法兰克福学派曾集中对媒介的操纵和控制予以批判，指出媒介组织通过这种操纵和控制，维护了统治的合法性。在西方所谓的"看家狗新闻学"（watchdogs journalism）就是直接的表现，所谓"看家狗新闻学"，是"指在新闻报道上，无论是对内或是对外，没有两条标准，只有一个标准：国家权力集团的利益。国家权力利益集团由代表市场的商业巨头、金融寡头、媒体和报业集团、国家的行政当局、国会，甚至学术界等各界权力精英组成"①。有趣的是，西方新闻媒体都大度承认自己的看家狗地位，将其视作一种社会职责和使命。

　　意识形态的控制在具体的报道政策的制定和报道控制中，表现出由上及下的强大的权势压力。首先，意识形态的控制体现在新闻检查制度上。以美国的苏·卡利·詹森（Sue Curry Jansen）为代表的研究者对这种传统观点提出了新的见解，她从批判角度研究新闻报道中意识形态的控制，成果体现在对新闻控制的研究中。《新闻检查：权力与知识的纽结》（*Censorship: The Knot that Binds Power and Knowledge*）对政府的新闻审查制度的研究最为深刻。她的研究突破了以往将检查制度作为一种限制看待，而将其作为权力集中的本质结果，并提出检查制度是权力与知识的纽结，是自由主义和市场社会的特征显现。她在检视以往文献的基础上提出了市场检查制度（market censorship），并指出市场已经成为一种自由主义的知识权力（power-knowledge）的天下。在*Making Censorship Backfire* 一文开篇就引用了 Antoon De Baets 的话，"新闻检查制度并不压制非主流的声音，相反地推动它们，与此同时削弱它们的意图"②，书中检视了数种对检查制度的突破，认为检查制度必须对公众公开，公众

　　① 李希光、赵心树：《媒体的力量》，南方日报出版社 2002 年版，第 225 页。
　　② Sue Curry Jansen & Brian Martin. Making Censorship Backfire. *Counterpoise*, 2003, 7(3):5.

们常因为发现公开的检查行为和大为减少的通过比例而大为恼火。①

其次,意识形态的控制还通过经济手段实现。国家对意识形态的控制随着社会形势的变化而变化,现在更多地表现为利用经济的力量进行隐形操作。以美国反共意识形态宣传为例,西方学者对此也有批评,著名语言学家、持不同政见者乔姆斯基和赫尔曼提出的反共"过滤器"理论描述了美国意识形态的运作,他们提出这个模式涉及五个相互作用、相互加强的"过滤器"(filters)。(1)占支配地位的传媒机构不断扩大其所有权和规模,聚集越来越多的财富和利润。(2)把广告业作为大众传媒收入的主要来源。(3)传媒依靠商业公司、政府和"专家"提供信息。(4)把"反击"作为控制媒体的手段。(5)把"反对共产主义"作为控制的机制。通过这些方式不同政见者的观点能有力地被过滤消除了。②

传播政治经济学家文森特·莫斯可(Vincent Mosco)在最近的一次谈话中再次阐述了他在1982年发表的 *Push Button Fantasies* 一文中所关注的内容,他认为政府的核心功能主要是三部分:"一是帮助进行资本积累。展示了政府如何通过为传媒运作指定规则来协助主要的传媒公司进行资本积累,获得利润。二是在使用信息和媒体资源进行高压统治和社会控制方面扮演关键角色。三是使政权正当化,促进人民对国家的信任和接受。"③在现代社会,司法的完备和新闻曝光等手段令统治者较之以往有所收敛,政府不再像以往那么以势压人。2003年来,英国BBC与英国政府的冲突的"情报门"就是政府对新闻媒介控制能力减弱、力量对比有所改变的证明,但由于拥有政策和经济等多手段的控制权,政府在事件最后还是占据了上风,以BBC的屈服而告终。

六、媒介意识形态的整合与抗衡

萨金特(L. T. Sargent)就意识形态提出了令人感兴趣的观点,他认为社会内部的个体不可能只接受一种意识形态,他们可能同时欣赏数种意识形态的某

① Sue Curry Jansen & Brian Martin. Making Censorship Backfire. *Counterpoise*,2003,7(3):5-15.
② Edward Herman & Chomsky Noam. *Manufacturing Consent*:*The Political Economy of the Mass Media*. New York:Panetheon,1988:2.
③ [加]莫斯可、黄煜:《政治经济学与文化研究在传播领域的关系及其运用》,《中国传媒报告》2006年第2期,第25页。

些部分,或者可能完全倾心于某一个理念体系意识形态的控制。① 无论意识形态多么强大,社会不可能由一种意识形态组成,即使它是主流的、整体的意识形态,也很难完全做到只保持一个声音。

在日常生活中人们不难发现,在主流意识形态无法控制的边缘媒体,对意识形态中的偏见传达有明显不同。比如另类媒介(alternative media)中信息的"溢散效果"(spill-over effect),实质是主流意识形态对边缘的一种关注与控制,它是在研究有关"反对性议题"中被提出的。Rainer Mathes & Barbara Pfetsch提出反对性议题的生命周期可分为:(1)潜伏期与预备期;(2)上升期;(3)高峰期;(4)衰退期。当媒介议题由潜伏期与预备期转变成上升期时,主流媒体开始加入报道。这种是由非主流向主流媒介的议题传播方式称为"溢散效果"②。在议题的溢散和传播媒介的介入过程中,非主流媒体可以对主流媒体发生影响,从而进入公共话语空间。

网络媒体的受众小,众聚合意识强烈,受众对国外媒体的偏见和中国国际形象都非常关注,当事件重要性不断上升时,这种溢散过程的速度、频率都有加快的趋势。网络媒体在这些媒介偏见事件中的"溢散效果"表现显著,影响不断向报纸、广播、电视等主流媒体扩散,将被边缘化的议题重新拉回主流媒体,值得人们关注。这种溢散是经过了筛选的,这种给予展现的机会,是主流媒体的选择,更多地体现意志安排与民主之间的一种平衡。

对于国家意识形态的操纵性,很多学者提出了制衡的观点,甘斯(Herbert Gans)提出了"多重观点"(multi-perspectival news)的新闻规范,纳入社会低阶层以及不同阶层的观点,采用较多的解释性报道、新闻的分析和评论,将不同的意识形态的观点透明化,克服"客观新闻"的意理传统,以假象的中立新闻模式,掩饰意识形态的内涵。③ 不过,这种特例不代表意识形态抗争的普遍形式。

承接本章所述的国家意识形态与媒介偏见的制度化的问题,可以设想媒介作为特殊的意识形态国家机器,是否会将偏见或歧视主流化,在传播的过程中再制造出不平等的社会现实呢?结合历史上发生的纳粹反犹偏见宣传思考和分析,人们发现当国家意识形态变得独断专横时,将主导社会思想,而

---

① 转引自[美]利昂·P.巴拉达特:《意识形态起源和影响》(第10版),张慧芝等译,世界图书出版公司2010年版,第9页。

② 转引自张耀仁:《跨媒体议题设定之探析:整合次领域研究的观点》,《传播与管理研究》2005年第5卷第2期,第92—95页。

③ Herbert Gans. *Deciding What's News: A Study of CBS Evening News, NBC Nightly News, Newsweek, and Time.* New York: Random House,1979:313.

这种国家意识形态中纳粹政权借助国家宣传机器传播种族歧视和种族灭绝思想,骇人听闻又发人深省。在这整个过程中,国家意识形态如何巧妙地控制大众,令偏见观念能不被觉察地被接受,这是值得探究的问题,也是接下来的案例分析中要重点论述的部分。

七、国家意识形态下的纳粹反犹偏见宣传

站不住脚的是我们的——欧洲人的——历史观念,比如人性的提升压制了内在的人的兽性,又比如理性的组织压倒了令人厌恶的、如野兽般的、转瞬即逝的生活的残酷。站不住脚的还有现代社会是一种明确的道德化力量的观念,把现代社会制度当作教化力量的观念,以及现代社会的强行控制是可以为脆弱的人性挡住动物性的情感激流的大坝的观念。我的这篇文章,连同它所评论的这本书所做的贡献就是,揭示后一种观念站不住脚。

——鲍曼:《现代性与大屠杀》

当偏见发展为大规模的歧视行动,甚至为国家政权所认可,予以制度化,最后终将走向臭名昭著的种族歧视和骇人听闻的种族灭绝。国家体制的极端版本便是极权主义国家,它是人类历史发展到特殊阶段的产物,最知名的是"二战"时的轴心国:纳粹德意志第三帝国、日本军国主义、意大利法西斯建立的撒丁王国。在轴心国中,德意志第三帝国(1933—1945)将反犹偏见上升为国家意识形态进行传播,纳粹党以反犹偏见为内容的宣传,达到难以置信的洗脑效果,纳粹反犹偏见构成了其法西斯意识形态的重要组成。

为什么偏见对象是犹太人? 普通人和学者都曾经发出此番疑问。纳粹选择犹太人的原因是理解反犹偏见的根源,对此各解读都提出了一番理论。非理性主义者认为可以从德国民族魂(Volkish essence)中获得解释,德国人精神气质的中心本身就包含了阴暗的心理。德国人除了世人了解的严谨作风外,德国文学中神话、童话流露出的阴暗气质共同构成了德国民族复杂不明的精神气质。

希特勒个人经历和心理问题导致他对犹太人的强烈厌恶感,这种解释流传最广,可算是最为肤浅的纳粹反犹原因推测。坊间流传希特勒在幼年时期曾遭犹太人的欺辱,由此产生强烈的报复欲望,支持证据是希特勒的《我的奋斗》,这部自传中有对犹太人憎恶情感的说明。领袖的童年遭遇或个人经历的心理阴影,确有可能对国家政策发生影响,但要以此解释偏见的大规模散播,说服力显

然不够。

汉娜·阿伦特（Hannah Arendt）的《极权主义的起源》一书提供了此问题最为深刻的论述。阿伦特借用历史和经济视角提出了一整套精密的推论：首先，她反对将纳粹的意识形态等同于民族主义，指出以往分析的逻辑错误在于认为反犹主义是在传统的民族主义衰朽时生长起来的。纳粹一贯蔑视狭隘的民族主义和民族国家的地方主义。她同意流传很广的托克维尔（Alexis de Tocqueville）对法国大革命的研究发现，认为犹太人丧失了在公共事务中的作用和影响，除了财产外一无所有才是反犹的真正原因，因为这样的群体让人感觉是寄生的、无用的、反叛的。阿伦特认为这证明了恐怖主义在选择受害者的时候的任意性，即任何人都有可能被选作受害者。阿伦特大量论述了纳粹党的极权与意识形态的关联，她理解"意识形态对待事件过程的态度，是将它们看作应该遵循它的'观念'所揭示的逻辑'法则'。各种意识形态都伪装知道整个历史过程的各种秘密——过去的秘密，现在的缠结，将来的无法预测——其原因是各自观念中内在的逻辑"①。阿伦特深刻阐述了意识形态两个重要的组成——观念与逻辑，她通过纳粹的运动本质观察到其中的逻辑并不来自经验，而是自我产生的，其论证也完全脱离经验。"一切意识形态都包含了极权主义成分，但是这些成分只有在极权主义运动中才充分发展……而事实是，一切意识形态的真实本性只有在它们扮演极权统治工具的角色时才暴露出来。"②极权主义者采取这些意识形态，甚至将其转变为武器，强迫他人同意，不然就会成为运动中的敌对者，落得悲惨下场。

纳粹的意识形态同时具备了恐怖主义和军国主义特色，但绝非横空出世，它酝酿于"一战"后的德国社会，与德国的传统意识形态有着千丝万缕的联系，而后者一直呈现复杂、晦暗的色彩，是融合了非理性主义色彩、自大的民族主义、神话原型的大杂烩，加之理性严谨的哲学思想、阴暗低沉的人性色调等，造就了德国复杂的意识形态和国民特性。

与欧洲各国相比，德国文化确属出类拔萃，哲学、文学、音乐等各门类艺术学科成就斐然，产生了诸多伟人，包括影响了西欧哲学的德国古典哲学集大成者黑格尔（Hegel），提出超人哲学和唯意志论的尼采（Nietzsche），大作家歌德（Goethe），他的浪漫作品《少年维特的烦恼》和鸿篇巨制的诗剧《浮士德》在文学

---

① ［美］汉娜·阿伦特：《极权主义的起源》，林骧华译，生活·读书·新知三联书店 2008 年版，第 584—585 页。

② ［美］汉娜·阿伦特：《极权主义的起源》，林骧华译，生活·读书·新知三联书店 2008 年版，第 586 页。

史上具有重要意义,还有伟大的歌剧创作者瓦格纳(Wagner)等。丰富的文化遗产令德国在人类文化宝库中占据显著一席。但历史学家在研究中找到许多线索,证明纳粹党也曾吸收过德国文化中的阴暗、死亡和唯意志论的部分,如瓦格纳创作了世人熟悉的歌剧《尼伯龙根的指环》,希特勒对他深为欣赏。[①] 众所周知,尼采的超人哲学被公认为是希特勒的哲学基础之一。

"二战"前后,德意志第三帝国利用国家意识形态控制下的媒介,进行罕见的种族偏见宣传,其规模之大、影响之深,是史上前所未有的。德意志第三帝国控制的各类媒介在其中扮演着不光彩的角色,灌输民众种族意识,宣扬种族歧视,鼓吹国家力量进行种族灭绝。通过反犹偏见宣传,人们能观察到种族偏见如何被利用、改造、传播,最终上升为纳粹意识形态的重要构建的过程。

(一)反犹偏见[②]构筑国家意识形态

1.犹太人:"外来者"到"亡命者"

犹太人[③]又名"闪米特人",在《圣经》中是基督的"背叛者",同时又是"上帝的选民"。马克斯·韦伯在《古犹太教》中特别研究了犹太教的基本教义形成,讨论了古犹太王国的分裂原因。韦伯肯定了犹太教的重要地位,认为犹太教不只是基督教和伊斯兰教的始祖,同时也是现代西方世界崛起的关键因素,因为它影响了古希腊和古罗马的文化。独特的宗教和历史原因令犹太人在西方宗

---

① 著写《权力主义人格》的西奥多·W.阿道诺对音乐有浓厚兴趣,曾师从 V. A.贝格学习音乐,专攻音乐作曲,著有《音乐社会学》一书。在他侨居美国期间,1938—1941 年期间,一方面为纽约社会研究所工作,另一方面兼任普林斯顿广播电台研究计划的音乐部主任。1949 年发表专著《新音乐哲学》。1952 年在回到德国后写了一篇《试论瓦格纳》,分析了 R.瓦格纳的作品,认为这些作品是纳粹的起因。

② 值得注意的是纳粹的反犹偏见不是一般意义的种族偏见,纳粹也不是简单的种族主义分子,他们鼓吹人种论,认为雅利安人种族优秀,将犹太人、吉普赛人和同性恋者都纳入歧视的范畴,却团结有色人种。拉斯韦尔引用材料证明,德国争取黑人,围绕种族问题在对美宣传中大做文章:"在阿尔贝特局,有一个独立的部门负责处理美国的种族问题,其中最主要的是黑人问题。……他们展示假定真实的声明,以便据此声称如果德国赢得这场战争,南部有色人种的权利将与白人平等。"[美]哈罗德·D.拉斯韦尔:《世界大战中的宣传技巧》,张洁、田青译,展江校,中国人民大学出版社 2003 年版,第 128—129 页。

③ 犹太人指"信奉犹太教的人,广义言之,犹太人是属于世界范围内自由血统传宗或信仰改宗而一直继承古代犹太民族传统的群体中的任何成员。古代犹太民族就是《旧约》中所谓希伯来人的后裔。现今世界各派犹太人都承认由犹太妇女所生者即为犹太人,而改革派则认为双亲中有一人为犹太人者即为犹太人"。见《不列颠百科全书(国际中文版)》第 9 卷,中国大百科全书出版社 1999 年版,第 7 页。

教教义和历史描绘中一直被视为一个特殊的民族,饱受偏见之苦。"二战"前,德国生活着大量的犹太人,犹太人在这个国家取得了经济上的成功,他们适应了在德国的生活,但种族融合带来所在国的敌视和警惕。一位德国的犹太拉比这样说过:"我们是德国人而不想成为其他的什么人!除了德国我们没有其他的祖国,也不想奢求其他的什么!我们只是借着我们的信仰才成为犹太人,在其他任何层面,我们都属于我们所生活的国家。"①但这愿望似乎很快成了奢望,在动荡的时局下,德国犹太人不断地被打击和排斥,犹太人对德国而言始终是"外来者"。

"二战"中的反犹和大屠杀引发西方学者对反犹偏见的集中探究,出现不少分析独到的思想深刻之作。社会学家齐美尔在《社会是如何可能的》中提到欧洲的犹太人这种特殊的存在:"外来人按其本质不是土地所有者,同时土地不仅应该在天然的意义上来理解,而且也应该在一种生活本质的转意的意义上来理解;生活本质如果说不是固定在社会环境的某一个地域空间的位置上,那么它就固定在社会环境的某一个思想的位置上。……只要他感到自己是外乡人,那么,在其他人眼里,他就不是'土地所有者'……他并没有从根基上被群体的某些个别的组成部分或者一些片面的倾向固定化,面对所有这些,他都采取'客观'的特殊的姿态,这种姿态并不意味着某种单纯的保持距离和不参与,而是一种由远和近、冷淡和关怀构成的特殊的形态。"②在他看来,外乡人和土地没有直接关系,犹太人可能在德国有很多土地和房产,但犹太人本身的态度和外来身份令其在被接纳程度和心理归属上都保持了一种淡然甚至是超然的态度。

在反犹偏见大规模的宣传后,犹太人的地位急转直下,沦为"亡命者"。汉娜·阿伦特指出纳粹极权主义动力与反犹太主义的密切联系,而反犹太主义在无国籍的犹太人问题上造成了可悲的结局,被剥夺了基本"人权"的犹太人在纳粹偏见的狂热宣传下,从"外来者"成为"亡命者",最终成为极权主义国家意识形态推进的牺牲品。对纳粹国家甚至超过国家范围的偏见宣传研究③,都证实了媒介偏见作为国家意识形态组成部分所发挥的摧毁力量,并提供了不同的解释。

---

①　[美]费舍尔:《德国反犹史》,钱坤译,江苏人民出版社2007年版,第113页。

②　[德]齐美尔:《社会是如何可能的》,林荣远译,广西师范大学出版社2002年版,第343页。

③　纳粹的反犹宣传不仅在德国范围内产生影响,还影响到其他国家,甚至有国家(罗马尼亚等)主动驱赶犹太人,以博取德国的欢心。

2. 纳粹对反犹偏见的改造

反犹主义不是纳粹的新发明，对犹太人的偏见在欧洲有着深刻的社会历史根源，在历史上曾发生多起重大的排犹事件：英国曾有过对犹太居民逮捕火焚，俄罗斯发生过大规模排犹事件，十字军东征过程中对犹太人的杀戮最为残酷血腥。这里有宗教和文化差异的影响，欧洲对犹太人比对吉普赛人更加厌恶和冷酷。著名的《格林童话》虽然历经删改，仍然能发现反犹主义的身影。在《荆棘丛里的犹太人》这则故事里，长工代表正义的一方："他走到犹太人身边，说：'奸刁的家伙，现在坦白吧，你这些钱从哪儿弄来的，要不我又取下提琴，重新拉起来。''是我偷的，是我偷的，'犹太人连忙喊，'而你的钱确实靠诚实劳动挣的。'最后，法官判处犹太人偷窃罪，下令对他处以绞刑。"①在欧洲人的普遍印象中，犹太人代表着吝啬刻薄，为了金钱不择手段，残酷剥削穷人的形象，似乎无论落得怎样的下场都是罪有应得。童话是现实世界的人们思想的折射，这显露出当时人们对犹太人的普遍印象和反感情绪。

纳粹巧妙地利用了民间反犹偏见，将其融入纳粹意识形态中，可以说，原有的反犹偏见构成了纳粹德国反犹宣传的主体。纳粹继承和利用了反犹主义的偏见思想，他们利用谣言加重犹太人的阴谋论色彩，让人们坚信犹太人造成了古埃及的恐怖灾难，犹太人会秘密实行魔鬼的血祭，绑架杀害基督教家庭的小男孩。最直接的证据就是一本名为《犹太人贤士议定书》的小册子。这部作品经考证被认为是俄国秘密警察组织所作，但当时大家都认为是犹太人集会的记录，其中描述犹太人企图统治世界，在地球上建立犹太人统治的阴谋，为此犹太人正在控制全球金融界、控制石油，在世界范围内推行国家资本主义，推行极"左翼"的共产主义思想。这部虚构的作品在"二战"前成为纳粹攻击犹太人的主要证据。②

谣言的传播需要适当的时机，战前德国民族矛盾激化的背景和经济的衰退，让普通民众倍感生活压力之大，不满情绪也在日益累积。经过纳粹的改造，犹太人不再是以往的"流浪者"或是"无国籍者"的形象，相反他们被塑造成处心积虑控制世界的、有着特殊组织的人。他们人格卑劣，对德国"一战"的战败负

---

①　[德]雅科布·格林、威廉·格林：《格林童话全集》，杨武能译，漓江出版社2012年版，第430页。

②　徐新：《反犹主义解析》，上海三联书店1996年版，第169页。徐新在此处还提及《犹太人贤士议定书》的背景，它是俄国国内战争期间出现的，"白军"以此作为散布内容，达到反革命的目的，1921年英国记者菲力普·格雷夫斯认为这是伪造的文件，俄国历史学家布尔采夫的研究同样认为此书属于编造出来的。

有不可推卸的责任。

　　谣言被用于宣传可谓极有效的武器，而有意图的宣传并不一定代表事实真相，主要是为了达到影响他人、接纳观点的目的。纳粹成功地将对犹太人的个人偏见转变为一种有组织的力量。这就自然能理解为何出现国家规模的偏见宣传的动机，并且将国家视为保护民众利益的依靠。加之欧洲普遍蔓延的对犹太人的偏见和不信任心态，让纳粹的反犹偏见宣传进行得十分顺利，在传播媒介的作用下，大众的偏见被不断地固化加深。

（二）反犹偏见宣传构筑的国家意识形态

　　德国学者塞巴斯蒂安·哈夫讷（Sebastian Haffner）在《解读希特勒》中提到，希特勒的所有思想可以用"所有世界事件只是种族自我维护本能的表现"概括，希特勒的反犹理论与民族理论两者构成了所谓的"希特勒主义"，也是"纲领思想家"希特勒的思想建筑的支柱。[①]

　　这种思想在意识形态中的折射和表现更为复杂，安德鲁·文森特（Andrew Vincent）特别指出法西斯主义意识形态的观念芜杂，它"还包含了一些很奇特、粗糙和怪异的组成部分。一种较为宽容的观点可能将这些组成部分看成是欧洲人关于种族、国家和人性的传统思想中折中的、有点疯狂的和过于扩张的碎片。……就学术而言，法西斯主义之所以是法西斯主义，并非是一个特别能够令人信服的意识形态，但这并不意味着我们应该撇开这一意识形态。无论如何，它在知识上的混乱，缺少前后一致性和掌握权力时令人发指的行为，都一直为我们所强调"[②]。所以，尽管有一些混乱和"缝隙"，纳粹还是将这些偏见的碎片编织为整体的意识形态，并通过媒体将其在国内大规模散播。

　　《传媒的四种理论》的威权主义理论部分由 F. S. 西伯特（Fred S. Siebert）所著，他指出在极权社会中传媒控制制度的运作情况。在阐述西方的政府和媒介控制的关系及其发展历程之后，他说："各大媒体都应该支持和促进政府当局的政策，以便政府能够达成自己的目标。在大众传媒发展的早期阶段，这种要求通常是以消极的控制手段实现，即通过通讯工具的控制以避免其妨碍国家目标的实现。在后期阶段，我们可以看到一些更加积极的政策。在这些政策下，国家积极参与传播过程，并利用大众传媒，使其成为实现国家目标的重要的手段

---

①　[美]塞巴斯蒂安·哈夫讷：《解读希特勒》，景德祥译，中国青年出版社 2005 年版，第 129 页。

②　[澳]安德鲁·文森特：《现代政治意识形态》，袁久红译，江苏人民出版社 2005 年版，第 282－283 页。

之一。"①

纳粹的宣传成为第三帝国的重要意识支柱，对人们思想的占领发挥了作用。宣传是媒介重要的功能之一，但宣传被用来大规模地传播偏见，这情形甚为少见。西奥多·W.阿道诺、列奥·列文塔尔（Leo Lowenthal）和 N.古特曼（N. Guterman）对鼓动者使用的政治宣传形式都进行了分析，发现纳粹反犹偏见不局限于新闻媒体，而是各媒介传播手段相结合的强大宣传攻势。

希特勒设计了当时最强有力的宣传系统，这样说毫不夸张，他的宣传凸显了国家意识形态机器的强大控制力量。"反民主宣传能否在一个国家成为一种支配力量，主要取决于强大的经济形势，取决于这种宣传是否经过蓄意的设计，并利用这种设计来维持其地位。"②纳粹第三帝国正是以全方位设计的体系执行偏见对意识形态的渗透，它"通过公开集会、电影、书刊、歌曲和广告传单，有条不紊地向德国的潜在敌人散布恐惧和绝望。他们非常恶毒地制造偏见，并把这种偏见密集地指向所有不被元首喜欢的所谓的'优秀种族'人，特别是犹太人。这种偏见以特殊的教材形式开始，像漫画书，在书中以最消极的刻板形象来描绘犹太人"③。

表 6-1 显示出反犹偏见的主要传播内容，头脑清醒的人们可以从内容罗列中看出这是一场是精心组织的、多层面的、集中的偏见大杂烩。

表 6-1　纳粹反犹偏见的主要宣传内容

呈现角度	犹太人的形象	最终结果
经济方面	银行家和高利贷者，实质上控制整个金融业	排斥—攻击—种族灭绝
政治方面	犹太人统治世界的阴谋论	
历史角度	长期的反犹传统	
宗教角度	邪恶的、异教徒	
个人生活角度	对白人女性的侵犯、谣言，散发不洁的气味（直观感受）	

这一切造成的后果是犹太人种族灭绝政策的最终出台，在当时整体的疯狂排犹的氛围下，人们对这种结局有所预计。"纳粹分子利用宣传为纳粹的行为

① ［美］F.S.西伯特、西奥多·彼得森、威尔伯·施拉姆：《传媒的四种理论》，戴鑫译，展江校，中国人民大学出版社 2008 年版，第 11 页。
② ［美］西奥多·W.阿道诺等：《权力主义人格》，李维译，浙江教育出版社 2002 年版，第10 页。
③ ［美］菲利普·津巴多、迈克尔·利佩：《态度改变与社会影响》，邓羽、肖莉、唐小艳译，刘力审校，人民邮电出版社 2007 年版，第 211 页。

辩解,要大家不同情纳粹的受害者,并描述了犹太人如何过着寄生虫的生活,本应受到纳粹的制裁等。正如贝尔德所说:"虽然避免公开提及最后的制裁,但有关大规模肃清的各种告示使这个民族有了制裁将成为既成事实的心理准备。'"①

(三)反犹偏见传播的媒介手段

关于媒介对占统治地位的意识形态的宣传和塑造作用,基本由犹太裔的德国哲学家和社会学家组成的法兰克福学派曾有过深入阐述,他们的基本观点是媒体垄断控制了大众日常生活直至内心欲望,取消了个体的批判精神和否定意识。个体被集体同化,缺乏个人的思考与行动,心甘情愿地成为国家机器的一部分。现代资本主义国家更为高明之处在于通过文化工业对广大民众进行意识形态控制,巩固自身的统治。媒体通过意识形态筑造获得控制力,帮助统治者实现统治目的。"大众媒介提升、延展了一些意识形态观念。通过它们,这些意识形态变得非常合法,传播起来很有说服力,甚至富有魔力。在这个传播过程中,这些观念进一步确立了其重要性,强化了它们最初的意义,扩大了它们的社会影响。"②重新回顾纳粹这段历史,最应关注的问题是:纳粹是经由哪些方式令国家意识形态凝聚在一起,逐步整合成形的。

在纳粹势力迅猛壮大的 20 世纪 30 年代,作为大众传播方式的广播已经真正诞生,无线广播迅速发展为承担宣传任务的传媒。当时担任纳粹宣传部部长的戈培尔十分重视广播,将其看作现代社会的主要宣传工具,他的宣传部控制着德国广播公司和广播协会。佐藤卓己的《现代传媒史》对当时广播的情形是如此描述的:"初期的广播只能是集体在一起收听,与积累起来的书籍相比,这一状况倒更与读过之后便被扔掉的传单相似,在录放机等尚未普及的 20 世纪30 年代,是广播的流动性的特征最为突出的时代。这便是由政治性的传播来组成社会体制的重构,从而创造出了不同于传统的权威或合理性的统治的独一无二的领袖气质。……即使内容听不清也没有关系,现有的一切就足够了。广播是给人以信赖的媒介,事实如何并不重要。……不间断的声音和音乐的伴奏,减少了人们的孤独感以及内省的机会。"③德国在战时宣传中向民众免费发送收音机,在当时的新闻纪录影片和照片中可以看到人们围坐收听广播的景象,足

① [美]罗伯特·福特纳:《国际传播:"地球都市"的历史、冲突与控制》,刘利群译,华夏出版社 2000 年版,第 133 页。
② [美]詹姆斯·罗尔:《媒介、传播、文化——一个全球性的途径》,董洪川译,商务印书馆 2005 年版,第 22 页。
③ [日]佐藤卓己:《现代传媒史》,诸葛蔚东译,北京大学出版社 2004 年版,第 145—147 页。

见广播在当时宣传中承担了何等重要的任务。

演讲是从人类早期传播时代的古希腊就开始盛行的口头传播方式。它是一对多、小规模传播，至今仍是公司等部门组织传播形式中有效的方法。不过，纳粹将演讲发展为用喇叭的、场面巨大的、仪式性的表演，成为特殊的大众传播方式。最为著名的表演者当属希特勒，他尤其擅长激动人心的、有煽动力的现场演说，每次演讲都吸引大量受众，规模空前。希特勒在1923年的"啤酒店暴动"被捕后，在法庭上激愤陈词，引来众多狂热追随者。《我的奋斗》就是反犹主义的狂热宣传的集中体现，它是法西斯意识形态的纲领。至1945年，《我的奋斗》被译为16种语言，德文与译文共计1000万册，反犹偏见通过这本书对社会产生了负面的影响。①

报业方面，《种族观察报》成为"二战"期间纳粹鼓吹其意识形态的喉舌。宣传招贴画是表现高尚的情操和追求的最好载体（见图6-1、图6-2）。忠诚的战士，伟大的元首，正义与和平，拯救世界的任务，友谊与爱情，这类主题都被放入宣传内容中，四处张贴。大量的宣传小册子②的出版，埃卡特的《从摩西到列宁的布尔什维主义：我和希特勒的对话》，罗森堡的《变革时代犹太人的行踪》也不断地宣扬以人种差别为理论依据的雅利安人的优越性。

电影不仅扮演着受欢迎的娱乐工具，更成为宣传效果极佳的传播手段。纳粹国家社会党过去曾标榜反对独占企业，可是一旦当权以后，它的第一个措施就是给德国重工业资本家所控制的乌发公司以绝对的独占权利。受纳粹宣传部部长戈培尔青睐的导演法依特·哈尔伦（Veit Harlan）拍摄了极端的反犹主义影片《犹太人休斯》，对犹太人的形象不是仅停留在刻板表面，而是加入各种偏见和诋毁，进行丑化。

女导演莱妮·里芬斯塔尔（Leni Riefenstahl）1934年拍摄的《意志的胜利》（*Triumpf des Willens*）是纳粹影片中最为知名的一部，开篇镜头就是云中俯瞰德国，镜头逐渐拉开，是希特勒参加党代会的飞机从天而降……整个影片大部

---

①　作为纳粹的精神纲领，《我的奋斗》在大多数热爱和平的国家被列为禁书，没有广泛印刷和传播，这可视作是对偏见态度的传播控制。

②　小册子这种非大众传播媒体，演变到现代社会中，已经成为与大众媒介相抗衡的小众媒介，尼克·史蒂文森在论述卢旺达的种族主义屠杀中大众媒介和全球媒介文化的作用时，提到安那贝尔和阿里的观点："在伊朗革命的背景下，他们指出，小众媒介（譬如录音磁带和传单）在政治方面的重要性正在于小众媒介能够把大众视线聚焦于社会变革之上。尽管主流媒介受到国家和西方侵入因素的支配，但媒介'越小众化'，就越能被用来传递具有颠覆性和选择性的信息。"请参阅［英］尼克·史蒂文森：《媒介的转型：全球化、道德和伦理》，顾宜凡等译，北京大学出版社2006年版，第197页。

分由描写仪式和讲演的镜头构成,里芬斯塔尔在后来访谈中谈到这部影片时说:"没有别的,只有这些可拍"[1],不断闪现的希特勒的讲演和满脸崇拜的群众画面都真实记录了希特勒政权的宣传能量,以及由此引发的群众狂热情感。在当时那批宣传反犹主义的影片中,《意志的胜利》虽有宣传内容和思想缺憾,却作为创造了奇观美学的说服性纪录片跻身世界经典纪录片的行列,莱妮·里芬斯塔尔也被人称为"纪录片之母"。

图 6-1　纳粹主义的宣传招贴画[2]

　　一般说来,接受宣传有一些固定的影响因素:受众的文化程度、原本态度和信息获取方式都会产生影响。纳粹的宣传几乎占据了当时所有的传播途径,但正如丹尼斯·希罗(Daniel Chirot)和克拉克·麦考利(Clark McCauley)等学者认为的,纳粹的宣传并未让所有人相信犹太人的所谓罪恶,"只有反犹分子中最极端的种族主义者才会深信犹太人的存在对德国构成了威胁。犹太人没有制造过叛乱,也没对德国人提出过主张。……但仅仅控诉行凶者的罪行,就会遗漏一点:他们本身或许正处于绝望之中。[3]……在揭露行凶者罪行的同时,理解其背后的动机、恐惧和希望也同样重要"。至于希特勒及其纳粹党是否相信自我编织的谎言并不重要,孤独、恐惧和防范心理充满了普通民众内心,纳粹也借

---

①　来自影像资料《经典纪录》中对里芬斯塔尔影片《意志的胜利》和对里芬斯塔尔的采访。

②　这幅宣传画也是当时颇为流行的,希特勒在画面中心以旗手的姿态高举纳粹旗帜,上空有纳粹鹰盘旋,在希特勒的背后是无数的拥护者,他们面目模糊,在现在的目光看来,多被视为一种盲从的力量,但在当时应该代表了信奉纳粹主张的广大民众的态度。图片来自www.chahua.org,2009-02-13。

③　[法]丹尼尔·希罗、[法]克拉克·麦考利:《为什么不杀光? 种族大屠杀的反思》,薛绚译,生活·读书·新知三联书店 2012 年版,序第 5 页。

此形成一种统一的社会心理,增强聚集力量。

国家意识形态在构建过程中善于动用一切传播力量,包括以客观中立和事实真相为生命的新闻报道。拉斯韦尔曾这样形容第一次世界大战中的记者们:"新闻记者靠简洁、生动的方式讲述他们的故事谋生。他们知道如何让大街上的普通人理解他们,并利用他们的词汇、偏见和热情。"①正是这些能力极强的记者服务于各国利益,造成战争中猛烈的宣传攻势,第二次世界大战中媒体与宣传作用更为显著。

在 20 世纪三四十年代,纳粹力量兴盛时期,新闻媒介作为意识形态机器受到国家机器的强有力的操纵,沦为极权国家的廉价宣传工具。"每天早晨,柏林各日报的编辑以及德国其他地方的报纸的记者,都聚集在宣传部里,由戈培尔博士或者他的一个助手告诉他们:什么新闻该发布,什么新闻要扣下,什么新闻怎么写和拟标题,什么运动该取消,什么运动要开展,当天需要什么样的社论。为了防止误解,除了口头训令之外,每天还有一篇书面指示。对于小地方的报纸和期刊,则用电报或信件发出指示。"②严格的新闻控制是整个意识形态强有力宣传的直接保障,出于政治敏感和自我保全的需要,新闻业对执政党的需求和意识形态的变化往往有更快速和直接的反应。从纳粹的传播效果来看,证明了当时的媒体控制的确高效有力。

"宣传有目的地传播思想,能够帮助人们克服对全心全意投入战争所具有的精神上的排斥,这种排斥会随着人们对领袖忠诚的衰减而出现。和平,而不是战争,成为人们心目中社会的常态……所谓宣传就是思想对思想的战争。"③这是拉斯韦尔《世界大战中的宣传技巧》中的定义,讨论的主体是战争中的宣传作用,他认为宣传的目的是要人们信服,按照宣传者的要求去行动。纳粹宣传攻势不仅在对外战争宣传中强大有效,在对内的反犹宣传中也同样取得了胜利,让德国的民众将纳粹视为救世主,而将在德国生活的犹太人视为损害他们利益的阴谋家,这都依靠简单和集中的宣传重点、有力的情绪煽动来完成。"煽动家利用各种形式的象征符号——从横幅与旗帜到青年团、精心设计的标题和大规模的集会。他们中最具效率的成员谙熟群众心理。通常,他们所提供的信

---

　　① [美]哈罗德·D.拉斯韦尔:《世界大战中的宣传技巧》,张洁、田青译,展江校,中国人民大学出版社 2003 年版,第 37 页。

　　② [美]威廉·夏伊勒:《第三帝国的兴亡——纳粹德国史》,董乐山、李天爵、李家儒、陈传昌译,世界知识出版社 1979 年版,第 347 页。

　　③ [美]哈罗德·D.拉斯韦尔:《世界大战中的宣传技巧》,张洁、田青译,展江校,中国人民大学出版社 2003 年版,第 23 页。

息内容非常简单,并在缜密的解决方案出台前就得到了很好的宣传:你们受到压迫;他们应当负责;我们需要行动。"①

(四)反犹偏见宣传的接受

阿尔都塞坚持"不是主体制造了作为观念的意识形态,而是意识形态作为实践和仪式的一个物质个案,构造着主体"②,这正是本章的基本立论点。纳粹利用反犹偏见构建起自己的意识形态,过程中媒介作为"意识形态国家机器"(ISA)的部分,发挥了巨大的鼓吹煽动作用,将"他人的"或"国家的"意识植入民众头脑,最终构造了整个德意志第二帝国的意识形态,主要原因可以从三方面加以解释。

1.反犹偏见传播中对理性观念的攻击

纳粹德国的反犹偏见最为奇特的地方在于,媒介偏见借助国家意识形态绕过了人们理性的认知,被最大程度地接受。国家意识形态的灌输以对理性的攻击获得成功,费舍尔的解释选择从德国阴暗的精神气质出发,他认为德国本身的理性基础就比较薄弱,"投入宗教或意识形态冲突中的文化狂热似乎总是有可能制造大量的迷信人群并进而迅速导致大国们的敌对行动,整个人类社会总是不时地被极端不理智的思想所控制"③。费舍尔通过对人类历史的回溯和当时欧洲背景的分析,认为"纳粹人心中的仇恨肯定植根于那个时代广泛的迷信所带来的偏激和荒谬(虚幻)的思维体系中"④。

对反犹偏见与理性丧失的问题,很多学者或归罪于纳粹高超的宣传技巧,可是受众为何会接受这样荒谬的谎言呢?至少在今天,反犹偏见在人们看来是难以接受和理解的。值得提出的是,反犹宣传对谣言的利用、偏见的散播和对犹太人的污蔑与攻击,并不意味着偏见宣传缺乏逻辑性,至少在表面上它具有一种逻辑假象,纳粹对犹太人的攻击编制成了一张巨大的对每个德国人都发生影响的阴谋论,包含了一切要素。甚至反犹偏见还能提供所谓科学上的证明犹太人种族低劣的证据(见图6-2)。

图6-2是对希特勒宣扬的种族优越论的宣传画。雅利安(Aryan)人种在

---

① [美]罗伯特·门斯切:《市场、群氓和暴乱——对群体狂热的现代观点》,郑佩芸、朱欣微、刘宝权译,上海财经大学出版社 2006 年版,第 140 页。

② [美]Jorge Larrain:《意识形态与文化身份:现代性和第三世界的在场》,戴从容译,上海教育出版社 2005 年版,第 94 页。

③ [美]费舍尔:《德国反犹史》,钱坤译,江苏人民出版社 2007 年版,第 6 页。

④ [美]费舍尔:《德国反犹史》,钱坤译,江苏人民出版社 2007 年版,第 11 页。

17—19 世纪的史学界被认为是优越的人种,被称为希腊、罗马和现代欧美人共同的祖先。这一理论被希特勒利用,与反犹主义相连结,他宣称犹太人会污染雅利安血液来统治世界,雅利安人必须纯洁血液,重新强大。

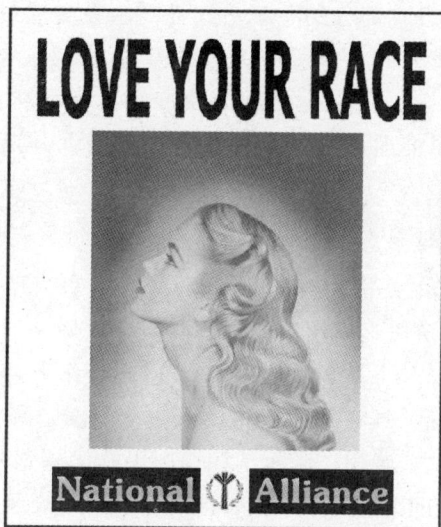

图 6-2　雅利安人种族优越性的宣传招贴画①

学者林和塞尔温(C. A. Lin & M. B. Salwen)对公共事件中的"沉默的螺旋"理论的验证得到支持性结果,在这一研究中他们总结了新闻媒体的三个特征:普遍性(ubiquity)指媒体是无处不在的信息源,因为媒体无处不在,它成为人们寻找信息的依赖;媒体的累积性(cumulativeness)指媒体内容会在不同节目、不同时间反复出现的过程。这种一致的声音会影响公众所获得的信息,而他们根据这些信息形成自己的观点。共鸣性(consonance)指媒体的信仰、态度和价值观具有相似性。② 其实这三点也可理解为"沉默的螺旋"理论的钥匙,能为反犹偏见的接受提供很好的说明,正是这样能让多数人的意见获得传播,而不愿意被孤立的人会保持沉默。

汉娜·阿伦特这样理解受众理性丧失的问题,她认为在宣传中选择的"神秘性本身变成了第一条标准。……这类宣传的效果显示了现代群众的主要特

---

① 图片中心部位展示了一位雅利安女性,她以一种近乎祈祷的圣洁姿态出现,金发碧眼及清晰的轮廓带有默片时代好莱坞明星的风采,但画面中心"爱你的种族"这样的言辞令我们清醒,这是希特勒的政治宣传画,而不是电影海报,画面背后的光晕给人一种宗教色彩。图片来自 www. chahua. org,2009-02-13。

② 转引自[美]里查特·韦斯特、林恩·H. 特纳:《传播理论导引:分析与应用》,刘海龙译,中国人民大学出版社 2007 年版,第 458—460 页。

点之一。他们不相信自己的实在经验中一切明显可见的事物；他们不相信自己的眼睛和耳朵，只相信自己的想象，这种想象可能被同时是普遍的、又是首尾连贯的任何事物捕捉住。使群众信服的不是事实，甚至也不是编造的事实，而是一种他们在其中成为组成部分的系统一致性"①。阿伦特认为群众由于缺乏自由交流的空间，已然丧失由常识所提供的现实感，极权主义宣传展示出了整体的逻辑演绎。极权主义反犹宣传借助大众传媒反复不断地进行，毋庸置疑的是，某些观念通过逻辑推理，能够产生长期不变的错觉，彻底改造人们头脑中的思想。

2. 国家意识形态压制下的受众人格

权力主义是与民主人格相对的一种崇尚权威、盲目服从、欺凌弱小的人格类型，西奥多・W.阿道诺提出用以分析法西斯反犹偏见的论证主体。在《权力主义人格》（*The Authoritarian Personality*）这部著作里，阿道诺认为权力是某些人人格成分中的核心，具有这种人格的人更多地关心权力，包括本身行使的权力和服从上司的权力，曾用以解析纳粹德国民族优越感和仇恨其他民族的心理起源。一般来说，在比较专制、保守的社会环境中，处于家教过严、亲子关系不良的家庭里，儿童生活在绝对服从、从属、依赖的环境里，他们亦容易形成保守、迷信、跋扈、僵化的人格。② 阿道诺的研究团队将考察重点放在偏见与各种思想和人格的关系中，在对持有偏见的因犯进行下量表测量后，发现变分者具有显著的特征，"那就是企图否认个人的责任，并且把它投射到外部事物上去。他们的思想表明他们对权威和力量的屈从，以及对想像的权力人物的憎恨（例如，对犹太人的憎恨）。③

人格的形成与每个人自身的成长环境和心理因素相关，日耳曼民族本身就具有独特的精神气质。黑格尔在《历史哲学》中这样写道："日耳曼'精神'就是新世界的'精神'。它的目的是要使绝对的'真理'实现为'自由'无限制的自决——那个'自由'以它自己的绝对的形式做自己的内容。日耳曼各民族的使命不是别的，乃是要做基督教原则的使者。"④正是这种自我使命感和宣传鼓动对民众产生内外结合的作用，民众接受了反犹偏见的再次宣传。在这种整体偏

---

① ［美］汉娜・阿伦特：《极权主义的起源》，林骧华译，生活・读书・新知三联书店 2008 年版，第 440—466 页。

② 车文博：《当代西方心理学新词典》，吉林人民出版社 2001 年版，第 279—280 页。

③ ［美］西奥多・W.阿道诺等：《权力主义人格》，李维译，浙江教育出版社 2002 年版，第 149 页。

④ ［德］黑格尔：《历史哲学》，王造时译，上海书店出版社 1999 年版，第 352 页。

见氛围的影响下，当时的纳粹党还虚构创作了文学作品《犹太人成功之谜》，谣传犹太人诱奸雅利安妇女，用煽动力量蒙骗民众。很多性格软弱、缺乏分辨力的民众对反犹偏见不加分析地接受，形成社会的普遍反犹情绪。

3. 国家意识形态作为群众心理的纽带

对德国群众受到反犹偏见的蛊惑，长时间被蒙蔽在谎言中的现象，群体心理学家从多角度进行了分析。弗洛伊德心理学认为希特勒的宣传利用了心理学中第一主要的性本能（eros），"领袖"这个男人去诱惑"群众"这个女人，整个宣传手段都是引诱，使女人达到癫狂状态。另一种解释利用了弗洛伊德精神分析法中另一主要本能——死亡本能（thanatos）进行说明。死亡崇拜渗透于法西斯分子宣传的全部华丽词藻中。[①] 这两种分析在描述法西斯的宣传，将群众作为女人引诱的类比中颇为恰当，但缺少切实的解释和分析。死亡崇拜的确在法西斯的宣传中存在，它特别突出表现于战争鼓动以及为此所做的呼吁民众奉献的宣传中。

威尔海姆·赖希（Wilheim Reich）在《法西斯主义群众心理学》中提供了另一种解释。他将人的性格分为三个层次，认为法西斯主义是普遍和国际的，而不仅仅是普通人性结构的有组织的政治表现，不限于种族或民族，也不限于政党。"从人的性格角度来看，'法西斯主义'是具有我们权威主义机器文明及其机械主义神秘生活观的被压抑的人的基本情感态度。正是现代人的机械主义的神秘的性格产生了法西斯主义党，而不是相反。"[②]

弗洛伊德在《群体心理学与自我的分析》中的一段话适合此处的表达："假如那些个人在一个群体中被联结成了一个整体，那就必定存在某种把他们联结起来的纽带，这种纽带可能正是表现一个群体的特征的那个东西。"[③]纳粹将德国民众联结起来的纽带正是反犹偏见，这一偏见借助被操控的媒体上升为德意志的国家意识形态，通过煽动对无辜犹太人的仇恨和轻蔑，德意志将民众团结在能保护他们的国家的强权力量下，意识形态一步步变成了现实，这种偏见与意识融合在一起，成为希特勒偏见思想中不可分割的部分，偏见和歧视被难以

---

① ［俄］谢·卡拉-穆尔扎：《论意识操纵》，徐昌翰、宋嗣喜、王晶等译，徐昌翰校，社会科学文献出版社 2004 年版，第 87 页。

② ［奥］威尔海姆·赖希：《法西斯主义群众心理学》，张峰译，重庆出版社 1997 年版，第 4 页。

③ ［奥］弗洛伊德：《论文明》，徐洋译，国际文化出版公司 2000 年版，第 143 页。

反抗的强行制度化，①就成为历史上真实存在过的德意志第三帝国。这恰恰说明了在占统治地位的意识形态底下，传达的正是统治阶级的意识形态。

八、本章小结

当代世界意识形态呈现出更多的整体包容特性，在全球商业化冲击下有消费意识形态趋同的倾向，虽然对消费主义是否属于意识形态仍有争议。与此同时，存在着意识形态多元化的另一种趋向，国家、民族以及主流和边缘团休间，不同的意识形态都在努力发声，力求自我显现。以斯图亚特·霍尔为代表的文化研究学派一直将意识形态视为一个抗争的领域，他们认为意识形态领域并非简单的控制关系，而是充满斗争，这种理解无论现在还是将来都会一直适用。

本书的观点认为，有机的媒介偏见并非产生于传统的国家机器中，而是与国家意识形态紧密相联的概念，既包含了有形的机构组织，也包含了无形的意识形态部分，是两者同时作用的结果。本章讨论了国家意识形态部分，指出意识形态的日常具体运作不容易被观察，只有在国家捍卫核心利益的特殊时期，通过战时宣传的窗口得以窥视统治者的动机，这类歧视的典型案例莫过于纳粹的反犹宣传，它也因此吸引了众多学者深入剖析。

意识形态包含了大量的统治者希望植入的态度，其中不可避免地存在偏见，其中大部分为有机的偏见。意识形态的本性是虚假的、靠不住的，同时又无比真实地反映统治者和现存社会的状态。帕累托说："意识形态应该指那些忽视、掩盖非逻辑行为，通过辩护消除非逻辑行为的企图"②，偏见会常披上正义的外衣或是被涂抹上客观的色彩，这种媒介偏见如果发生影响作用，具有极大的迷惑性。

本章的国家意识形态带有一定批判色彩。媒介一旦失去独立思考和判断力，沦为极端偏见的宣传口舌，后果将极为严重。在国家意识形态的强大压力

---

① 反犹偏见发展到极端，短时间内就演变为制度性歧视。1935 年颁布的《纽伦堡法》（包括《德国公民权法》《德意志血统和荣誉保护法》《德国人民遗传健康保护法》）重新界定了公民权，禁止德国人与犹太人之间的通婚及性行为，禁止犹太人雇用 45 岁以下的德国女性公民，取消了犹太人的公民权。对犹太人的政策由局部攻击发展到系统灭绝，从绝育法到安乐死，从东部占领区的枪杀到集中营的毒杀。

② ［美］Jorge Larrain：《意识形态与文化身份：现代性和第三世界的在场》，戴从容译，上海教育出版社 2005 年版，第 68 页。

下，政府对于媒介有绝对支配地位，推行与整体意识相符的观念，通过对其他声音的消除的方式，将人们隔离在信息的真空中，将非客观的、带有偏见的观念灌输进人们的头脑中，这个过程即使在人们觉察的情况下，亦可通过媒介偏见观念的不断反复重申完成，偏见最终"再制"了自身，在人们的头脑中获得繁衍。

当代传播环境发生变化，大规模种族偏见宣传似乎已经不合时宜。受众拥有更为自主的交流环境，对纳粹和种族主义有更多的警惕之心。曾作为纳粹宣传利器的国家意识形态早已分崩离析，支离破碎，偶尔被新纳粹分子重拾，却也无法黏合成形。"在 21 世纪来临之际，对互联网的检查仍然是法律界最热门的话题之一，不仅是具有性的性质的材料被《传播庄重法》一类法律锁定，而且含有仇恨性质的网站也受到了威胁。不是每一个人都与推销反犹以及其他种族主义观点的网站的价值看法一致。"①

论述最后感触颇深，同情和理解国家意识形态包围下每一位偏见受害者的孤独心境。当人类的理性被意识形态逻辑蚕食，最终都免不了沦为偏见的奴仆，被其鞭挞，倒行逆施，唯所欲为，令人发指。纳粹党的疯狂排犹和推行种族灭绝政策已过去半个多世纪，现在人们还能参观奥斯维辛集中营的遗存、读到《拉贝日记》和《安妮日记》这样沉重的自传作品，它们代表着人类偏见历史上最残酷的记忆，提醒人们曾经发生过的偏见伤害。虽然现在人类远离了纳粹反犹偏见猖狂的时代，但假如历史倒流，重回到充满偏见的环境中，谁又能确信自身一定能保持完全清醒的判断呢？

---

① ［美］迈克尔·埃默里、埃德温·埃默里、南希·L.罗伯茨：《美国新闻史：大众传播媒介解释史（第九版）》，展江译，中国人民大学出版社 2004 年版，第 672 页。

第七章　媒介精英：
西方媒介偏见的推动者

英雄人物何止一个阿伽门农，
在他前后，
也出过不少俊杰之辈，
虽然英勇像他，却又各有千秋；
然而，只因为不曾在诗篇里留辉，
便被世人遗忘了。

——拜伦：《唐璜》节选

一、堕落的媒介精英？

（一）媒介精英的概念

"精英"一词的英文 elite 原为精华之意，现在通常用来指称杰出人物和社会名流，"是指最强有力、最生气勃勃和最精明能干的人"①。在社会学的范畴内，精英们通常被认为属于社会地位高的一部分人物或集团，他们是"中间、骨干、核心，发挥影响、权威或决定性权力的为数很少的一批人或阶层"②。这种解释不仅将精英视为某类社会群体，更看作是一种社会阶层。精英群体研究最早由

---

① ［意］维尔弗雷多·帕累托：《精英的兴衰》，上海人民出版社 2003 年版，第 13 页。
② 王同亿主编：《英汉辞海》，国防工业出版社 1987 年版，第 1694 页。

帕累托(V. Pareto)在《精英的兴衰》中确定了研究对象和框架，其中包含了精英形成和衰落的分析，为以后的精英循环或称精英流动理论奠定了基础。精英理论早已成为社会学的经典议题：约瑟夫·熊彼特(J. Schumpeter)从民主政治出发，论证了精英民主的政治合理性，他倾向将精英作为民主政治的获胜者；马克斯·韦伯(Max Weber)勾画出单一垂直的金字塔端的精英模式；加布里埃尔·塔尔德(Gabriel Tarde)提出不同阶层均有领袖人物存在的精英理论，区分了战功、财富、圣洁和审美四种精英。塔尔德说："要言之，我们找到了贵族的四个源泉：军事、经济、宗教和唯美这四个源泉"，这与早期的精英以身份、地位、财产作为衡量标准大体一致。

哈罗德·拉斯韦尔(Harold Lasswell)的自我定位是政治学家，但他在传播学界被公认为四大先驱之一，其主要贡献为 1948 年发表的论文《社会传播的结构与功能》。文章以简洁方式阐述了传播 5W 模式和三大功能说，是传播学理论的奠基之作。此处要特别提及拉斯韦尔对统治精英在社会冲突中作用的重视，他指出："统治精英的成员特别警惕其他的成员，他们依靠传播，将其视为维护权力的手段。……统治精英对内部环境的潜在威胁也很敏感。除了动用公开的情报源头外，他们还采用秘密的手段，他们用预防措施，尽可能在许多政策问题上强加'安全规定'。与此同时，统治精英对自己的意识形态三令五申，对反意识形态进行千方百计的压制。"[①]拉斯韦尔没有将媒介精英特别与统治阶层分离，他强调拥有统治权力的精英们对传播的控制甚至是压制，他的阐述暗示应多关注媒介与权力紧密联系的现象，以及媒介控制可能成为统治手段的一部分。拉斯韦尔在《政治学：谁得到什么？何时及如何得到》中继续了对精英问题的探讨，他认为精英驾驭和操纵环境，运用象征、暴力、物资和实际措施达到特定的目的。

法国社会学家皮埃尔·布尔迪厄(Pierre Bourdieu)虽来自法国高师这样的精英群体，却表现出不同于群体内部精英们的强烈自省意识，在个人学术取向上呈现出一种与精英阶层趣味的背离。不过，布尔迪厄一直对精英问题保持高度关注，他描绘了国家精英的发展历程，在《国家精英》一书中深入大学场域进行多层面的讨论。他同时将场域理论投入社会学的多领域，他在《关于电视》的小册子中尖锐批评了新闻制作场域的种种痼疾，对新闻制作中的权力精英有诸多批判。布尔迪厄从权力、惯习、场域、实践等方向的探讨，扩充了社会学家们对精英问题思考的宽度。

---

① ［美］哈罗德·D.拉斯韦尔：《社会传播的结构与功能（双语版）》，何道宽译，中国传媒大学出版社 2013 年版，第 48—49 页。

查尔斯·赖特·米尔斯(C. Wright Mills)在其 1956 年出版、至今仍畅销不衰的《权力精英》(*Power Elite*)一书中对不同的精英概念给予了阐述:"界定精英的第一个概念是根据机构位置的社会学理论和机构形成的社会机构得出的;第二个概念来自于经由选择的价值的统计;第三个概念是从隶属于某个派系集团的成员情况中获得的;第四个概念根据特定人格类型的道德伦理归纳而来。大致说来,也许就是:他们带头做什么,他们拥有什么,他们是哪部分的,他们究竟是谁。"①这可谓是对精英概念最为全面的归纳,囊括了各家定义,说明概念差异源自思考精英问题的角度差异。

米尔斯的研究对象集中于权力精英,他指出,从西方政治经济发展态势来看,权力精英包括上、下层次,上层是为数少的庞大家族、公司、劳工联盟和社会经济组织的领头者,下层包括国家和民族的政治领导人、法学家、军事领导人、游说者、记者等。精英也是随着时代不断发展的社会现象,在现代社会,由于资源的分散化,可能存在着一个以上的重要组织或群体在不同领域控制着社会资源,故一个社会的精英群体可能是多个集团。而根据他们的专长或分工,社会的精英群体可细分为经济精英(或企业精英)、政治精英、军事精英、文化精英、专业精英(或技术精英)等。米尔斯对美国媒介与娱乐界精英的研究实际上就是对"媒介精英"(media elites)的早期研究。

本书所要论述的"媒介精英"正是精英的重要组成部分。对西方主流媒体存在的偏见问题,在本书写作前期曾进行了初步的研究,主要的观点是媒介精英是中国"他者化"呈现的根源,他们与权力有紧密的联系,通过影响力极大的精英圈层进行沟通,通过媒体发挥象征权力作用,或在日常报道中通过采编部分逐渐渗透。从歧视经济学角度看,精英有利于维护西方媒介精英的经济利益;从社会心理学角度看,"他者化"的呈现有利于转移国内的注意力,便于维护国内的统治;从文化学的角度来看,是异质文化间理解沟通的差异所造成。② 在后继研究中发现,媒介精英问题有值得深入挖掘的价值。

国外学者对此议题也有深入研究,1990 年里奇特(S. R. Lichter)的《媒介精英:美国新权力掮客》(*The Media Elite: America's New Power Brokers*)一书对《纽约时报》《华盛顿邮报》《华尔街日报》240 位传媒从业人员进行访谈,对这类媒介精英群体形象予以勾勒,探讨了他们的宗教和阶层背景对报道的偏见影

---

① [美]查尔斯·赖特·米尔斯:《权力精英》,王崑、许荣译,南京大学出版社 2004 年版,第 31 页。

② 陈静:《西方媒体精英:中国"他者化"报道呈现的根源》,《社会科学战线》2008 年第 11 期,第 269—271 页。

响,书中的"Media Elite"指的就是新闻媒体的从业者,主要包括编辑和记者。①
本书所探讨的精英范围更广一些,既包括对媒体的控制力高的领导阶层,也包
括专业的媒介人员,上至全球传媒巨亨,下到国内某都市报刊的负责编审,都属
此类。媒介精英是精英阶层的一部分,他们掌控媒介权力,熟悉媒体的运作,对
媒体的发展起着推动作用,是对社会的舆论进行引导的影响力量。② 从带有个
人英雄主义色彩的目光观察,整个传媒发展史正是一部媒介精英的传记集。时
事和环境造就了媒介精英,提供了他们展示个人对媒体的筹措、经营、采编才能
的舞台。从 19 世纪开始,中国新闻史上出现过一批这样的媒介精英:言辞犀利
的王韬创办了《循环日报》,开辟政治评论的高峰;面对百万军队敢言"我有百万
读者"的《申报》总经理史量才,坚持人格、报格、国格,而最终被暗杀;《大公报》
记者范长江,深入大西北报道了红军长征,采写出《中国的西北角》《塞上行》等
经典作品;"七君子"之一的邹韬奋,出狱后继续主编《生活》周刊,成为媒体抗日
救国的旗帜。这些近代、当代活跃在传媒领域的媒介精英们,积极地推动政治
局势向民主和光明转化。

现代西方媒体产业化、规模化急速发展,作为媒介精英的经营者和管理者
是媒体发展的领导力量,澳大利亚的默多克(Murdoch)、意大利的贝卢斯科尼
(Berlusconi)是其中的佼佼者,他们拥有自己的传媒帝国,具备经济精英和政治
精英等多重身份。默多克的新闻集团触角伸向世界各大洲,他掌控的报纸、电
视台等多种媒体包围着人们,贝卢斯科尼控制着意大利大部分电视台和报纸,
他们都是名副其实的亿万富翁。在政治上,他们的表现同样抢眼,默多克曾长
期支持撒切尔政府,是他的鼎力相助将布莱尔送进了唐宁街。贝卢斯科尼则更
不甘居幕后,数次亲自参加总理竞选,并成功担任意大利总理一职。大众媒介
的关注令他们为人熟知。对公众而言,他们不像以往的精英那么神秘,作为媒
介未来发展的谋划者和知名人物,公众关心他们的兴趣爱好,他们在媒体上出
现时笑容可掬、平易近人,实难掩盖精英身份与普通人的隔阂。

媒介精英与下层民众的生活脱节趋势越发严重,就所属阶层而言,他们属

---

① S. Robert Lichter. *The Media Elite*: *America's New Power Brokers*. New York:
Hastings House,1990:1.

② 本书的这种划分方式与乔姆斯基的划分有所不同,乔姆斯基在研究美国政府的宣传
政策时将美国社会各阶层划分为四个群体:商业精英(包括媒体宣传机构的老板)和政界精英
(与商业精英往往是同一批人),他们是宣传的散布者;新闻记者与学者,他们通过传播为精英
服务来获得现有的地位;受过良好教育,政治上活跃的中产阶级,是媒介宣传的首要目标;政
治上不被动员的下层阶级,是媒体宣传的第二目标。转引自尤泽顺:《乔姆斯基:语言、政治与
美国对外政策研究》,世界知识出版社 2005 年版,第 223 页。

于社会上层,享受高收入、高品质生活。媒介的特殊性带来了"名声"和"影响力"这样的新增资本。台湾学者林富美通过分析发现,"名声"是新闻工作者的重要劳动资本,直接影响劳动报酬与工作机会,"当专业、名声商品化后就不再是关系自身利益而是各种利益的符码,必须依附商业价值否则没有交换价值,透过名声基础的理性抉择因而使得名声原有之专业基础产生质变"①。西方的明星体制更令出色的媒体人员在成名之后,跻身社会名流,脱离普通记者的生活状态。此情形的危险性是不言而喻的,即媒介精英们跻身上流后还停留在原先主持或播报的一线位置,脱离生活导致他们与受众的距离渐行渐远,对现实生活的敏感性降低,围绕他们设计的节目也自然地被引入自我沉迷的真空地带。

国内情形与西方类似,近年出现了大批明星主持人或媒体记者,享有高收入和高名气。② 某明星主持人在 2008 年汶川地震现场出镜,她全身奢侈品穿戴,似乎将地震后的断壁残垣作为秀场,做作优雅的举止与紧张忙碌的救灾环境极不协调,招来网民嘲讽。一些具体指标也说明这一问题的存在,有学者指出:"在我国传媒人员的收入、学历、社会阅历等高于受众的平均水平,新闻选择、关注维度、话题等,表现出不同于受众的趋势。"③

媒介精英在社会阶层中具体的位置高低在不同国家会有所差异,这是由社会体制和历史情形等多种因素造成的。人类社会信息交往的需求导致新闻活动的产生,历经漫长的发展史,媒介从个人传播行为到小作坊印刷品制作,直至大规模的广播、电视、报业等传媒集团出现,媒介精英伴随媒介的发展而逐渐成形。西方新闻媒体的主要构成人员的素质较高,主流媒体的工作者基本受过良好的教育,稳定的工作和相似的生活背景令这一群体表现出稳定性和整体性;同时,在价值取向、教育背景等方面,媒介精英们与上层社会的天然联系难以割断。

从政治角度看,媒体与政权巩固有着直接联系,控制媒介精英对任何一个政权来说都是需要而且必要的。每当新的政权建立,执政党建立媒介精英阶层的需求就显得尤为迫切。在社会革命发生的特殊时期,人们能观察到媒介精英

---

① 林富美:《当新闻记者成为名嘴:名声、专业与劳动商品化的探讨》,《新闻学研究》2006 年第 88 期,第 43—81 页。

② 关于传媒从业者的收入和所属社会阶层问题讨论不绝,除了高层次媒体工作者的精英化、明星化趋势外,国内出现另一种趋向,即"新闻民工"现象,新闻工作者工作任务繁重,且收入在不断下降,这一名词也成为某些新闻从业者对收入待遇低、难保温饱的自嘲。

③ 修宇:《大众媒体俯视效应及对策》,《国际新闻界》2007 年第 1 期,第 50 页。

阶层迅速生成的现象。有学者研究了东欧共产主义退出执政后自由主义新闻理念的实施情况,选取以罗马尼亚当时出现的新型的新闻专业人员为对象,观察其合法化的意识形态生成、内部对专业者的系统控制以及新的权力关系。学者对 400 名罗马尼亚记者进行了问卷调查,了解他们的组成,发现一小部分记者控制着专业的队伍。研究者着重指出:大众传播的权力转换不应该总是从标准化的角度去关照,而是更应被理解为战争或是权力。新闻专业者的逐步封闭最终形成一个"媒介资产阶级"(media bourgeoisie)。①这一研究可算是西方媒介精英在东欧国家出现的具体描绘,其意义在于,不仅观察到媒介精英的生成和集体肖像,更指出这一领域的权力争夺之激烈的事实。

　　"精英媒体"是与媒介精英紧密相关的另一概念,这类媒体具备了精英的某些品质特征。有意思的是,媒介精英拥有的媒体并非就是精英媒体,特别在媒体集团化、垄断化的当前社会,一个传媒集团的精英领导者不会将目光仅仅停留在精英媒体上。众所周知,默多克同时拥有多家报纸,既包括《泰晤士报》这样的严肃大报,也包括以通俗化内容迎合读者的《太阳报》,但两者在读者群、影响力、办报风格上都差异很大。在国外只有少量报纸和刊物有资格被称为精英媒体,以《华盛顿邮报》《纽约时报》《泰晤士报》为首,它们代表着西方的主流意识形态的声音。精英媒体与主流媒体均为社会所认可,但还是存在一些具体差异,精英媒体强调的是它在社会分层中的位置,主流媒体则从影响力大小、覆盖面多少等多因素来考量。有的精英媒体的发行量远不及发展中国家的地方报纸,却拥有高可信度和美誉度,转载率高,社会影响力大,它更接近人们所说的标杆性质的媒体。

(二)作为知识分子的媒介精英

　　根据以往对知识分子的衡量标准,从事技术性的脑力劳动一直被视为知识分子与体力劳动者的分界线,也是媒介精英的重要特性,媒介精英做着知识分子的非体力劳动工作,需要拥有专业化的传播技术与知识。这种职业专业化的考量带来对以下问题的思考:媒介精英可否被划归知识分子阵营呢?

　　知识分子一直被认为是有独特的行为方式、自我价值、追求方向的,这被看作知识分子的固有特质。知识分子这一概念并不仅指职业上的脑力与体力的划分,"从事非体力职业的人并不必然是知识分子……定义知识分子的,不是他

---

① Mihai Coman. Media Bourgeoisie & Media Proletariat in Post-communist Romania. *Journalism Studies*,2004,5(1):45-58.

们做什么工作,而是他们的行为方式、他们看待自己的方式,以及他们所维护的价值。"①

对知识分子问题的探索必须提及安东尼奥·葛兰西(Antonio Gramsci)这位意大利共产党领袖,他回避了过去从知识分子活动本质探寻的旧路,认为应从关系体系的整体中去寻找知识分子的意义,"这些活动以及体现这些活动的知识分子团体正是以此在社会关系的总体中占有一席之地的"②,他实质上继承了马克思和恩格斯从社会关系和社会视角的思考方式。他拒绝对知识分子按照所谓的脑力和体力的分类,他认为最低级的劳动也包含有技术要求,"因此,我们可以说所有的人都是知识分子,但并非所有的人在社会中都具有知识分子的职能"③,这个职能的具体所指他在稍后的行文中给予了解答。他将上层建筑分为两个"阶层":一个是"市民社会",另一个是"政治社会"或国家。"这两个阶层一方面相当于统治集团通过社会行使的'霸权'职能,另一方面相当于通过国家和司法政府所行使的'直接统治'或管辖职能。这些职能都是有组织的、相关联的。知识分子便是统治集团的'代理人',所行使的是社会霸权和政治统治的下级职能。"④葛兰西将知识分子放置在一个特殊的位置中,这既可以干预生活,实现统治,同时又隶属统治集团,能够发挥管理和统治的实际职能,这一点在媒介精英的社会功能中有明确的表现。

知识分子不仅是统治者的"代理者",更作为有独立思考和一定精神追求的个体和整体存在,他们身上可贵的正是这种卓然的精神气质和独立思考的能力,面对纷乱难辨、自相矛盾的传播内容,或是铺天盖地的宣传态势也能保持冷静的头脑。较强的思辨和分析能力令其对媒体内容不会轻易全盘接受,不太会发生偏听偏见。台湾学者曾对"提名郝柏村为行政院长为个案"进行调查,研究发现,个人知识的内容(如对事件的"事实"知识),组织知识的方式,都和认知结果有显著相关。研究中提出了一种"主动的受众"的概念,并显示,主动的意义表现在知识的内容、形式及使用上。具体言之,在理解、记忆传播讯息时,个人先前知识是决定因素。另外,处理资讯时,无论从行为或认识的角度均有一定策略。在这项研究中对事件有较为全面、丰富记忆的也是一些教育层次较高的

---

① [英]弗兰克·富里迪:《知识分子都到哪里去了》,戴从容译,江苏人民出版社 2005 年版,第 29 页。

② [意]葛兰西:《狱中札记》,田时纲译,人民出版社 2007 年版,第 6 页。

③④ [意]葛兰西:《狱中札记》,田时纲译,人民出版社 2007 年版,第 7 页。

知识分子,而且他们对事件有自我的观念和见解。⑤ 这是知识分子独立的判断能力使然,同样的,社会媒介担负着监督社会环境、引导舆论的社会功能。新闻媒体通过报道组织稿件,发表评论,传递信息,帮助人们在纷繁的事物中认清局势,需要的正是知识分子的这些特质。

大众媒介公平客观的报道原则与知识分子的理性精神不谋而合,结合西方资产阶级自我解放的斗争来看,大众媒介发展初期就在追求作为一种独立和公允的社会力量存在,记者们被称为僧侣、贵族、平民之外的"第四阶级",后来更发展为对西方行政、立法与司法三权的监督力量。在现实中,媒介始终保持着也绝不能丧失对公共事物的关注和干预热情。虽然不同时期知识分子呈现出不同的特质,但他们参与社会政治生活的热情是无可置疑的。传播学者李金铨就此讨论了中国近代新闻史上的报纸的参政情况,指出:"文人论政是近现代中国报刊的特征,一方面延续儒家自由主义的传统,以天下为己任,以言论报国;一方面代表转型现代自由知识分子积极参与社会"⑥,虽然他们时常为无法实现理想的痛苦所折磨,但却成为传媒史中值得书写的一笔。

在社会历史发展的思想桎梏最强烈的时期,知识分子整体也曾陷入过"沉默"和"失语"状态。屈原怀才不见于怀王,自沉汨罗江;魏晋时期的"竹林七贤"饮酒疯癫,表达内心不满;中世纪的乔尔丹诺·布鲁诺(Giordano Bruno)坚持真理,反对地心说,被宗教裁判烧死。作为知识分子,他们坚持自我信念和追求真理,甚至不惜以生命去捍卫理想,精神犹如黑夜中最亮的光芒,划破夜空。正是知识分子的思想特质决定了他们不会长久背离人类理想和自我职责,正如弗兰克·富里迪(Frank Furedi)所指出的:"成为知识分子意味着社会参与。很难既为思想而活,又不试图去影响社会。这意味着不仅参与到创造性的思想活动中,而且也担负社会责任,选取一种政治立场。不是每个知识分子都有社会参与的天性,但是作为一个群体,知识分子被引向政治生活。"⑦

写过《保卫马克思》的雷吉斯·德布雷(Régis Debray)在后期研究中将兴趣转向媒介学(mediology),他关注知识分子与媒介的关系,他梳理了法语中"知识分子"一词的变化后,认为知识分子首先是一个社会阶层,它的出现是在政治对抗、甚至对立的背景中。他特别提到一个观点,即知识分子与政治的反比例

⑤　钟蔚文:《从媒介真实到主观真实:看新闻? 怎么看? 看到什么?》,台北正中书局1992年版,第139页。

⑥　李金铨主编:《文人论政:知识分子与报刊》,广西师范大学出版社2008年版,第20页。

⑦　[英]弗兰克·富里迪:《知识分子都到哪里去了》,戴从容译,江苏人民出版社2005年版,第32页。

关系,也就是当政治权力被削弱的时候,知识分子的力量就增强了。德布雷接受萨特的说法,认为知识分子不仅仅是某个阶层,更深层次意义上说知识分子是管闲事的人,"实际上就是针对某个事件,把自己的观点公开。……知识分子需要投入、表态、传播,这和作家不同,作家只是满足于写小说或诗歌;与艺术家也不同,艺术家需要创造艺术作品;和学者也不同,学者寻求的是真理。而知识分子就是一种干预性的态度,走出自己的办公室和实验室"①。他强调知识分子对社会生活、政治事件应保持高度关注,同时指明了关注的实现路径,即知识分子的影响力取决于出版的渠道和方式,为此他停留在媒介技术层面给予了考察。

　　德布雷对知识分子媒介使用的思考触及了媒介精英的最大优势,即他们对媒介拥有使用权和近用权,有着随时、方便、迅速使用媒体的权力。媒介本身赋予了媒介精英们更深刻的观察力,作为社会引航者的媒介和知识分子,深刻的洞察力在媒介精英身上得到全部的体现。新闻对事实真相的探究、查找、挖掘事实的能力都与知识分子对真理的追求体现出一致性。

　　前文提及的法国知识分子的另一位代表人物皮埃尔·布尔迪厄的观点相对德布雷要尖锐得多,他在激起争议的《关于电视》一书中指出,在新闻场商业化的过程中,"知识分子记者"作用明显。布尔迪厄的"知识分子记者"不同于一般的文化生产者,他们不仅仅从工作中得到谋生手段,而且拥有对其他专业场施加影响的权力。这些"知识分子记者"处于新闻场与专业场之间的不确定的位置,他们利用其双重身份来回避两个领域各自的特殊要求,并把在其中一个领域内或多或少已经获得的权力带到另一个领域,"知识分子记者"因而起了两种重要的作用:一方面,引入处于学院式奥妙主义和新闻式公开主义之间难以界定的两可范围内的新的文化生产形式;另一方面,通过他们的批评性的评论,推行文化生产的某些评价原则,给市场的裁决披上知识权威的外衣,并增强了某些类型的消费者"从众"的自发倾向,从而对文化产品生产施加间接而长期的影响。②布尔迪厄研究的价值在于将媒介精英与知识分子身份合二为一,指出了这类特殊影响力的人群有着权力与影响,同时将他们放入思考的场域和权力框架,指出其权力的相互作用力,这是对媒介精英极具价值的论述,为本书理解偏见背后的各种影响提供了理论工具。

　　布尔迪厄特别提及媒介精英与大众的引领和跟随的关系,但他所论述的通

---

　　① 〔法〕雷吉斯·德布雷:《知识分子与权力——雷吉斯·德布雷北京演讲实录》,《南方周末》2010 年 6 月 10 日,E23 版。

　　② 〔法〕皮埃尔·布尔迪厄:《关于电视》,徐钧译,辽宁教育出版社 2000 年版,第 92—93 页。

常是在传播状态下，一旦大众与媒介精英选择对立立场，情形就容易变得复杂棘手。"如同鲍德里亚所说，如果在传统社会中大众与知识分子的对立表现为知识分子是主动的观念传播者和灌输者，大众是被动的接受者的话，那么，在大众文化与传媒起主导作用的社会中，大众与知识分子的对立则表现为大众不再同知识分子相关，大众以'沉默'来对抗传媒的主宰和知识分子的统治企图。"①这种危机在当前已经迫近，媒介精英们对社会生活的参与度降低，大众传媒曲高和寡、自说自话，专家、学者们逐渐丧失原有的公信力和权威感，整个社会被割裂为上下两层舆论场，结果不仅是媒介精英逐步丧失知识分子气质，而甚至必将导致主流媒介作为社会公器的衰落以及整个主流意识形态体系的坍塌。

（三）媒介精英的文化资本

媒介精英究竟拥有什么？对此学者们都有敏锐的观察和独到的看法：斯图亚特·霍尔指出："……社会分裂为两个不同的、简单化的'公众'（publics）：一个是为数不多的'精英'公众，这一群体之所以重要，不是因为数量而是因为其权力和影响力的战略本质。"②也就是说，媒介精英拥有权力，可以影响或左右人物或事物的发展。

皮埃尔·布尔迪厄对于教育场域的分析值得注意，他提出的"文化资本"（cultural capital）概念譬喻独特、阐述深刻，被广泛接受。"文化资本"是一种权力形式，布尔迪厄指出"文化资本"本质就是一种"象征资本"，"这一象征资本如同在其他领域运作的那样；作为认知，它取决于信仰，也就是建立在场域里现行的各种范畴的感知和鉴别上"③。他还特别提到了作为艺术家的资本的认可程度与价格真实性的关系用以说明问题，本章借用"文化资本"这一术语，结合媒介精英的特殊性来解释媒介精英们所拥有的特殊资本。

要分析和使用布尔迪厄的独特思想，就必须先了解传统经济学的观点。传统经济学家们习惯将资本分为三种类型：物质资本（material capital）、人力资本（human capital）和自然资本（natural capital）。媒介精英的确拥有"物质资本"，包括采编部门、印刷厂、广播电视设备、频道资源，甚至是通讯卫星，因为传媒行

①　[美]Jorge Larrain：《意识形态与文化身份：现代性和第三世界的在场》，戴从容译，上海教育出版社 2005 年版，第 4 页。

②　[英]斯图亚特·霍尔：《大众文化与国家》，载陶东风主编：《文化研究》，中国人民大学出版社 2010 年版，第 274 页。

③　[法]皮埃尔·布尔迪厄：《实践理性：关于行为理论》，谭立德译，生活·读书·新知三联书店 2007 年版，第 181 页。

业急速变化的特性,这些都容易被替代和折旧。媒体作为媒介精英拥有的新闻产业,能收集世界各地每时每刻发生的事实,通讯社每天不停地向世界各地传递信息,帮助人们获得与整个世界的感知和联系。媒体不仅控制着信息的发送,更控制着广大的受众。在快速变化的新媒介时代,由于技术的改进,过去紧张的媒介频道、播放平台资源已经极大地扩展,大众媒介渠道已经极端丰富,因为软件技术将门槛降低,个人制作媒介产品变得常见,自媒体成为自我发布的平台。但对媒介精英们来说,无论是大众媒体还是小众媒体,无论是传统媒体还是新兴媒体,他们都拥有了更多接近受众、影响受众的渠道。

根据布尔迪厄"文化资本"的论述,新闻从业者所拥有的知识能力和从业资格,是他们通过教育获得制度化认可的文化资本形式。媒介精英们受过较好的教育,有较高的学历和较丰富的知识以及必备的专业素养,这是他们多年自身学识和能力的储备。媒介精英们从事大众传媒职业,在众人眼中是令人羡慕的,因为"职业有挑战性;职业有成就感;职业有灵活性;职业允许有个人风格;职业收入颇丰"①。

新闻报道的专业口径较之其他专业更为宽泛,体育、财经、法律等方面的报道都需要较高的专业熟悉度,优秀的新闻工作者很多是半路出家,并非科班出身,这成为"新闻无学论"的主要批判内容。尽管如此,新闻从业资格仍需要通过必要的学习和考试获得,也就是需要具备相关的文化资本,才可能进入新闻职业圈。

布尔迪厄是这样阐述他的观点的:"……知识分子其实是统治阶级中被统治的一部分。他们拥有权力,并且由于占有文化资本而被授予某种特权,他们中的某些人甚至占有大量的文化资本,大到足以对文化资本施加权力,就这方面而言,他们具有统治性;但作家和艺术家相对那些拥有政治和经济权力的人来说又是被统治者。"②他继续强调统治采取的是结构式的统治形式,它通过非常普遍的机制,如市场机制来实施。对于新闻组织的权力和控制,布尔迪厄在《关于电视》这本电视研究力作中给予强烈批评。新闻场是在 19 世纪两类报纸的对立中构成的:一类优先提供"消息",尤其是"耸人听闻的"或更加"轰动性的"消息,另一类则发书摘和"评论"文章,充分显示其"客观性"的价值。他对欧洲电视界予以批判,认为在新闻场域之中新闻记者的身份与作用受到了严重的侵蚀。职业的压力与当初受到新闻教育所树立的理想之间的矛盾越来越大,人

---

① 邵培仁、江潜:《知识经济与大众传媒》,浙江大学出版社 1999 年版,第 199 页。
② [法]皮埃尔·布尔迪厄:《文化资本与社会炼金术》,包亚明译,上海人民出版社 1997 年版,第 85 页。

们越来越早地发现干电视这一行所要经受的可怕的压力,尤其是与收视率等因素有关的种种束缚。

布尔迪厄特别批判了媒体上经常出现的社会活动分子,并指出:在电视这个领域自由、独立,有时甚至闪烁着非凡的光环的社会活动者,但实际上只是结构所操纵的木偶而已。布尔迪厄不仅批评了生产电视的媒介精英们,同时也批评了电视中的精英人士们,如各类专业权威、知名人士等,他们是媒体中常出现的专家。本书所指的媒介精英与媒体中的专业人士有较大差异,虽然媒介在各类报道中需要倚借对方的知识和声望,但专家们不属于媒介机构,也无法操纵和引导媒体,他们不属于媒介精英的组成部分。

二、媒介精英的具体作用方式

(一)媒介精英拥有的权力

汤普森认为媒介是与文化权力和象征权力紧密联系在一起,并运用信息和交流的方式来实现的。大众媒介往往赋予媒体从业者一定的社会威信;象征的权力是通过对价值观、信念和理想的转换来塑造,他著作中的表格有直观的体现,媒介精英们正是汤普森所说的拥有这种象征权力的人。

奥普拉·温芙瑞(Oprah Winfrey)是电视谈话类节目《奥普拉脱口秀》的主持人,这档节目平均每周吸引 3300 万名观众,连续 16 年排在同类节目的首位。她的传奇成功经历是美国梦的真实体现,也成为所有黑人女性的奋斗目标。通过控股哈普娱乐集团,她掌握了超过 10 亿美元的个人财富,更重要的是她和节目的巨大号召力,她在媒体中所强调的信念鼓动并激励众多美国民众,甚至有人将她"与丘吉尔、艾森豪威尔并称为对 20 世纪产生重大影响的人物"[①]。

继奥普拉神话后,美国 CBS 电视台 2003 年开播了《艾伦脱口秀》(Ellen Show),主持人艾伦(Ellen)已成为新一代的脱口秀明星,她轻松诙谐的主持风格备受青睐。2014 年奥斯卡颁奖礼上,她与众明星的合影在个人社交网络上发布后,被全球网络疯狂转发,这并非其他明星的魅力使然,而是由艾伦的粉丝们的追捧所致。

---

① Taylor Dinerman. Culture and Geopolitics in the Age of Oprah. *The Journal of Social*, *Political and Economic Studies*,1999,24(3):291-311,

　　特里·弗卢(Terry Flew)是澳大利亚昆士兰科技大学的学者,他关注新媒体与创意产业的发展,著作颇丰。在 2007 年其所著的《理解全球媒介》(*Understanding Global Media*)一书中,弗卢提供了及时、全面的全球媒体生产与流通概况,通过广泛的案例研究对媒体行业的生产和内容,全球观众和媒体政策等多方面进行了分析。这本书可算是全球化时代理解媒体的重要指南。弗卢在书中认可媒介精英们拥有与其他行业领袖同样的权力,正如表 7-1 所示,媒介的权力并非是物化的、有形的权力,而是以信息和交流方式存在的,象征性的权力。这包括对新闻事件的传播、解释的权力,对舆论的控制力,对社会思想和意识形态的构建作用等方面。

表 7-1　媒介权力形态表现[①]

权力的形态	拥有资源	机构例证
经济权力	原材料和金融资源	经济机构(如商业企业)
政治权力	权威	政治机构(如国家政府)
强制权力	身体或武装的力量	强制机构(如军队、警察、监狱)
象征权力	信息和交流的方法	文化机构(如宗教机构、学校)

　　媒介精英控制着媒体,自然也就拥有媒体的使用权和近用权,能够利用媒体发挥影响力,从而对受众产生巨大影响。英国文化学派的观点对批判传播者有深刻影响,其观点尖锐地揭示了媒介与主控权力的本质关系。斯图亚特·霍尔认为媒体是精英手中有力的工具,媒体的作用是传播占统治地位的思维方式——不论这种思维方式是否有效。霍尔在研究 20 世纪 70 年代前期报纸对暴力犯罪的威胁的反应时做出了两种划分,即主要解释人(primary definers)和次要解释人(secondary definers)。主要解释人是在组织上占主导地位的集团,他们能给媒体提供暗示,以便跟踪某个特定的事件。媒体作为事件的次要解释人而行事,对从主要解释人那里接收到的信息进行筛选和阐释。[②] 文化研究强调,媒体使掌握权力者具有控制能力,而无权者只能接受传递给他们的东西。[③]霍尔的文化研究的观点直指本质事实,即大众媒介受到精英的控制,媒介精英

---

　　① 表格译自 Terry Flew. *Undergstanding Global Media*. Basingstoke：Palgrave Macmillan,2007:5.

　　② [英]尼克·史蒂文森:《认识媒介文化——社会理论与大众传播》,王文斌译,商务印书馆 2003 年版,第 61 页。

　　③ [美]理查特·韦斯特、林恩·H.特纳:《传播理论导引:分析与应用》,刘海龙译,中国人民大学出版社 2007 年版,第 395 页。

们属于特定的社会阶层，他们扮演社会事件的解释者，传递给大众的信息必然受到所属阶层的影响，很多时候不可避免地带有阶层的偏见。

霍尔这里提及的精英实质包括整个精英阶层，媒介精英隶属于其中，发挥着对媒介的直接控制作用。罗伯特·W. 麦克切斯尼（Robert W. McChesney）在《富媒体，穷民主》（*Rich Media，Poor Democracy*）一书中所描绘的正是现实中的控制情形，"在美国，最重要的决策由少数富人和权势人物作出，作为多数的公众实际上已经失去了参与权，联合媒体的作用是固化了美国社会这种少数人统治多数人的体制"[①]。

互联网联结全球，新媒体终端直达受众，无处不及，无远弗届，不断更新。受众从过去被视为传播的简单终端，发展为利用手机、电脑进行自媒体发布的平台。同时，新闻媒体专业化的门槛不断降低、媒体把关人的缺失，种种变化似乎都证明着一件事情：媒介原有的权力正在面临前所未有的挑战。

英国威斯敏斯特大学传播学者皮特·戈德威（Peter Goodwin）可算"数字技术乐观主义者"中的一员，他并不认同媒介权力正在失去这种悲观看法。在驳斥了数字时代会消解规模经济的论调后，他坚信数字时代是个更好的时代。"即使在数字化的媒介时代，要生产好的媒介产品（即能广为销售的）仍然需要大规模的、分工复杂的新闻采编队伍；而这一点却往往被数字技术狂热者所忽略掉。……未来的传媒产业，数字革命并没有将规模经济这一适用于各产业的基本规则送入坟墓，相反，它仍将发挥作用。"[②]

事实上，媒体借助资本的力量正变得更为强大和难以抗衡。通过不断的发展、并购，世界各国的媒介精英们掌管着超过以往任何时期的庞大的产业。国内学者归纳了媒介权力的五个明显特性：（1）非物质性，认为媒介强大的影响力是一种精神力量，一种软性权力；（2）相对性，媒介不能独立存在，存在于媒介和受众的互动关系中；（3）散点性，媒介具有一对多点的特性；（4）后果性，媒介权力的行使对接受影响的人会产生有利或有害的后果；（5）媒介权力是媒介与受众一种特殊的影响力，媒介主要利用人们获取信息满足个人或社会需求的心理来掌握和控制。[③] 媒体权力作用于人们对媒体信息和产品的使用中，是一种长

---

①　[美]罗伯特·W. 麦克切斯尼：《富媒体，穷民主：不确定时代的传播政治》，谢岳译，新华出版社 2004 年版，第 389 页。

②　[美]皮特·戈德威：《媒介集中：数字革命是否改变了媒介经济的基本规则？》，《新闻与传播评论》（2005 卷），武汉大学出版社 2006 年版，第 136 页。

③　胡华涛：《试论媒介权力的生成及其象征化嬗变》，《社会科学论坛》2008 年第 3 期上，第 92—93 页。

期的、对受众的思想行为和意识观念的影响力。

（二）媒介精英与政府权力网络

媒介精英们所接触的权力网络触及社会的纵横覆盖面,组成了复杂的关系网络。媒介精英身处其中,行动受到各权力关系的制约,同时借此拥有更大的政治影响力,这不仅表现在社会作用上,更表现在对政治事务的决策力上。正如海因兹·斯泰内特所表述的:"政治新闻记者们成了'熟知内幕的人',并且被看作政治家们有教养的随从人员,他们受邀参加所有重大事件,把自己也变成了政治家。记者们是政治的参与者,因为他们对 种特殊的资源拥有影响力。他们控制接近观众的权利,而且这些观众的数量决定了他们影响力的大小。"①

除了大家熟悉的白宫记者团的影响外,很多国家都有类似的媒介精英组织。据日本前坂俊之在《记者俱乐部》一书中的描绘,在日本,政府机构、社会团体、公共机关、企业也需要将自己的政策和计划向百姓宣传,于是这些机构就在自己的机关内设立为新闻机构采访提供方便的记者会见室,积极响应来自媒体的采访活动,例如内阁记者会(首相官邸)、霞俱乐部(外务省)、有兜俱乐部(东京证券交易市场)、金融记者俱乐部(日本银行)平河俱乐部(自民党)。② 这种媒介精英组织的紧密远超过其他国外的记者俱乐部,除了传递信息、协调报道外,更可以达到控制舆论的目的,其中还有内阁记者会的"恳谈会",更是关系到政策的制定等重大问题,记者获得信息,但在没有许可的情况下不得外泄。③

广播电视的情形亦十分类似,政治精英阶层包括政府高官和主要的政党领导人,通常是以间接的方式——通过对政治组织和社会思潮的影响——来操控广电媒体。他们所宣扬的观点和判断直接影响广电媒体的报道框架的形成。如施莱辛格(Schlesinger)所提出的"BBC的公正性原则是国家事先确定的,它所获得的回报便是其独立性"④。詹姆斯·卡伦(James Curran)引用了施莱辛格的结论:"国家限制广电媒体报道各种事件、事务和观点的权力……不是通过公开的审查制度,而是通过中介化的干预得以实现的。"⑤一旦国家、政党利益受

---

① 〔英〕海因兹·斯泰内特:《文化工业的政治》,载陶东风主编:《文化研究》,中国人民大学出版社 2010 年版,第 301 页。

② 刘林利:《日本大众媒体中的中国形象》,中国传媒大学出版社 2007 年版,第 95 页。

③ 尹良富、黄小雄:《日本记者俱乐部制度下的舆论引导方式》,《新闻记者》2007 年第 6 期,第 71 页。

④⑤ 〔美〕詹姆斯·卡伦:《媒体与权力》,史安斌、董关鹏译,清华大学出版社 2006 年版,第 47 页。

到威胁,危机发生的时刻,平时掩盖的国家对媒介的控制就暴露出来:"政治经济精英们(包括媒介组织的所有者和决策者)更有可能直接对媒介惯例进行干预,试图对新闻业加以管制。换句话说,一定程度上,文化机构名义上保持着一种与上层政治、经济精英阶层脱离关系的标准和程序。"⑥政治的外部影响包括事件发生时的政局环境,利益集团之间的关系等,都会影响媒介精英偏见态度的发生,而平日媒介机构的身份则给人以独立的面貌。

政府是国家的管理者、决策者和执行者,依靠获取信息保证国家安全,有时需要尽快做出有利于事态发展的决策。在很多新闻事件中,政府掌握的信息远远超过媒体,在重大的政治和军事行动中,政府更是绝对掌控报道的消息源,对媒体报道制定各种管理措施。有传播学者对 2003 年美国入侵伊拉克后 3 年内的两份精英报纸和四份非精英报纸进行了来源和报道框架的内容分析,结果显示使用的报道框架从国际、国内和地方的新闻来源都有重大的不同。但是,对军事来源的使用上,精英媒体和非精英媒体没有明显的差别。⑦ 也就是说,政府完全控制军事题材的消息源头,这类报道只能仰赖军方的信息提供。这可理解为战时西方媒体对政府消息来源的依赖性,政府通过对消息的控制,能达到控制媒介行动的效果。

媒介精英们作为新闻组织的重要组成部分,负责推动新闻活动的开展。政府通过消息的方式控制媒体报道内容和议程设置,而对新闻组织来说,"希望以最低的成本创作出可信的覆盖新闻。这将导致一种趋势,那就是记者依赖于外部资源通过故事来喂养它们。政府日常事务的新闻材料以及个人部分正在有效地帮助新闻组织去填充其广播和报纸。然而,对于这些资源的依赖同时也意味着,那些权力走廊之外的人更难接触到新闻媒体。"⑧对公众而言,这并非好消息,集中的新闻源控制意味着更少的新闻和更多的政府干预。

消息源的提供者对信息的垄断已是学者们的共识。霍尔认为媒介本身并不会自动创造新闻,相反,是所谓正规的和可信的机构给它们提供消息来源,媒介和记者主要就是靠接近那些机构而获得大量有用的和可报道的信息。在具

---

⑥　[美]托德·吉特林:《新左派运动的媒介镜像》,张锐译,胡正荣校,华夏出版社 2007 年版,第 18 页。

⑦　Serena Carpenter. U. S. Elite and Non-elite Newspapers's Portrayal of the Iraq War: A Comparison of Frames and Source Use. *Journalism and Mass Communication Quarterly*, 2007,84(4):761-776.

⑧　[美]克罗图·霍伊尼斯:《运营媒体:在商业媒体与公共利益之间》,董关鹏、金城译,清华大学出版社 2007 年版,第 144 页。

体过程中,表现出忠实地、无偏见地复制社会制度性秩序中的权力结构。其结果就是社会中有权势、地位高的人对有争议的话题提出的看法可能被接受,因为这些发言人被认为比大多数人接近更确切和更专业的信息。"媒介这种结构性偏好权势人物意见的结果是:这些'发言人'成了我们所说的话题的原初定义者。"而由于和权力的结构性关系,媒介扮演了一个虽然关键但是次一级的角色:复制有特权接近媒介的、那些"可信的来源"所做出的意义。①

除了政府与媒介精英的联系,也有学者对资本家和精英阶层间的密集联系网进行了考察,这种联系网通过董事会、商业协会、公益组织及私人俱乐部的广泛来往交织形成。公共知识分子迪帕·库玛(Deepa Kumar)和道格拉斯·凯尔纳(Dougoas Kellner)观点相近,他们都认为在 2003 年伊拉克战争期间,媒体背离了公众利益,转而投向政治、经济精英的怀抱。② 这里既有对消息源的依赖,更有对政府强权的屈服。文森特·莫斯可(Vincent Mosco)提及有研究考察了阶级统治在政策制定和规范工作中发挥作用的过程。媒介政治经济学家还注意到了这种统治对阶级结构的其他部分的影响,特别是阶级结构中传播资源享用权的分配关系。③ 这些研究有助于人们理解精英统治的具体结构和作用过程。

(三)媒介精英们的反作用

前文分析后人们发现,只要不考虑自上而下的压力的话,媒介精英是决定新闻媒体报道中偏见态度的关键力量,这种压力通常在战时或国家受到威胁时才会变得凸显。偏见或偏向性态度是否发生主要取决于媒介精英的双重身份带来的困惑,即前文所述的精英立场和知识分子气质的角逐,这可能是媒介精英团体内的互相说服,也可能是发生于媒介精英个人内心的冲突,当知识分子干预社会的责任感上升时,媒介精英们高举新闻专业立场,挖掘社会黑幕,引导社会舆论。当国家、政党利益受到威胁时,媒介精英们便开始以权力精英的立场思考问题。具体的影响方式,可以从学者们对战争阶段政府和媒介精英的研究中一窥究竟。

美国政治学家和社会学家都观察到媒介精英发挥自身影响的特殊环节:精

---

① 杨击:《传播·文化·社会——英国大众传播理论透视》,复旦大学出版社 2006 年版,第 165 页。

② Deepa Kumar. Media, War, and Propaganda: Strategies of Information Management During the 2003 Iraq War. *Communication & Critical/Cultural Studies*, 2006, 3(1):48-69.

③ [加]文森特·莫斯可:《传播:在政治和经济的张力下——传播政治经济学》,胡正荣译,华夏出版社 2000 年版,第 211 页。

英共识(elite consensus)的产生，它通过精英圈层发挥权力影响。这并非由于相似的家庭教育等背景产生，更多地由所处的相同利益阶层决定。媒介精英本身的阶层和地位决定了与权力的紧密联系，他们是权力运作的一分子，属于权力相互编织的复杂网络，十分熟悉权力运作的规则，必要的时候可以通过游说等公关手段，影响政府决策，直接干预社会事务。

贝里(Berry)在1984年形象地描述了20世纪末的美国国内政治中出现的"利益集团螺旋"(interest group spiral)和"游说活动爆炸"(advocacy explosion)现象。[①]而由于拥有的政治资源和传播力量有差异，并不是所有的精英都能影响内政外交政策，媒介精英中也只有少部分人能对内政外交政策产生影响。众所周知，犹太裔美国人的"美以公共事务委员会"是外交政策方面最强大的族裔游说组织，它拥有会员55000人，工作人员150人，年预算额度超过1500万美元，有近80个以色列的政治行动委员会，并与无数其他犹太组织保持紧密的联系。正是这样与巨大的经济和政治利益缠绕在一起，"美以公共事务委员会"长期保持着对美国中东政策的巨大影响力[②]，这种声音渗透了美国的政府和媒体，难以撼动。在此成功案例的昭示下，美国其他的种族族裔也纷纷成立各自的游说组织，在维护各族裔的利益上表达更多，很多时候各族裔媒体与他们保持着很好的一致性，共同维护本族利益。

媒介精英的作用发挥不仅体现在外交政策和对外报道上，对国家事务和重大决策的作用同样影响巨大。具体确切的观察结果很难获得，因为政策的制定是非公开的，用西方学者的话来说是"公众无从知晓的黑箱"[③]。布卢姆勒(Blumler)的研究指出，从20世纪70年代开始，政府组织敏锐感觉到了主流媒介的重要性，"很多先进的民主政体的公开体制已经变成了一种权力代理的领域"[④]。媒体创建公共政策的手段主要通过议程的预设逐步构建完成，对政策制定者利益的保护往往成为最先决定的事情。

巴拉达特(Leon P. Baradat)的观点解释了美国利益团体的巨大影响力，他在概括精英论者(elite theorist)时指出："他们相信每一个议题都会制造出不同的精英。在某一议题上势力强大者，在另一议题上影响力可能相对地微不足

---

①④　[美]大卫·迪肯：《非政府组织与媒介》，见[澳]Simon Cottle：《新闻、公共关系与权力》，李兆丰、石琳译，复旦大学出版社2007年版，第136页。

②　朱金红：《美国族裔群体影响美国外交政策的政治资源分析》，《中国社会科学文摘》2006年第6期，第99页。

③　[美]米切尔·黑尧：《现代国家的政策过程》，赵成根译，中国青年出版社2004年版，第22页。

道。精英论者声称,政治体系是由数以千计的精英所组成的,他们在每一个议题上合纵连横。重点不在于哪一个单一集团支配了所有议题,而是说,无论好坏,有数千名有权力的人们组成了这个国家的精英阶层,他们能够加入暂时性的联盟,以便在议题上随心所欲。"①

有台湾学者在研究中证实,记者与新闻来源的关系并不是单向的,而是讯息互惠的,记者也会影响政治精英。② 利用媒体发布信息、引导舆论是媒介精英对影响政策的重要方式。舆论能结合民众力量,向政府施加外在压力,实现目标意图。但对政策决策者而言,舆论的两面性是令人担忧的。民众的力量危险而粗暴,一旦所有的事情公布于大众面前,大众评判和舆论参与会让事情变得难以控制,解决更为困难。

出色的记者在政策类访谈中常常显露出深刻的个人政治见解,这是因为他们总是保持着对社会问题最热切的关注。他们是合格的民意观察家,洞悉社会发展动向和舆论的走向,能够为政治精英提供决策建议或是民意走向的个人判断。这也是媒介精英对政治精英最常见的反馈方式,这根源于他们对媒体的了解和对舆论的熟悉。

三、对外报道中媒介精英的鹰派立场

对美国媒介精英政治态度稍加研究后会发现,精英们多持鹰派立场。鹰派是政治学上经常使用的形象化比喻,指的是对外政策方面的强硬派,鸽派则以温和政策推行为主。"事实上,当我们拟定过去 40 年来心理学研究发现的偏见清单时,我们发现结果让人惊讶:清单里的所有偏见都指向鹰派。这些心理上的冲动,我们在本书中只谈论其中个别内容——让国家领导人夸大敌对国家的邪恶企图,误判敌人的自我评价,当敌意出现后过分乐观,在谈判时不愿意做必要的妥协让步。简而言之,这些偏见很容易让战争开始,很难让战争结束。"③这是心理学家卡内曼和任森(Kahneman & Renshon)在 *Why Hawks Win* 中解释在政策决策时为何鹰派总是获得胜利提供的见解。他们认为鹰派观点的偏见

---

① [美]利昂·P.巴拉达特:《意识形态起源和影响(第 10 版)》,张慧芝等译,世界图书出版公司 2010 年版,第 125—126 页。

② 罗文辉:《新闻记者选择消息来源的偏向》,《新闻学研究》1995 年第 50 期。

③ Daniel Kahneman & Jonathan Renshon. Why Hawks Win. *Foreign Policy*,2007 (58):34-38.

先天存在于人类思维中。

社会和认知心理学家已经认识到,人类在判断情形或者评估风险时,偏向于发生一些可以预测到的错误。这些偏向在实验室和现实生活中都得到证实。比如,人们很容易夸耀自己的力量。在潜在冲突的情况下,同样乐观的偏向让政客或者将军更能听进去过高估计战争后果的顾问的主张。这样的预设立场在冲突的双方领袖身上都有,因而很可能造成灾难性后果。①

美国媒体对待他国报道中的偏见和歧视呈现有时是鹰派假想敌心理的一种满足,便于保持统一、激进的对外政策,更好地维护国内统治。9·11事件已经成为世界局势的一个分水岭,显然当美国受到攻击性威胁时,美国大多数媒体都表现出偏激甚至是沙文主义的倾向,在这种特殊的时间节点,美国国内发生的对中东移民或伊斯兰教人士的歧视或偏见便成为一种替代性攻击(displaced aggression),是某种转移情绪和愤怒的反映。他们表现出的恐惧实际上是来自政治阶层和精英阶层们的恐惧。

在对伊战争中情形也类似,福克斯电视台的表现颇为鹰派,事实上,在美国各大新闻网中常遭到保守主义罪名的批判,以"我们不仅是记者,我们更是美国人"为口号,用爱国主义和煽情主义的方法处理新闻,在收视率上远超福克斯电视台的报道,其强硬的政治立场永远体现在"政治正确性原则"的坚持上。这种不计后果的冲动言行在非常时期最易为人所接受,此时似乎过激的表现才说明爱国,带有偏见的观点被认为是正常的、爱国的表现。而客观报道和冷静立场却被认为是不爱国的表现,会招致巨大批评声浪。

回溯近年来对华报道的偏见,可观察到鹰派思维和鹰派的活跃。中美关系一直在波折不断中前行,这里面有历史因素和国家利益的多重影响。在面对北约对南联盟使馆轰炸等事件时,美国媒体的口径一致,均称误炸,实际上是美国自我防御的心理作用,媒体引导媒介精英国家通过权力推动事件朝有利于自身方向转化。这类鹰派媒介精英政治上保守,对他国的偏见累积严重。媒体在鹰派的绝对控制下,往往同声相和,报道中带有偏见,误导受众接受。长期的偏见报道容易培养出持偏见态度的受众。据《环球时报》2005年的报道显示,对中国有正面看法的受访者上升近10%,但分析人士指出,在美国精英阶层,民调显示,51%的公众视中国为"潜在的军事威胁";但在领袖人物中,这个比率高达67%。视中国为"严重经济威胁"的人,领袖人物占30%,公众占24%。②

---

①　Daniel Kahneman & Jonathan Renshon. Why Hawks Win. *Foreign Policy*, 2007 (58):34-38.

②　邹德浩:《美精英阶层对华友好的少》,《环球时报》2005年1月24日。

　　中国作为世界大国不断崛起,作为 21 世纪最重要的国家关系,中美关系一直受人关注,世界上最重要的两个大国应如何相处,发挥各自影响,引发着人们的想象。习近平主席 2013 年访问美国,美国民众在媒体宣传下对中国热度升温,表现了对中国文化、中国产品、中国人民的好感。无论从地理、政治、经济、外交方面来看,中美都是相互需要的两极。长期处在优越位置的美国媒体,平时对中国发展总是保持威胁和警惕态度。不过,每当东方高层领导互访时,西方媒体总能适时展开媒体外交工作。我国外交和宣传部门近年亦十分重视此类工作,比如在美国时代广场配合播放的中国国家形象宣传片,中国昆曲、京剧等在西方较为知名的传统文化演出等预热工作。所谓媒体外交,是"媒体通过设定议程、塑造形象、提供信息、影响舆论等方式,把政府的外交信息传递给外国民众,并以公众舆论的方式施压外国政府"[①],一段时间的媒体预热工作能缓和或暂时消除鹰派偏见的不利影响。

　　身处精英阶层的人对鹰派偏见的信奉不疑,这与其国家、社会地位的优越感和自我判断的自信密不可分,更是一种自我的选择。人们的不同身份很难随意转换,更被自身限制了视野,偏见容易就此产生并且一直维持。在媒介精英偏见思想对媒体立场的把握下,媒介报道很难不受偏见倾向影响。一旦偏见框架和报道基调被确定,在不触动原有框架的基础上,媒体会继续生产出更多的偏见产品,鹰派的立场也就自然地形成了。

四、党派偏见:媒介精英的"自由主义"罪名

(一)关于党派偏见

　　在国内新闻报道中,西方媒介精英采取务实的政治态度,这与其政治体系和政治生态相符合。不过精英们的党派偏向性时常显现,并为此争论不休。既然都属于权力团体,为何一定要选择党派来表达意见呢? 了解立场理论(standpoint theory)有助于认识西方国家媒介偏见中特殊的党派偏向性。人在思考事物时转换立场可以获得全方位的理解和掌握,"人们总是试图进行综合是某种历史事实——他们时而从一种立场出发,时而又从另一立场出发试图进行综合,并且既试图把他们近来才看到的内容,也试图把各种新的方式,都纳入

他们自己那包罗万象的秩序中"①，但在社会结构中立场只有一个，这是立场理论的基本立足点。立场理论由哈特索克（Hartsock）在研究女性主义问题时提出，她主要从男性与女性的不同立场解释问题，认为："立场并不仅仅是与一定利益相关的观点（被解释为偏见），而是因为投入其中而产生了偏见。"②

哈特索克的"立场说"适合用来解释党派偏向性的发生动机，说明媒介的党派立场是自我选择的结果，一旦选择了某个党派，立场会随之产生，政党的不同差异是利益根源，党派的主张成为党派偏见产生的土壤。西方大多数媒体都有各自长期支持的党派和利益集团，选择或有历史原因或有利益因素。西方新闻发展史上都曾有过政党报纸大行其道的一页，当时有政党报为各自立场相互攻讦，影响媒介客观性，成为新闻史上色调晦暗的一笔。

学者黄旦研读对美国新闻史后发现，美国独立战争后其新闻的发展由报刊以谋利为主的理念，逐步变为政治喉舌，其具体的演变过程是从最初安于自身经济利益的境地，直至报刊人投入了反印花税法案的斗争，结果加深了对报刊的政治公用的新认识，导致在随后的政治斗争中，尤其是在独立战争中，报刊大多以更自觉和积极的态度参与进去，同时，政治领袖利用报纸为己服务的意识和力度也大为加强。在这之后报纸才进入政党报时期。③

那么美国的党派偏向性具体如何表现呢？对自我党派的认同和他党派的批判水平可大致预测偏向性的存在。媒体与政党天生有着错综复杂的联系，从报刊发展早期来看，政党的报道一直是西方媒体重要的报道内容。④ 西方的政党作用常被解释为："社会各阶级之间的交锋在很大程度上是以议会内外的政

---

① 转引自［德］卡尔·曼海姆：《文化社会学概要》，刘继月、左芙蓉译，中国城市出版社2002年版，第236—237页。

② ［美］里查特·韦斯特、林恩·H.特纳：《传播理论导引：分析与应用》，刘海龙译，中国人民大学出版社2009年版，第517页。

③ 黄旦：《独立战争前后美国报刊思想之演变——美国新闻传播思想史学习札记》，《新闻大学》1999年秋季刊，第29页。

④ 按照马克思主义新闻学的基本观点，新闻事业具有阶级属性，李良荣在解释西方媒体为何在新闻观点上呈现差异性时解释说："目前西方大报《纽约时报》《华盛顿邮报》《泰晤士报》等在重大事件上都明确表明自己的政治立场，维护本集团的资产阶级利益。但正因这些报纸在经济上自负盈亏，经济上的独立使得他们在政治上可以独立，有些报纸表现出资产阶级自由主义的方针，对一些不触及他们根本利益的政治观点兼包并容。……报纸主持者（或主持机关）的阶级性决定了报纸的阶级性。报纸阶级性的强弱程度，取决于报纸主持者的阶级觉悟高低。"李良荣区分自由阶级状态的报纸主持人和自为阶级状态的报纸主持人，并认为后者"自觉地维护本阶级的利益，他们所主持的报纸阶级性比较鲜明，政治观点比较坚定"。见李良荣：《新闻学导论》，高等教育出版社1999年版，第97页。

党斗争的形式表现出来,从而大大减少了街头的直接对抗。同时,工人阶级政党可以利用议会等渠道经常向统治阶级施加压力,迫使其满足一部分劳动人民的要求,从而避免引起大的社会动荡。"①在传统的马克思政治经济学观念看来,资产阶级政党的根本利益是一致的,党派的互相攻击也是社会矛盾的释放。但这难以解释西方媒体为何如此热衷于受众看的选举演出,既然各党派在本质上与利益集团是一致的,为何各媒介精英体现出不同的党派偏向性,而这种偏向性有时甚至发展为偏见,切实影响受众的党派态度,这值得深入思索。

美国各大报纸的党派偏向性依旧显著,一再被各种调查证实,1981 年里切尔(S. Robert Lichter)发布了包括《纽约时报》《华盛顿邮报》《华尔街日报》《时代》《新闻周刊》《美国新闻与世界报道》等优秀报纸以及美国广播公司(ABC),哥伦比亚广播公司(CBS)、全国广播公司(NBC)、公共电视台(PBS)等媒体的240 名记者的调查。调查主要关于记者们的政治态度和投票模式,结果显示记者们在广泛的社会和政治问题上具有自由主义的立场。研究发现:超过 4/5 的新闻工作者在 1964—1976 年的大选间为民主党投票;54% 的人将自己列入左派,相比较而言只有 19% 的人选择右派。② 从图 7-1 可以清晰地看到媒介精英们的政党偏好,大部分偏向民主党。

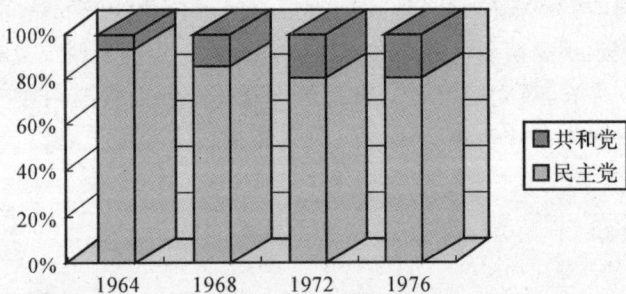

图 7-1　1964—1976 年媒介精英总统选举投票情况③

政党体制对西方媒介的渗透和影响研究,以政治传播学的量化分析最为常见,研究内容包括大众传播媒介对选举者的媒介呈现。每年的总统选举都是各党派和媒体、公众显示自我区别之时,报纸的投入是重要的立场身份显示,有真实个人、团体利益考虑,也有立场因素选择的必然结果。借此各报纸投入每一次的总统竞选报道中,媒介的政党立场和所表现出来的倾向借由传媒的巨大影

---

① 李宏、李民等:《传媒政治》,中国传媒大学出版社 2006 年版,第 230 页。

②③ *Special Report. An In-depth Study, Analysis or Review Exploring the Media.* Media Research Center:3,www. mrc. org,2009-02-10.

响力发挥对选民的影响。大众传媒的影响在电视竞选演说等节目改变受众对选举人态度的研究中得到证实。

几乎每次美国总统大选后，无论是两党发言人、社会学家，还是新闻界批评家和媒体监听机构，都会指责新闻界对民主党和共和党候选人采取了不公平的对待，看似大家对传媒的表现都不满意。奥巴马在 2008 年当选美国总统后曾公开表达，若是立场右倾的福斯电视台(Fox)不存在，他的支持度至少会提高 2~3 个百分点。① 奥巴马的讲话并非空穴来风，他批评的正是目前普遍承认的新闻界罪状——自由主义偏向。

（二）媒介精英的自由主义偏向

媒介精英作为一股稳定的社会力量，属于社会阶层中个体较为相似的阶层，拥有相似的阶层结构、兴趣品位，在政治上表现出类似的偏向性。美国媒介精英们似乎总与自由主义倾向结合在一起。很多政治上右倾的批评家、机构和研究中心都认为，媒体是自由的、左倾的，经常有偏见和不公正，媒体有政治倾向。"1996 年路珀中心(Roper center)为自由论坛做的调查表明，华盛顿地区有 61％的记者承认自己的政见偏左，出席座谈者都同意这个结果，认为全美性媒体的记者个人大都偏见自由派。"②

批评指责直指新闻界，特别是电视新闻，批评者们认为他们一贯褒赞民主党，批评共和党，呈现出明显的左倾偏向。媒介精英表现出的自由主义倾向有其历史原因。自由主义和保守主义是美国人政治生活中最为熟悉的概念。回溯新闻发展史，从约翰·密尔(John Mill)开始，自由主义的思想就逐步确立起来。"自由主义者在很大程度上一直坚持个人主义的立场，坚持个人至上的观点，他们往往强调个人的价值与权利，强调个人由于天赋异禀或潜能而具有某种超越万物的价值，强调个人应该得到最高的尊重，应该是这一基本道德原则的贯彻与体现。他们大都或多或少将社会视为个人的联合体，而不是有机的共

---

① MRC 总裁 Bozell 最近提到奥巴马在《时代》(周末版)的采访，奥巴马抱怨说："我确信没有福克斯电视台的话，我在大选中能多获得 2 到 3 个百分点……假如收看福克斯新闻的话，也不会为自己投票，不是吗？……我被描绘得像个怪人，小口抿拿铁，读《纽约时报》，开沃尔沃汽车，不持有枪支，缺乏活力，政治正确的，傲慢的自由主义者，谁会想要那样的人？"(Bozell：*NBC. ABC. CBS. CNN and MSNBC Are Drowning In the Obama Tank, and He's Complaining About Fox News*, October 16,2008.)

② ［美］海曼·韦斯廷：《最佳方案：公平报道的美国经验》，郭虹、李阳译，汕头大学出版社 2003 年版，第 58 页。

同体。"①媒介精英们追求自由报道和更为开放的市场政策,代表的媒体亦如此发声,整体利益和立场给人的感觉更为"左倾"一些。

1992年印第安纳大学的研究者们采访了1410位新闻从业者,他们来自全美的大型日报或周报、广播、电视台、新闻机构和杂志,1992年秋的 *Media Studies Journal* 刊登了研究结果,他们发现新闻从业者更倾向于自由,更倾向于民主,更支持堕胎法律化。具体的结果是44%的新闻工作者支持民主党,只有16%支持共和党,34%形容他们自己为无党派(见图7-2)。②

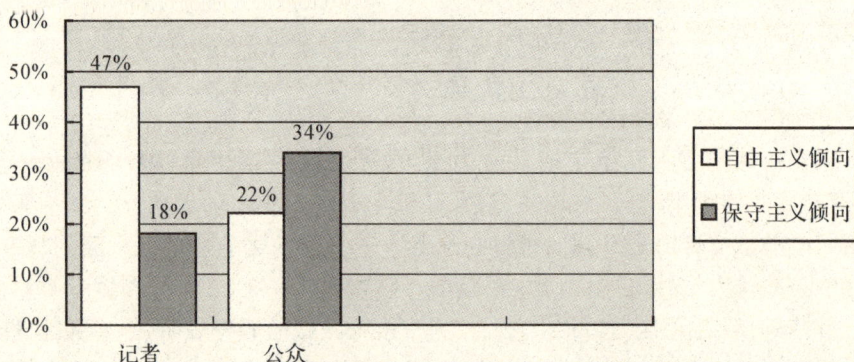

图7-2   1992年全美新闻从业者自由主义倾向调查③

近年来情形未有大的变化,关于媒介精英的一次研究证实,媒介精英有强烈的自由主义倾向,特别是对堕胎、同性恋团体和经济领域内的大量问题持有偏自由主义的观点,从1980年以来对政府控制经济的态度就没有改变过。这次调查的结果显示:约97%的媒介精英同意女性有权利决定是否堕胎,84%的人对此强烈赞同;73%的记者认为同性恋和异性恋一样可以接受,40%的人强烈赞同;71%的记者同意政府应该保证人们有工作,30%的人强烈赞同;75%的人同意政府应该减少贫富差距,34%强烈赞同;39%的记者认为政府对经济的管束越少越好,只有5%的记者非常赞同;大约76%的记者在1988年为民主党的杜卡基斯投票,91%的人在1992年为克林顿投票,票数大幅增长。④ 这里列举的问题正体现自由主义与保守主义在主要议题上的态度差异。

---

①　任晓、沈丁立:《保守主义理念与美国的外交政策》,上海三联书店2003年版,第347页。

②③　*Special Report. An In-depth Study, Analysis or Review Exploring the Media.* Media Research Center:6,www.mrc.org,2009-02-10.

④　*Special Report, An In-depth Study, Analysis or Review Exploring the Media,* Media Research Center:8,www.mrc.org,2009-02-10.

(三)自由主义偏见究竟是否存在?

关于自由主义偏见(liberal bias)是否存在的讨论在美国已经持续了几十年。① 查阅相关资料后发现,所谓偏见有时也难以确定,更多是相对而言的。苏·卡利·詹森(Sue Curry Jansen)对此的理解是要将对自由主义偏见的攻击与右派联系起来,"这种所谓的媒介的自由主义偏见,至少从 20 世纪 60 年代开始就是右派(the right)的长期攻击目标"②。她批评右派的攻击造成了自由主义偏见存在的假象。

其实保守主义并非真正的保守,美国的新保守主义的核心是新古典经济学,它主要反对美国从 20 世纪 30 年代经济大萧条之后,国家越来越多地干预市场的历史潮流,因此称作"保守"。作为一种意识形态,它主要来自保守(右派)的共和党的右翼,针对的是民主党过分的国家干预,这不同于一般人们理解的保守党的含义。西方自由的观念和实践早已根深蒂固,维护传统和社会秩序成为保守主义与自由主义的主要差别。媒介精英的自由主义只是相对保守主义的保守而言的,保守主义者认为自己正处于正中公正的位置,那么看别人自然就是自由主义左倾了。正如库利"镜中自我"(the looking-glass self)的"我想象在你的眼里我是什么人,我就是什么人","人们彼此都是一面镜子,映照着对方"。③ 偏见的产生者和接受者之间也存在这种相对性。党派偏见是媒介精英的政治偏向性表现,具体表现上又有极大的相对性。实践调查总是显示出党派间的观点冲突,伯纳德·戈德堡指责美国记者倾向于自由主义时引用了 1996年的一次调查显示,"89%的华盛顿记者在 1992 年投票支持克林顿。不清楚的是这些偏见是怎样影响报道的。绝大部分记者认为他们恪守不偏不倚的原则。相反,保守主义者对这个概念嗤之以鼻,说什么自由主义者永远不会那么轻易地把他们的偏袒置之一旁"④。

① 请参阅 Goff, B. & Tollison, R. D. Why Is the Media so Liberal?. *Journal of Public Finance and Public Choice*, 1990(1):13-21; Baker, B. H. *How to Identify*, *Expose and Correct Liberal Media Bias*. Alexandria: Media Research Center, 1994; Daniel Sutter. Can the Media be so Liberal? The Economics of Media Bias. *Cato Journal*, 2001(20).

② [美]苏·卡利·詹森:《批判的传播理论:权力、媒介、社会性别和科技》,曹晋主译,复旦大学出版社 2007 年版,第 246 页。

③ 转引[美]E. M. 罗杰斯:《传播学史——一种传记式的方法》,殷晓蓉译,上海译文出版社 2005 年版,第 133 页。

④ [美]伯纳德·戈德堡:《偏见:CBS 知情人揭露媒体如何歪曲新闻》,李昕、刘艳、秦轩译,新华出版社 2002 年版,序第 2 页。

那么这种混淆可否用量表准确地测量呢？罗卡埃克(Milton Rokeach)发明了一种教条主义等级法,用来测量封闭的思想,他的论证说,一个可能的左派政治偏见可以由阿道诺等级表来代表,因为左派自由个体可能恰恰被带偏见地认为是右派保守主义者。[①]

五、本章小结

本章试图说明媒介精英不仅是一类特殊存在的群体,更是一种重要的政治执行力量,他们在媒介偏见事件的报道中起着不可忽视的作用。这一群体有特殊的身份和能量,在社会层级结构中属于上层,具有媒介近用权和政治影响力。他们是媒介偏见中最难以捉摸的力量,与政治利益是相互影响的共生关系。

媒介精英以多种方式对国家的产生影响,大多数时候可将他们视为一种被忽视的隐藏推动力,他们通过议程设置、引导舆论等方式对国家内政外交政策发生影响;政府又以政策制定、规则处理等方式控制着他们。精英们对媒介的权力让偏见观念得以散播。权力阶层透过他们传达主流的意见。所有这些证明了媒介精英的偏见执行力的存在。

媒介精英们会通过对议题的影响引导舆论,影响政策制定,而政府则通过消息源控制和政治力量把握局势。在外人看来,媒体与政府仿佛是在跳双人探戈,显现出一种奇特的彼此约束与配合。[②] 在思想和本身的阶层上,媒介精英们属于主流阶层,维护和保护主流者的利益是他们的立身之本。戈德堡更说出了事情的本质一面:"拉瑟先生和其他的晚间明星一样以为自由主义偏见仅仅是指批判共和党,推崇民主党。其实媒体的偏见不是你究竟支持哪个党派。自由主义偏见来源于他们的世界观。"[③]正是媒介精英的立场带来他们观察世界的局限,因而产生报道中的偏向性甚至是偏见。

---

① ［美］E. M. 罗杰斯:《传播学史——一种传记式的方法》,殷晓蓉译,上海译文出版社2005 年版,第 106 页。

② 迈克尔·舒德森了解美国的民主与媒体,他对政府与媒体的关系有相似的论述:"在这个国家中,产制新闻——在代议制政府和私人新闻采集企业的结构内部的消息来源与新闻工作者之间的交换——是一种战略性的芭蕾舞(strategic ballet),它本身就是政治行动的一种形式。"(请参阅［美］迈克尔·舒德森:《新闻的力量》,刘艺娉译,华夏出版社 2011 年版,第3 页。)

③ ［美］伯纳德·戈德堡:《偏见:CBS 知情人揭露媒体如何歪曲新闻》,李昕、刘艳、秦轩译,新华出版社 2002 年版,序第 5 页。

　　本章并未局限于从批判角度看待西方媒介精英,事实上,人们要理解他们的行为和选择就应该考虑其精英立场。作为新闻专业领域的高层精英们,他们同时具有新闻理想和知识分子的特质,结合这些便可理解,为何媒介精英内部时有分歧。充分了解这几点有助于人们更全面地判断媒介精英的言行,理解他们的每一次选择究竟是听从知识分子身份的要求,还是精英身份的自我标榜。

第八章　有机的媒介偏见的经济分析

……种族歧视还可以折射出人们所得到的经济利益与经济成果,比方说经济收入、工资水平、支付的价格和信贷优惠这方面的经济学分析当然在经济学研究中极为少见,甚至于不包括在经济学的专业文献之中,但是,其研究之重要不仅体现在种族歧视本身的不可忽视性,而且这种研究对正统的经济学理论也富有挑战性。

——凯勒斯·阿罗:《种族歧视的经济学解释》

媒介作为市场经济中重要的行为主体,其利益的驱动过程和选择结果直接关系到其是否能良好地履行社会公器的职责。本章将从经济学角度出发,探讨有机的媒介偏见形成和保持的经济根源。

当人类的脚步不断迈向以社会公平为主导的文明世界,大规模的偏见和歧视制度已不再多见,媒介偏见更多地呈现为偏见态度或行为的流露。本章将对媒介偏见在当前的表现趋势从经济力量影响角度探讨,试图解释两个问题:第一,刻意的媒介偏激言辞在西方众多媒体轮番上演,究竟是什么力量促使其愈演愈烈,是竞争压力还是经济利益? 第二,这种出位的偏见言行会给媒体带来什么? 对美国历史上著名的排华事件,本章采用宏观历史的维度进行观察,找寻经济利益方面的根源阐释。

一、媒介偏见与群体冲突理论

一般情形下,个人偏见如果只停留在心理层面而不对个人行为发生影响的话,不会带来严重的社会后果,比如雇主不喜欢有色人种,但在选择雇员时并没有以偏见指导行为,偏见未对社会发生影响,研究者们自然无法对其观察或考察。偏见的行为成分通常表现于偏见者用消极的行为方式对偏见的对象实施行动。当这种倾向在外显行为中表现出来时,歧视也就发生了。

人们普遍认为,歧视是对偏见的极端表现,偏见更多存在于理念层面,而歧视是行为化的体现。"偏见作为一种不当的认知和态度,一旦被具体化为外显的行为,就会出现歧视。尽管在日常生活中存在许多制约行为的因素,以防御已有的偏见转化为歧视,但在特定的情境里,个体的偏见不免借行为表现出来而发生歧视。"①

媒介偏见指的是媒介参与推动的、形成了社会影响和歧视性观点的传播行为。媒介偏见一旦产生歧视后果,经济学上的损失或利益随即发生。本章从经济学视野出发研究媒介偏见时需要着重考虑一点:利益的驱动可能是偏见产生的重要原因。偏见的形成有多种因素,利益是让偏见继续保持现有格局的重要砝码。种族历史发展的相关研究中,群体冲突理论(realistic group conflict theory)②占据重要的地位,它由康贝尔(D. T. Campbell)在1965年首先提出,在1972年与莱文(R. A. Levine)的合著中深入阐述了其主要观点:偏见是群体争夺资源或权力的必然结果。这一理论指出现有的制度化的偏见是一种社会利益格局的结果。新的偏见产生,又为打破各种现存的竞争性联系做了准备。③

对群体冲突论唐纳德·诺埃尔(Donald Noel)有不同于其他学者的阐释,他提出族群分层和交往的三大因素,即族群中心主义对社会稀有资源的竞争力和不平等的权力分配。他的研究主要在冲突和其带来的分层结果部分,他对社会稀有资源的解释是:"当不同的群体为同样的稀有资源奋斗时,他们之间的关系就会呈现竞争和冲突的特点。"④他假设群体之间的冲突越紧张,出现族群分层

---

① [美]西奥多·W.阿道诺等:《权力主义人格》,李维译,浙江教育出版社2002年版,中文版译序第6页。

② 国外种族研究的成果较为丰富,以北美地区为代表,解释族群间偏见的形成和族群冲突的产生有这样几个主流理论:群体冲突论(realistic group conflict theory)、社会身份论(social identity theory)、自我肯定论(optimal distinctiveness theory)、社会交流论(social dominance theory)。此外,右翼权威主义理论(right-wing authoritariansim)、相对剥夺理论(relative deprivation theory)等也有较大影响。

③ 转引自 Lawrence Hsin Yang & Arthur Kleinman. "Face" and the Embodiment of Stigma in China: The Cases of Schizophrenia and AIDS. *Social Science & Medicine*,2008,67(3):398-408.

④ [美]马丁·N.麦格:《族群社会学》(第6版),祖力亚提·司马义译,华夏出版社2007年版,第47页。

的机会就越大。在这个竞争舞台上,那些群体将尽其所能以适应社会和自然环境,从而最终在族群分层体系中占据更高的位置。①

学者赫伯特·布鲁姆(H. G. Blumer)继续了偏见与社会组成关系的思考,他观察到在统治群体中,对于非统治群体容易出现偏见,这种偏见具有明显的来自对权力分割、地位优势和经济优惠的一种先定的"群体位置感"。② 在肯定了社会位置对偏见发生的直接联系后,他观察到统治群体的偏见者存在四种情感类型:(1)优越感;(2)附属群体天生不同或异己感;(3)声明对能力、权力和地位的专有感;(4)就附属群体对统治群体在能力、权利和地位等方面蕴藏阴谋的恐惧与怀疑。③ 根据这种理论,歧视是支配群体伤害或消解威胁自己权力和利益地位的外群体的一种手段。负面的信念和刻板印象就是支配群体情感态度的基本组成部分,以证明对少数族群的差别待遇正当合理。偏见和歧视就会被作为权力资源,在新的冲突情况需要的时候拿出来使用。这种理论解释了偏见确立和保持过程中经济地位或社会地位占优的阶层的作为。

贝斯黑莱姆对种族偏见和历史做了全面的回顾后,得出支持赫伯特·布鲁姆的结论:盎格鲁-撒克逊人"为了使他们的经济动机合理化,便出现了种族歧视。如果人们能够说服自己,不论在道德上、宗教观点上、智力上和身体上,奴隶都确实应该受到很差的待遇,并且他们也能够承受又需要很差的待遇,那么人们就能比较心安理得地给奴隶很差的待遇"④。种族歧视从经济角度看是为了解释奴隶低下的社会地位而出现的合理化动机,在维持偏见者地位和利益格局的过程中它同样作为保留的借口,更能帮助消除犯罪的愧疚感。

对于此人们可从另一个事例中得到理解:很多白人观众在看了20世纪八九十年代流行的美国情景喜剧《考斯比一家》(The Cosby Show)后,认为既然考斯比一家是非洲裔美国人的代表,他们已经完成了美国梦,过上了富裕的生活,那也就是说非洲裔美国人也完成了他们的美国梦过上了幸福的生活,所以就没有必要对他们再采取偏向性的政策。与培养理论的结果相一致,那些经常观看娱乐节目的白人观众认为非洲裔美国人已经相对富裕,但那些经常观看新闻的

---

① [美]马丁·N. 麦格:《族群社会学》(第6版),祖力亚提·司马义译,华夏出版社 2007年版,第47页。

② 王沛:《现代人的心理迷信——偏执心理现象分析》,湖南教育出版社 2000 年版,第143页。

③ 王沛:《现代人的心理迷信——偏执心理现象分析》,湖南教育出版社 2000 年版,第155页。

④ [英]道格拉斯·W. 贝斯黑莱姆:《偏见心理学》,邹海燕、郑佳明译,湖南人民出版社 1989 年版,第95页。

观众依然认为非洲裔美国人的生活还非常贫穷。① 推理的过程归纳为：考斯比作为非洲裔美国人取得了成功，这说明非洲裔美国人很成功了，社会不必对他们采取偏向性政策。这三段论的推理存在明显的问题，是无效的。考斯比是非洲裔美国人，但考斯比的成功是个人事件，不能代表非洲裔美国人的整体成功，这属于形式逻辑中的周延不当，大项是非洲裔美国人，小项是考斯比，小项不能代表整体大项。观看者用影视现象代替现实，接受美化的电视剧情，忽略非洲裔在现实生活中的困境，成为媒介造成的刻板思维的产物。根据群体冲突论，媒介偏见经济实质是统治者维护自我权益发布的借口，这正是有机的媒介偏见根源所在。

二、美国排华法案的歧视利益分析

偏见的另一项重要功用是可以在社会内部通过贬低他人，抬高自己，保持群体或团体的社会地位。华人目前在美国经济领域内扮演重要的角色，但是华人在 19 世纪中叶涌入美国时，曾经引发全美国强烈的排华浪潮。排华法案发生动机是为了维护美国原有移民的利益，其最终结果是否达到了这一目的呢？本节将对美国排华案发展脉络进行梳理，并展开分析。

（一）美国排华法案

早期美国对华人移民的政策，经历了大起大落，从欢迎到排斥，由排斥到限制，由限制到驱逐。美国排华运动开始于 1850 年，一直到 1943 年才告结束。

排华运动开始于加州金矿区，扩大到全加州；再由加州往北到华盛顿领地，往东到东部各地，进而蔓延到全美。由一地方性小问题，逐渐演变为全国性大问题。最后，再由美国本土扩及檀香山、菲律宾等美属岛屿。

美国在各地对华人驱逐，通过各地非法违宪的苛律迫害，导致白种暴徒对华人虐杀案件激增，较严重的有：1871 年 10 月洛杉矶案，在美华人首次被集体屠杀；1877 年 7 月旧金山案，白人暴徒焚毁、强夺华埠商家；1878 年 11 月加州楚基案，千名华人被逐出，华人住所被焚；1878 年 9 月丹佛惨案；1885 年 9 月石泉惨案等。几乎所有在惨案中受害的在美华人，都得不到合理的补偿，由于当

① ［美］Richard Jackson Harris：《媒介心理学》，相德宝译，中国轻工业出版社 2007 年版，第 67—68 页。

时美国司法不公,凶手也大都逍遥法外。

美国联邦政府正式立法排华,通过的法令包含排华内容的有:十五旅客法案(The Fifteen Passengers Bill,1879);中美续修条约(1880);排华律(1882、1884);道尔夫法案(Dolph Bill of 1888);史考特法案(Scott Bill of 1888);基瑞法律(Geary Law of 1892);麦克礼莱修正案(McCreary Amendment of 1893);中美会订限禁来美华工保护寓美华人条款(1894);1902年排华法(将排华律扩张到美国所属海岛);1904年排华法(Deficiency Act)。①

中国在"二战"中对抗日本法西斯,以作为主战场的巨大牺牲和不懈抗击获得世界尊重。胜利国的身份有助于国际地位的提升。1942年10月10日,英美发表声明废除在华不平等条约;1943年1月11日,《中美平等新约》在华盛顿签字。

1943年,在美国总统(小)罗斯福(Franklin D. Roosevelt)的要求下,美国国会同意取消历年来所有排斥华人的法律,并准许每年105名华人移美,华人始又逐渐赴美。将近百年的排华运动终告结束。②

值得一提的是,排华运动中华人并非一直逆来顺受,同样引发了华人的反向偏见与歧视,导致1900年义和团疯狂排外事件、1905年的抵制美货运动、华侨反抗法案运动和1905年中美工约风潮的产生。

2010年6月8日,据美国《世界日报》报道,华裔美国国会众议员赵美心(Judy Chu,加州民主党)表示拟在国会提案,希望联邦政府就1882年通过的《排华法案》向全美华人道歉。

据中新社华盛顿2012年6月18日报道,随着众议院18日全票表决通过,美国正式以立法形式就1882年通过的《排华法案》道歉,美国华人历史自此掀开新篇章。③

---

① 国弱则民贱,清末华人移民到美国的遭遇恰恰证明了这一点。清政府内忧外患,对移民待遇无暇顾及,但据史料记载,以李鸿章为代表的清政府对《排华发案》表示不满。"1882年,伍廷芳入李鸿章幕,协助办理洋务和外交。曾两度出任驻美公使,致力于保护华侨的生命、财产安全,抗议美国的排华行径。"见陈娟、乔晓玲编:《总理的炎凉:北洋政府总理的最后结局》,华文出版社2006年版,第177页。

② 学者们指出,1943年的法案仅仅是"一个象征性的善意",更指出对罗斯福政府来说,这个法案不过是"一种安全和廉价的行动",用来逃避对中国的实质性行动。同时,"二战"中,德国反犹遭受的抨击令美国人自省,有识之士对美国的种族歧视予以批评。见陈勇:《华人的旧金山》,北京大学出版社2009年版,第292—299页。

③ 根据潮龙起:《美国华人史》(1848—1949),刘伯骥:《美国华侨史》和《美国就〈排华法案〉致歉》,http://view. news. qq. com/zt2012/phfa/index. htm,2014-10-11,等相关资料整理。

美国全国范围的对华歧视持续时间接近一个世纪。《排华法案》是美国历史上第一个也是唯一的针对某族裔的移民排斥法案,它持续时间长达60年,法案明确禁止华人移民美国、禁止加入美国籍、禁止拥有选举权、禁止拥有在美房产、禁止华人与白人通婚、禁止华人在政府就职等。早在歧视开始之初,美国媒介就扮演了散播对华偏见观念的不光彩角色,它们鼓吹华人低下,为对华偏见的传播推波助澜,其方式主要可归纳为以下几点。

1. 对华人和华埠污名化

美国主流媒介以评论、漫画、报道中贬低性言辞等方式宣扬华人的缺点,传递对华人的恶感,用刻板化和污名化手法,贬低华人地位,最终导致全社会参与华人污名化。学者陈勇在收集大量一手资料的基础上,对排华时期的美国媒体做出了结论:"实际上,19世纪开始出现的大量排华文献,在不少领域成功地'污染'了历史资料和历史真实性。……两个神话都产生于排华运动的时期,其目的是丑化华人,其影响不断扩展,至今不衰:第一个神话说华人移民因为不堪家乡的穷困和种种天灾人祸,才孤注一掷,背井离乡;另一种神话将几乎所有在美国的华人妇女都描述为妓女。"[①]他所说的污染史料确实如此,在文献查阅中可以看到当时的报纸和杂志普遍弥漫着对华人的种种非议和恶感。但"神话"一词此处并不恰切,这属于典型的"污名化"手法,污蔑华人的食物、习惯、皮肤、面容、居住的华埠等等,成为当时媒体最常见的描述。当时加州的报纸这样形容华人:"半人半魔,吃老鼠,衣着破烂,不懂法律,吸鸦片,廉价劳工,吭吸内脏……"[②]种种描述都意在引发白种人对华人的恶感。

"污名化"是排斥的必经之路,对华人的排斥同样伴随着对华埠"污名"的过程。旧金山华埠大约形成于20世纪50年代,为新大陆最早的华埠,也是旅美华侨的发祥地,有"全美华埠之母"之称,被前往美国的华人视为旧世界通向新世界的桥梁。所谓华埠是当时华侨们对大城市的称呼,他们大多聚集于此,很快华埠自成一腐化的小社会,既肮脏,又拥挤。当时的确有华人好赌博、嗜食鸦片烟、喜嫖妓等恶习,积习难改,这便成为美国排华人士的借口。美国人认为麻风、天花等传染病的发源地就是华埠,指控各地华埠藏污纳垢,鸦片烟馆、娼馆、赌窟林立,诱惑美国人堕落等。

2. 漫画丑化华人形象

整个美国社会在近百年间一直充斥着排华氛围以及恐怖气氛,缺乏有自省

---

① 陈勇:《华人的旧金山》,北京大学出版社2009年版,第5—6页。

② 陈依范:《美国华人》,工人出版社1984年版,第159页。

精神的媒体站出来为华人进行公平报道。美国著名作家诺顿（Henry K. Norton）曾经说过："每一位参与政事的人，都被逼得要谴责华人，如果有人敢主持公道的话，他就得冒丧失政治生命的危险。"[①]

当时的《哈泼斯周刊》（*Harper's Weekly*）和《加州清杂志》（*The Wasp Magazine*）、《法官杂志》（*The Judge*）发表了许多丑化华人的漫画，漫画鼓吹排华运动，认为中国人抢走了白人的工作机会（见图 8-1、图 8-2）。实际上在美国早期漫画中，可以看到华人初到美国的生活情形，华人形象也未遭到破坏，只是开始排华后，媒体的整个声调都发生了变化："1870 至 1900 年，是排华运动的高潮年代。华人也就成为报章杂志的热门漫画主题，极受嘲弄，各种杂志用很多篇幅大写特写有关华人的报道及评论。当然画笔下的华人逃不出'艺术'处理，各种丑化造型，使华人成为不折不扣不可教的'异化'人群。"[②]

1892 年 12 月 17 日，《法官杂志》。彩色石印画。标题：咱们大西洋和太平洋彼岸来的害虫。图说：山姆大叔：放心，你们俩都会被美国拒之于门外，不会有差别待遇。图中象征美国的山姆大叔，叉起双手厌恶地看着两旁的移民，左方来自太平洋的华人带来削价竞争以及罪恶的鸦片。右方来自大西洋的欧洲移民更带来了可怕的疾病和象征政治动乱的社会主义及无政府主义。

1893 年，《法官杂志》。彩色石印画。原小标题：连对华人都要一视同仁。图中法官对哥伦比亚小姐说：你不该收了这个华人小孩却又把他踢出去，不过你未来倒是可以不要再接受他的兄弟。图中象征美国的女子哥伦比亚正准备把华人小孩赶出学校，图左方其他少数族裔如黑人、印第安人等则拍手叫好，排华最严重的爱尔兰人更在旁边推波助澜，举起要政客赶走华人的牌子，充分显示出华人在当时政治上的弱势。

图 8-1　排华期间美国《法官杂志》所刊漫画[③]

---

①　Norton, Henry K. *The Story of California From the Earliest Days to the Present*. Chicago：A. C. McClurg & Co. , 1924：283-296.

②　胡垣坤、曾露凌、谭雅伦：《美国早期漫画中的华人》，香港三联书店 1994 年版，第 21 页。

③　李佳达：《〈世界华人与华人世界：19 世纪西洋画刊版画精选展〉之华人在世界》，《文史参考》2012 年第 15 期。

图 8-2　《哈泼斯周刊》所刊华人移民的漫画①

　　学者黄安年认为,19 世纪后期排华潮中美国的排华漫画起了十分恶劣的作用,现在这些漫画成了近代史上美国排华的历史见证。他通过美国国会图书馆、加州大学伯克利分校班克罗夫特图书馆、中央太平铁路历史摄影博物馆等图书馆、博物馆和网站,收集了大量当年的历史图片和漫画,集中反映了中央太平洋铁路建成后,美国出现的排华潮。② 漫画中的华人长着尖牙、形容猥琐、留着长辫子、面黄肌瘦,或是要吃老鼠等恶心食物,或是被白人脚踢鞭挞、或是为溜进美国而洋洋得意,完全是一副小人嘴脸。人们若是查阅资料还能见到当时发表的将白种人和黄种人的大脑对比的漫画,显示白种人的种族卓越超群,而黄种人是智力低下的种族,这代表了当时社会弥漫的明显的种族优越论倾向。

　　3. 评论推动排华政策

　　普通人很难有摆脱局势影响的无偏见认知,通常群众的心理往往是盲从的,特别是身处社会变动甚至暴乱中的群众,很容易失去方向,他们仅仅通过媒体评论判断社会走向。排华时期美国政客的误导民意,更是火上浇油。他们在排华政策确立前大力宣扬排华口号:"加州只为美国人享有!""中国人必须滚出去!"(The Chinese Must Go!)历史学者普遍认为当时反对华人的风潮是人为制造的。它是政治野心家为了达到政治目的,以反对华人为踏脚石,讨好白人

---

　　①　胡垣坤、曾露凌、谭雅伦:《美国早期漫画中的华人》,香港三联书店 1994 年版,第 89 页。
　　②　黄安年:《从历史上的漫画看 19 世纪后期美国的排华潮》,《社会科学论坛》2009 年 6 月上,第 30—37 页。

选民的做法。

1876 年加州政府发表了两个声明,刺激了美国公众的排华情绪:"华人是奴隶,他们所要求的佣工条件是如此恶劣,根本就不是自由美国人的公平竞争者;他们与我们的劳工利益发生冲突,导致我们的劳工贬值。华人十几个人群居在狭窄的地下室里,生活成本很低。他们不肯把妻子儿女带到美国,永远是不肯同化、不可同化的外国人……华人不诚实,没有道德修养,崇拜死人,而不信基督。华人是异族的、卑贱的、堕落的……"①这些言论因为出自官方而被媒体纷纷转载,直接导致美国对华人整体偏见观念的生成和固化。

(二)对排华政策的原因分析

1.心理"惧华症"

"惧华症"是"惧外症"的一种,是对华人的具体表现。简单地说,"惧外症"即对外来陌生人有戒心,由科瑞(Thomas I. Curran)在其著作《惧外症与移民》中提出。熟悉中国历史和世界历史的人都知道,欧洲历史上确有过惧华理论,也就是"黄祸"论,这与当时中国游牧民族骁勇好战、骑术领先有关。其所指大约有两个阶段:一是东汉时期北匈奴往西逃窜后,造成欧洲日耳曼民族大迁徙,甚至使西罗马帝国亡于公元 476 年;二是蒙古人的三次西征。蒙古的军队战斗力当时世界领先,不仅大败欧洲盟军,更建立了钦察汗国统治俄罗斯一带长达两三百年,欧洲的历史记载和民间传说的"黄祸"说成为"惧华症"的历史根据。

俾斯力(Frank M. Pixley)是美国记者和政治家,后来更成为排华势力的重要成员。他对华人和黑人的态度差异极大,在他 1870 年写给参议员 Hon. Charles Sumner 的信中可以看出俾斯力赞同给予加州 5000 名黑人选举权,但认为 70000 名甚至更多的华人的选举权是无须考虑的。可见华人地位在当时远不及黑人,更因排华法案成为全美公敌。俾斯力在人权改革和保卫白人方面做法的矛盾正因为"惧华症"的刺激,这在俾斯力的信中一览无余。虽然他对华人抱怨繁杂,但无关乎种族和文化,他的最黑暗的恐惧是"他们到处都是"(they may overrun our land)。②当"惧外症"指向为中国移民时就成为"惧华症",伴随着中国矿工的足迹遍布美国,媒介和政客开始大肆宣传"惧华症",这种恐惧

---

①　Elmer Clarence Sandmeyer. *The Anti-Chinese Movement in California*. Champaign: University of Illinois Press,1973:25.

②　Gerald Stanley. *Frank Pixley and the Heathen Chinese* (*A Phylon Document*), Phylon (1960—　), 3rd Qtr., 1979,40(3):226.

便自加州传遍落基山,直至整个美国。

2. 华人自身因素

过去华人在美国的移民主要是没受过教育、知识水平低的移民,华人因为知识教育的不足便容易受人轻侮。在美华人过去因无选票,无法以选票作为保护自己的武器,并且华人一直关注于自身生存问题,对公共集会和政治生活少有关注,对群体性利益很少集结成团努力争取。这都构成华人被歧视的因素。

美国人受到社会进化论(Social Darwinism)的误导(达尔文的生物进化论经过斯宾塞等人的演变,发展为解释社会进步的理论,有时也被种族主义者利用来解释人种差异),常自以为是世界上最优秀的民族。而中国在清末民初时又处于国势低落时期,任外国宰割,因此被自大的美国人视为劣等民族。清时前往美国谋生的华人,绝大部分均属下层社会,大都从事出卖劳力的工作。华人当时被允许做的是在洗衣房、理发铺这样的工作,或是修铁道、淘金等苦力,生活水平低下,华人逆来顺受,少有怨言,更很少为自身争取什么权益,这种默默地被欺辱的形象和少有反抗的性格成为歧视行为适合的施加对象。

3. 经济利益因素

心理学理论实质上不能完全解释美国人为何长期排华,尤其在一个以多元化、包容性著称的社会,排华的根本原因应从经济方面加以考虑。最早的美国人是先大批移民到美洲的欧洲人,他们自认为是新大陆的主人,特别是早期来自英伦三岛的移民后裔,他们将美洲视为其独有财产,只许自己独占,至于美洲原本的土著人,在这些移民看来属于未开化的人类,算不上是美洲大陆的主人。

排华法令的实施正值美国经济不景气的关键时期,遭遇了 20 世纪 30 年代的大萧条,此间经济萧条、工厂倒闭、物价高涨、失业日众,许多白人前往加州谋求发展。但自 1876 年开始,加州各地就已旱灾严重,工商萧条,工人多半失业。因此,白人工人与华工为争取工作机会而正面冲突,排华风潮又大起。美国人将不满资本家的心理,转而排挤中国人,以为只要驱除中国人,就可解决经济不景气,由于这种转移心理,中国人成为代罪羔羊。①

那么,华人究竟有没有影响美国人的就业机会?这些针对华人的重要指控

---

① 刘伯骥对美国华侨问题深入研究后,将华人受到歧视的时期分为三段:(1)自 1848 年华侨开始移民至美国到 1911 年辛亥革命。(2)1912 年至 1943 年美国废除《排华法案》。(3)1943 年至 20 世纪 70 年代末。他对华人当时在美国的生活状态、经济状况、宗教信仰、政治活动、社团组织给予了全面考察,肯定了华人对美国经济的贡献。见刘伯骥:《美国华侨史》,台北黎明出版社 1982 年版,第 630—640 页。

是否成立？1877 年的《美国国会调查华人入境问题委员会报告书》坚称在美华人阻碍了白人移民进入美国太平洋岸各州。因为华人廉价劳动力几乎独占了美国西部的农业和机器操作岗位，加上历年来从美国外流的华人比入境的华人少，只有通过立法限禁华人大量涌入美国境内，才能使白人移民向美国西部发展。受雇华工每人每月工资 31 美元，食宿自理；而白种工人每人每月工资要 45 美元，还要提供食宿。华人压低了工资水平，白人开始担心这种难以令人存活的工资水平扩大到所有行业，将会把白人劳工都降低到奴隶阶级，这被认为是激起美国人对华人的强烈敌意的原因之一。

实际上华人对美国人的直接经济影响远没有想象的那么大，华人从事低等的工作，大部分是洗衣铺和理发店，只求温饱和存活。托马斯·索威尔（Thomas Swowell）对美国华侨的整体论述从白人视角出发，但相当公允地评价了华人对美国社会的价值，对排华发生的原因，他这样解释："这些海外华人在民众极为贫困的当地社会里，时常顺利地成为店主、商人和银行老板，从而引起本土人对他们的嫉恨，受到政治迫害和零星的暴力骚扰……中国人的技能和组织本领，使他们成为许多贫困国家的有价值的外来户，而家境的富足又使他们成为政治上受打击的对象。所以，这些国家的政府对华人的态度，一直是爱憎兼具的。"①华人威胁论经由媒体的夸张和渲染，被美国民众盲目地接受，他们开始认同所谓华人"抢饭碗"说，将华人视为经济不景气的原因。

（三）排华案的经济利益与损失分析

政治和经济力量推动着排华政策形成，并且相互作用，用社会理论的群体冲突论只能部分地解释美国的排华事件。很显然，华人在经济上对美国人的威胁是被夸大了的，在政治上的威胁更是无从谈起。在这场罕见的、长达数十年的排华事件中可以观察到美国政府对偏见机制运行的推动。就美国政治体制来说，政府的作用是保证经济的运行，各种力量会对政府政策产生直接的影响，本质上属于为国家利益采取的行动，当然也有前文提及其他因素的种种影响。

马丁·N. 麦格（Martin N. Marger）对亚裔美国人在美国被歧视和排斥的历史回溯，指出反华运动甚至始于华人到达美国之前，并提到斯坦福·莱曼（Stanfold Lyman）在《华裔美国人》（*Chinese American*）一书中所说的话，"在此

---

① ［美］托马斯·索威尔：《美国种族简史》，沈宗美译，中信出版社 2011 年版，第 144 页。

之前就已经有了细节丰富但几乎完全负面的刻板印象了"①,这与大部分研究资料显示华人来美之初的友好态度有所出入,也可以理解为是一部分美国人对自身经济利益被侵犯的担忧。

进入世界近代史时期,中国的发展开始滞后,已然进入现代文明的西方列强凭借政治、经济和军事实力,成为世界文明的中心,对中国和华人持有偏见。对此西方历史学家并未回避,而是直接加以承认:"现代西方的种族偏见既是对西方科学思想的一种歪曲,又是对西方种族感情的一种虚伪的思想反映。这种感情,正像我们现在所见到的,是自从公元 15 世纪最后 25 年以来,我们西方文明在地球表面扩张的结果。"②

4 月 9 日,CNN 评论员卡弗蒂(Jack Cafferty)在政治节目《时事观察室》(Situation Room)中对中国大肆攻击,发表以下辱华言论:"我不知道中国是否不同了,但我们跟中国的关系肯定是不同了。有一件事可以肯定,由于在伊拉克打仗,我们已经把身上几乎所有的东西都典当给了中国。他们拿着我们数以千亿计的美元,我们也累积了数以千亿元计的贸易逆差,因为我们不断输入他们带铅油漆的垃圾产品和有毒宠物食品,又将工作出口至一些地方,在那些地方你可以给工人 1 元月薪,就可以制造我们在沃尔玛买到的东西。所以我觉得,我们跟中国的关系肯定有改变。我认为,他们基本上同过去 50 年一样,是一帮暴徒和恶棍。"③

4 月 15 日,新华社报道:外交部发言人姜瑜 15 日就美国有线电视新闻网 CNN 节目主持人卡弗蒂发表攻击中国的言论答记者问时表示,中方对此表示震惊和强烈谴责。

4 月 20 日,《洛杉矶时报》报道:当地华人在 CNN 在好莱坞的办公室举行示威游行抗议,要求道歉。

4 月 22 日,根据人民网发自纽约的报道,纽约居民梁淑冰联合李丽兰状告 CNN 和卡弗蒂要求赔偿每个中国人 1 美元,共计 13 亿美元。

---

① ［美］马丁·N.麦格:《族群社会学》(第六版),祖力亚提·司马义译,华夏出版社 2007 年版,第 313 页。

② ［英］阿诺德·汤因比:《历史研究》,刘北成、郭小凌译,上海人民出版社 2005 年版,第 64 页。

③ 根据网站 www.anticnn.com 上 Jack Cafferty 言论的视频资料翻译整理,2010-05-07。

　　5 月 6 日,CNN 转交律师楼道歉信,事件告一段落。[①]

　　卡弗蒂的观点绝非偶然一例,在西方这早已经是排华常见的经济借口。近年中国经济的高速发展对比西方经济的衰退,两者的差别刺激了西方媒体原有的大国心态,令其产生了酸葡萄心理。中国经济的快速崛起让欧美国家忧虑,更让一些对中国不友好的人士频频发出"中国威胁"的论调。

　　细加分析,经济上的这些指责毫无道理。中国的产品物美价廉,销往全球,美国对中国产品始终保持这类印象和期待。卡弗蒂所说的有毒油漆是指 2007 年发生的玩具油漆铅含量超标,佛山利达玩具有限公司被从美国召回 96.7 万件玩具,并被国家质检总局暂停出口这一新闻事件。本是普通的贸易事件,在当时却被美国媒体以毒玩具为名大肆渲染,直接影响到中国制造的形象。卡弗蒂指责的另一点是中国拥有美国国债,美国作为世界强国,美元也一直是世界的支付和储备货币,各国家间的国债持有也是常见情形,中国拥有美国国债是出于投资和保护国家贸易利益的考虑,并不像美国媒体所渲染的中国成为了美国第一债权国,会影响美国未来。但卡弗蒂这类偏激言辞对不明真相的美国普通人来说,仍然有相当的煽动力。

　　正如韦伯所说:"经济行动是基于可利用手段的相对稀少性的概念来满足需要,而关联到自己的需求状态及别人的适切行动,后者对同样的资源也有所考量。当然,行动者在选择其经济过程时自然地会朝向他所理解的常规和法律的规则,这些秩序有其效力,即他知道自己若违反它们的话,会引起其他人特定的反应。"[②]各种资料显示,经济状态不好时,媒介偏见更容易发生。事实证明排华空余出的岗位对整体经济的影响是极小的,更多的是要求心理补偿的一种满足感。

(四)李文和案与象征性的种族偏见

　　最近有项研究给人们提供了新的启发,其主要目标是测试两种主要的白人对黑人偏见的理论:群体冲突理论强调的是黑人与白人在日常生活中的行为冲

　　① 这段时间,《人民日报》发表了岳麓士的《是无知,还是偏见》,《人民日报》2008 年 3 月 24 日;刘水明的《如此新闻"编辑",究竟居心何在?》,《人民日报·海外版》,2008 年 3 月 26 日)。《中国新闻出版报》发表了刘效仁的《偏见比无知离真理更远》、李雪昆的《"草根声音"反击西方媒体偏见》;《中华新闻报》发表了尹韵公、张化冰的《戳穿西方媒体所谓的"客观公正"》;《光明日报》发表了姚立的《从容面对西方媒体的偏见》等。
　　② [德]马克斯·韦伯:《社会学的基本概念》,顾忠华译,广西师范大学出版社 2005 年版,第 44 页。

突;另一种是偏见的社会文化理论,称之为"象征的种族偏见",强调对黑人抽象的、道德上的憎恶,这可以追溯到人们成人前的社会化影响。分析的主要变量是对洛杉矶市长竞选中郊区白人的投票行为的分析,结果发现受到种族因素的影响。衡量两个竞选者:一个黑人,一个白人。对可能的黑人的个人威胁中脱离的人来说,象征的种族偏见是投票反对黑人候选者的主要影响因素。白人个人生活的直接种族威胁(工作、邻里、就学、家庭安全)对反黑人的投票行为,则少有象征的种族偏见的影响。论文主要发展了对群体冲突理论结果的内涵,是对投票者个人政治生活行为的解释。[①]

在这里值得关注的是象征的种族偏见的分析和研究。排除直接经济利益的关联情况下,偏见的作用方式如何? 这种象征性偏见更类似于以往偏见的影响残留。这是否说明真正的偏见对经济发生影响会比较小?

目前对华人的排斥和歧视在美国社会依旧存在,一旦时机成熟时便会爆发出来。这和各方占优的白人自我维护和资源保持的要求密不可分。从社会学角度看这种歧视行为的利益根源,对一度引起中美关注的"李文和间谍案"重新审视,就能获得新的理解。

曾在美国洛斯阿拉莫斯国家实验室工作的华裔科学家李文和最初因被怀疑向中国提供了核机密而受到调查。[②]

1998 年 6 月 18 日,《纽约时报》刊发文章《专家说中国突然提高了火箭安全》,援引五角大楼专家的说法,1990 年到 1996 年,四分之一的中国运载通讯卫星的火箭爆炸了,而从 1996 年开始,中国拥有了一个完美的纪录——连续 10 次成功发射,于是质问"过去 10 次发射没有失败,这是一种巧合呢,还是转让通讯技术的结果呢?"

《华盛顿邮报》也发了一系列文章,其中一篇写道:"批评家发出可怕的警告,说通过用中国火箭发射卫星,美国公司正在帮助一个敌人更准确地发射对抗华盛顿的导弹。"

① Donald R. Kinder & David O. Sears. Prejudice and Politics: Symbolic Racism Versus Racial Threats to the Good Life. *Journal of Personality and Social Psychology*, 1981,40(3):414-431.

② 具体可参阅:《中国窃取了美国核导弹的详细资料》(载 1999 年 5 月 11 日《时代》);《美国的中国人称间谍案使他们的忠诚受到怀疑》(载 1999 年 5 月 6 日《纽约时报》);《中国涉嫌核间谍案 美国国会展开调查》(载 1999 年 5 月 23 日《华盛顿邮报》);《中国靠窃取核机密造出了核武器》(1999 年 5 月 24 日美联社电讯稿);《和中国的贸易状况取决于带风险的投票》(载 1999 年 6 月 2 日《纽约时报》)。

1999 年 12 月，美国政府有关部门以非法下载机密材料等其他 59 项罪名对李文和提出起诉，并予以单独监禁 9 个月。

2000 年 9 月 13 日，法庭才根据一项辩诉协议将其释放。美国联邦法官在宣布这一决定时向李文和表示道歉，认为司法部和能源部对此案的错误处理使整个国家感到难堪。

2000 年 9 月 14 日，美国总统克林顿在白宫称，美国政府在李文和案件上负有责任，其找不到正当的理由，为以不公正的方式对待这位美籍华裔科学家开脱。

2000 年 9 月 22 日，美国白宫发言人洛克·哈特说，由于对李文和一案的处理存在争议，司法部长雷诺已命令司法部下属的职业责任办公室对此案进行彻底的复审。

2006 年 6 月 2 日，美国政府及 5 家新闻机构就美国华裔科学家李文和控告其违反隐私法侵犯自己私人权利案与李文和达成和解协议。美国政府将向李文和支付 89.5 万美元的法律费用和相关税费，有关新闻机构将向他支付 75 万美元的赔偿。至此，李文和控告美国政府和媒体侵犯个人隐私权的民事诉讼案结案。[①]

在美国媒体的报道中，这位从事科技工作的老人被描绘为现实版的特工 007 詹姆斯·邦德（James Bond），能在警卫森严的核心研究机构中偷运情报，传递到中国。美国媒体不顾事实真相，极尽所能渲染阴谋论，甚至出现媒介审判的倾向，案件最终以法庭宣告李文和无罪才得以平息。这导致在美华人的抗议和反弹，[②]同时造成传播虚假信息的媒体的自身损失，实际上这种偏见声音来自对华人的防范和自我恐惧。美国民众意在维护现有社会分层，保护白人的国家

---

① 　根据刘江、严锋：《克林顿总统称美政府在李文和问题上难脱责任》，《人民日报（海外版）》2000 年 9 月 16 日，第 02 版；记者刘江、严锋：《雷诺下令复审李文和案，分析家认为此举只是为了搪塞舆论指责》，《新华每日电讯》2000 年 9 月 24 日，第 03 版；潘云召、杨晴川：《160 多万美元，美国政府和媒体将赔给李文和》，《新华每日电讯》2006 年 6 月 4 日第 1 版整理。

② 　华人对媒介偏见的抗议，本书认为这更多是一种情绪上的反弹，针对的也是个别的言论。华人阶层和社团组织在美国行为比较低调，对美国社会认同度也比较高。Sidanius & Pratto 的社会占优理论（social dominance theory）可以说明在社会稳定情形下的偏见和歧视的接受情况。建立在群体基础上的不平等必须合理化才能最小化群体冲突，这个理论更好地解释了受偏见和歧视的群体为何认为他们的劣势地位合理，因为优势、劣势都需要相信系统公正，才能最小化群体冲突，也就意味着将偏见予以接受。华人为了在美国社会的稳定地位和生存对某些偏见大体上默认和接受，正是出于华人对保持目前利益格局和减少冲突的考虑。

利益和更多的经济权利。

　　事情还有多方面值得详加思考。首先,对偏见和歧视行为人群来说,共同对他人偏见或歧视的可能令他们通过这种行为有更为紧密的联系,并获得一定的经济利益分享。其次,对媒体来说,发生或传播偏见可能会对其媒体公信力造成损失,但媒体对弱势群体、少数族群等数量占优但社会地位低下的人群的偏见报道,并不会遭到多大惩罚,这是优势人群显示自我位置的机会,媒体甚至可能为此实现歧视利润。正是在这个意义上,象征性的种族偏见与基于整个社会结构和制度的“有机的媒介偏见”如同古树与附着其上的藤蔓,紧密交错,根须相连,是同具深层次经济根源的、社会经济不平等的体现。最后值得提出的是,李文和的反诉美国媒体对其伤害是偏见受害者能做的最好决定,是对华偏见的一次反抗。美国学者连培德(Pei-te Lien)将李文和案与1893年的冯月亭诉美国案进行比较,得出结论:不管什么时代,亚裔都不是种族歧视的被动受害者,而是坚定的行动者与反抗者,少数族裔在美国现存的政治体制内要维护自我权益,必须要有决心策略和积极的抗争。[①]

三、西方商业媒体的偏见利润分析

　　西方商业媒体从创办之初就一直徘徊在商业利益与公共利益之间,虽然以社会公器自我标榜,但在营利的压力下,对经济利益的追求表现直接,有时甚至偏离媒体的公正立场,这一点在报业早期发展中表现得尤为显著。即使是英国《泰晤士报》这样的著名报纸也曾有过不那么光彩的历史,它在18世纪的最后几年里“是完全腐化了的:它被卖给了政府,而政府可以以津贴形式酬报它的殷勤;它还被卖给任何想买它的人。第二次世界大战后《泰晤士报》所编定的《〈泰晤士报〉正史》中并没有隐瞒这些不甚光彩的开端,甚至还追溯了当时人们区分的两类赃款。隐瞒费(suppression fee):支付一定量的钱以避免对您有损的文章见诸报端。反驳费(contradiction fee):支付一定量的钱刊登一些反对性的文章,针对令您不快的人——这是一种腐败的两个不同版本”[②]。报纸被金钱收买和控制,报业持有者为追求利润很容易表现出偏见,背离事实。这是在经济上

---

　　①　Pei-te Lien, *The Making of Asian America through Political Participation.* Philadelphia: Temple University Press, 2001:227-230.

　　②　[法]让-诺埃尔·让纳内:《西方媒介史》,段慧敏译,广西师范大学出版社2005年版,第71页。

实现或消除媒介偏见的简单的交换形式,人们可以分别研究不同的媒介偏见获得利润的可能性。

良好的媒介环境是各种媒体谋求的发展趋势和新闻行业自身发展所营造的健康氛围。从传媒生态学的角度来看,良好的媒介环境对新闻业的健康发展十分重要,但目前的情形并非如此。媒介偏见可以获得商业利润,这主要是对社会占优阶层的正面偏见而言,对身处较低的社会阶层长期维持偏向性或偏见态度,究竟是维持偏见以保障占有阶层的支配权,还是通过偏见获取非偏见受害者支持,符合主流价值观,抑或是仅仅为了创造新闻噱头,产生注意力经济,这都是接下来要思考的问题。

国内研究者分析媒体偏见时归纳出两个主要原因:(1)追求利益带来的偏见,广告商给了钱,媒体就必须为他服务。(2)追求刺激带来的偏见,各新闻媒体为在竞争中获胜,力求用刺激性强的新闻来吸引受众,受众群越大,广告费越高。① 这种解释有过于简单化的嫌疑,前者是广告商是否对偏见的影响发生外在作用力,后者则是媒体将偏见作为战略吸引的考虑。媒介偏见是否带来利润更适合用市场导向理论来解释,广告商会影响新闻已有偏向,或是媒体为了竞争生产带有偏向(严重时候会发展为偏见)的新闻报道吸引广告主、母公司与投资者的注意,这是一种微妙的平衡与把握,单独讨好某一方或贬损某一方都可能带来形象或利益的损失。

(一)任意的媒介偏见经济利益分析

媒介作为舆论引导者高举代表社会公平的旗帜,可以设想,如果媒介发生偏见传播,丧失了作为媒体本身公正客观的声誉,它就会失去赖以立身的基础。那么,媒体传播偏见时,如何避免声名或利益损失?

诺贝尔经济学奖获得者阿克洛夫(Akerlof)早年对歧视经济学(the economics of discnimination)也产生过强烈兴趣,他因信息不对称的市场研究著称,他对歧视的观点体现在《种姓经济学及其他悲惨故事》中:"他以印度的婚姻习俗为例,不按照婚姻习俗办事的人,不仅不能获得成功套利的利润,还要遭受到剥夺种姓的惩罚,尽管离经叛道能获得一时的利益,但遵守主流习俗的人能获得更为有利的经济报酬。"② 如果超越其种姓的划分,高攀其他种姓阶层,也

---

① 刘卫东:《美国媒体的商业偏见》,《新闻记者》2003 年第 1 期,第 59—60 页。
② 胡倩影:《行者无疆——阿克洛夫的心理—社会—人类经济学述评》,《社会学研究》2007 年第 5 期,第 215 页。

是对种姓偏见形成的社会规则的挑战,若因触犯规则而被罚出场外,这个人不仅会失去暂时的利润,更失去种姓应有之得。

虽然不是经济学家,社会学家布尔迪厄对普遍化利润的思考与阿克洛夫有相通之处。布尔迪厄的研究对象是社会习俗,具体情境有差别,他在阿尔及利亚发现当地有娶堂妹为妻的习俗,这种习俗在当地实施中很少受到批评。布尔迪厄对此分析后总结道:"总而言之,存在着普遍利润和普遍化利润,人们在哪怕是虚伪地向普遍概念表示敬意的同时,在实际上出于个人利益而用概念美化一项特定的行动的同时(有的要娶堂姐妹是因为他找不到别的女子,但是他让别人相信这是出于对惯例的尊重),获得了利润。"①娶堂妹为妻是一种并不科学但符合当地风俗的做法,既可获得声名,又可获得利润。习俗在某些传统社会有常人难以反抗的巨大力量,作为观念的偏见,即使是错误的,一旦被普遍接受就有极大的约束力,违背可能意味着遭到社会惩罚,遵从则意味着获得利润。

阿克洛夫和布尔迪厄的歧视经济学观点都集中于两点:歧视产生的社会压力和可能获得的利润,虽然阐述利润情形中两者各有侧重,对歧视风俗一个是反对,一个是对遵循会如何获利的分析。这情形对媒体来说也是类似的,当社会习俗中偏见观念变得非常强大时,媒介会采取较为直接的方式再现偏见,因为此时顺从大众不需要承担额外的偏见风险,反而因讨好主流意识,贬抑非主流群体而获利。在一般情形下,媒介作为现代社会公器,对偏见观念保持一定的警醒,为社会观念暗许的偏见也多以微妙曲折的形态表现。

媒介传播中那些言辞针对社会地位较低人群的偏见,媒介又能获得什么呢?理论上说,媒体能通过贬抑受损群体,顺从占优群体从而获得利益,其意图是通过表达偏见获得一定的偏见利润,虽然会失去被损害的群体的支持,媒体报道中对少数族群的偏见、对同性恋团体的贬损等即属此类。在观念不如现在开明公正的社会,这种情形甚至是被鼓励的,比如前文提及的历史上对美国华人的排斥、纳粹对反犹偏见的宣传。当社会逐渐进步,这类偏见沉渣泛起,影响到媒体内容,经过大众传播后,媒体或许会遭到批评或是罚款等惩罚措施,但很少发生吊销执照类的严惩。而媒体平时跟随和贯彻主流意识形态的偏见或偏向性的选择,多被认为是政治倾向性差异,很少被深究问责,而紧跟意识形态或政策偏向获得的利益还可通过政策、经费等方面的优惠进行转化,这对媒体经营和发展至关重要。

---

① ［法］皮埃尔·布尔迪厄:《实践理性:关于行为理论》,谭立德译,生活·读书·新知三联书店 2007 年版,第 145 页。

(二)媒体偏见立场的获利

任意媒介偏见的获利情况值得另外分析。主持人或新闻从业者潜在的偏见若是未通过媒体传达,保留在内心想法中或私人生活范围内,那只是个人态度问题。如果通过媒体发布了随意性的、个人化的偏见,就成为本书讨论的任意的媒介偏见。在竞争白热化的传媒领域,越来越多的媒体在传播中利用任意的媒介偏见造就所谓自我"立场"或"个性",追求戏剧化的表现,这类节目或产品的偏见表现得更为张扬直接,没有遮掩。

在新闻采访和报道中,偏见发生的情形之多已不容乐观。追求"戏剧化"是新闻机构的本性,"如果一个事件蕴含着戏剧元素,那它就很可能成为一条重大新闻。记者与编辑挖空心思寻找带有戏剧色彩的事件并在报道中突出这些色彩,这已经不是什么秘密了。如果没有戏剧性的事件可以报道,记者可能就会自己制造一些戏剧性情节"[1]耸人听闻的小报标题、绘声绘色的社会新闻等,"即使记者不编造冲突,他们也是一贯善于强调、夸大冲突,并想方法找到冲突各方的代言人。这样做的原因之一就是为了吸引受众,因为受众对那些抽象的、专业的、扑朔迷离的、平淡的故事没有太多的耐心"[2],W. 兰斯·班尼特同意帕利兹和安特曼(Paletz & Entman)的看法,指出戏剧性不强的新闻可以采取嫁接方式,增强冲突,这种处理新闻的方式,目的是追求最大的传播效果。西方媒体在报道中言辞经常不加避讳,评论带有鲜明的个人色彩,[3]这类偏见的观点会借助个人评论身份进行掩饰,因媒体的权威而迅速传播。

媒介热衷于带有偏见或偏向色彩的报道,是否因此会在受众那儿得到利益呢?受众难道不会为此抛弃带有偏见的媒体吗?这必须论及媒体的商业功能和公共服务功能,这是媒体特有的双重属性。"媒体商业化一定带来逐利本性

---

[1] [美]W. 兰斯·班尼特:《新闻:政治的幻象》,杨晓红、王家全译,当代中国出版社2005 年版,第 77 页。

[2] [美]W. 兰斯·班尼特:《新闻:政治的幻象》,杨晓红、王家全译,当代中国出版社2005 年版,第 83 页。

[3] 这种哗众取宠的做法常被各种文化产业所使用,Michel Clement,Dennis Proppe 和Armin Rott 对人们熟悉的促销形式进行分析,对德国最流行的书评电视节目中 4 本书的批评进行研究,结论指出,书的成功销售不是因为书籍在电视上出现或是相关的赞扬之词,相反,书籍获得成功的都是清醒甚至是苛刻的言辞评价,批评家对质量和其中观点表达不同的时候反而会更加促进书籍的销量。请参阅 Michel Clement,Dennis Proppe & Armin Rott. Do Critics Make Bestsellers? Opinion Leaders and the Success of Books. *Journal of Media Economics*,2007,20(2):77-105.

和竞争压力,并没有更多地带来不偏不倚的新闻报道和平衡对称的言论。"①对媒体商业化倾向与媒介偏见的关系,西方学者一直十分关注,并从媒介自身企业属性和社会属性方面进行了探讨。②尽管有社会属性的限制,媒体因个体利润出发制定的报道偏差仍时常可见。

芝加哥大学商学院学者詹慈可与夏比洛的最新研究进一步证实了明显偏向性的媒体经营生态存在。在研究中,他们将各报报道呼应读者想法而有所偏颇的程度跟各报的销售量进行比对,结果发现,美国共和党大本营的州郡立场偏向共和党的报纸卖得的确较多。但是到底偏颇到什么程度,才有最大获利效果?他们发现,媒体经营者会准确地跟着最有利润的偏颇度来掌握他们的政治言论。因为研究发现,只要报道稍微偏离读者心目中"理想"的偏颇度,销路就会大打折扣。两份研究结果都显示,真心想要得到完全"公正客观"报道的读者愈来愈可怜,他们只能阅读多份不同立场的媒体,才能获知事情的真貌。③

偏见立场在电视节目中难以绝迹,还可理解为媒体在激烈收视竞争中采取的一种措施,其本质是一种宣传策略,目的是引发话题和关注度。这对刚进入收视市场的新节目来说,是获取知名度、打开收视空间的大胆尝试,这种方法因低成本、效果显著而时常被使用。以福克斯(FOX)新闻为例,它作为相对弱小的新闻频道,打败海湾战争后确立的新闻霸主CNN,跃居美国新闻收视率的榜首,原因是多方面的,但其对偏见色彩的运用最为引人注目。福克斯与美国现有的其他电视网不同,它毫不掩饰自己的政治立场,这种坦诚的偏向性反而令其受到民众的欢迎,但仔细观察便可发现,其带有偏向性的立场是精心设计的,其长期方法的确定建立在大量调研和分析基础上,而非个别或短时间的做法。福克斯电视台的艾尔斯在新闻频道面市之前,雇用民主党民意调查专家调查美国人的媒介感知(perceptions of the media)情况,"大约65%到75%的美国人认为媒体有左派倾向",艾尔斯被人认为是保守倾向的,但艾尔斯自我辩护是"现在无论它左倾与否,如果他们认定了这个,那么只要你不右倾,这就留下了大量的空间。但是,要在你继续让自由派说他们想说的时候,用不同意见者的说法

①　[美]W.兰斯·班尼特:《新闻:政治的幻象》,杨晓红、王家全译,当代中国出版社2005年版,第2页。

②　请参阅[美]克罗图·霍伊尼斯:《运营媒体:在商业媒体与公共利益之间》,董关鹏、金城译,清华大学出版社2007年版。全书采用了两种分析框架,即市场模式和公共领域模式,市场模式有助于解释媒体企业的行动及内因,公共领域模式强调社会影响和大众媒体对公共利益的作用,这是目前所见关于这一问题较为集中的探讨。

③　译自 *A Biased Market*. By The Economist Print Edition from The Economist, November 10,2008,http://english.cw.com.tw/,2008-12-31.

来平衡之,你就可以打开局面"①。艾尔斯信奉存在即合理的哲学,他认为如果保持与主流声音相反,即可以达到平衡,具体策略是利用偏激言辞吸引眼球。这是媒介的竞争手段,更是媒介的自我定位,是找寻媒体的市场位置和观众心目中的位置的尝试。至于是不是完全公正的报道,在福克斯电视台急于打败对手时,这并不是最关心的问题。事实证明福克斯成功了,市场和观众对偏向性的需求是让公器天平倾斜最有价值的砝码。

传媒经济学家们这样归纳媒体在市场上的追逐目标:"媒介企业在四个市场上争夺四种资源:投资者、新闻来源、广告商和新闻消费者。拥有者/投资者是媒介企业的根本……新闻并非如它的生产者所宣扬的乃是'真实的反映',而不过是一种商品,满足由一系列特殊兴趣所引起的市场需求。新闻本身是个精巧的折中之物。"②这话虽然是批评市场新闻的过度商业倾向,但提及的四个资源是媒体与市场的共识。从这种思路出发理解媒介偏见的成本,兼顾收视和偏向性两个重要维度,可以形成图 8-3,便于人们理解媒体的偏见表现。

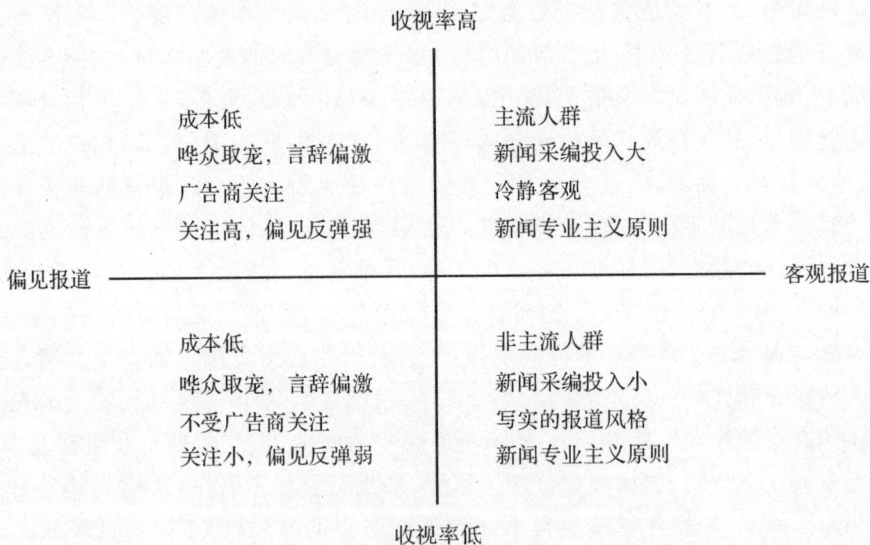

图 8-3　电视新闻的偏见成本

媒体类型和行为表现通常呈现正关联度,比如具有国际声名的主流媒体通

---

① [美]斯科特·柯林斯:《狐狸也疯狂:福克斯电视网和 CNN 的竞争内幕》,张卓、王瀚东译,华夏出版社 2007 年版,第 81 页。

② [美]约翰·H.麦克马纳斯:《市场新闻业:公民自行小心?》,张磊译,新华出版社 2004 年版,第 63 页。

常相对保守、注重专业性,保证受众得到较高品质的新闻产品。而处于事业开拓阶段的新闻媒体如果采用福克斯式的方法,容易吸引受众注意,可能在收视率方面大获成功,获得利益,不过伴随而来的哗众取宠的偏向性风格会让受众形成固定印象,长此以往难以改变媒体定位。较小规模的新闻组织在激烈竞争的市场中如果坚持走新闻专业性路线,则会因为人、财、物的制肘,遇到较多的实际困难,因为大部分电视受众都容易被噱头所吸引,忽略深度的现象分析和报道,其运营的市场前景也不会被广告商看好。

在电视节目中,一些媒体故意展示偏见、哗众取宠的表现更为普遍。布赖恩·麦克奈尔(Brian McNair)讲过这样一个事例:ITN 旗下最保守的广播公司之一——特弗雷·麦当劳(Trevor McDonald)广播公司出品的一档名为《君主政体——人们来选择》的电视辩论节目,在商业频道的黄金时段播出,节目中的部分内容可以说相当反王室。一个参加节目的观众这样愤怒地说道:"女王是……这个世界上最富有的女人,她是一个腐朽的充满阶级偏见与腐败问题的政治及社会系统的头头,这个系统应当为国家没落负责。"麦克奈尔评论说:播出这个辩论的查尔顿电视台也不是什么颠覆现行政体的温床,毫无疑问,播出这样的节目是商业利益的驱动使然,为的是增加收视率。[①] 这样夸张的表现并不是仅仅在这个节目中才有,这早已成为高收视节目的法宝,是电视媒体人相互不拆穿的把戏。正襟危坐、四平八稳的语调永远无法激起普通人的收视热情,有争议的、夸张的、表演性质的访谈才是电视谈话类节目的拿手好戏。

偏见态度是否带来利益,虽然有福克斯的成功案例,对此下断言仍需十分谨慎。广告商影响着媒体的直接效益,偏见言辞会因出位而受到关注,但人们对主流媒体的要求依然是公平公正的态度、严谨制作的产品;非主流媒体制作成本虽然较低,但对广告商的吸引也会减少。

> 2005 年 1 月 4 日,英国 BBC 名牌谈话节目凯尔·罗伊脱口秀的主持人凯尔·罗伊在《周日快报》上发表了评论文章《我们不欠阿拉伯人任何东西》,指责阿拉伯人是"人肉炸弹、肢体切割机、妇女迫害者",引发轩然大波。英国穆斯林协会马上提出要起诉他的歧视言论,英国也对此进行了长时间的讨论,凯尔·罗伊被 BBC 辞退,栏目从此被取消,BBC 在辞退时发表声明:我们不能允许一个有这种明显的种族歧视观点的主持人主持这样

---

① ［英］布赖恩·麦克奈尔:《政治传播学引论》,殷祺译,新华出版社 2005 年版,第 58 页。

一个尤其以平等为标志的节目。①

BBC 主持人凯尔·罗伊因为随意性的、带有个人色彩的"任意的媒介偏见"而丢掉了工作,BBC 为此损失了一个名牌栏目,从中可以看出媒体追求偏激观点带来利润和收视关注的做法也是有底线的。作为媒介的组成者,如果任意地表达偏见,特别是一些与社会大环境不容的观念,引发社会争议,影响到整个媒体形象和信誉度时,严重后果通常由偏见持有者自己承担。

综上所述,媒体设计的这种偏见产生方式,同时存在两种情形,一种是有机的媒介偏见在市场的作用,以媒体独立个体的方式展现,这涉及市场、广告商、收视率歧视等不同经济力量的影响;另一种则是以"偏激"或"偏见"为噱头吸引受众的媒介偏见表达,属于任意的媒介偏见,从长远来说,对媒体发展有害,是一种得不偿失的行为。讨论了任意的媒介偏见后,下面对有机的媒介偏见中经济力量的影响作简要分析。

(三)广告商对媒介偏见的影响

1.唯收视的受众歧视

收视率在传媒行业被视作市场指挥棒已是不争的事实。模糊不清的受众构成和难以捉摸的受众心理促使广告主和广告商们将收视率作为分析工具和判定流行趋向的法宝,根据其变化决定广告投放量和价格。② 媒体们为此承受着巨大的压力,广告商则追随市场主流人群来决定是否给予节目赞助和大笔进项。

米汉认为,关于受众的数量、组成及媒介使用模型等资料的报告才是媒介

---

① 闻新芳:《BBC 主持"言论过激"致节目停播 主播据理力争》,中国新闻网,http://tech.sina.com.cn/me/2004-01-14/1550282340.shtml,2008-12-31,引用时内容有所改动。

② 商业广电媒体对收视率的强调发展对每分钟收视率的依赖,虽然通过它可以了解在新闻播报过程中,观众的收视行为和人口统计学资料,作为制作新闻的参考。这令新闻博收视率的行为更加难以控制。2007 年 4 月台湾地区"国家通讯传播委员会"(NCC)要求 AGB 尼尔森公司不得再提供每分钟收视率资料给七家有线新闻台。针对这一现象,学者林照真解析为以前的每分钟收视率带来后果之纠偏,她吸收了学界对收视率的研究成果,指出电视台用每分钟收视率资料来生产观众,然后再卖给广告主,电视新闻的目的只是要制造观众,并使电视新闻成为收视率商品。更重要的是,由于每分钟收视率已与媒体购买机制结合,使得新闻产制更无法离开收视率,进而形成收视率主宰电视新闻面貌。(林照真:《电视新闻就是收视率商品——对"每分钟收视率"的批判性解读》,《新闻学研究》2009 年第 99 期,第 79—117 页。)

系统的主要商品。传媒经济学者文森特·莫斯可(Vincent Moscow)赞同米汉的观点,认为他指向了商品化过程中日益增长的控制论本质。"在交流中交换的是商业时间,而时间的价格,依据收视率的高低而定。"①莫斯可进一步指出收视率决定电视节目的方向,广告商和媒介都希望通过收视率分析了解受众,掌握受众,收视率成为有价值的商品。对媒介来说,跟随收视率的改变,也就意味着跟上了广告商的要求,广告商通过收视率获得了它认为可能的受众。②

媒体作为"注意力经济"的产物,收视率或发行量是吸引受众注意的考量指标,国内包括中央电视台在内的众多媒体都是根据收视率排名决定栏目的生死,排名靠后的节目将面临停播的裁决。以歧视经济学观点看来,收视率即是一种歧视手段,受害对象不仅是被歧视的低收视节目,还有观众。大多数观众的兴趣点被照顾,少数观众被牺牲,这种唯收视率歧视正作为隐蔽而强大的经济力量,推动着对市场的不同人群划分,其本质属于经济歧视。目前国内电视业的经济歧视突出地表现为两种倾向:一是收视率过于注重"质",关注以高学历、高收入者为代表的"主流人群",他们具有很强的消费能力和较高的消费品位,引领潮流,成为广告商最为青睐的人群;媒体对经济实力不占优的群体(进城务工人员、城镇低收入人群)整体忽视,自然引来了对媒体"嫌贫爱富"的批评。另一表现是收视率过于注重"量",重视收视人群中数量较大的群体,忽略其他小众群体的需求。这种对受众量的重视同样体现于从中央电视台到各省级卫视的综艺节目设计、安排和制作中,基本思路就是照顾大众的娱乐需求,抓住最广大的收视群体。节目多为当前流行音乐赛事和影视明星的真人秀,一些小众的、高雅的栏目,如古典音乐、诗词鉴赏、文化人物、围棋书法等比赛、教学和欣赏栏目被普遍边缘化,甚至完全从屏幕中消失,而同质化的、吵闹喧嚣的综艺节目占据着各卫视台的黄金时段。

2. 被忽略的儿童

广告商为收视率付费,希望寻找到合适的购买者和消费者,他们通常是有一定的社会地位和经济支付能力的人。儿童在消费社会中是特殊的群体,虽然还不具备购买力,但商品社会中的儿童从小就熟悉各类广告和宣传,后者提供的不仅是各类商品信息,最终目标是将他们培养为未来的熟练消费者。电视广告对儿童的影响一再得到证实,约翰·基恩(John Keane)却指出事情的另外一面,他观察了美国三大网络儿童节目,发现在"解除管制"后,商业电视台没有给

①② ［加］文森特·莫斯可:《传播:在政治和经济的张力下——传播政治经济学》,胡正荣译,华夏出版社2000年版,第146页。

特定年龄的儿童提供充分的、多样的教育与信息。他对此案例进行详尽分析后得出结论:"由于儿童不像成人那样在商场中具有购买力,所以广告商很少对他们感兴趣,除非是把他们当成是不定型的消费者的一个组成部分。商业电视的一个基本原则就是悄悄地、不明确地对某种年龄的人们进行歧视。"①基恩重要的观点是儿童经常被忽视,他们属于市场中被歧视的人群。他认为国外的儿童无法直接决定消费,因而受到歧视,一旦成年,收入和消费控制权上有极大提升,就会成为广告商的宠儿。

但这与儿童用品广告的观感有所出入。这类广告聚焦儿童,拍摄得富有童趣,形成了特有的儿童广告风格。广告商对儿童的心理和喜好非常重视,品牌重复和花车游行类的宣传方法对儿童都百试不爽。这些做法说明儿童虽不能直接消费,广告商仍然承认儿童对消费的间接影响力,认同他们是儿童产品的真正消费者。

国内儿童产品的消费一直受到普遍关注,儿童日用品、食品、药品、服装和学习用品等占据了黄金时段广告的极大份额。儿童用品成为大多数家庭开支中一笔不小的支出。精明的商家甚至将儿童用品与时尚、奢侈品等风潮联系起来,赚取父母大量的金钱。与西方情形一样,中国儿童确实不能决定自己的花费,即使有零花钱或压岁钱,他们也很少有自我消费的机会,父母是最终的消费支出者。但儿童可以在购买中施加压力,促成购买行为或品牌的选择。

这一点可联系东西方儿童消费权力进行比较:中国长期的独生子女政策和家庭伦理对后代子嗣的关注,造成儿童在家庭中现有极端重要的地位,甚至产生家庭秩序的倒置。祖辈和父母辈对孩子的要求百依百顺,让儿童在决定购买时和喜好偏向上拥有更多发言权。正因如此,中国儿童受广告商歧视的情况比西方更为弱化。对中国广告商来说,若能在广告播放中让儿童记住广告品牌,影响父母的消费选择,那是再好不过了。

3.集团综效偏差

集团综效偏差不是对其他团体的偏见态度或歧视行为,而是对团体内部呈现出显著偏向性,其根源是与团体前景紧密相联的经济利益。这已经引起台湾传播学者的注意,他们对媒介产业集团化发展过程中,企业集团经营思维对新闻媒体经营和生产的直接影响进行研究。学者们通过分析媒体集团下属新闻频道的报道内容,探究集团综效策略的运用情况,进而探讨集团综效偏差的议

---

① [英]约翰·基恩:《媒体与民主》,邵继红、刘士军译,社会科学文献出版社 2003 年版,第 71 页。

题,并特别检验了媒体集团综效策略对新闻内容多元化的影响。也就是说,新闻集团着力报道媒体集团内部新闻,是否会挤占媒体公共渠道,令其成为集团自我宣传的工具,并减少新闻的多样性?

学者陈炳宏就指出:新闻报道平均每小时约有 30 秒属于综效偏差新闻,其中以夜间新闻为最多,平均每则达 104 秒,而内容则以集团的频道家族的相关活动报道为最多。[①] 综效偏差在大陆也有出现,拥有多频道或多发声通道的媒体集团在报道本集团媒体活动中,免费的预告和新闻报道很多见,偶尔的新闻报道常有鼓吹或美化嫌疑,但还未像台湾地区那样成为普遍关注的社会问题,大陆地区学者对此问题尚未见深入讨论。

四、媒介偏见的社会经济代价

偏见和歧视行为虽然能为行为发出者带来一定的经济利益,但社会代价却十分高昂。对社会整体来说,生产力会受到极大的损害。对此经济学家已有深刻认识,阿克洛夫指出:"雇主在某些情形下,会根据某一种族的平均素质来预测该种族中个体的素质。如果使用了这类指示器,由于种族中的所有个体都被视为相同的,从而不论个体良莠都是支付同样的工资,那么对该种族而言,它的任何自我改进动机都将被摧毁,偏见将导致低水平陷阱;如果偏见坚信一个种族不够资格,那么该种族的人群可能就没有动机使自己成为有资格者。"[②]阿克洛夫从外部歧视造成的自我动机摧毁角度阐述了偏见族群发展停滞的可能性,从而影响社会生产者,使其不再有主动提升素质的意愿,自然会导致社会生产力的下降。

学者唐世平从社会压制被歧视者角度对问题进行分析,他遵循生产者的自我提升思路,他认为从社会生产力方面来分析,歧视行为确有压制作用,"生产是一个运用和创造知识的过程:生产离开了知识是不可能的,知识离开了生产也是不可能的。而歧视会从根本上削弱个人和群体生产和学习的动力,从而削弱他们对经济增长的潜在贡献。一方面,对于受歧视群体来说,歧视意味着他们社会地位提高的可能性小(或者说是来自地位市场的激励少),因此他们为经济增长做贡献的动力就小。另一方面,对于特权群体而言,歧视则意味着他

---

①　陈炳宏:《媒体集团综效偏差之研究》,《中华传播学刊》2009 年第 16 期,第 178—210 页。

②　转引自胡情影:《行者无疆——阿克洛夫的心理—社会—人类经济学述评》,《社会学研究》2007 年第 5 期,第 214 页。

们在物质市场和地位市场面临的竞争都要少,所以歧视也同样会削弱他们为经济增长做贡献的动力。这样一来,歧视将削弱整个社会生产和学习的动力,从而损害整个社会的经济增长"①。

唐世平是从当代社会生产力和劳动力的培训来看这个问题的,这一点从人类种族发展史中也可得到证明。在北美种植园中,法令规定非洲的黑人奴隶不能获得好的教育,即使有好心的奴隶主教育黑人,也会因违反这一法令被重罚。"在巴巴多斯岛,在早期,教奴隶读书实际上是非法的。白人对那些迫切要求向奴隶传授基督教的传教士有很大的怀疑并且恨他们,尽管在这些坚定的传教士面前白人们很难找理由不让他们向奴隶传授基督教。"②《偏见心理学》中提供的解释是白人种植园主认识到自身财富建立在黑人奴隶身上,他们惧怕黑人变成基督徒,学会英语,互相沟通,要求平等。随着大工业的发展,需要更多合格的劳动者,对受到歧视的劳动力同样需要进行教育,摒弃违背经济规律的偏见成为生产力发展的必然选择。最终结果是,一个世纪后,在巴巴多斯岛开始强制向黑人传授基督教。

媒体出于自身利益考虑宣传偏见和歧视,或通过渠道传播社会主流的偏见和歧视,都会加速社会对偏见观念的接受,加快偏见制度化的过程。而制度化的偏见、歧视乃至隔离都会极大影响社会经济,严重时甚至导致整体的经济衰退和国家稳定。隔离是歧视制度化发展的结果。自人类文明史以来,几乎每个社会都被打上过某种形式的种族隔离的烙印,种族隔离,就是非自愿地分配给下属人群的生存空间。那些被隔离的人的妥协退让和种族认同方便了隔离的执行,并产生了传统的种族聚集区。美国、南非等国家为打破针对黑人的种族隔离发起了多次社会运动,出现了马丁·路德·金、纳尔逊·R.曼德拉这样的反种族隔离英雄,直至 20 世纪中后期种族隔离法才得以废除。

经济学家对歧视问题的兴趣始于盖瑞·贝克(Gary Becker),他较早地将经济分析用于重要的社会问题——市场中的歧视上面。③ 他的研究涉及种族、宗教、性别、肤色、社会阶级、性格和其他非金钱的考量,他论证说明歧视对市场中任何一个群体以及弱势族群,均会减少他们的实质所得。其《歧视经济学》一书

---

① 崔克亮:《歧视的经济代价:访新加坡南洋理工大学国际与战略所高级访问学者唐世平博士》,《中国经济时报》2006 年 7 月 21 日。

② [英]道格拉斯·W.贝斯黑莱姆:《偏见心理学》,邹海燕、郑佳明译,湖南人民出版社 1989年版,第 82 页。

③ 此后学者修罗(Thurow,1969),阿罗(Kenneth J. Arrow. 1972)和阿克洛夫(George Akerlof,1985)均对歧视经济学作过深入研究。

于 1957 年首次出版，是根据其 1955 年的博士论文改写而成，贝克研究目的是为了排除市场歧视。

　　贝克提到弱势群体在面对其他群体的歧视时，经常被诱引"报复"的现象，结果是以歧视对方回馈之。强势群体或个人可能实行歧视，弱势群体或个人可能也会对强势群体抱有偏见，也可能在经济上或以其他的方式进行反抗。不同种族在媒体享用上不平等，突出表现在媒介产权和控制权、媒介使用权和媒介表达权等方面。贝克指出，有效的经济歧视之所以不利于他们，不是因为品位的分配，而是因为资源的分配所致。贝克在计算后下结论说，虽然弱势群体会因为强势群体的歧视而受害，但弱势群体会因为它自己的歧视而受害更大。[①]事实结果亦证明如此，前文第五章提及的丹麦漫画事件中偏见受害者伊斯兰教民受到的心理伤害和经济损失更大。

　　贝克在对歧视与隔离的研究中指出："当无歧视时，两社会间的贸易是极大，当歧视提高时，贸易随之减少。歧视品位可能变得很大，致使不再值得从事贸易；每一社会将成为经济孤立，且必须与自有资源相处。由于每一社会的成员将仅与自己社会的成员一起工作，故完全的经济孤立也隐含完全的隔离。进一步推论，因为歧视之提高会减少贸易，且因为贸易之减少表示经济隔离之提高，故歧视之提高一定伴随着隔离之提高。"[②]贝克注意到相关的各种隔离现象，并指出："在大多数未开发的国家，歧视妇女和低阶层出身者（如'不许触摸的贱民印度最低贱之人'）非常普遍，各界人士都同意这是它们快速经济成长的一项主要障碍。"[③]在印度和日本等传统社会都存在过贱民阶层，他们被区隔于正常的社会交往外，缺乏一些基本权益，只能从事最低贱的工作，虽然政府努力改善他们的贫困和社会地位，但收效甚微。

　　歧视增加了社会成本，企业和社会机构需要更多的雇员，因为雇主要满足社会的歧视需求，就必须增加市场成本，顾客和社会则需要为此增加开支。隔离会提高整个社会运行的经济成本。经济学家詹妮弗·路贝克（Jennifer Roback）考察了 20 世纪初美国南部城市电车上实行的种族隔离法对企业经营带来的影响。黑人乘客坐在电车后面，白人乘客坐在电车前面，经营电车的企业反对要求种族隔离的法律，向不同种族的人提供分开的座位增加了成本，减

---

　　①　［英］盖瑞·贝克：《歧视经济学》（第二版），蓝科正译，台北正中书局 1996 年版，第20—21页。

　　②　［英］盖瑞·贝克：《歧视经济学》（第二版），蓝科正译，台北正中书局 1996 年版，第 12 页。

　　③　［英］盖瑞·贝克：《歧视经济学》（第二版），蓝科正译，台北正中书局 1996 年版，第 11 页。

少了利润。① 这个案例说明,企业所有者对赚钱的关心远大于对歧视群体的关心,当企业采用歧视做法时,歧视的最终来源不是企业本身,而在于其他方面。②

偏见给社会带来的损失除了以上方面外,更难以估计的是对社会整体心理和受众个人心理的影响。③ 在偏见和歧视中生活和成长的受众很难意识到或有动力去改变自身长久以来的偏见。偏见观念一旦发展为全社会行为,那么社会有可能要为歧视行为付出巨大的经济代价。媒体身处这样的偏见社会,很难保持客观,不去散播偏见观念,媒介偏见长期影响下社会的经济损失也就难以避免了。

五、本章小结

本章在微观上对西方商业媒体的媒介偏见动机进行了经济考察,以歧视经济理论和群体冲突理论为经济分析的工具,考察了媒介偏见表现歧视行为时,在经济学意义上实现了怎样的收益,又或需要付出怎样的成本。有机的媒介偏见受到经济环境和社会结构共同作用而产生。从商业媒体经营的微观角度思考,媒介偏见之所以难以消除,主要因为它被媒体用作自我标榜的手段,能带来注意力吸引,产生经济利益。

歧视经济学的"歧视利润"带给人们的深思是:偏见观点只要有存在的空间,媒介就不会完全放弃偏见态度。即使遭到偏见抵制或损失,带有偏见的媒介依然能从其他地方以别的形式获得补偿。偏见利润来源为受众和广告商,以

---

① Jennifer Roback. The Political Economy of Segregation: The Case of Segregated Streetcars. *Journal of Economic History*,1986,46(4):893.

② Jennifer Roback. The Political Economy of Segregation: The Case of Segregated Streetcars. *Journal of Economic History*,1986,46(4):893-917.

③ 美国时间 2015 年 1 月 4 日上午,遭黑人枪杀的华裔警察刘文建(音译)的葬礼在美国纽约布鲁克林殡仪馆隆重举行。悲剧起因是 2014 年年底,华裔警察刘文建和另一名西班牙裔警察拉莫斯在执勤时遭黑人男子布林斯利近距离枪杀。布林斯利行凶前曾在社交网站留言,声称要为在警方执法中死亡的两名黑人复仇。这又是因为 2014 年 7 月,纽约黑人小贩加纳售卖私烟时遭警察"锁喉"执法死亡。2014 年 8 月,密苏里州弗格森小镇黑人青年迈克尔·布朗被白人警察射杀。在这两起事件中白人警察被免于刑事起诉,而后全美掀起大规模抗议浪潮。最令人关注的不是警察与民众的关系,或是政府的措辞与表现,所有悲剧的根源都指向种族问题这一美国最严峻的社会问题,系列的悲剧再次提醒世人:偏见与歧视不仅给带来情感伤害,更会导致社会的动荡不安。

及社会的支配阶层,它能带来一定的偏见收益,但媒体通常也会注意保持表面公正和大体平衡。

　　本章通过对排华法案的分析,观察了有机的媒介偏见产生的严重后果,正是媒体、政客、民众心理的相互作用,最终形成了美国历史上长达两三百年的排华闹剧。目光转回国内,当前对农民工、低收入者、少数族群的歧视,同样会挫伤他们的自尊,打击他们的向上动力。从社会阶层和族群的角度思考,媒介散播偏见或歧视观念将加大社会聚合成本和运行成本,打击偏见或歧视对象的工作积极性,剥离他们对民族和国家的归属感,从而损害整个社会的生产力。[①]

　　如果偏见转为歧视和隔离会带来更严重的社会问题,甚至产生群体冲突事件,加大社会运行成本,经济损失是无法估量的。在知识流动、人才流动、信息流动的当前世界,一个主张歧视甚至隔离的社会,其稳定局面和法治基础必然受到损害,直接影响人们的投资和就业信心。这不仅会给隔离地区带来直接经济损失,更令当地房价、股价等经济指标直线下跌,投资环境恶化。新闻媒体在这种情形下对社会负面情绪推波助澜,为个人利益传播偏见观念,成为偏见发声的渠道,是缺乏社会责任感的表现。偏见的肆意传播、歧视的行为表现都会影响地域的整体发展,是将公共利益置于脑后的不智之举。

　　[①]　2007 年印度近 10 万名印度部落居民及"贱民"(均为种姓制度中最低层者)在孟买举行皈依佛教大典,目的是脱离奉行种姓制度的印度教,希望获取平等权利,这引起印度教人士的极大不满。印度的种姓制度影响其经济向现代社会的快速转型,歧视引发的宗教、社会纷争成为社会不安定的导火索,容易加剧社会冲突,拖累经济。

第九章　媒介偏见的控制

有时候,我们像溃败的兵,

逃到理性的旗下,寻求平静,

当热情的火焰已经熄灭,

我们看到已往的任性和激动的感情,

都变为可笑,

再没有理由接着胡闹。

——普希金:《叶甫盖尼·奥涅金》节选

一、媒介偏见的危害

作为历史的见证人和记录者,媒介和受众共同见证着世界的风云变幻:遭受 9·11 恐怖袭击时纽约上空的滚滚浓烟,伊拉克战争中美军隆隆前进的坦克方阵,北京奥运会那场璀璨的光影盛宴,媒介利用自身魅力打破了时空局限,拉近了不同地点的受众,展现出一个令人目眩神迷的媒体世界。

令人遗憾的是,尽管媒体在努力呈现关于世界的丰富报道,媒介偏见问题仍不时出现,成为批判的标靶。"记者兼教育家迈克尔·詹韦(Michael Janeway)将我们这个时代描绘为'事实的扭曲和混乱的时代。'"[①]各种媒介偏见的纷争层出不穷,有前文提及的引发政治外交风波的"李文和间谍案"、丹麦漫画事件等,这些新闻之所以引人关注是因为文化、政治、宗教偏见掺杂其中,提

---

① 　[美]海伦·托马斯:《民主的看门狗》,夏蓓、蒂娜译,南方日报出版社 2009 年版,第 1 页。

醒人们偏见已成为社会生活中最值得警惕的现象。

媒介锻炼大众、塑造大众，与大众一同经历发展变化，这是涵化假设（the cultivation hypothesis）的主要观点。研究者们最初通过对长期持续收看电视，对阅听人进行研究，发现媒体对阅听人的世界观会有影响：认为电视看得愈多，愈相信人情凉薄、人心险恶。在这层意义上理解，媒体是当代社会的说书人，提供关于社会现状的描述，教导人们是非善恶、轻重缓急的准则。同时，媒介的"扩张性"即媒体的放大效应，将思想传播通过媒体获得扩张，"媒介不仅可以'穿针引线'使传受两者产生关系，还可以将一人的思想、感情和所见、所闻扩张开来为许多人所共享"[①]。偏见思想一旦迅速、最大程度地传播，媒介的扩张性的负面效应就会显现。

在追逐偏激言论、参与传播偏见的媒体的作用下，受众心理也会遭受严重影响。在资讯网络全球化令媒介讯息跨越空间，无远弗届，无处不在，融入大众日常生活的环境中，西方主流媒体的偏见言辞一经播出，不仅会在其覆盖的收视地域引发强烈的社会反响，偏见传播内容经由互联网和人际关系二次传播，还会迅速到达心理或利益接近的人群。长期积累下来的历史偏见，借由社会情绪、法令政策、极端事例激化，在极短的时间内就能对最大的覆盖人群发生作用。若偏见态度没有得到及时的疏导或澄清，事情可能愈演愈烈，引发偏见受害者声势浩大的示威。

媒介偏见造成的社会损害有多方面表现：（1）对新闻媒体来说，偏见报道指责会动摇媒体公信力，影响传播接受效果。信息资讯时代，媒介偏见对信息的影响是致命的。带有明显偏见态度的不公允讯息的传播将产生混乱，误导媒介内容。受众付出了时间和精力成本，获得的只是虚假信息，被别有用心的媒体所欺瞒和利用。（2）对社会来说，偏见是社会事实的偏颇反映，其扭曲的认知和态度会误导社会心理。（3）媒介偏见的受害团体或个人容易被孤立，被排除在应有的正当权益之外，对偏见反抗过激则会造成社会冲突，形成社会团体、族群、民族的隔阂，甚至产生社会动荡。

在正常的社会传播氛围中，媒介偏见表现过于明显时，本身具有理性思维的受众会有较强的抵御心理，更多的时候偏见与标榜公正的媒体结合在一起，偏见作为正确无误的观念被无意识地接纳，这种潜移默化的影响才是最为可怕的。

---

① 邵培仁：《传播学》，高等教育出版社 2000 年版，第 149 页。

二、有机的媒介偏见如何控制？

心理学角度的个人偏见应当采取措施减弱和消除，而传播学角度的偏见亦有巨大的社会危害，引发的媒介偏见应该被控制。心理学家和社会学家都曾指出偏见的完全消除几乎不可能，他们对偏见控制的态度则有所松动。小奥尔波特认为，偏见是不可避免的，刻板印象是社会遗产的一部分。当出现特定群体时，人们会自动激活刻板印象。刻板印象是偏见的认知成分，只要有刻板印象存在，偏见就不可避免。有关偏见研究领域的调查发现，美国社会的外显偏见水平在"二战"后持续下降，种族态度变得积极，种族冲突的数量也在减少，这也在提示人们，偏见的减少和控制在某些情形下是可能的。

正如前文大量论及的，媒介偏见不是纯粹的心理现象，在此它更是一种社会传播现象，媒介偏见的控制同样应被看作一种社会议题进行讨论。

（一）顽固的媒介偏见

信念有时候来自意见，而并非来自对真理的坚持。对偏见这种强调自我意识的态度来说更是如此，它在自我坚持这一点上仿佛是对信念的追随，表现出极为顽固的一面，即使发现偏见中存在明显的漏洞，也不妨碍持有者深信不疑的态度。对偏见与逻辑推论的错误关系，贝斯黑莱姆的讲述较为清晰，他列举了一些重要的偏见态度试验结果，指出证据明显地支持以下假设："当结论与人们的偏见一致时，人们倾向于把证据看作合乎逻辑的，甚至当论据不合逻辑时，也有这种倾向。当结论与他们的偏见相矛盾时，即使论据是合乎逻辑的，他们也倾向于把论据看作是不合逻辑的。"①受众在媒介偏见接受过程中理性的思考因素较小，在接受过程中常绕过正常的理性逻辑，在逻辑推论中犯错误，以便继续坚持自己的偏见。

具体说来，这种非理性心理可以表述为"有选择注意"和"有选择回避"，这是受众面对偏见改变企图时的典型表现。"在 30—40 年代时，心理学家就发现否认非理性的、绕过理智发生的诱导过程。相反，却接受了诱导的合理性理论，根据这种理论，人在诱导时不改变自己的信念和评价，而是改变评价的客体，也

---

① ［英］道格拉斯·W.贝斯黑莱姆：《偏见心理学》，邹海燕、郑佳明译，湖南人民出版社 1989年版，第 44 页。

就是说，借助诱导，在意识中对判断客体进行偷换，因此人在思想上感叹：'啊，原来如此！原来是他的过错！'"①偏见的难以改变突出集中于此，人们总是维持偏见观念，接受新的思想时偏向选择对自己比较有利的方面，继续支持个人偏见。

当前中国社会的城市化进程不断加快，进城务工人员、城市原有居民、新城市居民之间的摩擦开始显现，地域偏见在各大媒体版面和报道中时常有所表现。

2009 年 12 月 23 日，上海电台动感 101《音乐早餐》节目正在直播时，一名听众给节目热线发了一条短信：求你们不要说上海话了，我讨厌你们上海人。然后主持人非常认真地说："这位听众，请你以一种团成一个团的姿势，然后，慢慢地以比较圆润的方式，离开这座让你讨厌的城市，或者讨厌的人的周围。"

此话一出，这句"团成一团，圆润地离开"就引发了人们的争议。其实，这是地域偏见双方互持偏见态度、发生冲突的一则典型例证。对上海人排外的指责绝非今日才出现，外地人对上海人的偏见同样由来已久。海派清口代表、娱乐明星周立波对上海人排外的指责表达了个人理解，他认为上海人的优越性是排外的根源。上海媒体发生媒介偏见传播并非偶然，这表现出上海本地人和非本地人的偏见冲突。地域偏见观点一直深藏，当偏见观念者受到刺激，就可能会爆出偏见言辞或行为。"上海人"并没有发展为歧视性称呼，但作为中国最早都市化的城市，他们显示出与其他地域较大的文化、个性的整体差异。在中国一直流传着关于上海人的种种笑话，人们嘲讽他们的精明计较和无处不在的优越感，认为使用上海话随时彰显着他们的存在感。可以说，上海人的自我形象的建立是伴随对上海文化、语言的拥护，在他者排斥性的目光中完成的。

在这次媒介偏见事例中，出现的另一群体即非上海人的形象，在上海这座国际大都市，后者与原有上海居民的偏见在某种程度上确实存在。有学者以上海行政区为划分标准，探讨"上海人"和"非上海人"群体的地域刻板印象并研究"内外群体效应"，采用两种不同的心理测验方式，得出了相对一致的结论，研究的结果是"地域刻板印象普遍存在于'上海人'和'非上海人'的群体之中，而刻板印象一经形成就难以随着时间的变化而发生改变，即使在当前的形势下，外

① ［俄］谢·卡拉-穆尔扎:《论意识操纵》，徐昌翰、宋嗣喜、王晶等译，徐昌翰校，社会科学文献出版社 2004 年版，第 85－86 页。

地来沪的'新上海人'虽然越来越多地进入上海人的生活、工作、交际圈,但他们所抱持的刻板印象以及在这种刻板印象影响下对行为的认知和归因仍然比较强烈"①。

在现实生活中,上海人对外地人的称呼发展出了带有歧视性的"硬盘",因为外地人的拼音缩写是 WD 人,而 WD 是硬盘品牌"西部数据"的英文缩写,于是这两个英文单词被引申为硬盘来代表外地人,硬盘字面上可解释为盘踞上海、不肯离去之意。曾有媒体关注过这一问题,但未见多数媒体对此进行集中报道,这无疑是正确的做法。偏见与媒介偏见是相互存在的,社会原有的偏见会成为媒介偏见的基础。媒体的关注为偏见的传播提供了氛围,正如氧气之于火焰,前者为后者提供了充分燃烧的条件,媒体的过度关注可能造成偏见观念的四处散播,因此媒体的冷静处理尤为重要。

(二)控制有机的媒介偏见:法律与自律

本书中讨论了媒介偏见机制的运作情形,可以确定媒介偏见机制受到多种因素的制约。有机的媒介偏见本质上是互相作用的体系,这一体系既根植于偏见施加者的意识观念形态中,也体现在法令条文等物化形态中,并受到稳固状态的国家和政权的保护。

偏见的控制有无具体的方法? 对此 Devine 提出个体对偏见控制的方法是有可能的。Monteith 则认为人们是可以通过自我调节控制偏见反应的。早期的偏见自我调整模型显示,平等信念对低水平偏见者而言就是自我行为的目标。当低水平偏见者做出了违背个人信念的偏见行为时,就会感到指向自我的消极情绪,如内疚或自我批评等。他们可能会拥有中等程度的偏见标准,却做出了高度偏见的行为。但他们的个人标准没有内化,所以在违背标准时,他们只是感到不适而不会内疚。由此推论,当低水平偏见者经历行为与目标不一致时,会产生更多的减少不一致的动机。于是他们会启动自我调节以减少不一致。其方式就是启动有意识的控制过程,从而抑制自动的偏见反应,做出基于个人信念的恰当反应。②

媒介是社会的产物,对社会风气、经济发展、文化水准乃至政治制度都有重大的影响。媒介偏见的源头是人类头脑思维中的偏见,但发布偏见的行为主体

---

①　杨治良、邹庆宇:《内隐地域刻板印象的 IAT 和 SEB 比较研究》,《心理科学》2007 年第 6 期。

②　转引自李琼、刘力:《偏见的自我调节研究述评》,《心理科学进展》2010 年第 2 期,第 365—373 页。

是媒介,媒介偏见的传播者在自我控制方面应具备更高的认知和自省态度。健全的社会应当有健全的机制对媒介偏见加以控制,失去对偏见自省的媒体是可怕的,就像没有笼头狂奔的烈马,难以驾驭,无法肩负使命,从这层意义上说,对媒介偏见加以控制是重要的工作。而媒介要抵御偏见这一严重指控,必须要学会自我约束,达到更为公正和客观的状态,实现媒体的社会责任。

首先,必须完善媒介法律法规和政策,加强对媒介行为的约束,发挥外部监督作用。媒介偏见的各种表现在我国法律法规中应有明确规定。目前,针对我国媒体播送的影视作品和广告,相关的各影视制作管理法规或条例都明令禁止偏见的行为表现即歧视,特别是民族歧视、宗教歧视和地域歧视。对敏感的民族问题,在我国宪法中有这样明确的规定:"中华人民共和国各民族一律平等","禁止对任何民族的歧视和压迫"。在我国与歧视相关的法规条例中,可以看到民族歧视、种族歧视、宗教歧视、性别歧视等敏感且有社会、历史成因的偏见内容均被禁止。

1995 年《中华人民共和国广告法》第七条规定:广告中不得含有民族、种族、宗教、性别歧视的内容。

1997 年的《电影审查规定》第三章《电影审查标准》中规定,电影片禁止载有下列内容:煽动民族分裂,破坏民族团结的。

2000 年《电视剧管理规定》中第二十二条规定,电视剧禁止载有下列内容:(三)煽动民族分裂、破坏民族团结的;(七)宣扬种族、性别、地域歧视的。

2001 年公布的《电影管理条例》第二十五条规定,电影片禁止载有下列内容:(四)煽动民族仇恨、民族歧视,破坏民族团结,或者侵害民族风俗、习惯的。[①]

以上从对法规的简单罗列可见,我国政府的相关政策对民族、性别偏见和歧视明令禁止,对以此为传播内容或艺术表现的敏感题材多加以回避。但整体看来,我国关于媒介偏见的法律法规显得过于简单,对传媒业借鉴和指导意义不够充足。学者周俊对此提出批评,在对《中国新闻工作者职业道德准则》的发展和效用进行了考察后,他认为现行的职业规范处于一个低效的状态,由此导致现行职业规范的虚置和"第二规范"的盛行。文章通过对《准则》为主要分析

---

① 以上相关法律条文均查自万方数据中国法律法规数据库。

对象,指出目前新闻职业规范的低效的主要原因有:共同协商的程序不完善;缺乏职业针对性,政治话语替代职业话语;现实可操作性差。① 实际上由于缺乏相应的新闻法规,导致出现问题只能在不同法律法规中寻找解决途径。

对媒介偏见这样边界模糊的概念,问题一旦发生,便很难找到有直接针对性的法律帮助解决问题。媒介偏见行为具体的操作层面的内容和规定全无,对如何避免偏见的问题,基本都没有触及。② 特别是在新闻传播领域,面对大量素材的选择、采编、制作过程,具体操作中只能依靠采访记者和责任编辑、主编凭借个人经验,发挥"把关人"(gatekeeper)的作用,没有清晰界限的划分,记者们踩中雷区,犯偏见过错有时难以避免。

"一个公正的社会媒介并不是宪法及其相关法律的产物,而是对所有制和控制权之间相互关系的反思。……媒介的社会公正,实际上需要一个由公众来规范的、负责任的媒介机构和组织结构来实现,而这样的机构和组织绝不能日益集中到少数大集团的手中。"③这是西方学者在研究传媒和市场关系多年后发出的警示,尽管不时传来大公司控制着市场和媒体的批评之声,在西方有相当完善的行业自律组织弥补这种缺失。美国的报纸主编协会、英国的报业总评议会、意大利的新闻荣誉法庭等都属于行业自律组织,行业外的各种媒介监督组织也都较为发达。

美国的媒介研究中心(Media Research Center,MRC)和公平准确报道监督机构(Fairness & Accuracy In Reporting,FAIR)都属后者。"主要是这对媒介偏差和内部审查(bias and censorship)提供具体资料作依据的批评,维护媒介言论的多元性,免除公共利益和少数人声音的边缘化困境。"④FAIR 的监督机制由杂志、广播、网站、媒介监督行动者、媒介监督研究人员组成。杂志"重心放在新闻事件的主要议题上,对限制新闻观点和控制消息来源的做法作出批评。包

---

① 周俊:《试析我国现行新闻职业规范——以〈中国新闻工作者职业道德准则〉为例》,《国际新闻界》2008 年第 8 期。

② 纵观各大国际传媒公司一般都有非常具体的行为规范,2004 年的《赫顿后的 BBC 新闻》报告(The BBC's Journalism after Hutton,2004)对 BBC 的新闻价值的描述为:(1)真相与准确(truth & accuracy),(2)服务公共利益(serving the public interest),(3)公正不偏(impartiality),(4)独立自主(independence),(5)负责(accountability),可以看出 BBC 对公正不偏非常重视,避免出现明显的新闻偏见。

③ [英]尼克·史蒂文森:《媒介的转型:全球化、道德和伦理》,顾宜凡等译,北京大学出版社 2006 年版,第 51 页。

④ 萧苹:《介绍国外媒介监督组织 FAIR 和 Media Watch》,http://ccs.nccu.edu.tw/UPLOAD_FILES/HISTORY_PAPER_FILES/865_1.pdf,2008-12-09。

括偏颇的新闻报道……"，广播则"主要讨论有偏差的或不正确的新闻、新闻报道中的歧视"，网站则用于提升公众的媒介素养。[①] 1987 年创办的 MRC 在美国媒体行业也有较大的影响，MRC 定期会发布对美国社会媒体的监督报告，报告中常有偏见的批评和及时的指导意见。MRC 每月发布的报告名为《看门狗》(The Watchdog)，众所周知，西方媒体喜欢以社会看门狗身份自居，认为这是媒体对社会监督应有的贡献，MRC 报告的取名正寓意于此，报告主要关于媒介监督的情况以及新闻热点话题，其总裁布伦特本身是媒介偏见的专家，他支持对新闻媒体中自由主义偏见的批判。[②]

英国的报刊投诉委员会(Press Complaints Commission)是专职接纳受众各种投诉的机构，他们在 2010 年 10 月重新修改了原有的 PCC 行为准则(The Editor's Code of Practice)，并在 2011 年 1 月 1 日开始正式实行。准则中对新闻编辑和记者设立了基本的行为标准，其中包括了歧视(discrimination)的明确规定，在第 12 条写道："(1)报刊不应对人的种族、肤色、宗教信仰、性别、性取向或是肉体和精神的疾病和残障使用有偏见或歧视性的用词。(2)个人的种族、肤色、宗教信仰、性别、性取向，或身体和精神的疾病和残障的细节描写应当避免，除非它与报道直接相关。"将其于 1999 年的版本进行对比可见，这一条没有任何修改和变化，这说明在对偏见与歧视的严格避免问题上，英国报纸的态度没有任何动摇。[③]

除了对媒介的直接偏见表现有明确的规定外，对媒介发生偏向性的源头和媒介所有权问题，西方政府也有所设定。媒介的所有权毫无疑问会影响媒介的偏向性，美国政府采取的管理方法建立在两个原则上：即多样性是有益的(diversity is good)和所有权强化会威胁到多样性(ownership consolidation threatens diversity)。美国联邦通讯委员会(Federal Communication Commission，FCC)为此寻求分散媒介拥有权，以提供给公众更多样化的观点，其中政策作为一种推动力存在。[④]

为了避免新闻的刻板印象和偏见，特别是报道文本中的类似情形，国外媒

---

①　肖燕雄:《美国、加拿大媒介监督组织给我们的启示》，http://academic. mediachina. net/article. php? id=1595，2008-12-09。

②　参阅 http://www. mrc. org/2011-01-27. 媒介监督组织 MRC 网站介绍。

③　http://www. editorscode. org. uk/the_code. html，2011-01-27.

④　Mathew Gentzkow Jesse Shapiro. *What Drives Media Slant? Evidence from U. S. Daily Newspaper*，http://faculty. chicagobooth. edu/jesse. shapiro/research/biasmeas. pdf，2013-10-02.

体一直都非常注意,甚至在美国出现了"政治正确"(political correctness)的要求,也就是报道中对某些刻板或者带偏见的语言进行清理。媒体在称呼特别团体如有色人种、同性恋者等尤其注意,不能出现不恰当的俚语、歧视性称呼,或是任意的媒介偏见的种种表现。这样详尽规定的本意是净化传播语言,阻断传统和习俗中的偏见,不过目前这种趋势变得过于敏感,甚至出现认为这是变相新闻检查的批判声音。

中国的媒介监督组织一直发展缓慢,学者阮志孝指出中国的媒介监督存在"先天不足"的问题:"大陆的新闻传媒的行业协会都具有半行政的性质,学会也挂靠在新闻传媒实体,在经济上依赖于传媒。"①这种背景让很多监督机构只是一种软性力量,没有监察权,缺乏刚性。在目前的媒介发展态势和市场化的大前提下,国内要建立和维护相应的机构和组织并不是难事,但要形成有处理能力的媒介实体性质的监督机构则需要付出很大的努力。良好的媒体传播生态和监督机构的重要性未被真正认识,这是目前这一块发展缓慢的原因。

国外媒介自律组织在对待偏见问题时,会有很多实用的建议。美国成立的"关切记者委员会"(Committee of Concerned Journalists)发行的出版物指出,客观应是方法的具体指向而不是无法到达的绝对概念,"媒体当初采用这个概念时,并非指从业人员个人要客观,而是用来检验信息——取证的手法是否透明、精确,以免个人的偏见破坏报道的准确性。这是要求客观是方法,而不是从业员本身客观"②。

培根在《新工具》一书中说过:"凡是从事自然研究的人都请把这样一句话当作一条规则——凡是你心所占所注而特感满意者就该予以怀疑,在处理这样问题时就该特加小心来保持理解力的平均和清醒。"③科学家运用一系列的正规过程防御偏见和错误的根源,这些过程都是常人未意识到的,并不在日常生活中应用。科学家利用"盲观察者"(无偏见)来消除偏见评估的影响。自然研究的这种方法对媒介工作者来说也颇有启发。正如海曼·韦斯廷引用专栏作家Nat Hentoff 的话:"'新闻从业人员应该时刻记住,自己也是人,要自觉地将'意识形态与报道隔离','公正也就是要掌握所有可能的事实,特别是那些使你很

---

①　阮志孝:《新闻媒介监督组织及监察机制模式比较研究》,《中国传媒报告》2006 年第4 期,第 104—112 页。

②　[美]海曼·韦斯廷:《最佳方案:公平报道的美国经验》,郭虹、李阳译,汕头大学出版社 2003 年版,第 60 页。

③　[英]培根:《新工具》,徐宝骙译,商务印书馆 1984 年版,第 30 页。

惊奇并开始重新评价事件的事实'。"①新闻从业者的工作落实的审慎态度是防止报道偏见产生和流露的最重要环节。

《普利策传》一书中提及普利策在美西战争期间曾经为了与郝斯特的发行大战而违背了自己新闻工作者的信条,他为此深感遗憾并一直弥补。"他劝诫自己的职员始终都要问自己:'这是不是一篇没有偏见的公正的报道? 这是否真正反映了事实的真相?'他也身体力行自己所推崇的准则……"②对每一位奔跑在新闻一线的记者来说,对业已形成的偏见或来自他方的偏见若不努力分辨和抵抗,很容易迷失在意识形态窠臼以及每日报道的常规中。

三、提升媒介素养与建立理性社会

(一)受众媒介素养的提升

媒介素养(media literacy)教育在西方发达国家已经推行数十年,但在我国还是较新的媒介研究领域,近年国内已有传播学者就此展开研究。媒介素养教育的本质是一种社会学习理论,它对本书研究的偏见问题有积极的指导意义。它能提高受众对媒介偏见的分析和鉴别能力,而不是盲目地接受媒体所有的信息和观点。媒介素养"代表着偏见矫正的知觉性策略,即个体通过社会学习获得的偏见态度,可能会由于学习了新的更积极的态度而改变"③。

传播学的受众研究在短短几十年间就经历了强效果论到有限效果论的急剧变化,"人们在讨论媒体信息作用时总是强调个体只是被动地接受和服从这些信息……这些信息在叙述与复述、解释与再解释、评论、嘲笑和批评的持续的过程中传播。……通过获取信息并习惯性地将它们与我们的生活相结合……我们不断地塑造和再塑造着我们的技能与知识储备,检验我们的情感和品味,

---

①　[美]海曼・韦斯廷:《最佳方案:公平报道的美国经验》,郭虹、李阳译,汕头大学出版社 2003 年版,第 61 页。

②　[美]丹尼斯・布里安:《普利策传》,曹珍芬等译,中国财政经济出版社 2004 年版,第414 页。

③　王沛:《现代人的心理迷信——偏执心理现象分析》,湖南教育出版社 2000 年版,第165 页。

拓展我们的经验视野"①,说明人不应被看作信息的被动接收者,信息在传播中的加工作用、信息接受后对人们的改造以及媒介传播对受众生活的影响不宜被过分强调。

人们应更多考虑媒介素养提升带给受众的主动性,媒介素养大致表述如下:"一个具备媒体素养的个人,不是被动地接收媒介讯息,而是能自生活文化、政治、经济等因素,以及媒介讯息背后隐藏的意识形态、掌控权、广告等等因素间,发展出自主性的解读。"②对此西方学者也有相似的认识,哈佛大学教授约翰·罗尔斯(John Rawls)在1972年提出的"原始立场"(original position)观点值得人们深入思考。所谓"原始立场",即人们在"混沌的面纱"(veil of ignorance)下,不知道彼此的性别、民族、社会阶级、价值观、宗教信仰、健康状况等情况,他们因而能够决定去共同维护社会公正的原则。罗尔斯(1996)提到,现代社会无法回避多元化,并且还有各式各样的人生活在其中,他们有着不同的性别、宗教信仰、阶级归属、种族身份、政治偏好等等。罗尔斯认为,要整合一个社会,就必须依靠他所称的"合理的和理性的行动者"(reasonable and rational agents)。③宽容的心态和不随意下判断应该是理性行动者的最佳阐释,也是避免偏见的最佳途径。

认知心理学家也指出受众通过媒介素养的学习,可以成为更优秀的认知者:"通过媒介教育使人们认识刻板印象现象,以使人们能够监控自己的认知过程,在一定的程度上抵制刻板印象的消极影响。监控的重点是:(1)当对很少直接经验的范畴做出判断时;(2)当有理由相信我们的经验是受偏见影响时;(3)当对不寻常范畴判断时。"④防止刻板印象的生成就阻断了新的偏见的产生,提高媒介素养无疑能令受众保持更清醒的头脑,减少盲目和轻率的判断是不产生偏见的重要策略。

培养具有开阔视野、心理健康、对信息有良好判断和分析能力的受众是建设优质的传播环境的首要目标。"公则明,偏则暗",民众应该学会正确地接受信息,有能力分辨媒体的报道,保持独立思考的能力。只有人的素养得到提升,

---

① [英]安东尼·吉登斯:《社会学》(第四版),赵旭东等译,北京大学出版社2004年版,第587页。

② 陈启英:《媒体素养教育——E时代之新公民教育》,《中国传媒报告》2004年第1期,第83页。

③ 转引自[英]尼克·史蒂文森:《媒介的转型:全球化、道德和伦理》,顾宜凡等译,北京大学出版社2006年版,第48页。

④ [美]J. R. 安德森:《认知心理学》,杨清、张述祖译,吉林教育出版社1989年版,第201页。

才可能构建群体的社会组织,最终实现理性社会的建立。"身处知识经济时代下,更应拥有高度媒介素养,来判断犹如知识洪流的讯息,如此不但可以免于自我罹患知识焦虑症,更可做一个拥有多元视角,自主判断的现代人。"①

公共知识分子、语言学家乔姆斯基(Avram Noam Chomsky)的言辞则更为犀利,他向美国民众指出,只有公众意识到媒介的谎言"不只是字面上的错误"时才会发生变化,"它们包括被忽视的主题、伪善、误导性的重点以及被隐藏的前提——所有这些偏见系统地影响报道"。② 在对待偏见问题的谨慎态度上,人们应该向国外受众学习。在国外有许多网站致力于揭露各种媒体和新闻中的偏向性,有六名年轻的学生组建了媒介偏见的相关网站,他们不仅关注新闻中的偏见,更关注人们该如何阅读新闻,避免发生偏见。在网页上他们这样写道:"阅读新闻的艺术是什么?阅读新闻是能够仔细端详你看到的,并要求自己关注信息来源,它所呈现的形式,以及这将如何影响你对实际事件的看法。这不是艺术性的概括,并不能简单地说媒体日益变得自由主义偏见或是存在着保守的偏见,而应将其看作一种分类的艺术。阅读新闻的艺术是永远有所保留,并问自己重要的问题:这篇报道可能存在偏见吗?"这个网站主要通过提供给人们带偏向性甚至偏见的新闻进行思考。为了表明偏向性或偏见的存在,他们会尽可能多地提供上下文或对比文章。为了帮助人们思考,网站还提出了许多值得深思的问题,这些问题可用于审查文章,也可以稍加修改后用于新闻偏向的日常阅读和看新闻时进行检测。③ 这种对媒体播报内容保持的冷静态度和对理性报道的不懈追求,是受众媒介素养中重要的内容。能够做到这一点,说明网站设立者们自身具备了相当高的媒介素养,并有意愿将这种能力用以回馈社会,是值得赞许的举动。

(二)理性社会

非理性因素对媒介偏见的影响毋庸置疑。本书对大规模媒介偏见研究后发现,非理性是其共同特质,是在传播中表现为感性的、缺乏正确的判断力和盲从心理,这些恰恰与理性相悖。理性是对抗偏见的重要思想武器,它能武装人们的头脑,健全心智,能够识别、判断、评估实际理由,使人的行为符合特定目

---

① 张宏源、蔡念中等:《媒体识读——从认识媒体产业,媒体教育到解读媒体之本》,亚太图书 2005 年版,第 91 页。

② Charles M. Young's Interview with Noam Chomsky in "American Radical". *Rolling Stone*,1992(5):42.

③ 请参见反媒介偏见网站:http://www.umich.edu/~newsbias/bio.html,2014-10-22.

的。理性意味着冷静的思考和分析,逻辑的思辨和坚决的执行力,通过论点与具有说服力的论据发现真相,通过符合逻辑的推理而非依靠表象推论,以及倾听更多方的意见和寻找充分的理由再行动。

理性是人类思想中最高贵的品性之一,文艺复兴时期的莎士比亚便借助哈姆雷特之口发出慨叹:"人是多么神奇的一件杰作!理性何等高贵!才能何等广大!形容与举止何等精密和惊人!行动,多么像个天使!灵机,多么像个天神!万有的精英!众生之灵长!"①莎翁在歌唱人类时特别提及理性的高贵,这既代表了文艺复兴时的欣然气象,又代表了作为人的自豪情感与自律观念。

理性作为思辨的、非感性的了解万物、把握世界的方式,逐渐发展为与经验主义(empiricism)相对的理性主义(rationalism)哲学和方法论,代表人物为笛卡尔。17—18世纪,理性主义在欧洲大陆广泛传播,本质是体现资产阶级的科学和民主,在启蒙运动中更发展成为社会倡导的口号,启蒙主义在思想观念的武库中找寻理性的力量,对人们抵御愚昧的偏见深有启发。"启蒙运动是一个复杂的事件,其中有各种不同的思想,优秀的启蒙哲学家的著作往往深邃而敏锐,然而总的来说,他们反对传统、偏见以及蒙昧主义。"②

在蒙昧时期暗淡的背景下,启蒙主义思想家们在著作中呼唤理性的光辉。伏尔泰和卢梭的启蒙思想批判了宗教偏见,推动人类思想摆脱传统桎梏,向前进步。恩格斯对此称赞道:"他们不承认任何外界的权威,不管这种权威是什么样的。宗教、自然观、社会、国家制度,一切都受到了最无情的批判;一切都必须在理性的法庭面前为自己的存在作辩护或者放弃存在的权利。……以往的一切社会形式和国家形式、一切传统观念,都被当作不合理的东西扔到垃圾堆里去了……"③有趣的是,启蒙主义思想家们虽然提倡理性社会,反对偏见,但有不少人仍然存在各种偏见,如卢梭在看待妇女教育和地位问题上未能摆脱封建偏见,伏尔泰对其他种族有强烈的偏见。这正说明偏见与人的教育、生活的社会文化和历史背景密切相关,就算是思想家,其思想也不可能脱离时代而真空存在。人的一生都在面对各种偏见,虽然对理性的追求不能让人彻底摆脱所有的偏见,但理性至少是摆脱偏见、获得正确判断的思想工具。

政治学家迈克尔·欧克肖特(Michael Oakeshott)在论述理性主义时曾将政治和理性主义进行对比,他认为政治总是与传统、偶然、短暂相结合,理性主

---

① [英]莎士比亚:《莎士比亚四大悲剧》,孙大雨译,上海译文出版社1995年版,第95页。
② [英]安东尼·吉登斯:《失控的世界》,周红云译,江西人民出版社2001年版,第103页。
③ 恩格斯:《反杜林论》,见《马克思恩格斯选集》(第三卷),中共中央马克思恩格斯斯大林著作编译局译,人民出版社2012年版,第391—392页。

义则意味着开放的心灵,不受偏见与残余的影响。他盛赞理性主义者,认为他们具有怀疑主义和乐观主义精神。欧克肖特对于经验主义的认识接近现在普遍的观点,即不将两者视为对立面。他认为理性主义者并非忽视经验,他会坚持自己的经验的东西,并迅速将多样的经验归纳,然后只根据理性的理由来攻击或捍卫这些原则。① 欧克肖特的观点对偏见认识十分重要,偏见者重视经验,或许这经验是他人的,未必是他自己的亲身体验,但片面的经验如不加分析地被吸纳,会成为偏见的源头。在这层意义上,理性主义的确具有抵抗偏见的作用。

20 世纪以来,"理性主义者"表达了一种人类行为应该由理性所支配的观点。偏见消除中需要理性的力量,建设理性社会对媒介偏见整体传播环境的改善大有裨益,理性不仅应存在于受众的头脑观念中,也应该体现在媒体对利润的追求过程中,表现在对事实报道的分寸掌握中。理性意味着自我节制和对全局的控制。这并非意味着感性在传播中不需要,事实上,对大多数受众而言,理性的劝服有时候还比不上感性的报道给予他们颠覆性思考的可能。

四、几点操作建议

(一)"媒介事件"减弱偏见

大众媒体是社会大生产条件下高度专业化的产物,媒体观看和传播事件的态度和目光影响着人们对事件的理解和把握。媒体如同镜子,不可避免地反映了社会自身的刻板印象和偏见。即便有时媒体的传播目的是纠正刻板印象,受众的偏见框架依然影响他们对信息的加工和处理,最终结果可能是固化原有的刻板或偏见,而没能达到消除或减弱偏见的效果。那么,媒体究竟该如何有效地改变偏见?

偏见态度的改变是心理学研究中受人关注的领域,传播效果研究中受众态度的改变亦涉及此议题,有研究试图证明大众传播对受众施加影响能够彻底改变偏见。《媒介研究读本》中记载了詹姆斯·D. 哈洛蓝(James D. Halloran)在莱斯特大学任教期间开展的一项研究,他对一部描写捷克斯洛伐克的电视片

---

① 〔英〕迈克尔·欧克肖特:《政治中的理性主义》,见郎友兴、韩志明编:《政治学基础文献选读》,浙江大学出版社 2008 年版,第 151—153 页。

《革命的孩子》进行调查,目的是推动对世界事务的广泛的认识,以期对世界问题达到更好的理解。研究结果表明,通过观看这个节目,人们不但对捷克斯洛伐克的生活有了更多的了解,而且对那个国家的人民更加喜爱了。看来节目的初衷似乎实现了,但调查也发现那种善意的态度改变没有延伸到对那个政府和国家身上。对节目的某些部分,如对捷克青年的态度变喜爱往往是以对捷克这个国家更为厌恶为代价的。① 这种复杂的情况下,很难说它真正接近了节目制作者的目标。

心理学家凯文·霍根(Kevin Hogan)指出:"态度是围绕着一个特定的主题的一系列价值和信念的集合。多数人设法去改变别人的态度,但最终都失败了。假如价值没有被首先改变的话,态度就不会被改变。像我们说过的那样,信念与价值相连。同样的态度依赖于信念。"② 他提到一个重要的问题,那就是"仅改变态度保持其他不变,这种做法很难成功,告诉其他人让他改变态度永远不会成功",实际上,偏见发展到一定的程度就成为偏执,变得关乎信念,在受众头脑和内心拥有难以撼动的地位。霍根的论述强调了态度受到信念的深刻影响和态度改变的困难,"信念与现实无关。信念之所以成为信念,是因为它们不是事实或者具体的事物。你可以了解信念在说服过程中有多重要"② 。归纳大量的研究可以发现,偏见的改变非常困难,它是态度层面的问题,是否改变也很难确切地被衡量。偏见的彻底根除几乎不可能,更为准确的表达应是如何减弱偏见。

戴扬和卡茨在传播学名著《媒介事件:历史的现场直播》中阐述了他们的媒介事件理论。"媒介事件"(event)是"那些令国人乃至世人屏息驻足的电视直播的历史事件——主要是国家级的事件",是"电视仪式"或"节日电视"。③ 卡茨和戴扬书中的媒介事件不仅重大且引人入胜,仪式感十足,显然,他们借助了人类学的仪式化过程的研究来理解西方电视,对事件的操作、表演、协商等仪式化的传播方式进行了全面解析,并指出电视现场直播的加入令传播获得重要的现场感。

利用戴扬和卡茨的媒介事件理论可以解释"勃兰特下跪"带来的偏见减弱

---

① 转引自杨击:《传播·文化·社会——英国大众传播理论透视》,复旦大学出版社2006年版,第170页。

②② 〔美〕凯文·霍根:《说服——透视沟通和说服心理的学问》,苏静、颜雷声译,中国劳动社会保障出版社2004年版,第173页。

③ 〔英〕丹尼尔·戴扬、伊莱休·卡茨:《媒介事件:历史的现场直播》,麻争旗译,北京广播学院出版社2000年版,第1页。

情形。众所周知，德国人在"二战"中对犹太人犯下了不可饶恕的、几乎致其种族灭绝的滔天罪行。波兰与德国的关系因为这些历史障碍，一直都相当紧张。1970 年 2 月 7 日，作为联邦德国总理的勃兰特对波兰首都华沙进行访问，并向犹太人殉难者纪念碑献花圈。当勃兰特伫立凝视一幅幅受难者浮雕时，突然下跪，开始祈祷。[①] 时间仿佛也瞬间凝固了，反应过来的摄影记者们纷纷按下快门，电视直播声画兼备的现场感带来视觉冲击，报纸上抓拍的新闻照片成为永恒的定格，印在人们脑海中。

这毫无预示、突然发生的一幕表现在"下跪"这一超出政治人物行为的个人化举动上，原本新闻现场表现出类似戏剧化的"突转"效果，成为历史上最成功的偏见"突转"的传播实例。波兰人震惊了，也被勃兰特真诚的忏悔打动了，对德国人的偏见某种程度上也有所减轻，德国和波兰的外交关系得以迅速改善。

在戴扬和卡茨的书中也有提及媒介对偏见态度改变的实例："比如在萨达特之行直播后，以色列人对埃及的态度的改变，另一方面，这里特别有意思的是，这一变化虽不持久，但其幅度却在媒介研究中是很少见的。"[②]在敌对的国际关系中，善意的举动通过传媒的正确解读被人们接受，能达到良好的沟通效果。

由此事例可见，利用媒介塑造事件的能力可以尝试削弱偏见，"媒介事件"中的"突转"是类似戏剧表演中的情节转折，能带来戏剧性变化，符合媒体对反常化、新闻性的要求。集中的媒介关注，事件的可开发利用性都能造成一种戏剧化的效果，对于偏见这种根深蒂固的心理态度，需要的正是这样的"突转"[③]。

勃兰特在犹太人殉难者纪念碑前下跪不仅是媒介事件，它更接近于一场"假事件"（pseudo-event）。假事件由柏斯汀（Boorstin）提出，是指"经过设计而刻意制造出来的新闻，如果不经过设计，则不可能会发生的事件"，凡是记者招待会、大厦剪彩、游行示威乃至电视上的候选人辩论都是"假事件"，在这层意义上，"假事件"更有安排、人造的意义。他在书中指出人们每日接触的新闻渗透

---

① 夏荫：《勃兰特在犹太人纪念碑前下跪》，《集邮博览》2005 年第 9 期，第 39 页。

② ［英］丹尼尔·戴扬、伊莱休·卡茨：《媒介事件：历史的现场直播》，麻争旗译，北京广播学院出版社 2000 年版，第 259 页。

③ "突转"实际上是叙事学中的术语。亚里士多德在《诗艺》中对古希腊悲剧和史诗提出了"突转"的概念，"'突转'指行动按照我们所说的原则转向相反的方面，这种突转，并且如我们所说，是按照我们才说的方式，即按照可然律或必然律而发生的"。见［古希腊］亚里士多德：《诗艺》，罗念生、杨周翰译，人民文学出版社 1962 年版，第 33 页。在很多新闻传播事件中，新闻事件的"突转"最为引人注目，西方读者喜爱的法庭盘问造成的案情突转即属此列，这就能理解当观众看到辛普森在法庭上戴不上作为凶案物证的带血的手套时，情绪怎样被调动到最高点了。

着很多的"假事件",然而奇怪的是,"假事件"常比真的事件更吸引人①。传播学家麦奎尔也指出,"'假事件'在许多竞选还有其他的宣传中是一种常见战术,但更重要的是,媒介对'时事'的报道很多都是由经过设计的事件所组成的,意图塑造出对某种利益或其他利益有益的印象"②。在不违背新闻真实性的前提下,即使包含了常用的宣传技巧,用它来改变态度时仍具有媒体的正面意义。

从新闻价值理论理解,事件各有新闻价值侧重,记者报道的叙事方式往往利用各种新闻价值要素吸引受众。对媒介来说,一个各要素丰富的"事件"能激发起人们的热议,而不在乎事件的真假。处于大数据时代的受众每天面对海量信息,不是选择困难,就是反应迟钝,态度麻木。媒体的事件报道能够快速集中受众的注意力,是进行态度转变的最好机会。

霍夫兰认为,在新的态度学习中,有三个变量十分重要:注意(attention)、理解(comprehension)和接受(acceptance)。其基本假设是:只有当采取一种新的反应能带来更大的利益时,人们才会改变他们的态度。态度和意见的改变遵循以下步骤:提出一种值得推荐的意见。假定对象注意到并理解了讯息,受众对此做了回应或行动。即他们审视原有的意见并考虑你所提供的新的意见。如果采取一种新的反应比旧的反应具有更大吸引力,对象就会改变其态度。③这也是"假事件"或仪式性新闻的重要价值所在。需要注意的是,媒介事件越大,被各种势力绑架的可能性越大,因此媒体对媒介事件的报道的完善组织和帮助解读显得尤为重要。

持有偏见态度的受众必然有固化和非理性的心理特质,采用"媒介事件"的传播效果较一般的解决方法更优。在事件发生初期,受众头脑中还未形成偏见,事件的戏剧性使人们迫切需要从媒体获得更多的信息和解释,媒体的报道方向就具有指明作用。在这个阶段,媒体对事件细节的选择和处理十分关键。事件是新闻故事化的最好展示,平时坚固的偏见可能会在新闻故事的感人细节中弱化。

(二)通过社会变革扫除偏见

媒介事件要改变偏见并不容易,只有符合事件特质,迎合社会心理需求才

① 转引自彭怀恩:《大众传播理论讲义》,风云论坛有限公司 2004 年版,第 404—405 页。
② [英]丹尼斯·麦奎尔:《麦奎尔大众传播学》(第四版),崔保国、李琨译,清华大学出版社 2006 年版,第 392—393 页。
③ [美]希伦·A.洛厄里、梅尔文·L.德弗勒:《大众传播效果研究的里程碑》(第三版),刘海龙译,中国人民大学出版社 2004 年版,第 151—170 页。

可能引发态度松动。在对权力主义人格进行大量的问卷调查和访谈分析后,阿道诺指出:"单凭心理学的措施是无法实现对潜在的法西斯主义者的矫治的,因为矫治潜在的法西斯主义者,如同我们根除神经症、青少年犯罪、大国沙文主义一样困难,这些东西均是社会的产物,只有当社会得以变革时,它们才会改变。"①阿道诺将期望放在社会学家身上,期望大的社会变革成为改革偏见的力量。这并非空想,它已在无数次革命历史中得到证明。

民国至新中国成立前,中国社会涌现出了一大批优秀的女性,包括宋氏三姐妹、民国才女林徽因、革命女作家丁玲、传奇女作家张爱玲、国民影后胡蝶等。她们拥有良好的教育和社会背景,活跃在政治、外交、文化等舞台,成就斐然,至今仍为人所津津乐道。但就地位较低的普通女性而言,在当时仍不能享有与男性同样的权利,在生活、学习、婚姻等方面都受到性别偏见的影响。在土地改革、婚姻法颁布和妇女解放运动等一系列社会变革的不断推动下,女性在教育、婚姻、工作上获得了与男性接近平等的权利。新社会的媒体发挥了巨大的思想建设作用,电影中塑造的红色娘子军、白毛女、江姐等革命女性体现出女性追求独立自主的勇敢精神,新闻中"铁姑娘"形象将"妇女能顶半边天"的口号传播四方,有力证明了女性的社会作用。这些社会变革及其思想传播有效地清扫了中国长时间积存的女性偏见。这些都是媒体配合社会解放的脚步,通过社会变革,扫除陈旧的偏见思想的积极行动。

论及媒体报道改变偏见思想和法规的案例,就必须提及孙志刚案件。媒体对此事件的报道体现了媒体的社会责任感和新闻专业主义精神,暴露了隐形的社会偏见,改变了落后于时代的不公正的法例。

事情由 2003 年 4 月 25 日《南方都市报》记者陈峰、王雷的《被收容者孙志刚之死》首次加以披露,孙志刚事件的报道开头如下:

> 3 月 17 日:在广州街头被带至黄村街派出所。
>
> 3 月 18 日:被派出所送往广州收容遣送中转站。
>
> 3 月 18 日:被收容站送往广州收容人员救治站。
>
> 3 月 20 日:救治站宣布事主不治。
>
> 4 月 18 日:尸检结果表明,事主死前 72 小时曾遭毒打。
>
> 孙志刚,男,今年 27 岁,刚大学毕业两年。2003 年 3 月 17 日晚 10 点,他像往常一样出门去上网。在其后的 3 天中,他经历了此前不曾去过的 3 个地

---

① 〔美〕西奥多·W.阿道诺等:《权力主义人格》,李维译,浙江教育出版社 2002 年版,第 1263 页。

方：广州黄村街派出所、广州市收容遣送中转站和广州收容人员救治站。

这3天，在这3个地方，孙志刚究竟遭遇了什么，他现在已经不能告诉我们了。3月20日，孙志刚死于广州收容人员救治站（广州市脑科医院的江村住院部）。

他的尸体现在尚未火化，仍然保存在殡仪馆内。①

经由媒体报道后，"孙志刚事件"引起全国关注，随着事件报道的层层深入，这位年轻人的无辜惨死和其家人的悲痛被媒体放大，收容所的各种歧视虐待情形被陆续揭露。媒体报道触动了社会麻木的神经，舆论大哗，最终促使早已不符合社会现状的歧视性条例得以改变。

2003年6月20日，国务院颁布第381号令，《城市生活无着的流浪乞讨人员救助管理办法》自2003年8月1日起施行，1982年5月国务院发布的《城市流浪乞讨人员收容遣送办法》同时废止，在新办法中提出了全新的自愿救助的原则，取消了过去的强制手段。

细加思索，孙志刚事件发生的真正根源在于两类歧视：一是巨大的城乡差异发展为城市居民对农村人口的歧视；二是城市人口对外来务工者的歧视。户籍制度在我国由来已久，起初目的是为了便于敛收赋税、征集兵员、控制人口，早在春秋战国时期就以"书社制度"之名出现，此后在不同朝代拥有不同的称呼和规定，将人们固定在各自地域，以防止大规模的人口流动。这种制度形态与我国固有的农耕社会稳定的社会形态相一致，数千年从未改变过。基于户籍制度长期的历史根源，以及新中国成立后城乡体制的社会差异、流动人口的治安隐患等因素作用，户籍歧视或偏见一直在缓慢地滋生着。在孙志刚事件发生前，人们对这种地域和城乡混合的偏见还处于集体无意识的麻木状态。孙志刚事件直接促使国家相关行政条例的废止。这是因为中国社会改革已经处在十字路口，社会面貌早已不同于集体贫困的过去，流动人口已经成为城市常见景观，流动人口支撑起城市的各项基础工作，成为城市不可缺少的一部分。社会认知和思想土壤正在发生松动，酝酿着消除偏见的契机。

媒体对孙志刚事件的迅速跟进，不再仅仅关注事件的种种细节和故事渲染，更深入到对事件产生根源的思索。舆论的热情参与、公共领域的讨论和人们同情心的推动，成功地将人们的思维逆转，促使户籍偏见发生改变，引入对流动人口正确的认知。媒体此后将"民工"、"外来妹"等称呼改为"农民工"，近年

---

① 陈峰、王雷：《被收容者孙志刚之死》，《南方都市报》2003年4月25日，网易新闻中心转载，http://news.163.com/07/0514/15/3EFBIDBT00011SM9.html，2008-12-30。

普遍使用更为文明的"进城务工人员"一词,都是媒体积极参与孙志刚事件报道,消除偏见而获得了社会观念进步的表现。

五、同性恋报道中的媒介偏见及其改变

同性恋群体的爱恋对象为同性,有别于异性恋的传统性取向,因而遭受代表主流的异性恋的偏见对待。在人类的文明发展中,异性恋占据着主要的地位,它肩负了家庭、人类繁衍的职责,更多地符合传统社会的道德伦理规范。社会普遍的观点是以异性恋为统治地位的。[①] 异性恋以主流自居,对同性恋者时常抱着偏见的态度。同性恋群体因特殊的性取向长期被社会主流人群排斥,被视为异类,遭到歧视、侮辱、诽谤甚至是人身攻击,是媒介偏见研究中值得关注的研究主体。在媒介偏见目前存在的各种偏见具化表现中,同性恋群体面临的歧视问题是较为突出的,其偏见减弱也较为显著。本案例研究主要叙述媒体对同性恋报道态度的改变,并分析其原因。

(一)对同性恋群体的歧视报道

1. 来自异性恋者的歧视

同性恋偏见被简称为"反同偏见"(homophobia),即反对同性恋行为或人群的简称。很多普通人(异性恋者)通常"本身并不认识任何同性恋者,有同辈朋友对同性恋者持负面态度,受的教育少,常上教堂,对正当的性行为规范具有刻板的观念,是高度的权威主义者。这类人通常在言语上反对同性恋,以此对世人宣传他们是百分之百的异性恋,也希望被视为异性恋者,更期待周围的人也

---

① 现在有一种流行的酷儿理论,它其实不算是严格意义的理论,更应被看作是宽容的态度。它反对占统治地位的异性恋制度和异性恋霸权,认为人在性行为与性倾向上均是具有多元的可能的。它反对非此即彼的思维方式。它虽然起源于同性恋运动,但是,很快超越了对同性恋的关注,试图为所有性少数人群"正名",对同性恋者采取较为公正的态度。酷儿理论的思想可以在福柯以及勃斯韦尔那里找到源头。福柯称赞勃斯韦尔摒弃同性恋和异性恋范畴的对立,认为这不仅代表了学术的进步,也代表了文化批评的进步。他将同性恋看作是一种存在的风格,是一种存在的形式,是一种生活的艺术,而绝对不是一种性身份、性本质或性种类。

都是异性恋者"①。同性恋和异性恋本没有高低之分,从性学专家的观点来看,异性恋承载了生育和抚育后代的功能,在人类的繁衍过程中逐步发展为正统行为,而同性恋被视作是一种偏离行为。

由于对性的理解和态度层面不同,带来对同性恋的理解和接受的极大差异。赫兹菲尔德(Hirschfeld)提出了"第三性",弗洛伊德认为同性恋不是病,埃利斯的《性倒错》推动人们以更为宽容的目光去看待同性恋问题。很长一段时间都有传说认为,同性恋有"传染性",或是行为模仿,跟同性恋交往多了会发生性取向的混乱。国外为此对同性恋家庭的孩子的性取向进行调查,显示他们与普通家庭的孩子没有什么不同,结果完全不支持这种猜测。在近年来随着社会的开放,人们的性观念逐渐开放,对同性恋的研究也有了很大的进展。当代性学专家普遍认为同性恋不是病态的、非正常的,更不是现代生活异化或者是道德滑坡的产物,它有时会表现为自我身份、身体和行为的差异,更多数仅仅是性行为方式的差异。

现代大众传播媒介对于同性恋人群近几十年来非真实公正地再现,形成并加深了社会公众对于同性恋群体的刻板印象,而国家重要媒体对于同性恋现象的集体失语又在客观上加重了对此少数群体的歧视,损害同性恋群体本应享有的平等权利,加深了社会矛盾的激化。国内外多项研究发现,同性恋群体与普通人群在地区、种族、宗教信仰、政治信仰、收入水平、受教育程度和职业特征等方面几乎没有明显差异。

媒介对同性恋行为持偏见态度与现代社会发展极不相称。在很长时间内人们对同性恋讳莫如深,这一话题完全消失在公众视野中,媒体提供信息不足,信息缺乏。因为早期媒介报道的集体失语,给人以错觉,似乎同性恋现象近年才多了起来。

许多同性恋者对报刊杂志影视传媒中关于同性恋者的歪曲报道颇为不满。相较以往对同性恋群体报道的回避和漠视,相关报道和宣传有所增加,但偏见报道仍常见报端,记者在报道中显示出明显的偏见态度。媒体绘声绘色地报道同性恋的疑似性交易,将同性恋与卖淫结合起来,把同性恋者与性混乱者等同,都给人以极大误导。为此网友批评指出:"媒体在涉及同性恋报道时应当客观描述现象,不任意将同性之间违法犯罪行为与同性恋直接联系起来,使得同性恋成为违法犯罪的替罪羊,而无法去深入分析出这些违法犯罪现象的直接原因和深层

---

① [美]琼·M.赖尼希、露丝·毕斯利:《金赛性爱对话》,王瑞琪等译,海南出版社 2008 年版,第 222 页。

诱因。"①国外的同性恋社团更直接批判媒体的行为:这是传媒对同性恋者的剥削,利用一般公众的猎奇心理,用哗众取宠和耸人听闻手段来推销自己的产品。

据英文版《中国日报》12月2日云南报道:12月1日是大理同性恋酒吧原定开业的日子,由于"大理市政府出资开办同性恋酒吧"的消息在网络上不胫而走,"大理同性恋酒吧"迅速成了全国各大媒体关注的焦点,一时间,各方记者云集大理。直至记者发稿,这家被热炒的同性恋酒吧还没有开业。《北京晨报》12月2日的新闻标题《大理同性恋酒吧延迟开业 因曝光过度志愿者被吓退》态度取向正常,翻开某份都市类报纸,新闻导语却是这样开头的:"昏暗的灯光、低垂的帷幔、暧昧的涂鸦,墙上全部贴满了外貌俊俏的美少年照片……"如此低俗的渲染,带有典型的小报风格,记者本身就戴着偏见眼镜去观察世界,怎能让人不浮想联翩,让受众如何不受影响,对同性恋者保持客观?②各家媒体为自身利益追逐和猎奇的表现,不仅将整个事件变成了无聊的炒作,更影响了同性恋者的正常活动,而众多的酒吧志愿者因为害怕被媒体曝光而产生退缩心理。

社会压力常使同性恋者不敢面对自己的身份和他人的目光,这在思维传统的中国尤为显著。中国同性恋者很少敢承认自己的同性恋取向(同性恋者将自己公开性取向称为"出柜"),更谈不上争取自身的权益了。大多数传统家庭对同性恋持有偏见态度,③在传宗接代的社会压力下往往选择与异性结婚,表面上过普通人的生活。他们的生理和心理的长期受到压抑,更需要正常的交往途径。对同性恋偏见的原因一部分在于媒体工作者也持有偏见观念,没有将同性恋者看作是正常的社会人。

布尔迪厄曾经对男性统治这一社会领域中存在的统治关系进行研究,他认为统治者(男性)将价值观强加给被统治者(女性),被统治者不自觉地参与了对自身的统治。对同性恋这一特殊的社会现象他也进行了个人观点的阐述,他注意到男性同性恋的社会地位和被歧视的现象,发现同性恋是将象征性的男性原则对女性原则的统治关系加以延续,将女性化纳入了同性恋关系之中,是再生产一种男性

---

① 周丹:《媒体涉同报导应减少和避免同性恋污名化》,http://blog.sina.com.cn/s/blog_53383b360100axqk.html,2010-02-04。

② 参见当时报纸报道:《防艾,大理政府建同性恋酒吧》(《西部商报》2009年11月30日,第A18版)、《大理同性恋酒吧延迟开业 因曝光过度志愿者被吓退》(《北京晨报》2009年12月2日)。

③ 大多数家庭都无法接受孩子是同性恋的事实,在美国有PFLAG(Parents & Friends of Lesbians & Gays)帮助这些家庭,在美国50个州共有超过350所相关机构,见http://community.pflag.org。世界各国也有类似机构和团体出现。中国也有同性恋亲友会http://www.pflag.org.cn/,网络是这些机构的重要沟通和传播途径。

角色和女性角色的划分。他提出了象征统治的观点,"象征统治的特定形式通过分类的集体行为推广开来,同性恋是象征统治的受害者,他们被打上耻辱的烙印,这个烙印与皮肤的颜色或女性特征不同,可能是隐蔽的(或公开的),而分类行为则产生了有意义的、从否定方面表现出来的差别,并由此产生被打上烙印的社会集团和等级"。① 布尔迪厄不仅分析了同性恋的内群体地位,也从社会学角度探讨的同性恋群体在社会的地位,实质上触及了这一群体被歧视的根源。

2."恐艾"加剧了对同性恋的歧视

同性恋群体长期被异性恋以异类眼光看待,处于社会边缘,更受到偏见对待,突出地表现为污名化(stigma)。社会心理学家戈夫曼(Erving Goffman)在其1963年所著的《污名:受损身份管理札记》一书中将污名化正式引入社会学领域。戈夫曼一针见血地指出:污名确实是特征和成见之间的一种特殊关系。他论及同性恋者面对的污名化问题,将这一群体划入越轨者进行探讨,并认为他们共同生活组成一个越轨者社群。他在一个长注释中特别讲述了对同性恋者的个人理解,他用homosexual来指代这类人:"加入了一个默契的特别社群,与自己同一性别的人在这个社群中被当作最能引起性欲的对象,且社交活动在这里主要是围绕对这些对象的追逐和娱乐而积极组织起来的。"②由于艾滋病在世界范围内传播,引发对同性恋者的不必要的恐惧,特别是对日常接触是否会被传染艾滋病的担心。媒体早期报道,常有意识或无意识地强调两者的联系,从而形成这种错误的偏见,甚至是对同性恋者的污名化。

艾滋病较一般疾病有自身的特殊性,即传染性、无法识别性和致死性,这成为人们恐惧的重要原因。人们认为艾滋病容易传播,将其视为巨大的危险。有学者提出发展模型用以解释人们的"恐艾"心理,从有形的或象征的、威胁的最初知觉,到扩大群体差异的知觉歪曲,到对威胁和知觉的一致共享。研究将威胁分为有形的威胁和无形的、象征性的威胁,认为艾滋病就是有形的威胁和象征威胁共同作用的结果。③

艾滋病的迅速蔓延引发了全球恐慌,人们的"恐艾"情绪加剧了对艾滋病人的污名化,而这种污名化的晕染直接导致了对同性恋者的污名化加剧。在

① [法]皮埃尔·布尔迪厄:《男性统治》,刘晖译,中国人民大学出版社2012年版,第174页。
② [美]欧文·戈夫曼:《污名:受损身份管理札记》,宋立宏译,商务印书馆2009年版,第192—193页。
③ Charles S & Crandall C. S. *Threat and the Social Construction of Stigma. The Social Psychology of Stigma.* New York: The Guilford Press, 2000: 62-87.

ICPS(the International Center for Participation Studies)的研究报告中,艾滋病研究专家指出艾滋病的污名化及其引发的社会暴力问题,他认为污名作为一种与疾病紧密联系的社会建构,牵涉到病患的身体、情感和社会暴力行为。大量的真实事例显示艾滋病病毒携带者常被排斥,失去工作,公开地被斥责、殴打,甚至住房被焚烧,这些极端的社会污名化事例被称为"社会死亡"(social death)。当人们偶然感染上艾滋病病毒,就被社会甚至家人宣称这种"社会死亡"。[①] 这种"社会死亡"的实质就是程度最高的歧视,是一种社会隔离,这种"死亡"早于他们死于艾滋病前来临。这种做法类似于几个世纪前的麻风病人遭受的不公对待,麻风病人被剥夺社会交际的权力,被隔离或关押直至生命终止,艾滋病人或病毒携带者甚至连累其家人都遭到歧视,被社会遗弃,自生自灭。[②] 污名化造成的严重后果是社会对艾滋病和感染者的普遍歧视,这种歧视和偏见相随,并没有明显的态度和行为的分离情形,也就是说对艾滋病的歧视者通常也是带有偏见者,其歧视行为和偏见思想同时并存。

艾滋病报道与同性恋报道早期交织在一起,回顾艾滋病报道能清晰地观察到这一点。国外研究者在1991年提出艾滋病报道的四个时期划分:(1)初始时期(恐惧和漠视时期),此时艾滋病并未受到媒体重视;报道时出现严重的刻板印象,影响了公众对艾滋病的认知,并产生了大量歧视。(2)科学时期,主要传播有关艾滋病的知识,以科学界或医学界为主要信息来源。(3)人性时期,媒体关注艾滋病人的生活和权利,倾向于以人性化的方式报道艾滋病个案。(4)政治时期,媒体探讨有关艾滋病的各项政策,特别是与公共政策相关的讨论,包括强制检验、病人的人权等议题。[③]

---

① Jelke Boesten. *AIDS Activism*, *Stigma and Violence*: *A Literature Review*. ICPS Working Paper,2007.

② 2001年8月23日,国家卫生部在北京公布了河南省上蔡县文楼村的艾滋病疫情。确切地说,包括6个自然村、3170人的文楼大队,1995年之前有1310人常年卖血,按照1999年11月和2001年4月卫生部门的调查,43%左右的卖血者感染了艾滋病毒。从1995年至2001年,至少31人死于艾滋病,241名病毒感染者和38名艾滋病人正在等待死亡。具体到只有800人的文楼自然村,按照村民们自己的统计,90%的青壮年——至少300人以上——常年卖血,其中大概只有5个人得以幸免。见高昱、于彦琳:《血祸——走访河南"艾滋村"》,《三联生活周刊》,http://news.sina.com.cn/c/2001-09-05/348657.html,2014-11-20。这里大部分健康的人都迁离此地,附近地区对艾滋病的恐惧发展为对艾滋村的恐惧和歧视,这里的居民面临着"社会死亡"的局面。

③ 转引自卜卫:《健康传播与控制艾滋病宣传》,在中国CDC性病艾滋病预防控制中心全国艾滋病信息通讯工作会议的发言(北京),2002年10月21日。

在艾滋病早期传播中也存在这种情况:报道数量少,不够重视。新华社记者熊蕾提出国内艾滋病报道的三阶段分期。[①] 她认为第一阶段是 20 世纪 80 年代初到 80 年代末,报道基调基本上是"御艾滋病于国门之外"。信息源、内容、题材都很单一。第二阶段是"狼来了"时期,80 年代末到 90 年代末这一阶段媒体对艾滋病的报道基调是渲染艾滋病的可怕,称其为"世纪瘟疫"。第三阶段是 2000 年至今,艾滋病在中国蔓延的形势更加严峻,而中国新闻媒体对艾滋病的报道也发生了根本性的改观。这体现在有关艾滋病的报道数量增加,信息来源多样,报道基调改变。[②] 第二阶段是对艾滋病的"污名化"最为集中的阶段。艾滋病专家高燕宁批评第二阶段的媒体表现,"传媒对 HIV 的传播途径及传播概率不做全面科学的介绍,而是'攻其一点,不及其余',艾滋病被标签化和污名化,跟道德败坏、性道德、'性乱'、'性病',跟潜意识中的'万恶淫为首'、'严防死守'甚至'洁身自好'扯在一起,被'泛道德化'",认为正是错误的报道造成了后来的恐惧和歧视。[③]

"污名化"直接导致受众接纳信息时错误地认识同性恋群体是"恐艾"偏见的源头。一般认为,艾滋病高危人群包括性工作者、吸毒人员和同性恋人群。这在早期新闻报道中可以发现明显的误区,比如过去认为异性恋是不容易发生艾滋病的,艾滋病是在同性恋和吸毒者中流传的传染病。新闻节目中也一再强调 1981 年在美国发现的世界首例艾滋病感染者和 1989 年中国第一例艾滋病感染者均为男同性恋者,并突出同性恋人群中艾滋病高感染率的数字,这种强调在今日媒体报道中依然可见。

对艾滋病人的报道过去存在整体性偏见,表现在对群体的漠视,少有报道

---

① 对熊蕾所说的第三阶段艾滋病报道发生巨大变化的提法,国外学者的一个量化研究并没有支持。对 1985 年到 2003 年共计 976 篇文章用电脑辅助内容分析程序进行考察,寻找关键词,并用以考察文章框架。结果显示对艾滋病报道的数量和关注度正在提升,虽然报道频率不断增加,但文章的主题没有发生明显变化。得出的结论是:"20 世纪 80 年代末 90 年代初,《人民日报》的报道框架主要是预防与医疗,后来稍有变化,虽然预防与医疗的框架一直非常重要,艾滋病问题在社会与政治领域的情况也受到了重视。"见[美]刘迅、张金玺:《从角落到头版:1985—2003〈人民日报〉艾滋报道的框架研究》,赵晶晶、秦筠译,《中国传媒报告》2005 年第 4 期,第 63—82 页。

② 熊蕾:《反思艾滋病报道中的歧视问题》,2005 年 11 月 15 日于昆明在前景集团政策项目中国总目[中国—美国政府艾滋病合作项目]主办的"减少 HIV/AIDS 耻辱和歧视媒体研讨会"上的发言,http://blog.voc.com.cn/blog.php?do=showone&uid=160&type=blog&itemid=23632,2010-12-30。

③ 高燕宁主编:《艾滋病的"社会免疫"》,复旦大学出版社 2005 年版,第 457 页。

患者的医疗状况和日常生活中所遭受的不公正的对待。此外还表现在歧视上，即使有类似报道也是夸大患者的易感性，制造社会的"恐艾"情绪。在媒体长期非正常的报道态势下，受众对艾滋病和同性恋者抱有恐惧心态，而社会正确的健康知识传播极为缺乏，艾滋病一度成为污名化严重的疾病，严重的污名化又再次加剧了对同性恋者的偏见。学者翁乃群指出："在进行这方面研究时，通常把这些高危行为视为个人的选择，是这些人追求物质享受以致道德堕落和自身个性和人格类型所致……"①实际上，仔细思考这类言辞的本质，无论感染原因为何，这一群体都被视为不洁身自好的，这种态度带有显著的道德评判与歧视意味。

　　社会的偏见和媒体的报道倾向对同性恋群体造成了负面影响，使他们在生活中被推向边缘，自成群体与圈子，更易成为与艾滋病联系紧密的高发人群。获得防治艾滋病的马丁奖的中国医生张北川说：同性恋者"需要社会给予同性恋群体更多的包容与尊重，从法律、道德、社会意识上加强社会建设，让同性恋人群不再压抑性需求，能够通过正当途径寻找性伴侣，以健康安全的方式获取性的满足"。② 综上所述，对艾滋病的无知和恐艾情绪是早期同性恋和艾滋病患者被"污名化"的重要原因。

（二）同性恋的偏见态度的减弱

1. 同性恋运动对偏见态度的减弱

　　同性恋这一性取向是指以同性为对象的性爱倾向与行为；同性恋者则是以同性为性爱对象的个人（男人或女人）。纵观同性恋的历史不难发现，在中国甚至世界历史上，同性恋行为古已有之。我国古代流传着弥子瑕递卫灵公"余桃"、汉哀帝为董贤"断袖"等轶事，"男风"成为文人雅士所好，为社会风气所暗许。清末文学中同性恋描写可为此佐证：《红楼梦》中薛蟠为贾宝玉与秦钟要好争风吃醋、《品花宝鉴》中有更为直接的男风描写。当代台湾作家白先勇的《孽子》，王小波的剧作《东宫西宫》都直接描写了此类人群的生活。有意思的是，中国古代同性恋行为一度被视为风雅之事，对同性恋者的态度也并非一直排斥。性学专家李银河更进一步指出："与西方社会相比，中国的社会环境、文化传统在同性恋问题上有自己的优势：在我国的几千年历史中，从来没有残酷迫害同性恋的记录；从未有人因同性恋活动被判死刑；公众舆论对同性恋一向比较温

---

　　①　翁乃群：《艾滋病传播的社会文化动力》，《社会学研究》2003 年第 5 期，第 84—94 页。
　　②　徐琳玲：《张北川：仅仅指责和批评是不公正的》，《南方人物周刊》2005 年 9 月 7 日，第 47 页。

和",她继而解释了原因:没有宗教信仰,认为同性恋不伤害他人;强调生育价值,认为同性恋不会导致生育;对自身文化的自信,不担心被亚文化同化。[①]

古往今来,杰出的艺术人物中同性恋者不乏其人,但在强大的异性恋主导的社会中,少有直接承认自己的同性恋身份的。唯美主义诗人王尔德就曾经因为同性恋行为遭到审判和监禁,音乐家柴可夫斯基因同性恋身份郁郁而终。西方因为宗教势力的强大,对同性恋一度存在各种惩戒措施,迫害同性恋的行径时有听闻,基督教和犹太教都将同性恋者看作是罪恶,纳粹德国对同性恋者不仅有过驱逐和刑罚,更有过强行戒除的心理和手术疗法。[②]

不过,在当代社会中,我国对同性恋的态度较西方落后许多,重要原因是"二战"前后西方同性恋政治运动的兴起减弱了西方社会的反同偏见。在这场集合弱势群体之力发起的政治运动中,他们提出了明确的政治主张,即:无论一个人的性倾向为何,都应该予以包容;无论一个人的性倾向为何,都应当在法律中享有平等的权利与价值。同时,他们意识到偏见的存在,明确指出偏见对社会的损害,他们认为恐同或反同不单只是对同性恋,对整个社会来说也是危险的。这场运动持续时间长,影响深远,直接影响了西方媒体对同性恋报道的基本态度。

相对于艾滋病报道中媒体人员的偏见观念,艾滋病研究者的态度与国外成熟观念相当接近。西方媒体研究者格拉斯哥媒介组的早期研究和西方大量的健康传播研究,以及近年来国内对媒体与艾滋病歧视研究已较为深入。[③] 近期艾滋病报道相关研究中值得一提的是 *Asian Journal of Communications* 杂志上发表的以对比的方法将中国新华社与美联社的艾滋病报道做对比的论文,考察两个通讯社如何构建起各自相关的中国图景。美联社的报道是由欺瞒、人权

---

①　李银河:《李银河说性》,北方文艺出版社 2006 年版,第 117 页。

②　国外对同性恋者的迫害有长期历史,法西斯对同性恋的迫害集中了国家力量。1931年意大利宣布同性恋行为违法,德国纳粹强调男子气概,将共产党人、犹太人和同性恋者统统视为敌人,"对男性同性恋者的迫害已经不需要他有同性恋行为的必要条件了。男同性恋被纳粹视为反人类的罪行,因为它使得男人不能生育。这一法令没有触及女同性恋者,因为它坚持认为,就算女人性变态,她还是能生育的"。见[加]安格斯·麦克拉伦:《二十世纪性史》,黄韬、王彦华译,上海人民出版社 2007 年版,第 234 页。

③　徐美苓的《艾滋病与媒体》一书以艾滋病在媒体中的图像呈现为起点,探索阅听人脑海中的艾滋图像与其受媒体建构影响的程度,并对艾滋病的宣导、防治的讯息设计和策略做了分析,结合对艾滋病防治国家的具体分析,有较为丰富的资料收集。清华大学对艾滋病的媒介表现研究在国内较为突出,对艾滋病研究从健康传播的角度出发,成果有《超越医学的HIV/AIDS新闻学:艾滋病媒体读本》,包含有对国内艾滋病报道的相关重要统计数据和分析。《中国艾滋病问题报告》中包含了大量的口述、访谈资料,指出消除偏见和歧视的重要意义。

滥用、处理不当构成,而新华社的报道是由抵抗艾滋、取得进步、复杂情感构建而成的。探寻这一现象的成因包括了对新闻从业人员的复杂性的研究。[①] 运动参与者还发现媒体的负面作用,并给予批评,认为负面地描绘同性恋的形象(意即将同性恋视为一种罪恶或变态)是不恰当、受到误导或完全就是恶意的。

现在,西方对待同性恋报道态度非常谨慎,用词斟酌,采用"homosexual"和"bisexuality"代替有一定歧视色彩的"gay"和"lesbian",以避免遭到同性恋团体的抗议和投诉。同性恋政治运动开展多年,华人地区"撑同志,反歧视"的口号也已广为人知,人们有更多的机会了解同性恋者的生活方式。虽然报纸等传统媒体对同性恋的报道题材依然有所顾忌,但网络态度相对较为宽松,将同性恋的生活记录纳入社会新闻或新闻故事进行报道,多以新闻照片为载体,尽量表现他们真实的一面,也客观表现了他们被边缘化的无奈现实。

2. 同性恋题材电影对社会偏见的影响

受到社会历史文化、伦理道德、意识形态等方面的影响,我国大众媒介关于同性恋群体的新闻报道或直接题材的影视作品非常少,即使有涉及同性恋者的内容也表现得较片面和歪曲。同性恋群体不敢表露真实身份,人们无从接触他们,只有通过大众传播媒体的再现,获取对同性恋群体的认知。受众对其的印象多来自影视剧中的刻板印象。

同性恋电影早在电影发展早期就已出现,但它引起了多数守旧派的不安,并使人意识到电影绝不仅仅是娱乐赚钱的工具,而可以转为价值观念的承担者和教化者。首部限制电影内容的《海斯法典》诞生在 1934 年的好莱坞。法典以捍卫银幕纯洁为己任,审查绝对严格,同性恋、性变态在审查中更被肃清,以严肃的伦理态度影响了 20 世纪 30—70 年代的好莱坞电影。由此好莱坞便以电影语言替代行动,或者隐晦表现。同性恋表现则极为负面,甚至干脆就是娘娘腔、女性化、异装癖、吸毒者或杀人狂等。

20 世纪 50 年代末,美国电影审查委员会取消了有关同性恋内容的禁令。美国性学家阿尔弗雷德·金赛(Alfred Kinsey)的《人类男性性行为》(*Sexual Behaviour in the Human Male*)1948 年出版后更是引发了人们对性问题的关注和讨论。[②]"同性恋"题材总算逐渐摆脱尴尬而进入观众视野。电影镜头也从

---

①　Min Wu. Framing AIDS in China: A Comparative Analysis of US and Chinese Wire News Coverage of HIV/AIDS in China. *Asian Journal of Communication*, 2006,16(3):251-272.

②　早期的同性恋研究者还包括:马格拉斯·赫希菲尔德(Magnus Hirschfeld)进行了数千人的同性恋问卷调查,他在早期就认为同性恋是人类多姿多彩的性行为中正常的一种;弗洛伊德在《性欲三论》中将同性恋划入性倒错类型,持宽容态度。

异性恋社会对同性恋环境的恐惧、抵触或同情转向深入挖掘同性恋、双性恋、变性人、性混淆等(非异性恋)多样性意识的生活和内心。

1997年,我国的《电影审查规定》中列举了电影禁止载有的内容,将同性恋与淫乱、强奸、卖淫、嫖娼并列,带有对同性恋群体明显的歧视意味,是值得商榷的条款。以现代社会开放的观点来看,同性恋本质是一种性取向,包括了个人自由选择配偶和生活方式的权利,在没有伤害其他人的情况下,应该获得社会多一些的理解与尊重。

20世纪90年代后,越来越多的同性恋形象出现在电视和电影作品中,对这类题材,观众接受程度越来越高,著名的作品包括好莱坞的《费城故事》,尊龙主演的《蝴蝶君》,王家卫的《春光乍泄》,陈凯歌的《霸王别姬》,李安的《喜宴》、《断背山》,关锦鹏的《蓝宇》,陈可辛的《金枝玉叶》,蔡明亮的《爱情万岁》,泰国电影《暹罗之恋》等。同性恋形象在电影中得到全面反映,甚至有过度美化之嫌。电影给予导演们追求艺术的勇气,而小众电影题材选择向来偏好边缘人物,不被社会认可的凄美爱情故事,唯美风格很能打动观众,更容易探讨爱情、道德、家庭等深刻领域,往往成为各大电影节获奖的热门影片。每年在旧金山举行的同性恋电影节,是展示同性恋、双性恋和变性电影为主题的国际电影节。

近年大导演对这类题材的关注,让同性恋电影在艺术性上达到了新的高度。华裔导演李安的电影《断背山》(*Brokeback Mountain*)荣获奥斯卡大奖,不仅在电影界掀起狂波巨澜,而且同时也引起社会主流思想的震撼。影片赢得普遍赞誉,被认为是对同性恋的社会宽容度提升的一个重要标志。

3.同性恋的媒体呈现趋向多样化

相对电影的先锋和艺术特质,电视剧的受众面更为广泛和传统,对同性恋题材的表现相对迟缓得多。国内李少红导演的电视连续剧《大明宫词》,2000年在中央电视台播出后口碑和收视极佳,连续剧中罕见地描写了太子弘跟娈童合欢的爱情。剧情以风气开明的唐代为背景,结合全篇的唯美意境和隐晦叙述方式,观众普遍接受了剧中对这段情感的表述,这应是国内电视主流媒体上较早出现的对同性恋的描述。

台湾第一部描绘女同志的连续剧《逆女》在2001年4月台湾电视公司晚间以单元剧的形式播出。这部连续剧以女性与同志双重弱势群体为主人公,其播出具有标志性意义。它在制作水准上无法和《大明宫词》这类商业化大制作相比,但整体作品更集中于逆境求生的同志影像创作,是完全以同性恋者为主角展开的故事,并非过去的小成本独立制作纪录影片,也因为这种特殊性,令这部电视剧遭遇艺术上不够深刻、商业上惨败的尴尬,"制播于主流电视台的背景,使其无法入籍同志社群抵抗论述（discourse of resistance），更连带地使其所衍生出的抵抗意涵显得模糊不清而无法定义"。

2003年，根据白先勇的小说改编的同志故事《孽子》在台湾公共电视台播出，电视台认为画面过于煽情，考虑到公共电视台的性质要求删剪，原作者白先勇和导演对此均不同意，观众也对此感到不满，后为此召开座谈进行商讨，最终影片获得不删剪播放许可，算是立下了性别议题典范。①《孽子》修剪事件之所以能取得满意结果，是因为原著的分量令剧集能以人物刻画、情感发展为理由保持完整播出，这也显示出社会思想对同性恋行为的宽容度的提升。

哈里斯（Harris）认为：娱乐媒介在消除社会对同性恋的歧视方面有巨大的潜在作用。国外学者的研究也表明媒介传播中的同性恋的正面形象对于提高社会对同性恋的宽容度是非常有效的。社会对同性恋的研究越来越多，态度也开始逐渐宽容，一部分人开始接受同性恋不是病，更不是心理变态的观念。

传来的并不都是好消息。电影的艺术化、小众化表现更多地影响着青年观众、电影发烧友这类思维活跃的人群，并不能代表大众的整体看法。近十余年，中国综艺舞台上小品蓬勃发展起来，它集表演、说唱、相声、二人转等形式于一体，表演生动活泼，为观众们喜闻乐见，成为各大晚会的亮点，成就了一批小品明星。小品通俗化，文化品位不高，既没有脱口秀节目针砭时弊的勇气，又缺乏相声等传统行当对语言艺术的追求，经常以残障人士为对象加以嘲弄，编织笑料，受到有识之士的批评。近年来一些小品开始以性取向为嘲弄对象，常出现娘娘腔、女汉子等外在性特质倒错形象影射同性恋者，②以夸张的行为，扭捏的动作来满足观众原本的刻板印象，格调低下，受到性学专家的强烈批判。

4. 社会整体观念进步的推动

媒介是社会化进步的产物，同时媒介的发展也与其社会政治、经济环境紧密相连。经济发展的不平等会对媒介偏见传播发生影响，西方媒体在报道同性恋现象上比中国有更多的经验。早在1974年，美国精神医学会就已将"同性恋"一词从诊断手册中删去。1990年世界卫生组织（WHO）正式将"同性恋"从精神疾患的名单上剔除。中国的步伐相对缓慢许多，2001年第三版《中国精神

---

① 李彦：《初探台湾公共电视产制制度对公众的想象与实践：从"孽子"修剪事件谈起》，《广播与电视》2004年第23期，第75—102页。

② 在涉及男同志女同志的形象时，似乎男同都是娘娘腔、女同都是男人婆。其实，阳刚的男同性恋者和阴柔的女同性恋者并不少见，就像异性恋男性也可能有脆弱的一面、异性恋女性也可能有坚强的一面一样。性别气质和性别角色是社会对生理性别的文化建构，同性伴侣不一定按照异性伴侣的男女二元模式来进行"角色划分"，常因时代和文化而异。

障碍分类与诊断标准》才将同性恋非病理化。不少国家都承认同性伴侣的婚姻权，或者承认和异性伴侣权益相当的"同性伴侣关系"（如挪威、瑞典、芬兰、丹麦、德国、荷兰、比利时、英国、西班牙、南非、加拿大、美国的一些州等）。虽然近年来媒介对同性恋者形象呈现力求清除刻板化，但是在信息不发达的地区，长期以来偏见的积淀始终存在，仍然呈现出不同地区不同偏见接受程度的情形。在中国，虽然相关立法还是空白，但是对同性恋态度开始松动，社会显示出更大的包容度。

国外同性恋态度改变源自同性恋群体政治诉求的表达，当然也不排除某些竞选者为了拉选票，对弱势群体给予关注，政治氛围的推动引起人们对这一群体的关注，他们的自我宣扬在很大程度上增加了人们的接触和认识，改变了对同性恋的偏见。① 我国同性恋群体深受传统限制，期望他们自我表达争取权益还需假以时日。

要改变国内的同性恋偏见，只能从媒体工作者着手，鼓励他们摆脱偏见观念，发挥对社会心理的疏导作用。在美国成立于 1990 年的全国女性和男性同性恋工作者协会（National Lesbian & Gay Journalists Association）鼓励在主流媒介工作的男女同性恋新闻工作者公开身份，以消除同性恋者的神秘感，改进对有关问题的报道。公开同性恋身份在风气保守的国家可能会引发更多的问题，但直面同性恋社会问题，揭开同性恋笼罩的神秘面纱，减少猎奇目光，可以降低因不了解产生的偏见，这种勇气值得称赞。媒介首先应该纠正偏见，避免猎奇、低俗化的报道方式，担负起教育同性恋者正确对待自身的责任，建立起主流社会包容的态度。

六、本章小结

媒介偏见一旦发生，会带来社会风波、政治震动，甚至是经济损失。偏见虽然难以改变，控制和减弱仍有方法可循，这需要对整体偏见机制进行观察和操控。媒介偏见的改变既包括正视媒介偏见发生的后果，也包括媒介勇于发现社会制度系统中存在的偏见并进行改变。

本章从媒介偏见控制的不同层面出发提供几点建议：第一，政府应注重保

---

① 2015 年 6 月 26 日，美国最高法院宣布同性恋婚姻合法，这一历史性裁决由近一个世纪同性恋者的努力推动而来。美国白官外聚满了欢庆和支持的人群，自媒体上彩虹旗（代表同性恋骄傲）四处飘扬，这有政治力量的推动作用，也显示出西方社会性观念走向开放和包容。

障社会公平,媒体则更应加强自律;第二,受众应努力提升媒介素养,做合格的信息接收者;第三,共同建设理性社会,减少偏见的发生。媒介偏见控制尤其应当重点发挥大众媒介的作用,具体操作上可以利用"媒介事件"的高关注度,精心策划,进行观念逆转,达到偏见消除的良好传播效果。媒体仅仅摆出否定态度或对事件的简单报道是不够的,应该考虑宣传的时机和技巧,选择恰当的事件,联合多家媒体集体作战,才可能形成受众和社会的整体关注,达到消除偏见与歧视的目的。

偏见持有者和偏见对象更多的接触和沟通对偏见的控制有一定的作用,社会心理学家费斯廷格(Festinger)的研究表明,接触可以促使人们进行交流,减少敌意进而降低冲突发生率。接触只有在双方地位完全平等的条件下且接触非常充分时,才会收到较好的效果。这种接触适用于冲突程度较轻的对象,是一种较为初级的降低冲突的方式。社会人际交往中的偏见消除可通过参与媒介活动进行。在网络上的社团组织里,有各类群体包括少数族群追寻自我认同、开拓社交区域。媒体通过个人接触和团体接触,鼓励宽容和理解心态,更多地认识他文化,减少武断和偏见的报道,形成正面的社会影响。

政策制定对受众偏见改变没有绝对必然的联系,通过改变群体的地位或社会处境的策略方式,的确可以引起人们对偏见问题的重视。但很多国家在实际政策制定中发现,单纯通过机制倾斜难以改变社会偏见,正如库兰在《偏好伪装的社会后果》一书中提及的那样:"尝试弱化印度人生活中的等级地位的改革运动开始了,它导致了一个官方的指标分配,这些指标用来改善印度社会中处于最低层地位人的社会状况。成千上万的低等人被列入名册,在教育和就业等方面享受优待。这种制度化的指标已经给许多处于不利地位的人一定的利益,尽管他们继续处于落后的地位,这样实际上宣扬了新形势的等级意识。即使在偏见消除的过程中,新的不平等和偏见又会重新产生。"[1]社会绝对公平难以寻求,不平等会永远存在,社会现实是偏见的存在土壤,偏见又成为不平等和社会冲突发生的诱因,媒介偏见也将长期存在。只有更多关注媒介偏见现象、形成机制、社会根源,才能更好地减弱其负面影响,达到良好的社会传播和沟通效果。

---

①　[美]第默尔·库兰:《偏好伪装的社会后果》,丁振寰、欧阳武译,欧阳武校,长春出版社 2005 年版,第 187 页。

结　语

　　本书共九章的议题论述至此已经结束。记得在博士论文开题时，在座有位导师问我为什么不写某种偏见现象以便缩小论题，或者可以考虑从文化、政治这些偏见关联中选择角度进行研究，他笑称我要探讨的是全世界的偏见。对老师善意的提醒，心怀感激之余我仍然坚持自己的想法，随后不断完善本书的思路和框架。在本书即将结束前，我想表达的是，这本书实在是一个宏大构想的微不足道的副产品。全书研究焦点不在于纷繁的媒介偏见现象本身，而是力图将重点放置在各种社会关系和作用力中，去考察新闻组织层面、国家意识形态层面和媒介社会层面，在政治原动力的推动下，何种因素如何作用于媒介偏见的发生机制。

　　研究过程中我发现这三层面还包含了一些重要的作用力，因而将其细分为不同的章节分别阐述。民族主义情绪是媒介偏见的政治推动力的直接表现，会带来强大的社会影响效应。在具体的操作实践中，媒介精英这股特殊力量不可小觑。在国际传播中，西方媒介精英的具体运作尤为引人关注。从宏观的政治层面考虑新闻偏见发生的影响因素，国家意识形态这一看似无形却极为重要的力量不可忽视，它在整个媒介偏见的机制中处于控制地位，直接作用于大规模的、有机的媒介偏见发生。整体阐述媒介偏见任务完成，本书就以下几点表明大致的态度：

　　第一，通过对媒介偏见进行区分，本书认为受个体经验和文化传统影响的媒介偏见大多属于"任意的媒介偏见"，具有随意性和非理性特质。而"有机的媒介偏见"是由社会结构所决定的，隐藏在社会政治利益和权力关系中。

　　第二，通过媒介内部组织角度观察"有机的媒介偏见"，本书认为新闻组织行为并不会真正产生机制性的媒介偏见，那只是新闻报道中的局部偏见呈现。正如本书中所陈列的布尔迪厄、吉特林等学者的观点，新闻生产过程存在着种种偏向和弊病,但即使将目光集中于新闻组织内部的学者,在论述时也必然提及外界,特别是上层阶级对新闻产品偏向性的影响,仅研究组织行为的表象将无法触及偏见机制的真正根源。

第三,学者们应继续关注在多种作用力下媒介偏见的机制性呈现。有机的媒介偏见存在着机制性的根源,在政治原动力作用下偏见机制会获得完整呈现。这种偏见机制由社会结构、权力形态等多因素决定,是一种客观存在的偏见产生体制,无法避免,但可以通过协调关系加以控制。

本书论述过程中,我深切感受到影响媒介偏见的社会体制难以苛责,媒介偏见是社会现实的一种主观观念与客观反映的冲突,在任何社会都将存在,只是表现的程度有所不同。媒介偏见事件在当前一再发生,甚至引发大范围的社会冲突,起因各异,常常是不同影响因素共同作用的结果。媒体所能做的是尽量避免成为偏见的传播中介,努力发挥流通信息、引导公众、稳定社会心理的作用。最后借用伏尔泰在《论宽容》里的话来展望没有偏见的世界:"现在我撒播一粒种子,有一天它终会长成一片庄稼。让我们期待着时间安排的一切,国王的仁慈,他的大臣的明智,以及开始光芒四射的理性精神。"[1]

---

[1]　[法]伏尔泰:《论宽容》,蔡鸿滨译,广东省出版集团 2007 年版,第 170 页。

参考文献

[1] Ann Coulter. *Slander: Liberal Lies About the American Right*. New York: Crown Publishers. Inc, 2002.

[2] Bob Kohn. *Journalistic Fraud: How the New York Times Distorts the News and Why It Can No Longer Be Trusted*. Nashville: Thomas Nelson Inc. ,2003.

[3] Baker B. H. *How to Identify, Expose and Correct Liberal Media Bias*, Alexandria: Media Research Center,1994.

[4] Bernard Goldberg. *Arrogance, Rescuing American From the Media Elite*. New York: Grand Central Publishing,2003.

[5] Edward Herman & Chomsky Noam. *Manufacturing Consent: The Political Economy of the Mass Media*. New York: Panetheon,1988.

[6] Elmer Clarence Sandmeyer. *The Anti-Chinese Movement in California*, Champaign: University of Illinois Press,1973.

[7] Hammersley, Martyn. *Media Bias in Reporting Social Research: The Case of Reviewing Ethnic Inequalities in Education*. London: Routledge,2006.

[8] Herbert Gans. *Deciding What's News: A Study of CBS Evening News, NBC Nightly News, Newsweek, and Time*. New York: Random House, 1979.

[9] Hofstetter C. R. *Bias in the News: Network Television Coverage of the 1972 Election Campaign*. Ohio: Ohio State University Dress,1976.

[10] Kallen S. A. *Media Bias*. Santiago: Greenhaven Press, 2004.

[11] Lisa Taylor & Andrew Wills. *Media Studies: Texts, Institutions and Audiences*. Beijing: Peking University Press,2004.

[12] L. C. Thurow. *Poverty and Discrimination*. Washington: Brookings Institution, 1969.

[13] R. A. Levine & D. T. Campbell. *Ethnocentrism: Theories of Conflict, Ethnic Attitudes and Group Behavior*. New York: John Wiley, 1972.

[14] Martin Lee & Norman Solomon. *Unreliable Sources: A Guide to Detecting Bias in News Media*. New York: Carol Publishing Group, 1991.

[15] Michael Schudson. *The Sociology of News*. NewYork: W. W. Norton & Company, 2003.

[16] Pei-te Lien. *The Making of Asian America through Political Participation*. Philadelphia: Temple University Press, 2001.

[17] Robert Cirino. *Don't Blame the People: How the News Media Use Bias, Distortion and Censorship to Manipulate Public Opinion*. New York: Vintage Books a Division of Random House, 1971.

[18] R. M. Entman & M. Robert. *Projections of Power: Framing News, Public Opinion, and US Foreign Policy*. Chicago: Chicago University Press, 2004.

[19] Raymond Geuss. *The Idea of a Critical Theory: Habermas and the Frankfurt School*. Cambridege: Cambridge University Press, 1981.

[20] Starkey, Guy. *Balance And Bias in Journalism*. Basingstoke: Palgrave Macmillan, 2006.

[21] Sue Curry Jansen. *Censorship: The Knot that Binds Power and Knowledge*. Oxford: Oxford University Press, 1991.

[22] Steve J. Kulich & Michael H. *Intercultural Perspectives on Chinese Communication*. Shanghai: Shanghai Foreign Language Education Press, 2007.

[23] Streissguth T. *Media Bias*. Singapore: Marshall Cavendish Corp. , 2006.

[24] S. Robert Lichter, Stanley Rothman & Linda Lichter. *The Media Elite: America's New Powerbrokers*. Bethesda: Adler Pub. Co. , 1986.

[25] Tim Groseclose. *Left Turn: How Liberal Media Bias Distorts the American Mind*. London: St. Martin's Press, 2011.

[26] Timothy E. Cook. *Governing with the News: The News Media as a Political Institution*. Chicago: The University of Chicago Press, 1998.

[27] Terry Flew. *Understanding Global Media*. Basinstoke: Palgrave

Macmillan，2007.

[28] David D. Permlutter. *Picturing China in the American Press*: *The Visual Portrayal of Sino-American Relations in Time Magazine*,1949—1973. Lanhan: Lexington Books,2007.

[29] A. M. Zakaria Khan. The Influence of Personality Traits on Journalist's Work Behaviour: An Exploratory Study Examining a Bangladeshi Sample. *Asian Journal of Communication*, 2005,15(1):72-84.

[30] August John Hoffman & Julie Wallach. The Effects of Media Bias. *Journal of Applied Social Psychology*,2007,37(3):616-630.

[31] By The Economist Print Edition from The Economist. *A Biased Market*. Published 2008-12-10,http://english. cw. com. tw/.

[32] Anthony G. Greenwald & Mahzarin R. Banaji. Implicit Social Cognition: Attitudes, Self-esteem, and Stereotypes. *Psychological Review*,1995,102(1):4-27.

[33] Amiot Catherine E. & Bourhis, Richard Y. Reconceptualizing Team Identification: New Dimensions and Their Relationship to Intergroup Bias. *Group Dynamics*: *Theory*, *Research & Practice*, 2005,9(2): 75-86.

[34] Bradley W. Gorham. Stereotypes in the Media: So What?. *Howard Journal of Communications*,1999,10(4):229-247.

[35] Brigham J. Racial Stereotype, Attitudes and Evaluations of Behavioral Intentions Toward Negroes and Whites. *Sociometry*, 1971, 34 (3): 360-380.

[36] Cater R. Stereotyping as a Process. *Public Opinion Quarterly*,1962,26 (1):27-91.

[37] Cory L. Armstrong & Michelle R. Nelson. How Newspaper Sources Trigger Gender Stereotypes. *Journalism & Mass Communication Quarterly*,2005,82 (4):281-291.

[38] Charles M. Young's Interview with Noam Chomsky in "American Radical". *Rolling Stone*,1992(5):42.

[39] Charles S. & Crandall C. S. *Threat and the Social Construction of Stigma*. *The Social Psychology of Stigma*. New York: The Guilford Press,2000:62-87.

[40] Donald R. Kinder & David O. Sears. Prejudice and Politics: Symbolic Racism Versus Racial Threats to the Good Life. *Journal of Personality*

and Social Psychology,1981,40(3):414-431.

[41] Deepa Kumar. Media, War, and Propaganda: Strategies of Information Management during the 2003 Iraq War. *Communication & Critical/ Cultural Studies*, 2006,3(1):48-69.

[42] Douglas Kellner. Theorizing September 11: Social Theory, History, and Globalization. *Social Thought & Research*, *Postmodernism*, *Globalization*, *and Politics*,2002,25(1/2):1-50.

[43] Dominic Lasorsa & Jia Dai. When News Reporters Deceive: The Production of Stereotypes. *Journalism & Mass Communication Quarterly*,2007,84(2):281-291.

[44] Deborah Carol Robson. Stereotypes and the Female Politician: A Case Study of Senator Barbara Mikulski. *Communication Quarterly*, 2000,48 (3):205-222.

[45] Daniel Sutter. Can the Media be so Liberal? The Economics of Media Bias?. *Cato Journal*,2001(20).

[46] Dickson S. H. Understanding Media Bias: The Press and the U. S. Invasion of Panama. *Journalism Quarterly*,1994,71(4):809-819.

[47] D'Aleesio & Allen M. Media Bias in Presidential Elections: A Meta-analysis. *Journal of Communication*,2002,50(4):133-156.

[48] David Pritchard & Sarah Stonbely. Racial Profiling in the Newsroom. *Journalism and Mass Communication Quarterly*,2007,84(2):231-248.

[49] Duckitt John H. Psychology and Prejudice: A Historical Analysis and Integrative Framework. *American Psychologist*, 1992, 47 (10): 1182-1193.

[50] Daniel T. Gilbert & Patrick S. Malone. The Correspondence Bias. *Psychological Bulletin*,1995,117(1):25.

[51] Daniel Kahneman, Jonathan Renshon. Why Hawks Win. *Foreign Policy*,2007(January/Febrary).

[52] Eric Alterman. *What Liberal Media?: The Truth About Bias and the News*. http://www. whatliberalmedia. com/,2009-01-02.

[53] Elmer Clarence Sandmeyer. *The Anti-chinese Movement in California*. University of Illinois Press,1973:25.

[54] Fishman J. An Examination of the Process and Function of Social Stereotyping. *Journal of Social Psychology*,1956,43(1):27-64.

[55] Goff B. & Tollison R. D. Why Is the Media so Liberal?. *Journal of Public Finance and Public Choice*, 1990(1):13-21.

[56] George A. Akerlof & Janet L. Yellen. A. Near-Rational Model of the Business Cycle, With Wage and Price Inertia. *The Quarterly Journal of Economics*, 1985,100(Supplement): 823-838.

[57] George A. Akerlof & Rachel E. Kranton. Economics and Identity. *The Quarterly Journal of Economics*,2000, 115(3):715-753.

[58] Gerald Stanley. Frank Pixley and the Heathen Chinese (A Phylon Document). *Phylon*,1979,40(3): 226.

[59] Jennifer Roback. The Political Economy of Segregation: The Case of Segregated Streetcars. *Journal of Economic History*, 1986, 46 (4): 893-917.

[60] Jonathan Reuter & Eric Zitzewitz. Do Ads Influence Editors? Advertising and Bias in the Financial Media. *The Quarterly Journal of Economics*, 2006: 197-227.

[61] Jackson J. W. Realistic Group Conflict Theory: A Review and Evaluation of the Theoretical and Empirical Literature. *The Psychological Record*, 1993,43(3):395-413.

[62] Jelke Boesten. *AIDS Activism, Stigma and Violence: A Literature Review*. ICPS Working Paper,2007.

[63] Lewin, Kurt. Self-hatred Among Jews. *Contemporary Jewish Record*, 1941(4):219-232.

[64] Kinder D. R. & Sears D. O. Prejudice and Politics: Symbolic Racism Versus Racial Threats to the Good Life. *Journal of Personality and Social Psychology*,1981,40(3):414-431.

[65] Kenneth J. Arrow. *General Economic Equilibrium: Purpose, Analytic Techniques, Collective Choice*. Nobel Memorial Lecture, December 12, 1972,by Harvard University, Cambridge, Massachusetts.

[66] Key Sun. Two Types of Prejudice and Their Causes. *American Psychologist*,1993,8(11):1152-1153.

[67] Katz D. & Braly K. Racial Stereotypes of One Hundred College Students. *Journal of Abnormal and Social Psychology*,1933,28(3): 280-290.

[68] Lawrence Hsin Yang & Arthur Kleinman. "Face"and the Embodiment of

Stigma in China: The Cases of Schizophrenia and the AIDS. *Social Science & Medicine*, 2008,67(3):398-408.

［69］Mihai Coman. Media Bourgeoisie & Media Proletariat in Post-communist Romania. *Journalism Studies*,2004,5(1):45-58.

［70］Mathew Gentzkow Jesse Shapiro. *What Drives Media Slant? Evidence from U. S. Daily Newspaper*. http://faculty. chicagobooth. edu/jesse. shapiro/research/biasmeas. pdf,2013-10-02.

［71］Michel Clement, Dennis Proppe & Armin Rott. Do Critics Make Bestsellers? Opinion Leaders and the Success of Books. *Journal of Media Economics*,2007,20(2):77-105.

［72］Min Wu. Framing AIDS in China: A Comparative Analysis of US and Chinese Wire News Coverage of HIV/AIDS in China. *Asian Journal of Communication*,2006,16(3):251-272.

［73］Melissa K. Rich & Thomas F. Cash. The American Image of Beauty: Media Representation of Hair Color for Four Decades. *Sex Roles*,1993, 29(1/2).

［74］Morris M. W. & Peng K. Culture and Cause: American and Chinese Attributions for Social and Physical Eevents. *Journal of Personality & Social Psychology*,1994,67(6):949-971.

［75］Morris M. W. , Nisbett R. E. & Peng K. (ed.). *Causal Sttribution Across Domains and Cultures, Causal Cognition: A Multidisciplinary Debate*. Symposia of the Fyssen Foundation,1995:577-614.

［76］Nathalie Koivula. Gender Stereotyping in Televised Media Sport Coverage. *Sex Roles*,1999,41(7/8).

［77］Noel, Donald L. A Theory of the Origin of Ethnic Stratification. *Social Problems*,1968,16(2):157-172.

［78］Peter R. Grant & John G. Holmes. The Intergration of Implicit Personality Theory Schemas and Stereotype Images. *Social Psychology Quarterly*,1981,44(2):107-115.

［79］Patricia G. Devine. Stereotypes and Prejudice: Their Automatic and Controlled Components. *Journal of Personality and Social Psychology*,1989,56(1): 5-18.

［80］Peter Dreier. Newsroom Democracy and Media Monopoly: The Dilemmas of Workplace Reform Among Professional Journalists. *Insurgent Sociologist*,

1978(2/3).

[81] Rittima Mukda-anan, Kyoko Kusakabe & Rosechongporn Komolsevin. The Thai Vernacular Press and the Woman Polictican: Stereotypical Reporting and Innovative Response. *Asian Journal of Communication*, 2006,16(2):152-168.

[82] Roy Malone. Media Bias: Fact, not Fiction?. *St. Louis Journalism Review*,2007,37(296):5.

[83] Srividya Ramasubramanian. Media-based Strategies to Reduce Racial Stereotypes Activated by News Stories. *Journalism & Mass Communicaton Quarterly*, 2007,84(2):249-253.

[84] Stuart Hall. Signification, Representation, Ideology: Althusser and the Post-structuralist Debates. *Citical Studies in Mass Communication*, 1985,2(2):91-114.

[85] Stromback, J. & Shehata, A. Structural Biases in British and Swedish Election News Coverage. *Journalism Studies*,2007,8(5):798-812.

[86] Serena Carpenter. U. S. Elite and Non-elite Newspapers's Portrayal of the Iraq War: A Comparison of Frames and Source Use. *Journalism and Mass Communication Quarterly*,2007,84(4):761-776.

[87] Sue Curry Jansen & Brian Martin. Making Censorship Backfire. *Counterpoise*, 2003,7(3):5-15.

[88] Stevenson R. L. & Greene M. T. A Reconsideration of Bias in the News. *The Annual Metting of the Association for Education in Journalism*, 1977(60):21-24.

[89] Taylor Dinerman. Culture and Geopolitics in the Age of Oprah. *The Journal of Social, Political and Economic Studies*, 1999, 24 (3): 291-311.

[89] Tyler Eastman S. & Billings A. C. Biased Voices of Sports: Racial and Gender Stereotyping in College Basketball Announcing. *Howard Journal of Communications*, 2001,12(4):183-201.

[91] Williams, A. Unbiased Study of Television News Bias. *Journal of Communication*,1975, 25(4):190-199.

[92] Zengjun Peng. Representation of China: An Across Time Analysis of Coverage in the New York Times and Los Angeles Times. *Asian Journal of communication*,2004,14(1):53-67.

[93] Morales L. *U. S. Distrust in Media Hits New High*. Retrieved on 2012-12-29，http://www. gallup. com/poll/157589/distrust-media-hits-new-high. aspx.

[94] [奥]威尔海姆・赖希. 法西斯主义群众心理学. 张峰译. 重庆:重庆出版社，1997.

[95] [奥]弗洛伊德. 论文明. 徐洋译. 北京:国际文化出版公司,2000.

[96] [澳]Simon Cottle. 新闻、公共关系与权力. 李兆丰,石琳译. 上海:复旦大学出版社,2007.

[97] [澳]安德鲁・文森特. 现代政治意识形态. 袁久红译. 南京:江苏人民出版社,2005.

[98] [德]黑格尔. 历史哲学. 王造时译. 上海:上海书店出版社,1999.

[99] [德]齐美尔. 社会是如何可能的. 林荣远译. 桂林:广西师范大学出版社,2002.

[100] [德]马克思,恩格斯. 马克思恩格斯选集. 中共中央马克思恩格斯列宁斯大林著作编译局译. 北京:人民出版社,2012.

[101] [德]伽达默尔. 哲学生涯. 陈春文译. 北京:商务印书馆,2003.

[102] [德]伽达默尔. 伽达默尔集. 严平编选. 邓安庆等译. 上海:上海远东出版社,2003.

[103] [德]韦伯. 社会学的基本概念. 顾忠华译. 桂林:广西师范大学出版社,2005.

[104] [德]哈贝马斯. 公共领域的结构转型. 曹卫东,王晓珏,刘北城等译. 上海:学林出版社,1999.

[105] [德]乌尔里希・贝克. 风险社会. 何博闻译. 南京:译林出版社,2004.

[106] [德]雅科布・格林,威廉・格林. 格林童话全集. 杨武能译. 桂林:漓江出版社,2012.

[107] [俄]谢・卡拉-穆尔扎. 论意识操纵. 徐昌翰,宋嗣喜,王晶等译. 徐昌翰校. 北京:社会科学文献出版社,2004.

[108] [俄]B. A. 季什科夫. 民族政治学论集. 高永久,韩莉译. 北京:民族出版社,2008.

[109] [法]阿尔贝特・施韦泽. 文化哲学. 陈泽环译. 上海:上海人民出版社,2008.

[110] [法]塞奇・莫斯科维奇. 群氓的时代. 许列民,薛丹云,李继红译. 南京:江苏人民出版社,2003.

[111] [法]古斯塔夫・勒庞. 乌合之众:大众心理研究. 冯克利译. 北京:中央编

译出版社,2004.

[112] [法]皮埃尔·布尔迪厄.实践理性:关于行为理论.谭立德译.北京:生活·读书·新知三联书店,2007.

[113] [法]皮埃尔·布尔迪厄.男性统治.刘晖译.北京:中国人民大学出版社,2012.

[114] [法]皮埃尔·布尔迪厄.关于电视.徐钧译.沈阳:辽宁教育出版社,2000.

[115] [法]皮埃尔-安德烈·塔吉耶夫.种族主义源流.高凌瀚译.北京:生活·读书·新知三联书店,2005.

[116] [法]伏尔泰.论宽容.蔡鸿滨译.广州:广东省出版集团,2007.

[117] [法]让-诺埃尔·让纳内.西方媒介史.段慧敏译.桂林:广西师范大学出版社,2005.

[118] [法]路易·阿尔都塞.保卫马克思.顾良译.北京:商务印书馆,2006.

[119] [法]丹尼尔·希罗,[法]克拉克·麦考利.为什么不杀光? 种族大屠杀的反思.薛绚译.北京:生活·读书·新知三联书店,2012.

[120] [荷]范·戴克.精英话语与种族歧视.齐月娜,陈强译.北京:中国人民大学出版社,2011.

[121] [古希腊]亚里士多德.诗艺.罗念生,杨周翰译.北京:人民文学出版社,1962.

[122] [加]文森特·莫斯可.传播:在政治和经济的张力下——传播政治经济学.胡正荣译.北京:华夏出版社,2000.

[123] [加]文森特·莫斯可.传播政治经济学.胡春阳,黄红宇,姚建华译.上海:上海译文出版社,2013.

[124] [加]安格斯·麦克拉伦.二十世纪性史.黄韬,王彦华译.上海:上海人民出版社,2007.

[125] [加]罗伯特·哈克特,赵月枝.维系民主? 西方政治与新闻客观性.北京:清华大学出版社,2005.

[126] [美]爱德华·萨依德.遮蔽的伊斯兰:西方媒体眼中的穆斯林世界.阎纪宇译.台北:台湾立绪文化事业有限公司,2002.

[127] [美]爱德华·萨义德.东方学.王宇根译.北京:生活·读书·新知三联书店,1999.

[128] [美]艾弗里特·E.丹尼斯,约翰·C.梅里尔.媒介论争:19个重大的问题的正反方辩论.王玮等译.北京:北京广播学院出版社,2004.

[129] [美]爱德华·萨丕尔.语言论.陆卓元译.陆志韦校.北京:商务印书馆,1985.

[130] [美]保罗·F.拉扎斯菲尔德,贝纳德·贝雷尔森,黑兹尔·高德特.人民的选择——选民如何在总统选战中做决定(第三版).唐茜译.北京:中国人民大学出版社,2011.

[131] [美]J. R.安德森.认知心理学.杨清,张述祖译.长春:吉林教育出版社,1989.

[132] [美]伯纳德·戈德堡.偏见:CBS知情人揭露媒体如何歪曲新闻.李昕等译.北京:新华出版社,2002.

[133] [美]本尼迪克特·安德森.想象的共同体.民族主义的起源与散布.吴叡人译.上海:上海人民出版社,2005.

[134] [美]查尔斯·赖特·米尔斯.权力精英.王崑,许荣译.南京:南京大学出版社,2004.

[135] [美]第默尔·库兰.偏好伪装的社会后果.丁振寰,欧阳武译.欧阳武校.长春:长春出版社,2005.

[136] [美]丹尼斯.布里安.普利策传.曹珍芬等译.北京:中国财政经济出版社,2004.

[137] [美]E. M.罗杰斯.传播学史——一种传记式的方法.殷晓蓉译.上海:上海译文出版社,2005.

[138] [美]F. S.西伯特,西奥多·彼得森,威尔伯·施拉姆.传媒的四种理论.戴鑫译,展江校.北京:中国人民大学出版社,2008.

[139] [美]费舍尔.德国反犹史.钱坤译.南京:江苏人民出版社,2007.

[140] [美]菲利普·津巴多,迈克尔·利佩.态度改变与社会影响.邓羽,肖莉,唐小艳译,刘力审校.杭州:人民邮电出版社,2007.

[141] [美]赫尔顿.美国新闻道德问题种种.刘有源译.北京:中国新闻出版社,1998.

[142] [美]汉娜·阿伦特.极权主义的起源.林骧华译.北京:生活·读书·新知三联书店,2008.

[143] [美]海伦·托马斯.民主的看门狗.夏蓓,蒂娜译.广州:南方日报出版社,2009.

[144] [美]海斯.现代民族主义演进史.帕米尔译.上海:华东师范大学出版社,2005.

[145] [美]哈罗德·D.拉斯韦尔.世界大战中的宣传技巧.张洁,田青译.展江校.北京:中国人民大学出版社,2003.

[146] [美]哈罗德·拉斯韦尔.社会传播的结构与功能(双语版).何道宽译.北京:中国传媒大学出版社,2013.

[147][美]海曼·韦斯廷.最佳方案.公平报道的美国经验.郭虹,李阳译.汕头:汕头大学出版社,2003.

[148][美]理查特·韦斯特,林恩·H.特纳.传播理论导引:分析与应用.刘海龙译.北京:中国人民大学出版社,2007.

[149][美]詹姆斯·罗尔.媒介、传播、文化——一个全球性的途径.董洪川译.北京:商务印书馆,2005.

[150][美]Jorge Larrain.意识形态与文化身份.现代性和第三世界的在场.戴从容译.上海:上海教育出版社,2005.

[151][美]约翰·R.霍尔,玛丽·乔·尼兹.文化.社会学的视野.周晓红,徐彬译.北京:商务印书馆,2002.

[152][美]J.赫尔伯特·阿特休尔.权力的媒介——新闻媒介在人类事务中的作用.黄煜,裴志康译.北京:华夏出版社,1989.

[153][美]琼·M.赖尼希,露丝·毕斯利.金赛性爱对话.王瑞琪等译.海口:海南出版社,2008.

[154][美]盖伊·塔奇曼.做新闻.麻争旗,刘笑盈译.北京:华夏出版社,2008.

[155][美]凯斯·R.桑斯坦.信息乌托邦.毕竞悦译.北京:法律出版社,2008.

[156][美]利昂·纳尔逊·弗林特.报纸的良知——新闻事业的原则和问题案例讲义.萧严译.北京:中国人民大学出版社,2005.

[157][美]利昂·P.巴拉达特.意识形态起源和影响(第10版).张慧芝等译.北京:世界图书出版公司,2010.

[158][美]雷迅马.作为意识形态的现代化:社会科学与美国对第三世界政策.牛可译.北京:中央编译出版社,2003.

[159][美]理查德·尼斯贝特.思维的版图.李秀霞译.北京:中信出版社,2006.

[160][美]拉塞尔·哈丁.群体冲突的逻辑.刘春荣,汤艳文译.上海:上海人民出版社,2013.

[161][美]米切尔·黑尧.现代国家的政策过程.赵成根译.北京:中国青年出版社,2004.

[162][美]迈克尔·施瓦布.生活的暗面:日常生活的社会学透视.汪丽华译.北京:北京大学出版社,2008.

[163][美]迈克尔·埃默里,埃德温·埃默里,南希·L.罗伯茨.美国新闻史:大众传播媒介解释史(第九版).展江译.北京:中国人民大学出版社,2004.

[164][美]迈克尔·舒德森.新闻的力量.刘艺娉译,展江、彭桂兵校.北京:华夏出版社,2011.

[165] [美]劳拉·斯·蒙福德.午后的爱情与意识形态:肥皂剧、女人和电视剧种.林鹤译.北京:中央编译出版社,2004.

[166] [美]曼瑟尔·奥尔森.集体行动的逻辑.陈郁,郭宇峰,李崇新译.北京:生活·读书·新知三联书店,1995.

[167] [美]诺阿姆·乔姆斯基,[法]米歇尔·福柯.乔姆斯基、福柯论辩录.刘玉红译.桂林:漓江出版社,2012.

[168] [美]盖瑞·贝克.歧视经济学(第二版).蓝科正译.台北正中书局,1996.

[169] [美]加里·贝克等.生活中的经济学.薛迪安译.北京:华夏出版社,2001.

[170] [美]马丁·N.麦格.族群社会学(第6版).祖力亚提·司马义译.北京:华夏出版社,2007.

[171] [美]克罗图·霍伊尼斯.运营媒体.在商业媒体与公共利益之间.董关鹏,金城译.北京:清华大学出版社,2007.

[172] [美]欧文·戈夫曼.污名:受损身份管理札记.宋立宏译.北京:商务印书馆,2009.

[173] [美]唐·R.彭伯.大众传媒法.张金玺,赵刚译.北京:中国人民大学出版社,2005.

[174] [美]Pamela J. Shoemaker.大众传媒把关(中文注释版).张咏华注释.上海:上海交通大学出版社,2007.

[175] [美]凯斯·R.桑斯坦.信息乌托邦.毕竞悦译.北京:法律出版社,2008.

[176] [美]罗伯特·门斯切.市场、群氓和暴乱——对群体狂热的现代观点.郑佩芸,朱欣微,刘宝权译.上海:上海财经大学出版社,2006.

[177] [美]罗伯特·福特纳.国际传播:全球都市的历史、冲突与控制.刘利群译.北京:华夏出版社,2000.

[178] [美]R. E.帕克,E. N.伯吉斯,R. D.麦肯齐.城市社会学:芝加哥学派城市研究.宋俊岭,郑也夫译.北京:商务印书馆,2012.

[179] [美]罗伯特·W.麦克切斯尼.富媒体 穷民主:不确定时代的传播政治.谢岳译.北京:新华出版社,2004.

[180] [美]罗伯特·C.尤林.理解文化.何国强译.北京:北京大学出版社,2005.

[181] [美]罗伯特·达恩顿.屠猫记:法国文化史钩沉.北京:新星出版社,2006.

[182] [美]Richard Jackson Harris.媒介心理学.相德宝译.北京:中国轻工业出版社,2007.

[183] 罗伯特·艾伦主编.重组话语频道:电视与当代批评理论(第二版)(英文版).北京:北京大学出版社,2007.

［184］［美］斯科特・柯林斯.狐狸也疯狂:福克斯电视网和 CNN 的竞争内幕.张卓,王瀚东译.北京:华夏出版社,2007.

［185］［美］桑迪・莱登.中国金:在蒙特里湾区的中国人.尚玉明译.广州:花城出版社,2013.

［186］［美］塞缪尔・亨廷顿.文明的冲突与世界秩序的重建.周琪等译.北京:新华出版社,1998.

［187］［美］塞缪尔・亨廷顿,彼得・伯杰主编.全球化的文化动力.康敬贻,林振熙,林雄译.北京:新华出版社,2004.

［188］［美］斯沃茨.文化与权力:布尔迪厄的社会学.陶东风译.上海:上海译文出版社,2006.

［189］［美］塞伦・麦克莱.传媒社会学.曾静平译.昝廷全校.北京:中国传媒大学出版社,2005.

［190］［美］塞巴斯蒂安・哈夫讷.解读希特勒.景德祥译.北京:中国青年出版社,2005.

［191］［美］西奥多・W.阿道诺等.权力主义人格.李维译.杭州:浙江教育出版社,2002.

［192］［美］希伦・A.洛厄里,梅尔文・L.德弗勒.大众传播效果研究的里程碑(第三版).刘海龙译.北京:中国人民大学出版社,2004.

［193］［美］斯坦利・阿罗诺维茨,希瑟・高特内主编.控诉帝国:21 世纪世界秩序中的全球化及其抵抗.肖维青,孙德刚,顾岳等译.汪伟民校.桂林:广西师范大学出版社,2004.

［194］［美］苏・卡利・詹森.批判的传播理论:权力、媒介、社会性别和科技.曹晋译.上海:复旦大学出版社,2007.

［195］［美］托马斯・索威尔.美国种族简史.沈宗美译.北京:中信出版社,2011.

［196］［美］托德・吉特林.新左派运动的媒介镜像.张锐译,胡正荣校.北京:华夏出版社,2007.

［197］［美］沃尔特・李普曼.舆论学.林珊译.北京:中国人民大学出版社,1984.

［198］［美］W.兰斯・班尼特.新闻:政治的幻象.杨晓红,王家全译.北京:当代中国出版社,2005.

［199］［美］威廉・夏伊勒.第三帝国的兴亡——纳粹德国史.董乐山,李天爵,李家儒,陈传昌译.北京:世界知识出版社,1979.

［200］［美］新闻自由委员会.一个自由而负责的新闻界.展江,王征,王涛译.北京:中国人民大学出版社,2004.

［201］［美］约翰・H.麦克马那斯.市场新闻业:公民自行小心?.张磊译.北京:

新华出版社,2004.

[202] [斯]斯拉沃热·齐泽克,[德]泰奥德·阿多尔诺等.图绘意识形态.方杰译.南京:南京大学出版社,2002.

[203] [日]佐藤卓己.现代传媒史.诸葛蔚东译.北京:北京大学出版社,2004.

[204] [日]松井茂记.媒体法.萧淑芬译.台北:元照出版公司,2004.

[205] [英]阿诺德·汤因比.历史研究.刘北成,郭小凌译.上海:上海人民出版社,2005.

[206] [英]安东尼·史密斯.民族主义:理论,意识形态,历史.叶江译.上海:上海世纪出版集团,2005.

[207] [英]安东尼·吉登斯.社会学(第四版).赵旭东,齐心,王兵,马戎,阎书昌等译.刘琛,张建忠等校译.北京:北京大学出版社,2004.

[208] [英]安东尼·吉登斯.失控的世界:全球化如何重塑我们的生活.周红云译.南昌:江西人民出版社,2001.

[209] [英]培根.新工具.徐宝骙译.北京:商务印书馆,1984.

[210] [英]布赖恩·麦克奈尔.政治传播学引论.殷祺译.北京:新华出版社,2005.

[211] [英]C. W. 沃特森.多元文化主义.叶兴艺译.长春:吉林人民出版社,2005.

[212] [英]道格拉斯·W.贝斯黑莱姆.偏见心理学.邹海燕,郑佳明译.长沙:湖南人民出版社,1989.

[213] [英]大卫·麦克里兰.意识形态.孔兆政,蒋龙翔译.长春:吉林人民出版社,2005.

[214] [英]大卫·麦克奎恩.理解电视:电视节目类型的概念与变迁.苗棣等译.北京:华夏出版社,2003.

[215] [英]丹尼尔·戴杨,伊莱休·卡茨.媒介事件.历史的现场直播.麻争旗译.北京:北京广播学院出版社,2000.

[216] [英]丹尼斯·麦奎尔.麦奎尔大众传播学(第四版).崔保国,李琨译.北京:清华大学出版社,2006.

[217] [英]弗兰克·富里迪.知识分子都到哪里去了.戴从容译.南京:江苏人民出版社,2005.

[218] [英] G. L. 狄更生."中国佬"信札——西方文明之东方观.卢彦名,王玉括译.南京:南京出版社,2008.

[219] [英]约翰·B.汤普森.意识形态与现代文化.高铦译.南京:译林出版社,2005.

[220] [英]约翰·埃尔德里奇主编.获取信息:新闻、真相和权力.张威,邓天颖译.北京:新华出版社,2004.

[221] [英]卡伦·桑德斯.道德与新闻.洪伟,高蕊,钟文倩译.上海:复旦大学出版社,2007.

[222] [英]齐亚乌丁·萨达尔.东方主义.马雪峰,苏敏译.长春:吉林人民出版社,2005.

[223] [英]约翰·汤姆林森.全球化与文化.郭英剑译.南京:南京大学出版社,2002.

[224] [英]尼克·史蒂文森.媒介的转型——全球化、道德和伦理.顾宜凡等译.北京:北京大学出版社,2006.

[225] [英]莎士比亚.莎士比亚四大悲剧.孙大雨译.上海:上海译文出版社,1995.

[226] [英]汤林森.文化帝国主义.冯建三译.郭英剑校订.上海:上海人民出版社,1999.

[227] [意]葛兰西.狱中札记.田时纲译.北京:人民出版社,2007.

[228] [意]维尔弗雷多·帕累托.精英的兴衰.刘北成译.上海:上海人民出版社,2003.

[229] [意]马可·波罗.马可·波罗游记.梁生智译.北京:中国文史出版社,2008.

[230] 张锦华.传播批判理论.台北黎明文化事业公司,2002.

[231] 张锦华.媒介文化、意识形态与女性.台北正中书局,1994.

[232] 张宏源,蔡念中等.媒体识读——从认识媒体产业,媒体教育到解读媒体之本.台北:亚太图书,2005.

[233] 臧国仁.新闻媒体与消息来源——媒介框架与真实建构之论述.台北三民书局,1999.

[234] 彭家发.新闻客观性原理.台北三民书局,1994.

[235] 蔡念中等.大众传播概论.台北:五南图书出版有限公司,1998.

[236] 徐美苓.艾滋病与媒体.上海:上海译文出版社,2008.

[237] 翁秀琪主编.台湾传播学的想象.台北:台湾巨流图书公司,2004.

[238] 李金铨.大众传播理论(修正三版).台北三民书局,2005.

[239] 李金铨主编.文人论政:知识分子与报刊.桂林:广西师范大学出版社,2008.

[240] 彭怀恩编著.大众传播理论讲义.台北:风云论坛有限公司,2004.

[241] 洛枫.媒介与性别.台北:远流出版公司,2005.

[242] 刘伯骥. 美国华侨史. 台北:黎明出版社,1982.

[243] 张风纲编. 李菊,胡竹溪绘. 杨炳廷主编. 旧京醒世画报. 北京:中国文联出版社,2003.

[244] 冯国超主编. 庄子. 北京:中国文史出版社,2004.

[245] 鲁迅. 汉文学史纲要. 北京:人民文学出版社,2006.

[246] 陈力丹. 自由与责任:国际社会新闻自律研究. 开封:河南大学出版社,2006.

[247] 陈兵,唐毅红主编. 性社会学. 西安:第四军医大学出版社,2006.

[248] 陈依范. 美国华人. 北京:工人出版社,1984:159.

[249] 陈娟,乔晓玲编. 总理的炎凉:北洋政府总理的最后结局. 北京:华文出版社,2006.

[250] 曹晋. 媒介与社会性别研究:理论与实例. 北京:生活·读书·新知三联书店,2008.

[251] 潮龙起. 美国华人史(1848—1949). 济南:山东画报出版社,2010.

[252] 高燕宁主编. 艾滋病的"社会免疫". 上海:复旦大学出版社,2005.

[253] 胡垣坤,曾露凌,谭雅伦. 美国早期漫画中的华人. 香港:三联书店,1994.

[254] 金克木. 文化要义丛书. 北京:中国人民大学出版社,2007.

[255] 卜卫. 媒介与性别. 北京:人民出版社,2001.

[256] 乐黛云. 独角兽与龙——在寻找中西普遍性中的误读. 北京:北京大学出版社,1995.

[257] 乐黛云,张辉主编. 文化传递与文学形象. 北京:北京大学出版社,1999.

[258] 任晓,沈丁立. 保守主义理念与美国的外交政策. 北京:生活·读书·新知三联书店,2003.

[259] 李宏,李民等. 传媒政治. 北京:中国传媒大学出版社,2006.

[260] 李彬. 全球新闻传播史(公元 1500—2000 年). 北京:清华大学出版社,2005.

[261] 李希光. 畸变的媒体. 上海:复旦大学出版社,2004.

[262] 李希光,赵心树. 媒体的力量. 广州:南方日报出版社,2002.

[263] 李希光,刘康. 妖魔化与媒体轰炸. 南京:江苏人民出版社,1999.

[264] 李希光,周敏主编. 超越医学的 HIV/AIDS 新闻学:艾滋病媒体读本. 北京:清华大学出版社,2005.

[265] 李希光. 中国有多坏?. 南京:江苏人民出版社,1999.

[266] 李希光,[美]刘康. 妖魔化中国的背后. 北京:中国社会科学出版社,1996.

[267] 李良荣. 新闻学导论. 北京:高等教育出版社,1999.

[268] 李银河.李银河说性.哈尔滨:北方文艺出版社,2006.

[269] 李岩.传播与文化.杭州:浙江大学出版社,2009.

[270] 李岩.媒介批评:立场、范畴、命题、方式.杭州:浙江大学出版社,2005.

[271] 刘继南,何辉等.镜像中国——世界主流媒体中的中国形象.北京:中国传媒大学出版社,2006.

[272] 刘林利.日本大众媒体中的中国形象.北京:中国传媒大学出版社,2007.

[273] 刘利群.社会性别与媒介传播.北京:中国传媒大学出版社,2004.

[274] 郎友兴,韩志明编.政治学基础文献选读.杭州:浙江大学出版社,2008.

[275] 南方朔.语言是我们的居所.沈阳:辽宁教育出版社,2000.

[276] 尤泽顺.乔姆斯基:语言、政治与美国对外政策研究.北京:世界知识出版社,2005.

[277] 杨击.传播·文化·社会——英国大众传播理论透视.上海:复旦大学出版社,2006.

[278] 邵培仁,江潜.知识经济与大众传媒.杭州:浙江大学出版社,1999.

[279] 邵培仁等.媒介生态学——媒介作为绿色生态的研究.北京:中国传媒大学出版社,2008.

[280] 邵培仁.传播学.北京:高等教育出版社,2000.

[281] 陶东风主编.文化研究.北京:中国人民大学出版社,2010.

[282] 王沛.现代人的心理迷信——偏执心理现象分析.长沙:湖南教育出版社,2000.

[283] 王政挺.传播文化与理解.北京:人民出版社,1998.

[284] 吴飞主编.中外传播学名著导读.杭州:浙江大学出版社,2005.

[285] 吴予敏.中文传播的媒介权力极其观念的演变.北京:北京大学出版社,2001.

[286] 徐新.反犹主义解析.上海:上海三联书店,1996.

[287] 许靖.偏见心理学.北京:北京理工大学出版社,2010.

[288] 夏国美.中国艾滋病问题报告.南京:江苏人民出版社,2002.

[289] 熊伟.话语偏见的跨文化分析.武汉:武汉大学出版社,2011.

[290] 熊蕾.反思艾滋病报道中的歧视问题.昆明:"减少 HIV/AIDS 耻辱和歧视媒体研讨会"发言,2005-11-15.

[291] 张咏华,黄挽澜,魏永征.新闻传媒业的他律与自律.上海:上海外语教育出版社,2007.

[292] 郑思礼,郑宇.现代新闻报道理解与表达.昆明:云南大学出版社,2004.

[293] 朱晓慧.哲学是革命的武器——阿尔都塞意识形态理论研究.上海:学林

出版社,2007.

[294] 赵雪波等编.看得见的手——国际事件中的传媒.合肥:合肥工业大学出版社,2007.

[295] 赵雅文.全球化与国际平衡传播.北京:新华出版社,2007.

[296] [新加坡]唐世平.社会流动、地位市场和经济增长.中国社会科学,2006(3).

[297] [加]莫斯可.黄煜.政治经济学与文化研究在传播领域的关系及其运用.中国传媒报告,2006(2).

[298] [法]雷吉斯·德布雷:知识分子与权力——雷吉斯·德布雷北京演讲实录.南方周末副刊,2010-06-10(E23).

[299] [英]斯图亚特·霍尔.多元文化问题的三个层面与内在张力.李庆本译.文化研究,2008(3).

[300] [美]杰拉德·马修斯.罗伯特·恩特曼.新闻框架的倾向性研究.浙江大学学报(人文社会科学版),2010(2).

[301] [美]刘迅,张金玺.从角落到头版:1985——2003《人民日报》艾滋报道的框架研究.赵晶晶,秦筠译.中国传媒报告,2005(4).

[302] [美]李金铨.建制内的多元主义:美国精英媒介对华政策的论述.二十一世纪,2002(2).

[303] 毕竟,范旭.从福克斯现象看美国的媒体偏见.传媒,2005(5).

[304] 陈炳宏.广告商借入新闻产制之新闻广告化现象.兼论置入性行销与新闻专业自主.中华传播学刊,2005(8):209—246.

[305] 陈一.美国战争报道中缺失的新闻专业主义——从阿内特被解雇说起.新闻与传播研究,2003(3).

[306] 陈丹.中国媒介的大众健康传播——1994—2001年《人民日报》"世界艾滋病日"报道分析.新闻大学,2002(3).

[307] 陈静.西方媒介精英:中国"他者化"呈现的根源.社会科学战线,2008(11).

[308] 陈静.从台湾客家电视台看少数族群媒体的困境.电影文学,2010(7).

[309] 陈静.政治传播时代的幻象——西方媒介偏见发展脉络及趋向研究.中国传媒报告,2012(4).

[310] 陈静瑜.美国人眼中的华人形象.台湾师大历史学报,2012(48).

[311] 陈启英.媒体素养教育——E时代之新公民教育.中国传媒报告,2004(1).

[312] 程晓萱.受众对真实世界的误读——论媒体偏见的多维体现.湖北经济学院学报(人文社会科学版),2006(4).

[313] 蔡树培.电视新闻性置入性行销.行销视野之探讨.中华传播学刊,2005(8):3—15.

[314] 蔡佩.客家电视台与台北都会客家阅听人族群认同建构之关联性初探.中华传播学刊,2011(19).

[315] 崔克亮.歧视的经济代价——访新加坡南洋理工大学国际与战略所高级访问学者唐世平博士.中国经济时报,2006-07-21.

[316] 邓建国.行为者与观察者:西方媒体对华报道中的基本归因错误原因分析及对策.新闻大学,2008(2).

[317] 丁刚.西方媒体的偏见从何而来 新闻与写作,2008(5).

[318] 樊葵.当代信息传播中的传媒歧视.当代传播,2003(5).

[319] 顾炜程,候静慧.媒介因素与中国人"日本观"的影响.中国传媒报告,2006(3).

[320] 高金萍.美国华文报纸的进路.青年记者,2008(4).

[321] 纪宗安,何新华.纳粹德国排犹政策的演变及其根源探析.暨南学报,2003(3).

[322] 纪莉.论媒介报道中的新种族主义——以《泰晤士报》的"神舟5号"报道为例.中国传媒报告,2005(3).

[323] 何志武.打开决策"黑箱",大众媒介参与公共政策转化的核心环节.新闻大学,2008(1).

[324] 黄旦.独立战争前后美国报刊思想之演变——美国新闻传播思想史学习札记.新闻大学,1999(秋).

[325] 黄旦,郭丽华.媒介教育教什么?——20世纪西方媒介素养理念的变迁.现代传播,2008(3).

[326] 黄安年.从历史上的漫画看19世纪后期美国的排华潮.社会科学论坛,2009(6月上).

[327] 胡华涛.试论媒介权力的生成及其象征化嬗变.社会科学论坛,2008(3月上).

[328] 胡百精.权力话语、意义输出与国家公共关系的基本问题——从北京奥运会、拉萨"3·14"事件看中国国家公关战略的建构.国际新闻界,2008(5).

[329] 胡倩影.行者无疆——阿克洛夫的心理—社会—人类经济学述评.社会学研究,2007(5).

[330] 洪敬涛.解释与理解的可能性的重要前提——偏见——论伽达默尔的偏见观.康定民族师范高等专科学校学报,2002(3).

[331] 彭文正:客家元素与收视行为结构模式研究.广播与电视,2005(24).

[332] 卜卫.健康传播与控制艾滋病宣传.在中国CDC性病艾滋病预防控制中心全国艾滋病信息通讯工作会议的发言.北京:2002-10-21.

[333] 潘忠党.传播媒介与文化,社会科学与人文科学研究的三个模式.现代传播,1996(4).

[334] 潘忠党,陈韬文.中国改革过程中新闻工作者的职业评价和工作满意度.

中国传媒报告,2005(1).

[335] 邱林川.多重现实:美国三大报对李文和的定型与争辩.新闻与传播研究, 2002(1).

[336] 刘卫东.美国媒体的商业偏见.新闻记者,2003(1).

[337] 刘迅,张金玺.从角落到头版.1985—2003《人民日报》艾滋病报道的框架 研究.香港:中国传媒报告,2005(4).

[338] 刘光.大众传媒对弱势群体的歧视.青年记者,2006(5).

[339] 刘见林."媒体偏见"引发美国左右派话语权之争.天涯,2004(1).

[340] 刘鉴强.从李文和案看《纽约时报》的意识形态性.国际新闻界,2001(1).

[341] 刘昌德,罗世宏.电视置入性行销之规范.政治经济学观点的初步考察.中 华传播学刊,2005(8).

[342] 李美华.族群媒体之组织文化与组织认同研究:台湾客家电视台的个案分 析.传播与管理研究,2013(2).

[343] 李彦明.迦达默尔的成见说探微.广西大学学报(哲学社会科学版),1996 (5).

[344] 李建伟.从西方媒体的偏见看中国新闻教育的取向.新闻与传播研究, 2008(3).

[345] 李强,高文珺,许丹.心理疾病污名形成理论述评.心理科学进展,2008,16 (4):582−589.

[346] 李红梅.纳粹大屠杀对犹太民族和犹太文明的影响.理论导刊,2006(9).

[347] 李彣.初探台湾公共电视产制制度对公众的想象与实践:从"孽子"修剪事 件谈起.广播与电视,2004(23).

[348] 李少南.香港人对日本与南韩的刻板印象.中国传媒报告,2005(1).

[349] 李新.探析西方记者在涉华报道中表明立场倾向的技巧——分析两篇涉 华外电报道.国际关系学院学报,2005(4).

[350] 李梅.影响世界五分之一人口的艾滋病政策:中国的经验和教训——艾滋 病研究专家李楯教授访谈录.探索与争鸣,2008(4).

[351] 李琼,刘力.偏见的自我调节研究述评.心理科学进展,2010(2).

[352] 李松蕾.1981—2010年〈纽约时报〉关于钓鱼岛问题的论调变化分析—— 从"民族主义"到"中国威胁论".新闻与传播研究,2014(9).

[353] 林照真.置入性行销:新闻与广告伦理的双重崩坏.中华传播学刊, 2005(8).

[354] 林照真.电视新闻就是收视率商品——对"每分钟收视率"的批判性解读. 新闻学研究,2009(99).

[355] 林富美.当新闻记者成为名嘴？名声、专业与劳动商品化的探讨.新闻学研究,2006(88).

[356] 廖圣清,李晓静,张国良.中国大陆大众传播公信力的实证研究.新闻大学,2005(1).

[357] 陆伟芳.新闻媒体眼中的华人移民形象——20 世纪上半叶的英国华人.华侨华人历史研究,2002(2).

[358] 桂渝芳,大众传媒的性别歧视现象.新闻界,2006(6).

[359] 罗韵娟,郝晓鸣.媒体女性形象塑造与社会变革——《中国妇女》杂志封面人物形象的实证研究.中国传媒报告,2005(2).

[360] 罗文辉.新闻记者选择消息来源的偏向.新闻学研究,1995(50).

[361] 罗文辉,侯志钦.2004 年电视总统选举新闻的政党偏差.广播与电视,2004(23).

[362] 罗文辉选择可信度:1992 及 2002 年报纸与电视新闻可信度的比较研究.新闻学研究,2004(80).

[363] 阮志孝.新闻媒介监督组织及监察机制模式比较研究.中国传媒报告,2006(4).

[364] 任晓润.纳粹屠犹的历史.南京大学学报(哲学社会科学版),1994(3).

[365] 司景新,罗以澄.中国传媒对于国族身份的阐释焦虑——以中国传媒对中美民间冲突的再现为例.新闻与传播评论(2005 年卷).武汉:武汉大学出版社,2006.

[366] 孙晓红.论德意志第二帝国时期的反犹运动.河南大学学报,2002(2).

[367] 唐书明.认同理论演变中的民族认同.思想战线,2008(2).

[368] 王磊.大众传媒中的歧视问题研究.思想战线,2005(5).

[369] 王沛,杨亚平.刻板印象信息表征的模式及其功能.心理学,2008(3).

[370] 王曙光.艾滋病亚文化易感挑战社会建构理论.社会科学研究,2008(4).

[371] 翁乃群.艾滋病传播的社会文化动力.社会学研究,2003(5).

[372] 行红芳.熟人社会的污名与污名控制策略——以艾滋病为例.青年研究,2007(2).

[373] 修宇.大众媒体俯视效应及对策.国际新闻界,2007(1).

[374] 谢嗣胜.劳动力市场歧视的经济成果理论研究综述.集团经济研究,2006(11月中).

[375] 肖燕雄.美国、加拿大媒介监督组织给我们的启示[EB/OL]. http://academic. mediachina. net/article. php? id=1595. 2008-12-09.

[376] 徐美苓,陈瑞芸,张皓杰,赖亦凡,林佳韵.艾滋新闻阅读与对感染者与病

患的态度：以针对青年族群的讯息设计试验为例.新闻学研究,2006(87).

[377] 萧苹.介绍国外媒介监督组织 FAIR 和 Media Watch[EB/OL].http://ccs.nccu.edu.tw/UPLOAD_FILES/HISTORY_PAPER_FILES/865_1.pdf.2008-12-09.

[378] 阎岩,周树华.媒体偏见：客观体现和主观感知.台北：传播与社会学刊,2014(30).

[379] 尹丽娜,章龙飞.电视体育报道中的性别偏见对体育事业的影响——以美国的地方电视台为例.体育成人教育学刊,2006(4).

[380] 尹良富,黄小雄.日本记者俱乐部制度下的舆论引导方式.新闻记者,2007(6):71.

[381] 袁敏杰.媒体,警惕身份歧视.新闻战线,2005(5).

[382] 杨治良,邹庆宇.内隐地域刻板印象的 IAT 和 SEB 比较研究.心理科学,2007(6).

[383] 张曙光.权力话语与文化自觉——关于文化与权力关系问题的哲学思考.社会科学战线,2008(155).

[384] 张自力.媒体艾滋病报道内容分析：一个健康传播学的视角.新闻与传播研究,2004(10).

[385] 张璟.国内媒体有关艾滋病的报道中价值取向的"是"与"非".新闻与写作,2004(5).

[386] 张文强.新闻工作的常规样貌：平淡与热情的对峙.新闻学研究,2005(84).

[387] 张耀仁.跨媒体议题设定之探析：整合次领域研究的观点.传播与管理研究,2005(5).

[388] 周树华,阎岩.敌意媒体理论：媒体偏见的主观感知研究.传播与社会学刊,2012(22).

[389] 郑飞.鹰派与决策者的心理偏见.新京报,2007-02-04,B02 版.

[390] 朱旭峰.政策决策转型与精英优势.社会学研究,2008(2).

[391] 朱新秤.社会认知心理学研究的新进展.心理学动态,2000(2).

[392] 朱金红.美国族裔群体影响美国外交政策的政治资源分析.中国社会科学文摘,2006(6).

[393] 赵鸿燕,林媛.媒体外交在美国的表现和作用.现代传播,2008(2).

[394] 赵志立.传媒歧视？正在倾斜的社会公器.广告大观媒介版,2006(6).

[395] 赵敏.农民工形象的传播学研究——以《人民日报》、《农民日报》和《中国青年报》为例.北京：北京师范大学硕士学位论文,2005.

[396] 赵欣.在华旅居者隐性偏见的实验研究及跨文化分析.新闻与传播研究,2014(2).

[397] 钟新.捍卫良知与正义:海外华文网站反击西方媒体.新闻与写作,2008(5).

[398] 曾军,旁璃.竞争时代的文化——经济:默多克教授访谈录.文化研究,2008(1).

[399] 周俊.试析我国现行新闻职业规范——以《中国新闻工作者职业道德准则》为例.国际新闻界,2008(8).

[400] 周立.刍议中国电视法制报道的地域歧视.新闻实践,2004(1).

[401] 周春霞.论农村弱势群体的媒介话语权.安徽大学学报(哲学社会科学版),2005(3).

[402] 包晓云.从新华社新闻分析中国农民工报道的演变.合肥:中国科学技术大学硕士学位论文,2004.

[403] 程莉娜.性别与媒介——从社会语言学角度看2006年度《瑞丽服饰美容》杂志中女性的刻板化印象表现.重庆:西南财经大学硕士学位论文,2007.

[404] 龙潭.新闻传播与偏见.武汉大学新闻学硕士学位论文,2004.

[405] 雷涛.国内主流媒体农民工报道内容分析.上海:上海大学硕士学位论文,2005.

[406] 刘倩. Chinese Stereotypes in Hollywood Movies—Reading Media Racism from A Cross-culutral Perspective. 北京:北京第二外国语学院硕士学位论文,2004.

[407] 丰帆.我国媒体对"农民工"报道的内容分析与话语探讨.南京:暨南大学硕士学位论文,2005.

[408] 贺潇潇.西方主流媒体对我国形象的媒介歧视问题研究.大连:大连理工大学硕士学位论文,2007.

[409] 念瑶.我国电视广告女性歧视问题初探.厦门:厦门大学硕士学位论文,2001.

[410] 王茜.想象与缺席.当代中国女性杂志的性别呈现与阅读.北京:清华大学硕士学位论文,2005.

[411] 王芳.当前我国大众化报纸消息来源偏见研究.武汉:武汉大学博士学位论文,2008.

[412] 张婷.从批评语言学的角度看美国媒体的意识形态倾向.北京:对外经济贸易大学硕士学位论文,2006.

[413] 杨雪梅.浅析大众媒介与美国政治.北京:外交学院英语语言文学硕士学位论文,2003.

[414] 汤晓羽.大众传播媒介与城市农民工.南京:南京师范大学硕士学位论文,2005.

[415] 新闻集锦纽约电台播辱华歌曲引公愤.参考消息,2005-02-01(14).

[416] 新华网.华人女记者遭德国之声停职事件始末[EB/OL]. http://news.sina.com.cn/c/2008-09-02/081616215883.shtml,2008-12-30.

[417] 青木."张丹红事件""亲共"德媒体人复职.环球时报,2013-03-09.

[418] 邹德浩.美精英阶层对华友好的少.环球时报,2005-01-24.

[419] 周丹.媒体涉同报导应减少和避免同性恋污名化. http://blog.sina.com.cn/s/blog_53383b360100axqk.html,2010-02-04.

[420] 徐立群.收获奥运第二金,叶诗文坦然面对"质疑".人民日报,2012-08-02.

[421] 钟文.无端贬损凸显偏见与无知.人民日报,2012-08-02.

[422] 夏荫.勃兰特在犹太人纪念碑前下跪.集邮博览,2005-09.

[423] 王艳.种族主义幽灵重返欧洲.中国新闻周刊,2007-09-29.

[424] 徐琳玲,张北川:仅仅指责和批评是不公正的.南方人物周刊,2005-09-07.

[425] 刘江,严锋.克林顿总统称美政府在李文和问题上难脱责任.人民日报海外版,2000-09-16(002).

[426] 刘江,严锋.雷诺下令复审李文和案 分析家认为此举只是为了搪塞舆论指责.新华每日电讯,2000-09-24(03).

[427] 潘云召,杨晴川.160多万美元,美国政府和媒体将赔给李文.新华每日电讯,2006-06-04(1).

[428] www.sohu.com.东方早报,2008-06-20.

[429] 媒介监督组织 FAIR 网站:http://www.fair.org/index.php.

[430] 媒介监督组织 MRC 网站:http://www.mrc.org/.

[431] 加拿大媒体监督网站:http://www.mediawatch.ca.

[432] 公共舆论研究网络:Public Opinion Research:http://www.mori.com MORI.

[433] 国际记者协会:http://www.nuj.org.uk.

[434] 媒体申诉受理委员会:http://www.pcc.org.uk.

[435] 编辑的网站:http://www.society of editors.org.

[436] 理解偏见网站:http://www.understandprejudice.org.

索　引

后　记

　　狄更斯在《双城记》扉页写着："这是最好的时代，也是最坏的时代。"（It was the best of times. It was the worst of times.）他以此评价大革命时期的英国和法国。借用这句名言来形容当前的媒介环境，再恰切不过。一方面，大众媒介借助新媒体浪潮迅猛发展，显现出媒体朝气蓬勃的生命力，展现未来社会传播图景的无限可能；另一方面，各种偏见通过媒体肆意散播，时代的混乱、社会的浮躁、人性的偏颇与阴暗和思想的狭隘在传播中暴露无遗。大众媒体技术的发展保证了信息以最方便快捷的方式传播，却不能保证传递的新闻内容公正无偏。大时代的两副面目，如同光明和黑暗相互交错，难以割离，令人困惑。

　　大众媒体历经数百年的发展，媒介偏见一直或隐或显，它是随着社会心理和环境发展而变化的历史范畴，具体偏见内容和对象与社会时代相关。偏见本是复杂的心理现象，根源于人类头脑和认知。通过媒介传播而生成的媒介偏见是传播学研究课题，近年媒介传播的偏见带来的误解和纷争日渐增多，新闻报道和评论中的偏见引发国家、地区、族群、群体间的冲突，电影电视等文化产品中包含的偏见或是刻板表达，更在潜移默化中影响人们对族群或群体的态度。

　　近代学问发展围绕着问题意识而来，正所谓："问与学，相辅而行者也，非学无以致疑，非问无以广识。"本书的研究初衷是数年前头脑中常常萦绕的一个问题：为何媒介偏见在新闻客观性成为标准的今天，仍然在媒体不停上演，甚至有愈演愈烈的趋势？这成为本书写作思考的起点。查阅资料后发现，国内学者对媒介偏见问题的研究虽然关注，但缺乏深度的学理分析，多停留在文化、国别、思维差异等方面泛泛而谈，既没有解释偏见的起因，也没有对偏见机制的探讨，这不免令人心生遗憾。

　　导师邵培仁教授出版媒介研究系列丛书的构想，给了我锤炼观点、整理思路的机会。自我进入浙江大学学习，暂离新闻学的教学工作，得见传播学之高墙,感受到本领域研究的趣味,更受到导师严谨治学的态度影响,体会到他所要求的扎实的学术品位,缜密的思路,清晰准确的表达对学者来说,是何其重要。

　　本研究涉及传播学、社会学、政治学、心理学等几方面内容,国内外资料相当丰富,资料的甄别和消化颇费时间,全书构架亦伴随长期的思考而逐渐清晰呈现。本书可算是媒介研究领域的一次探索,涉及媒介文化和媒介社会学诸多理论。整体结构采取上下两编的体例,每编中各自包含数章。绪论作为整体研究的背景展开。第一编像是一棵树,其中的第一章、第二章可以视为主干,第三章、第四章各为枝蔓,延伸开去,组成了对媒介偏见传播在作为编辑部的新闻组织层面的中观考察。第二编更像是镜头拉远的画面,从社会政治大环境层面进行的宏观考察,各章就媒介偏见相关问题展开分析,相互之间比较独立,读者可以随意选读。本书对媒介偏见从新闻组织层面和政治影响作用的分析,是基于两种媒介偏见的分类,将媒介偏见区分为任意的媒介偏见和有机的媒介偏见。这样既避免了论述中的模糊混乱,也可有效规避马克思所说的“把逻辑的事物当作了事物的逻辑”的论证错误。本书对媒介偏见的研究、设定的思路和框架如能为诸位提供启发,资料收集方便有兴趣的学者进一步研究,我将不胜荣幸。

　　这段研究历程似乎有些曲折漫长,中途我经历过思想上的倦怠,所幸坚持了下来,收获了个人学术上的成长。在这最后定稿的时刻,杭州西子湖畔已到“湖气冷如冰,月光淡如雪”的深秋时节,终于完成了这项工作,曾有的纷乱思绪已离我而去,脑海一片清宁,“静听孤飞雁,声轻天自高”,心中有的是淡淡的喜悦以及对生命和生活的感激。

　　感谢导师邵培仁教授对本课题的始终关注和不断催促,能在导师门下聆听教诲,我是何其幸运！感谢浙江大学传媒与国际文化学院老师们的帮助;感谢浙江财经大学领导和同事们对本书进展的关心;感谢我的好友方玲玲博士;感谢帮助查找资料的图书馆管理员们;感谢我的学生们,他们令我相信教学相长从来都不是空话;感谢我父母和朋友们的关爱;感谢我的先生项中明,他一直陪伴和包容着我,给我著书时温暖的鼓励和必要的告诫;还要感谢我可爱的宝贝项含章,这本伴随着你成长的书,是来自母亲爱的礼物。

　　最后,还要特别感谢本书的编辑徐婵女士和杨茜女士,感谢浙江大学出版社,他们出版的媒介丛书系列对媒介前沿研究的开展有实在贡献,值得传播学者和读者共同感谢。

陈　静

2014 年 11 月 20 日

图书在版编目（CIP）数据

媒介偏见：新闻组织行为表象与政治原动力下的机制
呈现 / 陈静著 . —杭州：浙江大学出版社，2015.7
ISBN 978-7-308-14888-7

Ⅰ.①媒… Ⅱ.①陈… Ⅲ.①传播媒介－意识形态－
研究②传播媒介－政治文化－研究 Ⅳ.①G206.2

中国版本图书馆 CIP 数据核字（2015）第 162944 号

媒介偏见

——新闻组织行为表象与政治原动力下的机制呈现

陈 静 著

策划编辑	徐 婵	
责任编辑	杨 茜	
封面设计	续设计	
出版发行	浙江大学出版社	
	（杭州市天目山路 148 号　邮政编码 310007）	
	（网址：http://www.zjupress.com）	
排　版	杭州中大图文设计有限公司	
印　刷	浙江云广印业有限公司	
开　本	710mm×1000mm　1/16	
印　张	18	
字　数	314 千	
版 印 次	2015 年 7 月第 1 版　2015 年 7 月第 1 次印刷	
书　号	ISBN 978-7-308-14888-7	
定　价	48.00 元	

浙江大学出版社发行部联系方式：0571－88925591；http://zjdxcbs.tmall.com